普通高等教育经管类专业系列教材

会计信息系统原理与实验教程
（第2版）
——基于用友ERP-U8 V10.1

汪　刚　金春华　主　编
沈银萱　王　晖　王新玲　副主编

清华大学出版社
北京

内 容 简 介

本书详细介绍了会计信息系统的基本原理，并附有相关的信息化实训案例，知识体系完整。全书共分 13 章，第 1 章是会计信息系统导论；第 2~13 章以用友 U8 V10.1 软件为蓝本，全面系统地介绍了系统管理、基础设置、总账管理、报表管理、工资核算、固定资产管理、应收应付管理、供应链初始设置、采购管理、销售管理、库存管理与存货核算等内容。本书每章都设有学习目标、案例导入、知识学习、实践应用和巩固提高五大板块，体现了渐进式内容设计的特点。

本书配有教学大纲、教案、教学课件、微课、习题答案、实验报告、上机实验总结、笔试模拟试卷及参考答案、上机模拟测试试卷、教学软件、实验操作视频、实验账套 12 种教学资源。

本版教材增加了云会计、财务共享、RPA 财务机器人等新会计信息化应用的介绍。

本书可作为高等院校会计及经济管理相关专业的教材，也可作为广大会计从业人员的学习用书。

本书封面贴有清华大学出版社防伪标签，无标签者不得销售。
版权所有，侵权必究。举报: 010-62782989, beiqinquan@tup.tsinghua.edu.cn。

图书在版编目(CIP)数据

会计信息系统原理与实验教程：基于用友 ERP-U8 V 10.1 / 汪刚，金春华主编. —2 版. —北京：清华大学出版社，2021.6 (2024.8 重印)
普通高等教育经管类专业系列教材
ISBN 978-7-302-58159-8

Ⅰ.①会… Ⅱ.①汪… ②金… Ⅲ.①会计信息—财务管理系统—高等学校—教材 Ⅳ.①F232

中国版本图书馆 CIP 数据核字(2021)第 088823 号

责任编辑：刘金喜
封面设计：何凤霞
版式设计：孔祥峰
责任校对：成凤进
责任印制：刘海龙

出版发行：清华大学出版社
网　　址：https://www.tup.com.cn, https://www.wqxuetang.com
地　　址：北京清华大学学研大厦 A 座
邮　　编：100084
社 总 机：010-83470000
邮　　购：010-62786544
投稿与读者服务：010-62776969, c-service@tup.tsinghua.edu.cn
质 量 反 馈：010-62772015, zhiliang@tup.tsinghua.edu.cn

印 装 者：天津安泰印刷有限公司
经　　销：全国新华书店
开　　本：185mm×260mm
印　　张：23.5
字　　数：647 千字
版　　次：2016 年 8 月第 1 版　2021 年 7 月第 2 版
印　　次：2024 年 8 月第 7 次印刷
定　　价：68.00 元

产品编号：093128-01

前　言

目的

随着"大智移云物区"(大数据、人工智能、移动通信、云计算、物联网、区块链)等技术的应用推广，会计信息化正朝着业财深度一体化、处理全程自动化、内外系统集成化、操作终端移动化、处理平台云端化、财务分析智能化等趋势发展。

为加强对会计信息化工作的指导和规范，财政部根据《中华人民共和国会计法》(以下简称《会计法》)发布了一系列文件，具体包括《财政部关于推进我国会计信息化工作的指导性意见》《会计档案管理办法》(新)、《会计改革与发展"十三五"规划纲要》《财政部关于全面推进管理会计体系建设的指导意见》《管理会计基本指引》《关于进一步做好增值税电子普通发票推行工作的指导意见》《关于规范电子会计凭证报销入账归档的通知》等。这些文件均对会计信息化内容和工作提出了更新、更高的要求。与此同时，教育部主办的各类技能大赛正如火如荼地开展着，其中会计信息化应用大赛每年都在举办。让读者掌握更新的会计信息化应用知识与技能，培养会计信息化人才，提供能够满足企业会计信息化需要的知识体系与实训体系，正是本书的编写目的。

特色

1. 知识体系完整

本书共分13章，第1章是会计信息系统导论；第2~13章以用友U8 V10.1软件为蓝本，全面系统地介绍了系统管理、基础设置、总账管理、报表管理、工资核算、固定资产管理、应收应付管理、供应链初始设置、采购管理、销售管理、库存管理与存货核算等内容。

全书结构清晰，内容完整，不仅包含了常用的财务链部分，还详细介绍了供应链部分，涵盖了会计信息化软件所应具备的大部分内容。本书既可供各类应用型本科院校、高职院校教学应用，也可用作各类会计信息化大赛的参考教材，还可用作社会人员自学用友ERP-U8软件的辅助教材。

本版教材与上版教材相比做了如下改动。

- 更新了实验中的税率(新增值税税率、新个人所得税税率)及部分实验数据。
- 重新制作了所有教学资源。
- 介绍了"大智移云物"技术下云会计、财务共享、RPA财务机器人等新应用。
- 更正了上版教材中部分错误内容，使教材内容更加紧凑、严谨。
- 本教材已上线网络教学平台，在PC端和移动端(手机、PAD)均可在线学习和在线测评。
- 本教材重要知识点配备了微课讲解和操作演示二维码，可直接扫码学习。

2. 教材结构创新,突出实践能力培养

1) 五大板块设计,内容循序渐进

本书每章设有五大板块,体现渐进式内容设计的特点。

板 块	特 点
学习目标	明确读者学完本章后,应具备的知识目标和能力目标
案例导入	此部分以贯穿全书的一个模拟案例为基础,介绍企业在实施信息化本章内容后所达到的目标,使读者充分感知本章理论知识在企业实际中如何应用。同时,本章实训练习也是以此案例为基础展开的
知识学习	介绍要完成本章实训,应掌握的知识体系
实践应用	将本章案例内容展开为详细的实验内容,提供详细的操作步骤与视频演示,供读者无障碍上机练习、体会与应用
巩固提高	通过五种题型(单选、多选、判断、简答、案例分析)的练习,使读者进一步消化、理解本章内容并提升自身能力

2) 案例导入教学

本书以企业会计信息化的实际应用为导向展开各章内容。因此,各章在开始部分,先介绍一个与本章相关的模拟企业案例,让读者体会企业中的需求与应用模式,在此基础上,再学习相关理论知识,并通过上机实验,加深理解和体会。

3) 突出实践能力培养

"学以致用"是本书的特色。本书的实训练习部分,实验目的明确,实验资料翔实严谨、前后呼应,实验步骤完整详细,配有视频演示。通过上机实验,应能较好掌握各章内容。

3. 教学学习资源丰富

本书配有丰富的教学和学习资源,供教师和学生使用,详见《教学与学习资源使用说明》。

本书录制了 300 多个操作视频,直接通过浏览器即可打开,不需安装任何播放器。例如,视频 sy1-1.mp4 表示该视频在"操作视频\实验一"文件夹下,这里的 sy1 代表实验一,实验一的所有操作视频均在此文件夹中。教学资源可通过 http://www.tupwk.com.cn/downpage 下载。

4. 适合于"翻转课堂""微课、慕课教学"等新型教学模式

本书提供丰富的教学和学习资源,包括课程导入案例、教学 PPT、操作演示视频、课后练习题(单选、多选、判断、简答),还有课后深入学习的案例分析,形式多样,学员可分组 PPT 展示、写小论文、分析体会等。所有资源可根据教学状况,由教师自行组织,方便开展"翻转课堂""微课、慕课教学"等新型教学模式。

团队

本书编写团队成员除教学经验丰富的一线教师外,还有来自会计信息化应用的行业人士。

本书由汪刚、金春华担任主编,沈银萱、王晖、王新玲担任副主编。

致谢

感谢新道科技股份有限公司(用友集团核心成员企业)对本书的大力支持。

感谢本书的所有使用者,希望本书能对你们有所帮助。对于书中疏忽及错漏之处,诚挚地希望广大读者给予批评指正。

再次感谢您对本书的关注。

服务

欢迎广大教师加入会计信息化教学服务 QQ 群:340076329,获取教学课件及更多教学资料。

服务邮箱:476371891@qq.com

编 者
2020 年 12 月

教学与学习资源

序号	资源名称	资源形式	数量	资源说明	使用对象
1	教学大纲	Word文档	1份	由于每个学校此课程学分、学时不同，此大纲仅供参考	教师
2	授课教案	Word文档	1份	此教案设计详细，每章教学安排包括教学内容、教学方法、建议学时、案例导入、教学活动等，共100页	教师
3	教学课件	PPT文档	1套	此课件精心制作、突出授课重点、直接与操作视频链接，极大地方便了教师开展课堂教学	教师 学生
4	微课	MP4文件	40个	讲解重要知识点及操作演示	教师 学生
5	习题答案	Word文档	1份	给出各章习题参考答案，尤其给出了案例题结题思路及答案	教师
6	实验报告 实验体会	Word文档	1份	每个实验的实验报告模板；实验报告中实验体会部分的参考答案	教师 学生
7	上机实验 问题总结	PPT文档	1份	总结了学生在每个实验中容易出现的共性问题，原因是什么？解决办法有哪些？	教师
8	模拟试卷及 参考答案	Word文档	2套	笔试试卷及参考答案。题型：单选、多选、判断、简答和综合	教师
9	上机测试 试卷	Word文档	3套	总账+报表：1套 总账+报表+工资+固定资产：1套 总账+报表+工资+固定资产+供应链：1套	教师
10	教学软件	安装程序	1套	版本：用友新道ERP-U8 V10.1学习版。可下载安装，供练习实验用	学生 教师
11	实验操作 视频	MP4文档	300个	与每个实验的具体操作步骤对应	学生 教师
12	实验账套	压缩文件	14个	每个实验的结果配套，既是实验结果，又是进行其他实验的基础	学生 教师

说明：

教师用资源获取方式：订购教材的教师联系出版社获取。联系方式：476371891@qq.com。010-62784096。

学生用资源的下载地址：http://www.tupwk.com.cn。

目 录

第1章 会计信息系统导论 ... 1
1.1 会计信息系统概述 ... 3
- 1.1.1 从会计电算化到会计信息化 ... 3
- 1.1.2 会计信息系统的概念 ... 4
- 1.1.3 会计信息系统的特点 ... 4
- 1.1.4 会计信息系统的分类 ... 5
- 1.1.5 会计信息系统与手工会计核算的区别 ... 5
- 1.1.6 会计信息系统的发展历程 ... 6

1.2 会计信息系统的功能结构 ... 9
- 1.2.1 会计信息系统功能结构概述 ... 10
- 1.2.2 会计信息系统应用方案介绍 ... 10

1.3 会计信息系统实施及运行管理 ... 11
- 1.3.1 会计信息系统的实施 ... 11
- 1.3.2 会计信息系统的实施步骤 ... 14
- 1.3.3 会计信息系统的运行管理 ... 15

1.4 会计信息化新应用 ... 17
- 1.4.1 云会计 ... 18
- 1.4.2 财务共享服务 ... 20
- 1.4.3 财务机器人 ... 22

1.5 用友 ERP-U8 管理软件简介 ... 24
- 1.5.1 功能特点 ... 24
- 1.5.2 总体结构 ... 25
- 1.5.3 数据关联 ... 25
- 1.5.4 教学系统安装 ... 26

第2章 系统管理 ... 35
2.1 系统管理概述 ... 37
- 2.1.1 系统管理的主要功能 ... 37
- 2.1.2 系统管理的使用者 ... 38
- 2.1.3 系统管理操作的基本流程 ... 38

2.2 系统管理应用 ... 39
- 2.2.1 账套管理 ... 39
- 2.2.2 角色及用户管理 ... 43
- 2.2.3 权限管理 ... 44
- 2.2.4 账套库管理 ... 45
- 2.2.5 系统安全维护 ... 46

实验一 系统管理业务 ... 47

第3章 基础设置 ... 55
3.1 基础设置概述 ... 57
3.2 机构设置 ... 58
- 3.2.1 部门档案 ... 58
- 3.2.2 人员类别 ... 58
- 3.2.3 人员档案 ... 59

3.3 往来单位基础信息设置 ... 59
- 3.3.1 客户分类 ... 59
- 3.3.2 客户档案 ... 59
- 3.3.3 供应商分类 ... 60
- 3.3.4 供应商档案 ... 60
- 3.3.5 地区分类 ... 60

3.4 财务信息设置 ... 60
- 3.4.1 会计科目设置 ... 60
- 3.4.2 凭证类别设置 ... 65
- 3.4.3 外币设置 ... 65
- 3.4.4 项目设置 ... 66

3.5 收付结算信息设置 ... 67
- 3.5.1 结算方式 ... 67
- 3.5.2 付款条件 ... 67
- 3.5.3 开户银行 ... 67

3.6 其他基础信息设置 ... 68

	3.6.1	存货信息设置 68
	3.6.2	供应链基础信息设置 68
实验二		基础设置业务 68

第4章 总账管理子系统 83

- 4.1 总账管理子系统概述 86
  - 4.1.1 总账管理子系统的功能结构 86
  - 4.1.2 总账管理子系统应用流程 86
  - 4.1.3 总账管理子系统与其他子系统的关系 87
- 4.2 总账管理子系统初始设置 88
  - 4.2.1 总账管理子系统的参数设置 88
  - 4.2.2 总账管理子系统的期初数据录入 92
- 4.3 总账管理子系统日常业务处理 93
  - 4.3.1 凭证管理 93
  - 4.3.2 出纳管理 99
  - 4.3.3 账簿查询 102
- 4.4 总账管理子系统期末处理 104
  - 4.4.1 自动转账 104
  - 4.4.2 对账及试算平衡 107
  - 4.4.3 结账 107
- 实验三 总账管理子系统初始设置 108
- 实验四 总账管理系统日常业务处理 111
- 实验五 总账管理系统期末处理 120

第5章 UFO报表子系统 129

- 5.1 UFO报表子系统概述 131
  - 5.1.1 UFO报表子系统的功能 131
  - 5.1.2 UFO报表子系统与其他子系统的关系 131
  - 5.1.3 UFO报表子系统的应用流程 132
  - 5.1.4 UFO报表子系统的相关概念 132
- 5.2 UFO报表子系统初始设置 136
  - 5.2.1 报表格式设置 136
  - 5.2.2 报表公式设置 139
  - 5.2.3 报表模板 141
- 5.3 UFO报表子系统日常处理 142
  - 5.3.1 报表编制 142
  - 5.3.2 图表处理 143

	5.3.3	表页管理 143
	5.3.4	报表数据管理 144
实验六		UFO报表管理 144

第6章 薪资管理子系统 155

- 6.1 薪资管理子系统概述 157
  - 6.1.1 薪资管理子系统的功能 157
  - 6.1.2 薪资管理子系统与其他子系统的关系 158
  - 6.1.3 薪资管理子系统的应用流程 158
- 6.2 薪资管理子系统初始设置 159
  - 6.2.1 薪资管理子系统的参数设置 159
  - 6.2.2 薪资管理子系统的基础信息设置 160
  - 6.2.3 薪资管理子系统的期初数据录入 163
- 6.3 薪资管理子系统日常及期末处理 164
  - 6.3.1 工资变动处理 164
  - 6.3.2 工资计算和汇总 165
  - 6.3.3 个人所得税的计算 165
  - 6.3.4 银行代发工资 165
  - 6.3.5 工资扣零处理 166
  - 6.3.6 票面分解处理 166
  - 6.3.7 工资分摊和凭证处理 166
  - 6.3.8 工资账表查询 167
  - 6.3.9 期末处理 168
- 实验七 薪资管理 168

第7章 固定资产管理 183

- 7.1 固定资产管理子系统概述 185
  - 7.1.1 固定资产管理子系统的功能 185
  - 7.1.2 固定资产管理子系统与其他子系统的关系 186
  - 7.1.3 固定资产管理子系统的应用流程 186
- 7.2 固定资产管理子系统初始设置 187
  - 7.2.1 固定资产管理子系统的参数设置 187
  - 7.2.2 固定资产管理子系统的基础信息设置 187
  - 7.2.3 固定资产管理子系统的初始数据录入 189

7.3 固定资产管理子系统日常及
　　期末处理 190
　　7.3.1 固定资产增减处理 190
　　7.3.2 固定资产变动处理 190
　　7.3.3 折旧处理 191
　　7.3.4 资产评估处理 193
　　7.3.5 凭证处理 193
　　7.3.6 账表查询 193
　　7.3.7 期末处理 195
实验八　固定资产管理业务 195

第8章 应收应付款管理子系统 207
8.1 应收款管理子系统概述 209
　　8.1.1 应收款核算和管理的应用方案 209
　　8.1.2 应收款管理子系统的主要功能 210
　　8.1.3 应收款管理子系统与其他
　　　　子系统的主要关系 210
　　8.1.4 应收款管理子系统的应用流程 211
8.2 应收款管理子系统初始设置 212
　　8.2.1 应收款管理子系统的参数设置 212
　　8.2.2 应收款管理子系统的基础信息
　　　　设置 214
　　8.2.3 应收款管理子系统的业务处理
　　　　核算规则设置 214
　　8.2.4 应收款管理子系统的期初数据
　　　　录入 216
8.3 应收款管理子系统日常及期末
　　处理 216
　　8.3.1 应收单据处理 216
　　8.3.2 收款单据处理 217
　　8.3.3 票据管理 218
　　8.3.4 转账处理 218
　　8.3.5 坏账处理 219
　　8.3.6 制单处理 221
　　8.3.7 账表查询 221
　　8.3.8 期末处理 222
实验九　应收款管理 223

第9章 供应链管理子系统初始化 235
9.1 供应链管理系统概述 237
　　9.1.1 供应链管理系统功能模块及
　　　　应用方案 237
　　9.1.2 供应链管理系统数据流程 238
9.2 供应链管理子系统基础档案 239
　　9.2.1 存货分类 239
　　9.2.2 计量单位 239
　　9.2.3 存货档案 240
　　9.2.4 仓库档案 241
　　9.2.5 收发类别 241
　　9.2.6 采购类型/销售类型 241
　　9.2.7 费用项目 241
　　9.2.8 货位档案 241
　　9.2.9 产品结构 241
　　9.2.10 成套件 241
9.3 采购管理子系统初始设置 242
　　9.3.1 采购管理子系统主要参数设置 242
　　9.3.2 采购管理子系统期初数据 242
　　9.3.3 采购管理子系统期初记账 243
9.4 销售管理子系统初始设置 243
　　9.4.1 销售管理子系统主要参数设置 243
　　9.4.2 销售管理子系统期初数据 245
9.5 库存管理子系统初始设置 245
　　9.5.1 库存管理子系统主要参数设置 245
　　9.5.2 库存管理子系统期初数据 247
9.6 存货核算子系统初始设置 248
　　9.6.1 存货核算子系统主要参数设置 248
　　9.6.2 存货核算子系统科目设置 249
　　9.6.3 存货核算子系统期初数据 249
实验十　供应链管理系统初始设置 250

第10章 采购管理子系统 261
10.1 采购管理子系统概述 262
　　10.1.1 采购管理子系统的
　　　　　主要功能 262
　　10.1.2 采购管理子系统与其他
　　　　　子系统的关系 263
10.2 采购管理子系统日常业务处理 264
　　10.2.1 采购管理子系统日常业务的
　　　　　主要环节 264
　　10.2.2 普通采购业务 267

10.2.3　现付业务 ····················269
　　　10.2.4　采购运费业务 ············270
　　　10.2.5　采购退货业务 ············270
　　　10.2.6　其他类型采购业务 ······271
　10.3　采购管理子系统信息查询 ········272
　　　10.3.1　原始单据 ····················272
　　　10.3.2　采购相关明细表 ·········272
　　　10.3.3　采购账簿 ····················273
　　　10.3.4　采购分析 ····················273
　10.4　采购管理子系统期末处理 ········274
　　　10.4.1　月末结账 ····················274
　　　10.4.2　年末结转 ····················274
　实验十一　采购管理 ····························274

第 11 章　销售管理子系统 ··············287
　11.1　销售管理子系统概述 ················288
　　　11.1.1　销售管理子系统的主要功能 ····288
　　　11.1.2　销售管理子系统与其他
　　　　　　子系统的关系 ··············289
　11.2　销售管理子系统日常业务处理 ····290
　　　11.2.1　销售管理子系统日常业务
　　　　　　主要环节 ·····················290
　　　11.2.2　普通销售业务 ··············292
　　　11.2.3　现收业务 ····················293
　　　11.2.4　销售运费业务 ············294
　　　11.2.5　销售退货业务 ············295
　　　11.2.6　其他类型销售业务 ······295
　11.3　销售管理子系统信息查询 ········298
　　　11.3.1　原始单据 ····················298
　　　11.3.2　销售相关明细账表 ······298
　　　11.3.3　销售相关统计表 ·········299
　　　11.3.4　销售分析 ····················300
　11.4　销售管理子系统期末处理 ········302
　　　11.4.1　月末结账 ····················302
　　　11.4.2　年末结转 ····················303
　实验十二　销售管理 ····························303

第 12 章　库存管理子系统 ··············321
　12.1　库存管理子系统概述 ················322
　　　12.1.1　库存管理子系统的主要功能 ····323

　　　12.1.2　库存管理子系统与其他
　　　　　　子系统的关系 ··············323
　12.2　库存管理子系统日常业务处理 ····324
　　　12.2.1　入库业务处理 ············324
　　　12.2.2　出库业务处理 ············325
　　　12.2.3　其他业务处理 ············326
　12.3　库存管理子系统信息查询 ········329
　　　12.3.1　原始单据 ····················329
　　　12.3.2　库存账表 ····················329
　12.4　库存管理子系统期末处理 ········332
　　　12.4.1　月末结账 ····················332
　　　12.4.2　年末结转 ····················333
　实验十三　库存管理 ····························333

第 13 章　存货核算子系统 ··············343
　13.1　存货核算子系统概述 ················344
　　　13.1.1　存货核算子系统的主要功能 ·······344
　　　13.1.2　存货核算子系统与其他
　　　　　　子系统的关系 ··············345
　13.2　存货核算子系统日常业务 ········346
　　　13.2.1　入库业务 ····················346
　　　13.2.2　出库业务 ····················347
　　　13.2.3　调整业务 ····················347
　　　13.2.4　假退料业务 ················348
　13.3　存货核算子系统业务核算 ········349
　　　13.3.1　记账规则与算法 ·········349
　　　13.3.2　业务核算内容 ············352
　13.4　存货核算子系统信息查询 ········357
　　　13.4.1　原始单据查询 ············357
　　　13.4.2　存货账簿查询 ············357
　　　13.4.3　存货汇总表查询 ·········357
　　　13.4.4　分析表查询 ················358
　13.5　存货核算子系统期末处理 ········359
　　　13.5.1　期末成本处理 ············359
　　　13.5.2　月末结账 ····················360
　　　13.5.3　年末结转 ····················360
　实验十四　存货核算 ····························360

第1章 会计信息系统导论

📢 学习目标

知识目标
- 了解会计信息系统的概念、特点、发展
- 了解会计信息系统的实施及运行管理
- 熟悉云会计、财务共享、RPA财务机器人等会计信息化新应用
- 熟悉会计信息系统的分类
- 掌握会计信息系统与手工会计核算的区别
- 掌握会计信息系统的功能结构及应用方案

能力目标
- 能结合企业实际,确定企业会计信息系统的应用方案

📖 案例导入

北京阳光信息技术有限公司(简称:阳光公司)成立于2015年。该企业属于高新科技企业,从事计算机的生产与销售及相关配套产品的销售,企业运转良好。

企业领导层通过商议决定于2020年1月开始使用会计信息化软件进行会计及业务核算,全面提升会计核算工作的效率,加强企业的会计管理能力。

财务部门成立了专门的会计信息化小组,上网查询并学习了相关电算化法规,了解了会计信息系统建设的流程。信息化小组经过多方考察,决定购买用友ERP-U8 V10.1软件作为企业开展会计工作的平台。该企业购买了U8软件的总账、财务报表、工资、固定资产、应收、应付、采购、销售、库存、存货等子系统,进行财务业务一体化应用。该企业共设置6个站点,应用模式如表1-1所示。

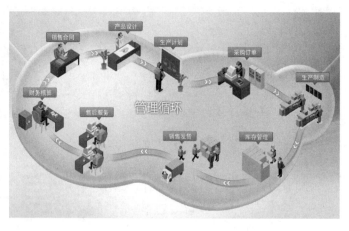

表1-1 U8站点应用分布

站点	部门	负责业务
站点1	财务部	负责总账、财务报表业务
站点2	财务部	负责应收、应付、存货核算业务
站点3	财务部	负责工资、固定资产业务处理
站点4	采购部	负责采购业务处理
站点5	销售部	负责销售业务处理
站点6	仓储部	负责各类出入库业务处理

企业信息系统的硬件环境已经搭建完毕,如图1-1所示,企业准备进行软件的安装、调试及试运行。

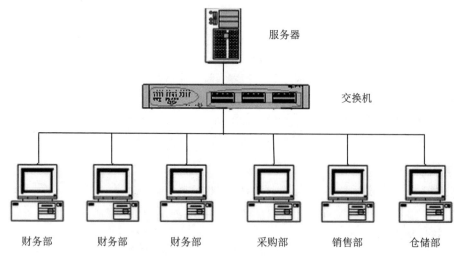

图1-1 企业信息系统的硬件环境

信息化应用目标

(1) 搭建企业会计信息化应用硬件平台和软件平台。
(2) 安装调试完成ERP-U8软件服务端和客户端。

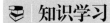 知识学习

会计信息系统作为一个以提供财务信息为主的信息系统，长期以来在企业的经营管理中起着重要作用。随着现代信息技术的飞速发展，世界经济已经进入了知识经济的时代。世界经济环境的变迁、科学技术特别是信息技术的飞速发展，使我国企业面对全球市场竞争和信息化社会的巨大挑战。如何加强企业管理水平、提高企业的核心竞争能力以应对这一挑战并占据主动地位，是摆在我国企业面前的一个艰巨任务。为此国家制定了"以信息化带动工业化，发挥后发优势，实现社会生产力的跨越式发展"这一覆盖现代化建设全局的战略举措。在这样的大背景下，会计工作也急需引入先进管理技术、提高自身的现代化水平，以应对这种挑战。在这种情况下，以信息技术为基础的会计信息系统被引入会计工作并逐步推广、完善。

1.1 会计信息系统概述

20世纪中后期以来各种高新技术像雨后春笋般纷纷出现，其中最为突出的就是信息技术，目前它已经成为当代新技术革命最活跃的领域。信息技术是由计算机技术、网络通信技术、传感技术等构成的综合性高新技术，是人类开发和利用信息资源的所有手段的总和。

1.1.1 从会计电算化到会计信息化

20世纪50年代初，计算机被一些发达国家应用于会计领域，从而引发了会计处理设备的重大变革。1979年，财政部向作为第一家试点单位的长春第一汽车制造厂拨款500万元人民币，进行会计电算化试点工作，并由此拉开了我国会计电算化工作的序幕。1981年8月，中国人民大学和第一汽车制造厂联合召开了"财务、会计、成本应用电子计算机专题讨论会"，正式提出了会计电算化的概念。这次会议也是我国会计电算化理论研究的一个里程碑。

狭义的会计电算化，是指以电子计算机为主体的当代电子信息技术在会计工作中的应用。具体来说，就是利用会计软件指挥各种计算机设备替代手工完成，或者完成在手工条件下很难完成，甚至无法完成的会计工作的过程。广义的会计电算化，是指与实现会计工作电算化有关的所有工作，包括软件开发与应用、人才培养、发展规划、制度建设、软件市场的培育与发展等。

进入20世纪90年代后，企业对会计电算化有了更深的理解和更高的要求，信息技术的发展也为会计电算化的推广发展提供了更好更经济的软硬件保证。企业开始将单项会计核算业务电算化整合、扩展为全面电算化，将企业内部的信息"孤岛"与企业连接起来。在这一阶段，企业积极研究对传统会计组织的业务处理流程的重新调整，从而实现企业内部以会计核算系统为核心的信息集成化，其主要特征为在企业组织内部实现会计信息和业务信息的一体化，并在两者之间实现无缝连接。

在这种形势下，会计电算化已开始不能满足经济发展的要求，会计信息化正在取代会计电算化成为会计发展的方向，是会计发展过程中一次质的飞跃。

会计信息化是指企业利用计算机、网络通信等现代信息技术手段开展会计核算，以及利用上述技术手段将会计核算与其他经营管理活动有机结合的过程。相对于会计电算化而言，会计信息化是一次质的飞跃。现代信息技术手段能够实时便捷地获取、加工、传递、存储和应用会计信息，为企业经营管理、控制决策和经济运行提供充足、实时、全方位的信息。

1.1.2 会计信息系统的概念

1. 系统及其特征

系统是由处于一定环境中相互作用的若干组成部分结合而成并为达到整体目的而存在的集合。系统具有以下特征。

(1) 整体性：系统内各部分之间存在相互依存关系，既相对独立又有机地联系在一起。

(2) 目的性：系统的全部活动都是为了达到特定的目标。虽然系统中各个部分的分工不同，但整体目标是相同的，系统内各部分都要为统一目标发挥作用。

(3) 相关性：系统内的各个部分都是相互联系、密不可分的，同时系统与外部资源也相互关联。

(4) 环境适应性：系统应随外部环境的发展而做出相应的变动，以保持系统与外部环境的一致性。

2. 信息系统

信息系统是一个人造系统，它由人、硬件、软件和数据资源组成，目的是及时和正确地收集、加工、存储、传递及提供信息，实现组织中各项活动的管理、调节和控制。

从过程来看，资料的输入、处理转化和信息输出的过程构成一个信息系统。企业的会计处理就是一个对于资金运动进行处理的信息系统。会计人员确认、计量、记录企业的各项交易或事项，以及输入各项经济活动的资料，通过会计人员的分类和整理将信息处理转化，而财务报告就是一个信息输出的过程。

3. 会计信息系统

一般认为会计信息系统是管理信息系统的一个子系统，以电子计算机网络技术和现代信息技术为基础，以人为主导，充分利用计算机硬件、软件、网络通信设备及其他办公设备，进行企事业单位会计业务数据的收集、存储、传输和加工，输出会计信息，并将其反馈给各有关部门，为企业的经营活动和决策活动提供帮助，为投资者、债权人、政府部门提供财务信息的系统。

虽然会计信息系统的概念有多种说法，但其核心内容目前达成共识的，主要包括以下几个要点。

(1) 其是管理信息系统的一个子系统。
(2) 采用了计算机和信息技术。
(3) 运用软件工程学的开发方法。
(4) 处理会计业务数据，提供会计信息。
(5) 能够进行财会分析、预测、决策和控制等管理。

1.1.3 会计信息系统的特点

计算机会计信息系统与手工会计操作相比具有以下主要特点。

(1) 会计信息系统以计算机和互联网信息技术为主要工具，采用人、机结合方式，进行相互操作。

(2) 数据采集要求标准化和规范化。系统要从原始单据中接收或获取会计的原始数据，必须对输入的数据标准化、规范化，以适应计算机处理的需要。因此，要改变以往会计凭证不统一的状况，应采取统一的编码，建立统一的数据输入格式，并加强对输入数据的校验，保证输入数据的正确性。

特别是在互联网的环境下，各种原始凭证变成电子化的形式，原始凭证的传递变成网络方式，会计信息系统可以通过互联网直接在企业内部和外部各个部门分散收集原始数据，这大大节省了原始数据搜集的成本和时间，提高了原始数据的准确性。

(3) 数据处理方式集中化和自动化。数据处理集中化是指在实现会计电算化以后，由原各个业务岗位进行的核算工作统一为计算机处理。特别是建立网络以后，由于数据的共享，数据的处理必须集中。数据处理自动化，是指在数据处理过程中，人工干预明显减少，将由程序设定后自动进行处理。

(4) 会计信息载体无纸化。在会计信息系统中，会计证、账、表信息的存储介质采用看不见摸不着的光、电、磁介质。计算机采用的光、电、磁介质不同于纸张介质，人不能直接识读，但是存放在光、电、磁介质上的信息量大、查询速度快、易于复制和删除。在互联网环境下，会计信息不仅存储无纸化，而且数据输入、处理过程、会计信息输出都将采用无纸化的形式。

(5) 财务和业务的协同处理，即业财融合。协同主要指两个方面：一是财务和企业内部业务的协同。企业内部的业务流程很多，如以购销链为主的物流、以生产管理为主的生产流等。在这些业务流程中，产生的信息需要和资金流管理相协调，一旦产生财务信息，则要并行送入会计信息系统中进行加工、存储和处理，会计信息系统同样应及时将产生的有关数据送给业务系统，从而保证财务与业务步调一致、协同前进。二是财务和企业外部业务的协同。外部业务包括：向客户的销售、催账等，向供应商的询价、采购等，银行的结算等。在企业经营链上，每一个业务活动的产生如果伴随着财务信息就必须及时处理，并将处理结果反馈给外部业务流程，实现与外部业务的协同。

1.1.4　会计信息系统的分类

计算机会计信息系统按功能层次来分可以分为以下几个部分。

(1) 电子数据处理系统(Electronic Data Processing System，EDPS)。电子数据处理系统是一种面向业务数据处理的信息系统。其主要功能是对业务数据进行登录、编辑、存储、按规定输出信息。它所追求的目标是用计算机代替人工操作，提高处理效率。

(2) 管理信息系统(Management Information System，MIS)。管理信息系统是为实现辅助管理功能而设计的一种信息系统，它是由 EDPS 逐渐发展形成的。其主要功能是在电子数据处理的基础上，依靠电子计算机存储的数据和建立的相应经济管理模型，迅速地为管理的规划、实时控制提供必要的参考信息。一般来说，企业的计算机会计信息系统是管理信息系统的一个核心子系统。

(3) 决策支持系统(Decision Support System，DSS)。决策支持系统是以提高决策的效果为目标，面向决策者的一种信息系统，它是由 MIS 系统逐渐发展形成的。DSS 的关键组成部分是一个以计算机为基础、反映决策者面临的某些方面问题的模型库和对应的方法库。它们利用 MIS 系统数据库中的信息，以及大量外部的、往往是半结构化和非结构化的信息，可以使决策者模拟实际经营活动中可能出现的情况，在计算机上试验各种各样的处理方案，并且选择最优方案辅助决策。

1.1.5　会计信息系统与手工会计核算的区别

无论是手工会计操作，还是采用计算机会计信息系统，对会计数据的处理和所提供的会计信息都要符合国家会计制度的规定。但是，计算机和互联网环境下的会计信息系统与手工会计操作有很大的差别，主要体现在以下几个方面。

1. 改变了原有的组织体系

在手工操作中，以会计事务的不同性质为依据来划分会计工作组织体系，一般财务部门分为若干个业务核算小组，如材料岗、工资岗等；在会计信息系统中，以数据的不同形态为依据来划分会计工作组织体系，一般要设置数据输入、审核、处理、输出和维护等岗位。

2. 改变了会计核算形式和方法

手工下的会计核算形式和某些核算方法是手工条件下必须要设定的，如要求的账证核对、账账核对等就是为了减少手工核算的错误而设定的。在会计信息系统中，会计人员不必再考虑手工下的业务处理流程，只要符合国家统一的会计制度的规定，就可以从所要达到的目标出发，设计出业务流程更加合理、更适合计算机处理、效率更高、计算更精确的会计核算形式和核算方法。

3. 改变了原有的内部控制制度

在会计信息系统中，原来的内部控制方式部分被改变或取消。例如，原来靠账簿之间互相核对实现的查错、纠错控制基本上已经不复存在，而代之以更加严密的输入控制。控制范围已经从财务部门转变为财会部门和计算机处理部门，控制的方式也从单纯的手工控制转化为组织控制、手工控制和程序控制相结合的全面内部控制。例如，会计信息系统本身已建立起了新的岗位责任制和严格的内部控制制度；会计信息系统增加了权限控制，各类会计人员必须有自己的操作密码和操作权限；系统本身增加了各种自动平衡校验措施；等等。

4. 改变了账表存储方式，增加了输出过程

在手工操作中，总账、明细账、日记账都是严格区分的，并有其特定的格式，存储介质是看得见、摸得着的纸张。在会计信息系统中，账簿、报表所需的数据是以数据库文件的形式保存在光、电、磁介质上的。当需要查看这些账簿或报表时，执行相应的会计信息输出功能，系统按事先设计的程序，自动从数据库文件中取得数据并进行筛选、分类、计算、汇总，然后按照国家统一的会计制度规定的格式，将指定的凭证、账簿或报表在计算机屏幕上显示或用打印机打印出来即可。

5. 强化了会计的管理职能

在手工环境下，许多复杂、实用的会计模型，如最优经济订货批量模型、多元回归分析模型等很难在企业管理中得以实施，大部分预测、决策工作需要依赖管理者个人的主观判断。在会计信息系统中，会计人员一方面能够从繁重的会计核算工作中解脱出来，另一方面借助软件强大的分析、预测、决策功能，利用实时的会计信息和其他信息，可以进行各种复杂的管理、分析和决策工作。

1.1.6 会计信息系统的发展历程

会计信息系统的发展与信息技术的发展息息相关。从计算机技术到互联网技术，再到"大智移云"技术，我国会计信息系统的发展也随之变化，主要划分为以下四个阶段。

1. 1979—1995年，以替代手工账为核心的会计电算化阶段

1979年，财政部拨款500万元，在长春第一汽车制造厂进行会计电算化试点尝试。1981年，在长春召开的"财务、会计、成本应用计算机专题研讨会"上正式把"计算机在会计工作中的应用"简称为"会计电算化"。

该阶段微型机还没有面市，计算机比较昂贵，只有实力强的大型企业才有能力购置，市场上也还没有商品化会计软件。部分高校和研究所的学者开始进行会计电算化理论的研究，框架性地提出了会计信息系统的结构和主要功能。部分单位开始进行自主开发，首选突破口一般为易于解决的会计核算工作和工资发放与管理业务。这一时期的开发工作非常艰难，应用单位不了解计算机技术，也不能准确描述自己的业务需求，而专业技术人员不了解会计业务处理过程，只能依赖于个人的理解能力，因此开发是盲目的，并且周期长、社会普及率低、低水平重复开发严重，造成大量人力、物力的浪费。

经过 20 世纪 80 年代初期的探索，部分参与开发的人员积累了一定经验，培养了一大批既懂会计又懂计算机的复合型人才，为我国会计电算化软件商品化、市场化打下了基础。

根据国际发展趋势和国内情况，我国认识到依靠定点开发是不能解决中国会计电算化问题的，必须走通用化的道路。1988 年，中国会计学会在吉林省召开了第一届会计电算化学术讨论会，主题就是会计信息系统的通用化问题，与此同时，市场经济的大潮引领着一批年轻人先后成立了多家专门从事财务软件开发的专业公司，如目前国内最大的管理软件供应商和服务商——用友软件股份有限公司。1989 年 12 月，财政部颁布了关于会计电算化的第一个法规《会计核算软件管理的几项规定(试行)》，提出了对会计软件的"十条基本要求"，建立了商品化会计核算软件的评审制度。管理部门的介入对会计软件开发从通用化向商品化发展起到了积极的推动作用。

这一期间开发出的商品化会计软件主要以计算机替代手工核算和减轻会计人员记账、算账的工作量为主要目标，一般称为"核算型会计软件"。该类软件用于财务部门，是一种部门级的会计信息系统，它利用计算机替代了手工记账，实现了会计核算业务的计算机处理。软件模块构成主要包括账务处理、报表、工资核算、固定资产等，各模块相对独立，没有形成一个整体系统。

这一时期的主要会计软件供应及服务商有用友、金蝶、安易等。

2. 1996—2010 年，以业财一体化为核心的会计信息化阶段

20 世纪 90 年代中期，由于局域网、PC 互联网在我国的出现，基于局域网模式的业务财务一体化的会计信息系统应运而生。这个时期的会计信息系统，已由过去单纯的记账、算账、报账即核算型会计信息系统，发展成为以管理为核心的面向企业生产经营全过程的会计信息系统即管理型会计信息系统；由单纯的只对资金流进行管理，发展成为财务与购销存业务一体化管理；由单一的财务部门级的应用系统，发展成为跨越多个部门的企业级会计信息系统；由单机型会计信息系统发展成为网络型会计信息系统；由孤立的几个财务模块，发展成为既包括账务、报表、应收、应付、工资、固定资产的财务信息系统，也包括采购管理、库存管理、存货核算、销售管理等业务系统的业财一体化会计信息系统。

美国 Gartner 公司最早在 1990 年根据当时计算机信息、IT 技术发展及企业对供应链管理的需求，预测在今后信息时代企业管理信息系统的发展趋势，而提出了企业资源计划(Enterprise Resources Planning，ERP)概念。ERP 是指将企业的各方面资源(包括厂房、仓库、物资、设备、工具、资金、人力、技术、信誉等全部可供企业调配使用的有形和无形的资源)充分调配和平衡，为企业加强财务管理、提高资金运营水平、建立高效率供销链、减少库存、提高生产效率、降低成本、提高客户服务水平等方面提供强有力的工具，同时为高层管理人员的经营决策提供科学的依据，有效地提高盈利，最终全面建立企业竞争优势，提高企业的市场竞争力。

ERP 强调的是人、财、物、供、产、销全面结合与全面受控，实时反馈、动态协调，以销定产、以产供求，效益最佳、成本最低，流程式管理、扁平化结构，体现了最先进的管理思想和理念。作为一种管理工具，它同时又是一套先进的计算机管理系统。

企业级 ERP 系统中，会计信息系统的边界发生了拓展，除了包含财务业务一体化的会计信息系统之外，还包括物料需求计划系统、生产制造系统、成本管理系统、车间管理系统、设备管理系统、人力资源系统、OA 系统等。

2014 年 1 月 6 日实施的《企业会计信息化工作规范》第十一条提出：鼓励软件供应商在会计软件中集成可扩展商业报告语言(eXtensible Business Reporting Language，XBRL)功能，便于企业生成符合国家统一标准的 XBRL 财务报告。可扩展商业报告语言是一种基于 XML 的标记语言，用于商业和财务信息的定义和交换。XBRL 被誉为财务报告领域的条形码，该条码会给我们带来三层信息：第一层是数字和数字的背景信息；第二层是概念和概念的属性；第三层是概念之间、概念和资源之间的关系。XBRL 能为业务报告和分析的各个环节带来重要效益，这些环节的主体包括企业、会计人员、监管者、证券交易所、投资分析师、财务数据供应商、债权人和 IT 厂商；效益主要表现为自动化、成本节约、数据处理更快捷、更真实、更准确，可改进分析，可提升信息质量和决策质量等。

20 世纪 90 年代末开始，我国一些财务软件公司开始向 ERP 进军，这标志着我国会计信息化又一新阶段的到来。这一时期的主要 ERP 供应及服务商有用友、金蝶、浪潮等。

3. 2011—2016年，以财务共享服务为核心的会计数字化阶段

由于移动互联网、4G 技术、云计算、大数据、OCR 等技术的出现，很多集团企业开始纷纷建立基于云计算的财务共享服务中心。2005 年，中兴通讯成为第一家建立财务共享服务中心的中国企业，随后 10 年，引入财务共享服务模式日渐成为企业集团管控创新的重要手段，并在海尔、宝钢、美的、中兴通讯、国家开发银行、中国移动、国泰君安证券等一批管理领先的企业进行了有价值的实践，取得了积极的应用效果。

2013 年 12 月 9 日，财政部关于印发《企业会计信息化工作规范》的通知中，第三十四条明确指出：分公司、子公司数量多、分布广的大型企业、企业集团应当探索利用信息技术促进会计工作的集中，逐步建立财务共享服务中心。中国集团企业建立财务共享服务中心的成熟期已经到来。

集团企业将分散在不同分子公司 ERP 系统中的有关财务部分的内容独立出来，放到集团成立的财务共享中心运作，大大提升了企业的运行效率，降低了人工成本及运营成本。财务共享中心的核心子系统包括财务核算系统、网络报销系统、电子影像系统、电子档案系统、资金管理系统等。

这一时期的主要财务共享服务商有中兴新云、元年、用友、金蝶、浪潮等。

4. 2017—至今，以数据智能驱动为核心的会计智能化阶段

2017 年，李克强总理在政府工作报告中提出：全面实施战略性新兴产业发展规划，加快新材料、新能源、人工智能、集成电路、生物制药、第五代移动通信等技术研发和转化，做大做强产业集群。2018 年，人工智能再次写入政府工作报告：做大做强新兴产业集群，实施大数据发展行动，加强新一代人工智能研发应用，在医疗、养老、教育、文化、体育等多领域推进"互联网+"。2019 年的政府工作报告将人工智能升级为"智能+"。

随着人工智能(AI)、RPA、区块链、物联网等技术在会计信息系统中的应用，会计信息系统正朝着智能化方向发展，智能核算、智能分析与决策、智能风险预警等多种智能系统呼之欲出。

2019 年，Gartner 公司再次提出了基于 AI 驱动的 EBC(Enterprise Business Capability，企业业务能力)概念，并且预测：到 2023 年，将有 40%的大型企业从单一供应商战略转向 EBC 战略。EBC 的建设，由企业业务的思维模式、数字化的技术及企业实践三大要素构成，即：Capability(企业业务

能力)=Mindsets(思维模式)×Technology(数字化技术)×Practice(企业实践)。EBC 将提供面向客户的体验平台、面向员工的信息化平台、面向伙伴的生态平台、面向万物的物联网平台和数据与智能分析平台,助力企业数字化转型。EBC 由五大数字化平台构筑五种业务能力:链接客户的能力,链接员工的能力,链接伙伴的能力,链接万物的能力,数据驱动的能力。

传统 ERP 软件服务商和财务共享平台提供商纷纷向智能会计转型。

综上,我国会计信息系统发展阶段的比较如表 1-2 所示。

表1-2 我国会计信息系统发展阶段的比较

比较项目	电算化阶段 (1979—1995)	信息化阶段 (1996—2010)	数字化阶段 (2011—2016)	智能化阶段 (2017—至今)
技术支撑	计算机技术	计算机技术 局域网 PC互联网	计算机技术 局域网 PC互联网 移动互联网、4G 云计算、大数据 OCR	计算机技术 局域网 PC互联网 移动互联网、5G 云计算、大数据 OCR、AI、RPA、 区块链、物联网
应用模式	单机	C/S,B/S	公有云、私有云	公有云、私有云
软件系统	会计软件	ERP系统 XBRL	云ERP系统 财务共享系统	财务共享系统 云EBC系统
典型应用	总账、报表、工资、固定资产	财务:总账、报表、工资、固定资产、应收应付 业务:采购、销售、库存 其他:生产、质量、人力、OA等	财务共享核心系统:财务核算、网络报销、电子影像、电子档案、资金管理等	智能核算 智能分析 智能决策 智能预警
主要厂商	用友、金蝶、安易	用友、金蝶、浪潮	中兴新云、元年、用友、金蝶、浪潮	金蝶、中兴新云、元年、用友、浪潮

1.2 会计信息系统的功能结构

据统计,目前我国中小企业有 4000 万家,占企业总数的 99%,贡献了中国 60%的 GDP、50%的税收和 80%的城镇就业。占比 1%的大型集团企业为提升运营效率纷纷建立财务共享中心,会计数字化、智能化研究和应用发展较快,而广大的中小企业主要还是依赖 ERP 系统实现企业的信息化实践。ERP 系统中的会计信息系统仍然以业务财务一体化或业财融合的会计信息系统为主流。

本书基于用友 ERP-U8 V10.1 版本,着重讲述业务财务一体化或业财融合的会计信息系统的原理及应用。

1.2.1　会计信息系统功能结构概述

随着企业管理水平的不断提高，对会计信息系统的要求也越来越高。人们开始从企业经营管理的角度来设计会计信息系统，以便实现会计核算和财务管理一体化的目的。会计信息系统也逐渐演进成业务处理与会计核算一体化的系统。这种系统可以跨部门使用，使企业各种经济活动信息能充分共享，企业各个部门可以及时得到业务处理最需要的相关信息，尽可能消除企业各部门的信息"孤岛"现象，从而实现购销存业务与财务的一体化管理，有效地实现对资金使用和财务风险的控制，提供较充分的分析决策信息，因此受到用户的欢迎。

这种财务业务一体化的会计信息系统的功能结构可以分成三个基本部分，分别是财务、业务和管理分析，每部分由若干子系统组成。一个好的会计信息系统应该可以根据需要灵活地选择子系统，并方便地分期分批组建和扩展自己的会计信息系统。

1. 财务部分

财务部分主要由总账(账务处理)、工资管理、固定资产管理、应付管理、应收管理、成本核算、会计报表、资金管理等子系统组成。这些子系统以总账子系统为核心，为企业的会计核算和财务管理提供全面、详细的解决方案。其中工资子系统可以完成工资核算和发放及银行代发、代扣税等功能。固定资产子系统可以进行固定资产增减变动、计提折旧、固定资产盘盈/盘亏等处理，以帮助企业有效地管理各类固定资产。

需要说明的是，在各种会计信息系统中一般都有成本核算子系统，成本核算系统是以生产统计数据及有关工资、折旧和存货消耗数据为基础数据，按一定的对象分配、归集各项费用，以正确计算产品的成本数据，并以自动转账凭证的形式向账务及销售系统传送数据。但是，由于不同企业的生产性质、流程和工艺有很大的区别，单纯为成本核算而设计的系统应用非常有限。

2. 业务部分

业务部分以库存核算和管理为核心，包括库存管理、采购管理和销售管理等子系统。购销存部分可以处理企业采购、销售与仓库管理等部门各环节的业务事项，有效改善库存的占用情况、控制采购环节资金占用，并对应收账款进行严格的管理，尽可能避免坏账的产生。

3. 管理分析部分

管理分析部分一般包括财务分析、利润分析、流动资金管理、销售预测、财务计划、领导查询和决策支持等子系统。

1.2.2　会计信息系统应用方案介绍

不同性质的企业对会计信息系统会有不同的需求，因此一个好的通用商品化会计信息系统的各子系统应该可以根据用户的不同需求进行灵活的组合。同样，企业也应根据自己需要重点解决的问题和自己的人力、财力，选择合理的解决方案以达到物尽其用，以最少的耗费取得最大的效率。

1. 财务应用方案

财务应用方案适用于只希望使用会计信息系统解决企业会计核算与资金管理的企业。在这一方案中，系统的构成为总账、应收管理、应付管理、报表。其扩展子系统为工资管理、固定资产管理、资金管理和财务分析。

其使用的方案是：在总账及工资管理、固定资产管理子系统中完成日常财务核算；在报表系统中编制有关的财务报表；在固定资产管理子系统中进行固定资产的日常管理及折旧的计提；在资金管理子系统中进行企业内、外部存贷款的管理；在财务分析子系统中制定各项支出、费用计划并进行相应的考核。

在这一方案中对往来业务一般有两种基本的处理方法：一种是对往来业务不多，只需要进行简单的往来管理和核算的企业，可以使用总账系统提供的往来管理功能进行往来业务的处理；另一种是对往来业务频繁，需要进行详细和严格的往来管理的企业，可以使用应收、应付子系统与总账系统集成运行来解决往来管理和核算的需要。

2. 工业企业应用方案

工业企业解决方案可以全面解决企业会计核算、资金管理和购销存管理的问题。

在工业企业解决方案中，系统的标准构成为财务解决方案中的各子系统及库存核算、库存管理、采购管理、销售管理、成本核算子系统。其扩展系统为采购计划子系统。

其使用的方案是：财务处理过程与财务解决方案相同。在这一方案中针对工业企业的特点增加了处理购销存业务和成本核算的相关子系统，从而使财务系统与购销存业务处理系统集成运行。这为消除信息"孤岛"现象，及时传递有关信息对购销存业务的处理过程进行控制，从而强化企业管理提供了有利条件。

3. 商业企业应用方案

商业企业由于没有产品的生产过程，所以除了没有成本核算子系统外，其系统构成和解决方案与工业企业解决方案基本相同。

4. 行政事业单位解决方案

行政事业单位会计核算与财务管理的核心是预算的制定和预算执行情况的统计分析。因此这一方案中总账、财务分析与报表子系统是其核心子系统，其扩展系统为工资管理和固定资产管理子系统。在这一解决方案中，财政预算和执行情况统计分析由财务分析子系统进行处理，在总账系统中进行会计核算并根据财务分析子系统中制定的预算进行资金控制。

1.3 会计信息系统实施及运行管理

1.3.1 会计信息系统的实施

1. 会计信息系统实施的前提条件

会计信息系统是一个人机系统，因此企业实施会计信息化必须有先决条件，企业具备了这些条件，就可以很好地开展会计信息化工作。

1) 学习了解相关准则法规

鉴于会计在经济管理过程中的重要地位，对会计工作始终存在着规范化的要求，并且制定了相应的规范体系。由于各企业的管理水平、会计人员的素质差别和手工处理的局限性，各企业在不同程度上存在着基础工作不规范的问题。计算机引入会计工作后，改变了原有的数据处理方法和处理流程，但需要建立与之相适应的规范，包括相关准则及信息化法规等内容，具体如下。

(1)《中华人民共和国会计法》(以下简称《会计法》)。

《会计法》作为会计工作的根本法规，是所有企业必须严格遵守的第一层次会计规范。《会计法》科学地概括了会计工作的职能和基本任务，要求一切发生会计事务的企业都必须依法进行会计核算、会计监督，这有利于保证各企业的会计工作在统一的法律规范下进行，加强会计基础工作，建立健全的企业内部管理制度，解决当前会计工作中普遍存在的会计监督乏力、会计信息失真的问题。

(2)《企业会计准则》和《小企业会计准则》。

《企业会计准则》和《小企业会计准则》是会计工作应遵守的第二层次规范，对企业的会计核算做出了具体规定，因此是指导我国会计工作的具体规范。

(3) 会计信息化相关法规。

为加强对会计电算化工作的指导和规范，财政部颁布了《财政部关于推进我国会计信息化工作的指导性意见》。

为推动企业会计信息化，节约社会资源，提高会计软件和相关服务质量，规范信息化环境下的会计工作，财政部颁布了新法规《企业会计信息化工作规范》，于2014年1月6日实施。

2) 准备会计信息系统实施的环境

一个适宜的工作环境是保证企业会计软件这一项目顺利实施的必要条件。一般来讲，项目实施需要一个相对独立的空间，以方便项目实施小组成员讨论问题、设计解决方案等。环境的构件应考虑计算机硬件设备、网络连接设备、打印机和电话等设备。其中涉及计算机硬件的购置需要专业人员去购买，并且应该根据所购软件情况决定硬件配置，以保证其优质的性能，并能适应企业业务需要。

3) 上级部门及领导的重视

企业实施会计信息化，几乎涉及企业的所有部门和人员，同时还涉及管理机构及管理体制的变动，这都需要企业领导出面组织和协调。没有领导的重视与支持，企业实施会计信息化所遇到的问题，将很难得到解决。因此，在会计信息化工作中企业财务部门负责人应领导该项工作，有条件时还可吸收有关部门领导组成信息化领导小组，领导整个企业的会计信息化工作。

4) 良好的管理基础工作，尤其是会计基础工作

管理基础主要指有一套比较全面、规范的管理制度和方法，以及较完整的规范化的数据，这是做好信息化工作的重要保证。计算机处理会计业务，必须是事先设置好的处理方法，因而要求会计数据输入、业务处理及有关制度都必须规范化、标准化，以使信息化会计信息系统顺利进行，否则信息化工作的开展将遇到重重困难。

5) 系统软件及会计软件的配置

要实施会计信息系统，必须配备相应的系统软件及会计软件。配备会计软件是会计信息系统的基础工作，选择合适的会计软件对会计信息系统的成败起着关键性的作用。不同的软件对硬件和系统软件的要求是不同的，应根据所购软件情况决定硬件配置。如果反其道而行之，在选择软件之前就已经建好了计算机网络、安装了微机与服务器操作系统及数据库管理系统，则在选择会计软件时就要考虑如何保护原有投资、充分利用现有资源，这势必会束手束脚，以损失软件功能及适用性为代价。因此选购软件是会计信息系统建设的重中之重，应先于硬件平台的选择。

(1) 系统软件是指与计算机硬件直接联系，提供用户使用的软件，它担负着扩充计算机功能及合理调用计算机资源的任务。系统软件是保证会计信息系统正常运行的基础软件。

(2) 会计软件是专门用于会计核算和管理工作的计算机应用软件的总称，包括采用各种计算机语言编制的用于会计核算和管理工作的计算机程序。它是由一系列指挥计算机进行会计核算工作的程序和有关文档技术资料组成的。会计软件一般通过以下几种方式获得。

① 定点开发。该方式包括自行开发、委托开发、联合开发几种情况。采用自行开发方式一般适用于特定的单位和行业，从我国目前的实际情况来看，采用此方式的一般是大型企事业单位和行业特点突出、一直采用行业统一管理的单位，如铁路、邮电、金融等。由此获得的会计软件能够将本企业的业务流程优化与重组直接体现在软件设计中，系统更有针对性。但自行开发软件需要很多的资金和很高的技术，因此除了极少数存在特殊需要的企业外，大多数企业采用外购。

② 购买通用商品化会计软件。企业可根据自身情况选择购买适合的商品化会计软件，大多数企业都是通过这种方式获取会计软件的。商品化会计软件一般而言都是通用软件，因此会增加系统初始化的工作量。购买时要特别注意会计软件与企业自身的管理水平、业务处理、核算要求是否相适应，是否具有较高的性价比。另外，客户培训、售后服务水平、软件公司知名度、软件市场占有率、软件性能稳定性、发展前景等也是要重点考虑的因素。存在特殊业务的企业可以在软件开发商的帮助下，根据企业业务的需要对商品化会计软件进行二次开发。

③ ASP 软件服务。ASP(Application Server Provider，应用服务提供商)具体是指在共同签署的外包协议或合同基础上(协议内容包含价格、服务水平、商业机密问题等)，客户将其部分或全部与业务流程相关的应用委托给服务商，服务商将保证这些业务流程的平滑运作，即不仅要负责应用程序的建立、维护与升级，还要对应用系统进行管理，所有这些服务的交付是基于网络的，客户将通过网络远程获取这些服务。这种方式是网络经济的最新发展。ASP 采用先进的计算机体系和 IT 技术，按照统一的数据接口和先进科学的系统架构，根据中国中小企业的运营和管理的实际要求，提供面向中小企业的财务、会计、进销存、客户关系管理和人力资源等系统，并将这些系统以标准化方式在统一的数据中心进行配置，用户可以通过网络直接访问这些应用。选择此种方式，用户的一次性投资少，但对安全性要求很高。

企业要根据自己的实际情况配置相应的会计应用软件，大多数企业都是购买通用商品化会计软件，而对于一些特殊业务比较多的企业来说，可以采取定点开发或对通用商品化会计软件进行二次开发的方式获得会计软件。

6) 专业人员的合理配置

实施会计信息化，将改变原手工会计信息系统的岗位分工与职能，单纯的财会人员已不能满足会计信息化后的工作需要，必须另外配置与信息化工作有关的专业人员，以负责会计信息化工作的管理及项目开发和系统运行、维护等。

7) 资金保证

实施会计信息化工作需要专门人才，也需要软件及硬件设备，这些都需要有一定的投资。会计信息化所需的费用，根据信息化会计信息系统的建立方法和规模不同，数额也不相同，甚至差额很大，要具体情况具体分析。为了保证会计信息化工作的顺利开展，所需经费必须有来源，所需数额也必须控制。

8) 实施前的组织和计划

组织是指适应信息化的需要，设置单位信息化机构并调整原有会计部门的内部组织。一般由单位领导或总会计师亲自抓这项工作，成立一个制定本单位会计信息系统发展规划和管理制度，组织会计信息系统的建立和本单位财务人员培训，并负责会计信息系统投入运行的组织策划机构。

会计信息系统的实施计划包括主计划和分阶段详细计划，其中主计划用于确认每阶段的起止时间、工作内容、应配备的人力资源、应提交的实施成果等。项目组负责人依据主计划制定以后各阶段的详细工作计划，即分阶段详细计划，它是主计划的分解，要有明确的阶段目标，对工作任务进行分解，并落实到具体人员，明确完成时间及阶段的最终交付成果，也就是项目实施。

1.3.2 会计信息系统的实施步骤

1. 系统调研

通过系统调研可以收集必要信息，为实施运行阶段做好准备；可以进一步明确各阶段的任务及要实现的目标等，为规范企业业务管理、软件标准化、规范化，以及为下一步软件的实施打下坚实、可靠的基础。

2. 建立相应的管理制度

会计信息系统的实施还要结合本单位特点和内部管理的需要，建立相应的管理制度，包括会计信息化岗位责任制、会计信息化操作管理制度、计算机硬软件和数据管理制度、信息化会计档案管理制度的会计信息化内部管理制度等。

3. 人员培训

企业会计软件实施过程中，对不同层次、不同工作性质、不同职务的人员要针对性地进行不同内容的培训。对企业管理层进行管理思想及实施理念的培训；对管理人员进行软件整体架构、处理流程、数据分析、管理监控的培训；对最终用户进行软件操作流程培训。这种培训是贯彻始终的培训，不是暂时的。

4. 数据准备

在进行系统初始化前，要准备大量的基础数据，为系统初始化做好准备。基础数据是系统运行的基础，应准确、全面、及时地准备好各项基础数据，如系统参数的选择、各项基础档案资料、各账户期初余额、各存货期初余额、各客户供应商期初余额、期初固定资产卡片等。

5. 系统初始化

若要将通用的商品化会计信息系统转换为适合企业专用的会计信息系统，同时保证企业新旧系统业务处理的连续性，必须要经过系统初始化。会计信息系统的初始化工作包括以下两个方面。

(1) 整个会计信息系统数据环境及安全机制的建立，包括建立账套、设置操作员及权限。

(2) 各子系统的初始化，包括系统参数设置、基础信息设置及期初数据的录入。

6. 系统试运行

信息化会计信息系统建立以后，手工和计算机要并行一个阶段，并行时间应不少于 3 个月(一般不超过 6 个月)。通过手工和计算机的并行，可以检查建立的信息化会计信息系统是否满足要求，使用人员对软件的操作是否存在问题。这一阶段的主要任务是验证会计信息系统的正确性、可靠性与安全性，若发现问题，应及时分析解决。

7. 二次开发

通过试运行，可发现存在的问题，调整有关基础设置、流程设置及完善相关功能；必要时还可聘请软件开发商或企业的软件开发负责人进行二次开发，进一步完善会计应用软件。

8. 系统应用效果的定期评价

对系统应用效果的定期评价是企业信息化会计信息系统实施中极易忽视的一步，但却是相当重要的一步。只有通过对系统应用情况的定期评价，才能了解新系统所存在的问题及满足系统原定目标的程度。通过了解实际执行结果和预期目标的主要差异，企业才有可能采取必要的调整措施，以便尽可能地延长系统的使用寿命，同时研究发展措施。

1.3.3 会计信息系统的运行管理

企业实现会计信息系统上线运行后，还需要建立各种规章和管理制度，以保障会计信息系统安全有效地运行。

1. 建立内部控制制度

为了对会计信息系统进行全面管理，保证会计信息系统安全、正常地运行，在企业中应切实做好会计信息系统内部控制，以及操作管理、会计档案管理等工作。

内部控制制度是为了保护财产的安全完整，保证会计及其他数据正确可靠，保证国家有关方针、政策、法令、制度和本单位制度、计划贯彻执行，提高经济效益，利用系统的内部分工而产生相互联系的关系，形成一系列具有控制职能的方法、措施、程序的一种管理制度。内部控制制度的基本作用是保护财产安全完整，提高数据的正确性、可靠性，贯彻执行方针、政策、法令、制度、计划，是审计工作的重要依据。

内部控制制度的基本目标是健全机构、明确分工、落实责任、严格操作规程，充分发挥内部控制作用。其具体目标是：①合法性，保证处理的经济业务及有关数据符合有关规章制度；②合理性，保证处理的经济业务及有关数据有利于提高经济效益和工作效率；③适应性，适应管理需要、环境变化和例外业务；④安全性，保证财产和数据的安全，具有严格的操作权限、保密功能、恢复功能和防止非法操作功能；⑤正确性，保证输入、加工、输出数据正确无误；⑥及时性，保证数据处理及时，为管理提供信息。

2008年，《企业内部控制基本规范》（以下简称《规范》）发布，并于2009年7月在上市公司范围执行。2010年4月26日，《企业内部控制配套指引》（以下简称《指引》）发布，该配套指引包括《企业内部控制应用指引》《企业内部控制评价指引》和《企业内部控制审计指引》，并规定自2011年1月1日起在境内外同时上市的公司中执行，2012年1月1日起在上交所、深交所主板上市公司中执行。《指引》连同此前发布的《规范》，标志着适合我国企业内部控制规范体系已基本建成。

《企业内部控制应用指引第18号——信息系统》对企业做好会计信息系统的内部控制具有一定的指导意义。

2. 建立岗位责任制

建立健全岗位责任制是会计信息系统运行管理的重要内容，要明确每个工作岗位的职责范围，切实做到事事有人管、人人有专职、办事有要求、工作有检查。按照会计信息系统的特点，在实施会计信息系统的建设过程中，各单位可以根据内部控制制度和本单位的工作需要，对会计岗位的划分进行调整，设立必要的工作岗位，严格划定每个人的操作权限，设置密码，制定相应的内部控制制度。每个人都应该按照操作规程运行系统，履行自己的职责，从而保证整体流程顺畅。

会计信息化后的会计工作岗位可分为基本会计岗位和信息化会计岗位。基本会计岗位包括会计主管、出纳、会计档案管理等。信息化会计岗位和工作职责一般可划分为以下几方面。

(1) 信息化主管。负责协调会计信息系统的运行，要求具备会计和计算机知识，以及相关的会计信息化组织管理的经验。一般而言，在企业实现全面管理信息化阶段，应该设置专门的信息化管理部门及信息化主管，而中小型企业会计信息化主管可由会计主管兼任。

(2) 软件操作员。负责账务及其他专项核算子系统的操作，如输入记账凭证、输出记账凭证和会计账簿，编制财务报表，工资核算、固定资产核算、往来账核算，等等。

(3) 审核员。负责对输入计算机的会计数据(记账凭证和原始凭证等)进行审核，操作会计软件登记机内账簿，对打印输出的账簿、报表进行确认，可由主管会计兼任。

(4) 信息系统维护员。负责保证计算机硬件、软件的正常运行，管理机内会计数据。

(5) 信息系统审查员。负责监督计算机及会计软件系统的运行，防止利用计算机进行舞弊，可由会计稽核人员兼任。

(6) 数据分析。负责对计算机内的会计数据进行分析，为各管理层决策提供有用信息，可由主管会计兼任。

实施会计信息化过程中，各单位可根据内部牵制制度的要求和本单位的工作需要，参照上述对信息化会计岗位的划分进行调整和设立其他必要的工作岗位。例如，有些单位可以设置工资核算员，主要负责工资核算工作，此岗位可由会计担任，也可以根据单位内部业务性质的不同而设置不同的工作岗位。基本会计岗位和信息化会计岗位，可在保证会计数据安全的前提下交叉设置，各岗位人员要保持相对稳定。由本单位人员进行会计软件开发的，还可设立软件开发岗位。小型企事业单位设立信息化会计岗位，应根据实际需要对上面给出的岗位进行适当合并。

3. 建立完善的管理制度

管理工具的变化必然导致内部控制和管理制度的变革，新的工作规程和管理制度的建立是保证计算机会计信息系统安全运行的必要条件。

1) 操作管理制度

建立严格的操作管理制度并严格实施，才能保证系统正常、安全、有效地运行，否则会给各种非法舞弊行为以可乘之机，造成系统数据损毁或丢失。

操作管理的任务是严格按照操作规程操作，正确录入数据，按一定业务流程运行系统，输出各类信息，并做好系统内有关数据的备份及故障的恢复工作。具体包括以下几方面。

(1) 严格划分操作人员的使用权限。由系统管理员或主管为各类操作人员设置操作权限和操作密码，详细规定每个操作人员可以使用的功能模块和可以查询的数据范围，其他人员未经授权，不得进入系统。授权时要考虑不相容职责的划分。

(2) 建立严格的上机记录制度。操作人员上机必须登记，包括姓名、上机时间、操作内容、系统运行状况等。很多系统提供上机日志，自动登记上述内容，为审计和系统维护留下线索。

(3) 为确保数据安全，防止非法修改和意外删除，应及时做好数据备份工作，按照企业业务量大小决定备份策略，最好保存双备份。

(4) 为保证系统安全，最好专机专用，不使用未经检查的软盘，从而有效避免计算机病毒的侵入，确保会计数据的安全完整。

2) 软、硬件管理制度

计算机硬件和软件的安全运行是会计电算化工作顺利开展的基本条件，因此应制定相应的管理制度，如机房管理制度、软硬件维护及保管制度、修改会计软件的审批及监督制度等。

软件维护一般包括正确性维护、适应性维护、完善性维护。正确性维护是指诊断和清除系统运行错误；适应性维护是指当单位的业务发生变化时，为了适应这种变化而进行的软件修改；完善性维护是指为了改进现有应用而做的与软件相关的工作。一般来讲，企业可以通过软件提供的自定义功能来改进应用水平，而不主张修改软件程序，尤其对商品化软件来说更是如此。对自行开发系统，修改软件要有严格的审批、执行、检验手续。

3) 会计档案管理制度

计算机会计信息系统中，会计档案所包含的内容和管理方式都有其新的特点。会计档案主要以磁介质和纸介质两种形式存储。会计档案在产生和保管过程中存在许多不安全因素：从硬件角度来说，计算机突然断电会引起数据混乱；从软件角度来说，计算机病毒的入侵轻则破坏数据，重则会引起整个系统瘫痪；另外还有人本身的因素，如操作不当、蓄意破坏等。为了保证会计资料的完整，应建立严格的会计档案保管制度。

会计档案管理主要是建立会计档案立卷、归档、保管、调阅、销毁等制度。会计档案的内容包括：打印输出的各种账簿、报表、凭证，存储会计数据的各种存储介质，系统开发的全部文档及其他会计资料。档案管理的内容包括以下几方面。

(1) 存档的手续。该内容主要指各种审批手续，如打印输出的账表，必须由会计主管签章才能存档。

(2) 安全措施及保密规定。会计数据不得随意堆放，严防损毁、散失和泄密。各种存放会计档案的介质均应存放在安全、洁净、防潮、防火、防盗的场所。存放在磁盘、光盘上的会计备份要定期检查，以防数据损坏。对任何伪造、非法涂改和更改、故意毁坏数据文件、账册、磁性介质的要有相应的处理措施。

(3) 档案保管及使用的审批手续。查阅会计、档案由专门人员审批，并严格记录借用人员的姓名、借阅内容和归还日期。各类会计档案的保存期限按《会计档案管理办法》规定的保管期限进行保管。

1.4 会计信息化新应用

"大智移云物区"——大数据、人工智能、移动互联网、云计算、物联网和区块链等技术的快速发展，正在促使未来成为一个"万物互联、无处不在、虚实结合、智能计算、开放共享"的智能时代。

2020 年，由上海国家会计学院发起的"2020 年影响中国会计从业人员的十大信息技术排名"评选中(详见图 1-2)，财务云以 73.14%的得票率排名第一。

从评选中可以看出，企业财务上云会计是必然趋势。中小企业可以考虑云会计或云 ERP 系统，大型企业或集团企业可以建立基于云计算的财务共享中心。无论是哪种类型的企业，开发和使用 RPA 财务机器人，配备数字化员工，也是非常热门的选择。

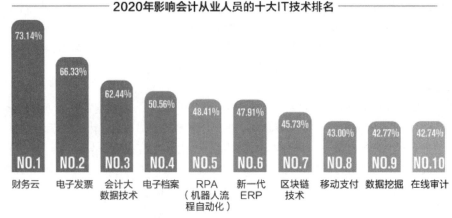

资料来源：2020年影响中国会计从业人员的十大信息技术评选报告

图1-2　2020年影响中国会计从业人员的十大信息技术排名

1.4.1　云会计

云会计，可以通俗地理解为"会计+云计算"。随着云计算和大数据技术的发展，云计算技术日渐成熟，并被广泛运用，使得云会计的应用越来越多，有效地推动了会计信息化的发展。目前云会计服务平台有畅捷通(用友全资子公司)的好会计、金蝶的精斗云、浪潮的易云。

1. 云会计的含义

云会计是近几年才出现的一个新名词。程平、何雪峰等认为：云会计是指构建于互联网上，并向企业提供在线会计核算、会计管理和会计决策服务的虚拟会计信息系统，是利用云计算技术和理念构建的会计信息化基础设施和服务。何日胜认为：云会计是指用户通过互联网租借基于云计算的云会计平台，利用计算机终端或移动端(手机或Pad)在云会计软件上，对经济业务的纸质及电子凭证进行会计核算、会计管理和会计决策处理，并通过相关接口与国家相关系统对接实现自动缴税、远程审计等的一种虚拟会计信息系统。

2. 云会计的优势

云会计相对于传统单机版、局域网版，其网络版财务系统具有以下几个明显的优势。

1) 成本相对较低

云会计是通过租用软件服务、硬件服务的方式提供，云会计的使用者通过计算机、手机等电子终端访问，按需购买，亦可按时或按量付费。使用者无须在服务器、网络数据中心、交换中心，或者机房等基础设施上投入巨大的费用，只需缴纳相应租金即可。

2) 扩展空间较大

企业无须拥有服务器、交换机等设备，不受系统配置、存储空间等硬件条件的限制，因此可以根据企业所需选择云会计服务品种和数量，加大了灵活性，扩展空间大。

3) 数据安全性较高

云会计供应商配备有专业的技术团队负责日常管理与维护，负责云会计系统的平台建设，以及包括虚拟化管理、数据库、用户接口、防火墙等在内的基础设施，提高了云会计数据的安全性。

4) 实现移动办公

云会计可以让用户在任意地点、任意时间，利用计算机、手机等终端设备，只要有网络，就能够通过网络服务随时查询数据，大大增加了财务系统使用的灵活性。

5) 增加了协同性

云会计将改变传统财务软件系统故步自封的状态，通过身份及权限分配，税务、银行、会计师事务所、工商及政府机构等部门的系统连接，实现网上报税、银行对账、网上审计、线上交易、网上报审等业务，以及企业与相关部门的网上协同。

3. 云会计的架构

云会计表现为云会计服务提供商提供云会计服务，因此，云会计的构成主要包括会计应用软件、应用服务平台及具有存储和数据计算能力的基础设施三个层次。云会计的每一层都由对应的服务构成，具体如下。

1) 软件即服务(SaaS)

构建云会计的会计核算、管理，以及决策系统，并与其他相关系统融合，以租用的方式通过网络交付给用户。开发者可以每天对软件进行多次升级，而这些对于用户来说都是透明的。用户可以彻底打破空间和时间的限制，在任何时间、任何可以连通互联网的地方以多种方式实现报账、报税、审计、汇款等远程工作，真正实现"移动办公"。

2) 平台即服务(PaaS)

构建会计信息化新应用、新服务的开发平台及云会计的数据库服务，一旦用户的应用被开发和部署完成，则所涉及的运行、管理、监控工作都将由该平台负责，企业的财务数据也通过该平台的数据库服务进行统一管理。

3) 基础设施即服务(IaaS)

提供虚拟化的基础硬件设施源，以虚拟机的形式向用户提供动态的计算资源，实现有弹性的存储计算能力，构建云会计存储及数据中心的应用环境。

4. 云会计运行机理

云会计的核心仍是会计软件，只是其硬件系统、软件系统及管理平台在云端。云会计亦可理解为在线会计软件(Online Accounting Software)，而传统会计软件则是安装在一台计算机或局域网上的会计软件。云会计中所说的"云"，包括公有云(Public Cloud)、私有云(Private Cloud)和混合云(Hybrid Cloud)。云会计的运行机理需由用户端和云端两方面共同协作来完成。

1) 用户端

用户端是云会计的主体，由会计核算人员、会计管理人员、会计信息使用者等组成。

会计核算人员指云会计经济业务的操作者，包括记账会计、助理会计、出纳人员、报税员等。其中，记账会计负责将经济业务录入云会计系统，生成记账凭证，记账，生成总账、明细账、日记账、多栏账、余额表等各种账簿，编制会计报表，等等；报税员可以在云会计系统中随时由系统根据业务自动生成的报税数据进行报税。

会计管理人员负责云会计系统的设置和控制，不进行具体的功能操作。其主要是对云会计账套的设置，对会计核算人员的增加、删除及权限的分配，对会计数据进行维护和保证会计数据安全等。

会计信息使用者主要有会计核算人员、会计管理人员和企业经营管理者。用户可以通过设置生成管理者账号和密码，管理者通过台式电脑、平板电脑和手机，不论何时何地都可以查看企业的各类报表、关键数据等信息，管理者也可以直接参与云会计中，享受云会计所带来的便捷之处。

2) 云服务端

云会计的实现以云端服务平台运行来支持。该云端服务平台由互联网连接、网络存储基础设施、有云计算能力的服务器集群、数据资源管理、公共资源管理平台及会计软件等组成。线下用户在用户终端上，通过云会计统一门户登录入口进入系统，利用便捷和强大的互联联络系统，与云端云会计平台连接。在云端云会计平台中，通过软件应用层与用户指令接口，管理平台层对用户指令与数据计算、储存进行公共管理，利用基础设施上的超级数据存储和数据处理中心，在超级服务器集群上进行数据云计算，将运算数据反馈给用户。

3) 云会计基本处理流程

通常就云会计用户端而言，云会计基本处理流程与会计信息化软件中的账务处理流程类似。

1.4.2 财务共享服务

2013年12月6日，财政部印发《企业会计信息化工作规范》。其中，第三十四条规定："分公司、子公司数量多、分布广的大型企业、企业集团应当探索利用信息技术促进会计工作的集中，逐步建立财务共享服务中心。"这一制度为我国大型企业集团建立和实施财务共享服务提供了重要的政策依据。财务共享服务中心(Financial Shared Service Center，FSSC)作为一种新型的管理模式，通过将易于标准化的运营业务进行整合、流程再造，以提高管理效率，压缩成本，提升服务水平，解决了大型企业集团财务组织重复建设和效率低下的问题，为企业管理服务提供了全球范围最佳配置的可能。我国财务共享服务商包括中兴新云、元年等，而传统ERP厂商用友、金蝶、浪潮也纷纷加入财务共享服务商的队伍中。

1. 财务共享服务的概念

1981年，美国福特公司建立了世界上第一个财务共享服务中心。根据英国注册会计师协会的调查，到目前为止，已经有50%的财富500强企业和超过80%的财富100强企业建立了财务共享服务中心。

我国学者张庆龙、聂兴凯、潘丽靖认为：财务共享服务是指将企业集团大量重复、易于实现标准化、流程化的会计核算从分散的业务部门抽出，集中到一个新的独立运营的业务单元(财务共享服务中心)进行流程再造、标准化、集中处理，以达到提升业务处理效率，进而降低成本、加强管控、提升客户满意度、创造价值的目的，最终提升集团整体财务管理水平的一种作业管理模式。

2. 财务共享服务中心的适用范围

不是所有的企业或企业集团都适合采用财务共享服务中心运作模式。从公司规模上来说，财务共享服务主要适用于大型的跨国企业、跨地域企业或企业集团。因为这些类型的企业规模、体量通常比较大，如果将各业务单位的非核心业务整合到财务共享服务中心，则可以大大减少业务人员数量，降低人力资源成本；与此同时，各业务单位的非核心业务整合后有利于快速统一服务标准、行为方式、业务规则等，继而大大提高运营效率和标准化程度，形成规模经济，从而间接降低企业成本。否则，财务共享服务中心难以体现其规模经济效应。

基于我国开展财务共享服务的行业来看，电信、旅游、运输及物流、零售及餐饮行业采用财务共享服务的比例最高；软件及高科技、能源及化工、物业行业采用财务共享的比例最低；医药及生命科学、消费包装品及制造业、银行、金融服务、保险行业处于中间比例。

3. 建立财务共享服务中心的驱动力

1) "大智移云"技术驱动

当前,我国正处于"大智移云物区"技术蓬勃发展的时代,尤其是云计算及移动互联网技术的广泛应用,建设财务共享服务中心拥有了技术基础,而当前电子发票制度、电子会计档案的实施更为财务共享服务中心的落地实施创造了可能。

对于集团企业来说,财务共享中心必须基于云模式来运行。原来集团企业的多家分子公司都要单独设置财务部门,人力成本大大提升,建立财务共享中心后,将分子公司的财务部门撤销,而所有分子公司的财务核算全部转移到财务共享中心。以费用报销为例,集团分子公司人员在网上填写报销单,并将报销发票等单据通过手机、高拍仪等设备拍照上传即可,对于拍照后的原始凭证,利用 OCR 技术可直接读取原始凭证信息并进行数字化存储。

2) 企业集团实践驱动

目前,中兴通讯、TCL 集团、四川长虹、中国平安、华为集团、海尔集团、中国电信等大批企业已经实践财务共享服务,建立了财务共享中心。

这些财务共享服务中心通过将大量分子公司的会计运营工作集中到一个或多个机构中,实现会计处理的规模化,从而大幅度降低运作成本。财务共享服务中心的出现,还为集团管控水平的改进提供了一个很好的平台和工具。集团公司能够随时获取各分子公司的财务经营结果,并基于财务共享服务中心产生的数据进行财务分析。共享服务中心的建立将有效缓解经济处于下行趋势下企业收入增长缓慢、成本持续增加、对分子公司管控不力等突出问题。

3) 财务会计转型驱动

对于大型企业、企业集团来说,通过建立财务共享服务中心的方式实现从财务会计向管理会计的转型,是当前我国会计领域变革的重大趋势。通过建立财务共享服务中心,企业不仅提升了会计核算处理的效率,降低了成本,加强了管控,更为重要的是,通过建设财务共享服务中心,企业会释放大量的财务会计人员,让他们从大量低附加值、重复、劳动力密集型的基础核算工作中解脱出来,从而集中精力去从事业务型财务和战略型财务,实现财务与业务、战略的一体化,让管理会计真正落地实施,实现财务为企业增加价值的目标。

4. 适合财务共享服务中心的业务

纳入财务共享服务中心的业务范围体现了不同的企业对于自身的战略发展规划及财务共享服务中心定位的考虑。大多数企业将最易于标准化、低附加值、非核心业务、业务量大且重复性高、可自动化、容易见效的会计基础核算业务纳入财务共享服务中心的业务范围。一般来说,下列业务属于早期适合纳入财务共享服务中心的业务范围:①应收账款管理;②应付账款管理;③费用管理(报销);④总账及明细账管理;⑤资金管理;⑥资产管理;等等。

5. 财务共享服务的核心信息系统

财务共享服务中心的运作需要强大的信息系统支持,几大核心系统相互配合。这些系统的设计及与业务系统的集成关系着财务共享中心的运行效率和效果,也关系着财务共享中心的业务流程是否得到系统有效的支撑。财务共享服务中心核心信息系统,包括财务核算系统、网络报销系统、资金管理系统、影像管理系统、电子档案系统等。

网络报销系统支持员工在线填制报销单,电子报销单通过系统传递给相关人员,审核支持在线审批,提高信息传递的时效性、安全性和规范性,将会计信息系统从编制记账凭证提前到了业务流程中，将会计信息系统的关注点从记账凭证转移到原始凭证，大大降低了财务基础工作量。

影像管理系统将纸面单据扫描生成电子影像替代纸面单据作为流转的要素，以信息系统承载业务处理流程，以电子流程替代传统财务纸面流程。该系统在财务共享服务应用中解决了票据实物流转、原始凭证调阅、业务处理分工和效率的问题。

资金管理系统和财务核算系统、业务系统、银行系统等通过系统接口自动连接，实现资金管理的无缝对接，涵盖账户管理、资金计划管理、银企互联、票证管理、资金监控、现金预测的功能，形成企业强大的资金管理能力。

财务核算系统是财务人员进行记账凭证编制，自动生成财务信息，月末自动记账结账，生成报表的系统平台。目前国内应用比较多的核算系统主要有用友、金蝶、SAP、Oracle等。

电子档案系统是财务共享模式下的重要信息系统之一，包括电子原始凭证、记账凭证和报表等，实现企业实体档案的信息化管理，并且将企业的电子档案和实体档案进行关联管理。2020年3月23日，由财政部和国家档案局联合发布的《关于规范电子会计凭证报销入账归档的通知》要求，电子会计档案可以不再另以纸质形式保存。《中华人民共和国档案法》已由中华人民共和国第十三届全国人民代表大会常务委员会第十九次会议于2020年6月20日修订通过，自2021年1月1日起施行。电子档案应当来源可靠、程序规范、要素合规。电子档案与传统载体档案具有同等效力，可以以电子形式作为凭证使用。

1.4.3 财务机器人

RPA(Robotic Process Automation，机器人流程自动化)是由Blue Prism公司市场总监Pat Geary先生在2012年首次提出来的，是通过特定的和模拟人类在计算机界面上进行操作的技术，按规则自动执行相应的流程任务代替或辅助人类完成相关的计算机操作。RPA也被称为数字化劳动力或数字化员工，其是软件机器人而非实体机器人。国内的机器人软件主要有艺赛旗的is-RPA、来也网络科技的UiBot、达观RPA；国外的机器人软件主要有Uipath、Blue prism。

陈虎、孙彦丛认为：财务机器人是在RPA技术的基础上，针对财务的业务内容和流程特点，以自动化替代财务手工操作，辅助财务人员完成交易量大、重复性高、易于标准化的基础业务，能够优化财务流程，提高业务处理效率和质量，降低财务合规风险，使资源分配在更多的增值业务上，促进财务转型。

1. 企业应用RPA的驱动力

1) 财务工作性质驱动

RPA应用于财务领域，可以实现RPA技术特点和财务业务特点最大限度的匹配，能够极大地发挥RPA技术的应用价值。财务工作是一个强规则领域，标准化程度高。财务工作中存在大量重复的需要手工完成的工作，如银行对账、电子发票认证等。财务机器人模拟人类操作和基于明确规则的判断，能够将财务人员从简单重复的低附加值工作中解放出来，使财务人员转型从事更具创造性、更有价值的工作，从而为财务变革与转型提供组织基础，为企业发展提供有效支撑。这些工作的业务特点与RPA技术的应用特点高度匹配。

2) 企业人工成本驱动

人工成本是企业的主要营业费用之一，而企业的人工成本呈逐年增加趋势。为了最大限度地提高运营效率和整体盈利能力，每个管理者都希望能够最大限度地挖掘员工的潜力，最高效地使用人工为企业创造收入。管理者通常会考虑通过管理手段和技术手段帮助企业降低人力成本,通过管理手段降低人力成本已经很难有所突破,因而通过技术手段来降低人力成本,成为最重要的选择。RPA技术的出现,正是给管理者们提供了从技术手段来降低成本的途径。

3) 财务共享服务中心运行模式驱动

财务共享服务中心运行模式为财务机器人的应用创造了良好的运行环境。在财务共享服务中,大量简单重复且易于标准化的财务业务集中到财务共享服务中心统一处理,财务共享服务中心有巨大动力去应用新技术提升组织内的工作质量和运转效率,而财务机器人这种数字员工的工作,为提高工作质量、提升工作效率提供了有力的支撑。

2. 财务机器人的功能

基于 RPA 的应用特点和功能,可将财务机器人的功能划分为五个功能模块,即数据检索与记录、图像识别与处理、平台上传与下载、数据加工与分析、信息监控与产出。

1) 数据检索与记录

数据检索与记录是财务机器人最基础的功能,通过记录传统模式下财务人员的手工操作,设置计算机规则进行模拟,从而使财务机器人执行数据检索、迁移、输入的动作。

2) 图像识别与处理

图像识别与处理功能是指财务机器人依托 OCR 技术对图像进行识别,提取图像有用字段信息并输出为能够结构化处理的数据,从而进一步对数据进行审查与分析,输出为对管理、决策有用的信息。

3) 平台上传与下载

上传与下载的核心在于后台对数据流的接收与输出,财务机器人按照预先设计的路径,登录内部、外部系统平台,进行数据的上传与下载操作,完成数据流的自动接收与输出。

4) 数据加工与分析

基于检索、下载的数据信息,财务机器人可进一步对数据进行检查、筛选、计算、整理,以及基于明确规则的校验和分析。

5) 信息监控与产出

信息监控与产出是指财务机器人模拟人类判断,推进财务运行工作流程的一系列功能,包括工作流分配、标准报告出具、基于明确规则决策、自动信息通知等。

3. 财务机器人的应用价值

总体来讲,财务机器人适用于模拟人类进行简单重复的操作,处理大量易错的业务,并且以 7×24 小时不间断的工作模式,在不改变原有信息系统架构的基础上实现异构系统的贯通。

1) 适合多个异构系统间的数据流转

对于多个异构系统间的数据流转,应用 RPA 价值最大。使用财务机器人分别登录多个系统自动执行数据的采集、迁移、输入、校验,以及上传、下载和通知等操作,不需要对数据交互需求涉及的多个异构系统进行改造和 API 开发,不会改变企业原有的信息系统架构。在异构系统间数据接口开放存在困难的情况下,使用财务机器人则是一个有效的解决方案。

2) 节约成本

RPA 的应用可以极大地节省人工成本。因为通过自动化技术来降低运营成本,减少人力投入,这就几乎是产生 RPA 的原动力。安永咨询公司称 RPA 的应用可以节省 50%~70%的成本,IDC 的报告称 RPA 的应用可以节省 30%~60% 的成本。

3) 提升运营效率

由于财务机器人是基于机器处理的程序,因此财务机器人可以不间断、高效率地工作,并且可以弥补人工操作容忍度低、峰值处理能力差的缺点,适用于企业 365×7×24 小时业务。

4) 提高流程质量和业务处理的准确性

提高流程质量是为了最大限度地提升该流程的交互成果质量并在过程中减少浪费。RPA 必须按照既定的设计步骤来严格执行,而且通常会选取效率和质量最佳的人类员工的操作方式来执行,这些执行过程完全透明地展示在管理者面前。在一些复杂的业务操作中,员工手工操作容易出错,当出现错误时又需要复杂的错误修正处理过程,由于 RPA 的流程处理基于结构化数据,所以理论上可以达到 100% 的准确性。

5) 提升流程的安全性和合规性

由于企业内外部的监管合规要求不断加强,一些新规则和新法规的推出也给业务流程增加了负担。为此,RPA 可以记录业务处理的每个步骤,以防手工操作错误并为合规管理员提供完整透明的信息。一些必要的合规操作要求可以统一加载到机器人的自动化脚本中,这样可以避免人类由于疏忽这些规则而带来的风险。企业中的风险控制部门也可以使用 RPA 帮助自己执行检查工作,从而减少他们自己的日常工作量,提升监管效率。

4. 财务机器人的应用局限性

相较于传统人工的财务运作模式和信息系统改造的方式,财务机器人具备众多优势,财务机器人的应用为企业带来了切实的收益,具体包括效率提升、质量保障、成本节约、价值增值、数据可得、安全可控、响应及时等。但是,企业也必须正视财务机器人存在的局限性,如无法处理异常事件、运营保障要求高、需要跟踪优化机制等。

1.5 用友ERP-U8管理软件简介

本书选择了用友 ERP-U8 V10.1(以下简称用友 ERP-U8)管理软件作为实训平台。用友 ERP-U8 管理软件是面向中型企业的一款产品,功能全面、运行稳定,应用非常广泛。

1.5.1 功能特点

用友 ERP-U8 是企业级解决方案,定位于中国企业管理软件的中端应用市场,可以满足不同的竞争环境,不同的制造、商务模式,以及不同运营模式下的企业经营,提供从企业日常运营、人力资源管理到办公事务处理等全方位的企业管理解决方案。

用友 ERP-U8 是一个企业综合运营平台,用以满足各级管理者对信息化的不同要求:为高层经营管理者提供大量收益与风险的决策信息,辅助企业制定长远发展战略;为中层管理人员提供企业各个运作层面的运作状况,帮助他们进行各种事件的监控、发现、分析、解决、反馈等处理流程,力求做到投入产出最优配比;为基层管理人员提供便利的作业环境、易用的操作方式,帮助他们有效履行工作职能。

1.5.2 总体结构

用友 ERP-U8 管理软件汇聚了大量成功用户的应用需求，以销售订单为导向，以计划为主轴，其业务涵盖财务、物流、生产制造、CRM(客户关系管理)、OA(办公自动化)、管理会计、决策支持、网络分销、人力资源、集团应用及企业应用集成等全面应用，用友 ERP-U8 管理软件的总体结构如图 1-3 所示。

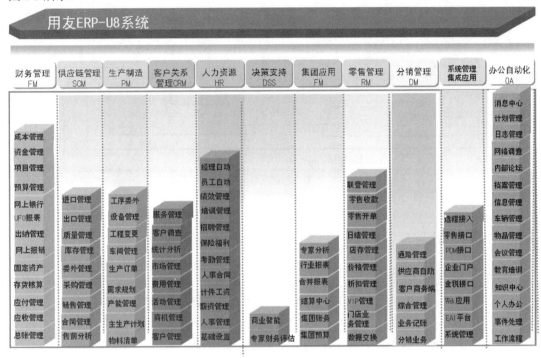

图1-3 用友ERP-U8管理软件的总体结构

从图 1-3 可见，用友 ERP-U8 管理软件提供了企业信息化全面解决方案，它对应了高等教育的多个专业方向，如企业管理、物流管理、信息管理、会计、人力资源管理等。对于教学而言，如果全面展开上述所有内容无疑面临着资源瓶颈——教学学时。因此在综合考虑教学对象、教学内容、教学学时的基础上，在此选择了其中的财务管理和供应链管理两部分中的常用模块搭建了本书的实验体系，以支撑企业财务业务的一体化管理。财务管理中选择了总账管理、UFO 报表、固定资产、应收管理、应付管理、存货核算等主要模块，供应链管理中选择了采购管理、销售管理、库存管理等主要模块。另外，还包括人力资源管理中的薪资管理。

1.5.3 数据关联

本书选用用友 ERP-U8 软件的财务管理、供应链管理、人力资源管理中 10 个常用模块作为学习对象，这些模块之间的数据关系如图 1-4 所示，通过图示，读者可以对财务业务一体化运行模式有一个总体认识和了解。

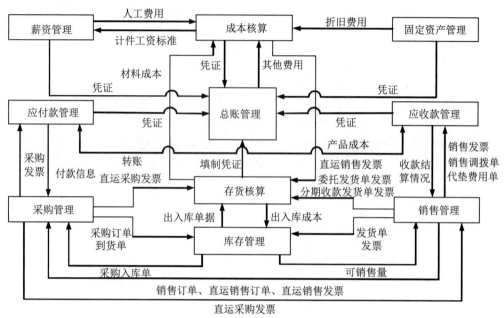

图1-4 模块间的数据关系

1.5.4 教学系统安装

1. 系统技术架构

用友 ERP-U8 管理软件采用三层架构体系,即逻辑上分为数据服务器、应用服务器和客户端。采用三层架构设计,可以提高系统效率与安全性,降低硬件投资成本。

物理上,既可以将数据服务器、应用服务器和客户端安装在一台计算机上(即单机应用模式);也可以将数据服务器和应用服务器安装在一台计算机上,而将客户端安装在另一台计算机上(网络应用模式,但只有一台服务器);当然,还可以将数据服务器、应用服务器和客户端分别安装在不同的3台计算机上(网络应用模式且有两台服务器)。如果是 C/S 网络应用模式,在服务端和客户端分别安装了不同的内容,则需要进行三层结构的互联。在系统运行过程中,可根据实际需要随意切换远程服务器,即通过在登录时改变服务器名称来访问不同服务器上的业务数据,从而实现单机到网络应用模式的转换。

2. 系统运行环境

1) 操作系统

- Windows XP+SP2(或更高版本补丁)
- Windows 2003+SP2(包括R2,或更高版本补丁)
- Windows Vista+SP1(或更高版本补丁)
- Windows 2008+SP1(或更高版本补丁)
- Windows 7+SP1(或更高版本补丁)
- Windows 2008 R2(SP1或更高版本补丁)

2) 数据库

- Microsoft SQL Server 2000+SP4(或更高版本)

- Microsoft SQL Server 2005+SP2(或更高版本)
- Microsoft SQL Server 2008+SP1(或更高版本补丁)
- Microsoft SQL Server 2008 R2

3) 浏览器

支持微软 IE 浏览器 IE 6.0 + SP1 和以上版本(IE 7.0、IE 8.0、IE 9.0)使用 U8 V10.1 的 Web 产品。

4) Internet 信息服务(IIS)

如果选择安装应用服务器或文件服务器，请先安装Internet信息服务(IIS)，否则将导致Windows .NET Framework 2.0 不能在IIS上成功注册文件映射关系和系统组件，需要手工完成IIS文件映射配置和aspnet_isapi.dll的注册。

IIS 组件可以通过操作系统安装盘获取；如果是 Windows Vista 或 Windows 2008、Windows 7，则 Windows 2008 R2 请务必手工安装 IIS。

5) .NET 运行环境

- .NET Framework 2.0 Service Pack 1
- .NET Framework 3.5 Service Pack 1

3. SQL Server 2000数据库的安装

用友 ERP-U8 管理软件要求以 SQL Server 2000 作为后台数据库。SQL Server 2000 有个人版、标准版、企业版、专业版等多种版本，建议服务器上安装 SQL Server 2000 标准版，客户端视其安装的操作系统安装 SQL Server 2000 标准版或个人版。下面以安装 SQL Server 2000 个人版为例介绍安装过程，其操作步骤如下。

(1) 执行 SQL Server 2000 安装文件 Setup 后，打开 SQL Server 2000 自动菜单，选择其中的"安装 SQL Server 2000 组件"命令，打开"安装组件"对话框。

(2) 选择其中的"安装数据服务器"选项，稍候，打开"安装向导—欢迎"对话框，单击"下一步"按钮，打开"计算机名"对话框。选择"本地计算机"选项，单击"下一步"按钮，打开"安装选择"对话框。

(3) 选择"创建新的 SQL Server 实例，或安装客户端工具"选项，单击"下一步"按钮，打开"用户信息"对话框。输入姓名，单击"下一步"按钮，打开"软件许可证协议"对话框。阅读后，单击"是"按钮，打开"安装定义"对话框。

(4) 选择"服务器和客户端工具"选项，单击"下一步"按钮，打开"实例名"对话框。采用系统默认，单击"下一步"按钮，打开"安装类型"对话框。选择"典型"选项，并选择文件安装路径，单击"下一步"按钮，打开"选择组件"对话框。采用系统默认，单击"下一步"按钮，打开"服务账户"对话框。

(5) 选择"对每个服务使用同一账户。自动启动 SQL Server 服务"选项，将服务设置为"使用本地系统账户"，单击"下一步"按钮，打开"身份验证模式"对话框。

(6) 为了加强系统安全性，选择"混合身份验证模式"，选中"空密码"复选框，单击"下一步"按钮，打开"开始复制文件"对话框。

(7) 单击"下一步"按钮，打开"Microsoft Data Access Components 2.6 安装"对话框，按照系统提示关闭列表中的任务；单击"下一步"按钮，打开"安装软件"对话框，单击"完成"按钮开始安装。

(8) 稍候片刻，系统安装结束，显示"安装结束"对话框，单击"完成"按钮，结束 SQL Server

2000 的安装。

(9) 安装 SQL Server 2000 的 SP4 补丁包(可通过网上下载，先解压，再安装)。

4. 用友ERP-U8管理软件安装

为确保系统安装成功，提醒大家在安装之前注意以下问题。
- 计算机在安装操作系统和必要的补丁后，最好没有安装过任何其他软件。
- 安装前，请系统管理员或具有同等权限的人员登录(用户ID属于Administrators组)进行安装。

下面以单机安装用友ERP-U8 V10.1管理软件(即将SQL Server数据库和用友新道ERP-U8 V10.1安装到一台计算机上，也是普通用户学习时通常选择的安装模式)为例，介绍其具体的安装步骤。

(1) 双击"用友 ERP-U8 V10.1 安装程序\SetupShell.exe"文件 ，运行安装程序，打开如图 1-5 所示的界面。

(2) 单击"安装U8 V10.1"选项，开始安装，出现如图1-6所示的界面。

图1-5 用友U8界面

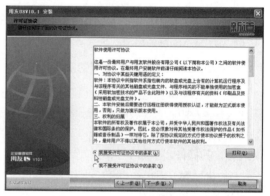

图1-6 开始安装的界面

(3) 选中"我接受许可证协议中的条款"单选按钮，单击"下一步"按钮。U8 自动检测历史版本，有旧版本则需要清除，然后出现如图 1-7 所示的界面。

(4) 输入相应"用户名"和"公司名称"，单击"下一步"按钮，出现如图 1-8 所示的界面。

图1-7 客户信息界面

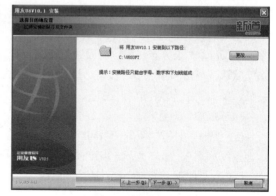

图1-8 选择安装路径

(5) 选择安装路径后，单击"下一步"按钮，出现如图 1-9 所示的界面。

(6) 此处选择"全产品"安装，选中"简体中文"复选框。单击"下一步"按钮，出现如图 1-10 所示的界面。

第1章 会计信息系统导论

图1-9 选择安装类型

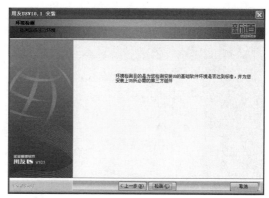
图1-10 环境检测界面

(7) 单击"检测"按钮,可以进行 U8 V10.1 安装环境的检测,如图 1-11 所示。

> **说明:**
> 未满足安装环境的条目,U8会自动提示,用户可逐个检查。未安装的缺省组件,也可通过单击该组件条目自动定位到该组件所在的安装位置,如图1-12所示。读者可通过双击该组件安装程序进行安装。

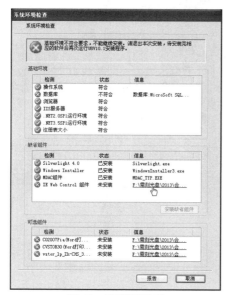
图1-11 系统环境检查

图1-12 组件所在的安装位置

(8) 单击安装缺省组件。

> **说明:**
> "基础环境"和"缺省组件"若有未满足的条件,则安装不能向下进行。"可选组件"可以不安装。

(9) 环境检测全部通过后(见图 1-13),单击"确定"按钮,返回安装界面,就可以进行后续的安装了。

(10) 单击"安装"按钮,即可进行安装,如图1-14所示。(此安装过程较长,请耐心等待)

图1-13 环境检测全部通过　　　　　　图1-14 开始安装软件

(11) 安装完成后,单击"完成"按钮,重新启动计算机,如图1-15所示。

(12) 系统重启后,出现"正在完成最后的配置"提示信息,如图1-16所示。在其中输入数据库名称(即为本地计算机名称,可通过"我的电脑"→"系统属性"中的"计算机名"查看),SA口令为空(安装SQL Server 2000时设置为空),单击"测试连接"按钮,测试数据库连接。若一切正常,则会出现连接成功的提示信息。

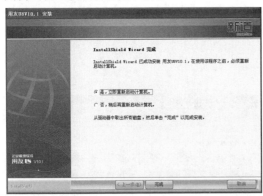
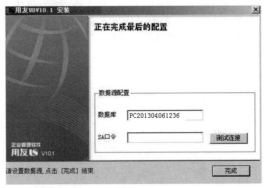

图1-15 安装完成界面　　　　　　图1-16 正在完成最后的配置

> 说明:
> 若数据库连接测试不成功,可先忽略,然后参考本文档后面所介绍的方法进行测试。

(13) 连接测试成功后,单击"完成"按钮,接下来系统会提示是否初始化数据库,单击"是"按钮,提示"正在初始化数据库实例,请稍候……"。数据库初始化完成后,出现如图1-17所示的"登录"窗口。

> 说明:
> 这里若未出现default账套,则可以参考本文档后面所介绍的方法添加该账套。

(14) 单击"取消"按钮。

(15) 至此,用友 ERP-U8 V10.1 软件系统全部安装完成。用户可通过执行"开始"|"程序"|"用友ERP-U8"命令启动系统管理,登录企业应用平台等。

第 1 章　会计信息系统导论

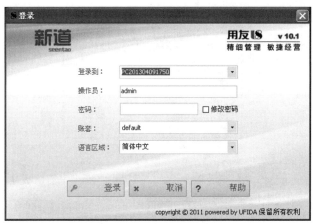

图1-17　"登录"窗口

> **说明：**
> 成功安装后，会在屏幕右下角任务栏中显示SQL Server数据服务管理器图标和U8应用服务管理器图标。

5. 安装问题解决办法

在"登录"窗口中未出现登录的服务器名称和账套 default 的解决方法。

(1) 选择"开始"|"程序"|"用友 U8 V10.1"|"系统服务"|"应用服务器配置"选项，打开如图 1-18 所示的窗口。

(2) 单击"数据库服务器"图标，打开如图 1-19 所示的"数据源配置"窗口。

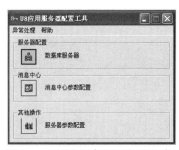

图1-18　"U8应用服务器配置工具"窗口

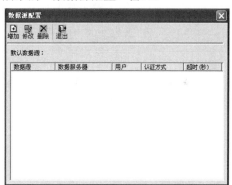

图1-19　"数据源配置"窗口

(3) 单击"增加"按钮，打开如图 1-20 所示的"增加数据源"窗口。在"数据源"文本框中输入 default，在"数据库服务器"文本框中输入数据库服务器名称(若为单机安装，则为本机计算机名称)，或者单击右侧按钮选择。

> **说明：**
> 计算机名称查看方法：在Windows XP系统中，右击桌面上的"我的电脑"图标，选择"属性"选项，在打开的窗口中选择"计算机名"选项卡，然后单击"更改"按钮即可查看。

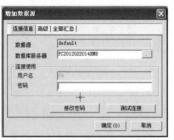

图1-20 "增加数据源"窗口

(4) 保持密码为空,单击"测试连接"按钮,若提示"连接串测试成功",则表示成功配置数据源,然后连续单击"确定"按钮即可。

实践应用

请学员登录财政部网站:http://www.mof.gov.cn。
1. 查找电算化法规《企业会计信息化工作规范》,认真研读。
2. 查找电算化法规《企业会计信息化工作规范》解读之一、二、三、四,认真研读。
3. 参考研读文件:
- 《财政部关于推进我国会计信息化工作的指导性意见》
- 《会计改革与发展"十三五"规划纲要》
- 《财政部关于全面推进管理会计体系建设的指导意见》
- 《管理会计基本指引》
- 《关于规范电子会计凭证报销入账归档的通知》
- 《关于进一步做好增值税电子普通发票推行工作的指导意见》

要求:
1. 写一篇2000字左右的会计信息化小论文。
2. 制作PPT,讲解论文。

巩固提高

一、单选题

1. "ERP"一词是( )。
   A. 会计信息系统   B. 管理信息系统
   C. 可扩展商业报告语言   D. 企业资源计划
2. 会计信息系统的商业企业应用方案中不包括( )子系统。
   A. 采购   B. 固定资产   C. 总账   D. 成本核算
3. 2014年1月6日实施的电算化法规是( )。
   A. 《会计电算化管理办法》   B. 《会计核算软件基本功能规范》
   C. 《会计电算化工作规范》   D. 《企业会计信息化工作规范》

4. 机器人流程自动化简称( )。
   A. ERP　　　　　　B. RPA　　　　　　C. XBRL　　　　　　D. MIS

二、多选题

1. 计算机会计信息系统按功能层次，可分为( )。
   A. 电子数据处理系统　　　　　　B. 管理信息系统
   C. 决策支持系统　　　　　　　　D. 客户关系系统
2. 会计信息系统与手工会计的区别是( )。
   A. 改变了原有的组织体系　　　　B. 改变了会计核算形式和方法
   C. 改变了原有的企业会计准则　　D. 改变了原有的内部控制制度
3. 系统的特征包括( )。
   A. 整体性　　　　　B. 目的性　　　　　C. 相关性　　　　　D. 环境适应性
4. 财务共享中心的核心信息系统包括( )。
   A. 财务核算系统　　　　　　　　B. 网络报销系统
   C. 电子档案管理系统　　　　　　D. 资金管理系统

三、判断题

1. 会计电算化是会计信息化的高级阶段。　　　　　　　　　　　　　　　　　　( )
2. 会计信息系统以计算机和互联网信息技术为主要工具，采用人、机结合方式，进行相互操作。
　　　　　　　　　　　　　　　　　　　　　　　　　　　　　　　　　　　　( )
3. 企业资源规划的简称是CRM。　　　　　　　　　　　　　　　　　　　　　　( )

四、简答题

1. 什么是会计信息系统？会计信息系统的特点有哪些？
2. 会计信息系统的分类是怎样的？
3. 从信息技术的发展角度来看，会计信息系统的发展经历了哪几个阶段？
4. 会计信息系统与手工核算的区别是什么？
5. 会计信息系统的功能结构包括哪些内容？工业企业会计信息系统应用方案的特点是什么？
6. 简述会计信息系统实施的前提条件及实施步骤。
7. 会计信息系统的运行管理包括哪些内容？
8. 请谈一谈RPA的应用价值。

五、案例分析题

某电子有限公司信息化应用案例

1. 背景

某电子有限公司，主要生产经营硅导电橡胶按键片、硅导电橡胶连接器及陶瓷粉等系列产品，已有15年的时间。公司积累了丰富的工艺技术和管理经验，生产规模逐年扩大，年产值上千万元。2000年公司通过了ISO 9001质量体系认证。

近一段时间，就像众多成长型企业一样，该公司也遭遇了原材料成本危机。原材料上涨，产品价格上涨空间几乎为零，物料众多，直接导致企业总成本增加，发展过程中危机重重。在不理想的内外环境中，想办法突破各种制约企业发展的瓶颈成了摆在公司眼前的首要任务。他们想到了用会计信息化软件来帮助企业把各种不利因素降到最低的方法。

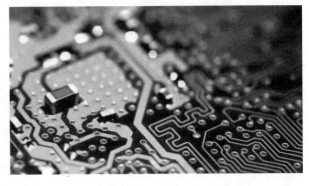

通过多方面的选型与试用，公司最终选择了用友U8产品。系统通过半个月的上线运行，取得了良好的应用效果。

2. 模块应用

用友U8：总账、应收管理、应付管理、UFO、采购管理、销售管理、库存管理、存货核算。

3. 需要解决的核心问题

- 企业物料众多，不规范管理导致物料混乱。
- 部门之间缺乏一个统一的信息沟通平台，造成了严重的"信息孤岛"。

4. 应用收益

- 统一物料编码，加强物料管理，对生产备料进行严格控制，原料库存积压现象明显缓解。
- 信息在各部门间集成共享，为企业各部门的决策提供有效依据。

5. 客户感言

对于生产过程中原材料的不良超标现象，我们这边马上就会知道。应用U8进行控制，不良品的比率一般都控制在10%左右。同时物料管控这方面加强了，使得我们的原料库存成本呈直线下降的趋势。

专家点评：

成长型企业的原材料成本控制和订单的及时交付一直是企业关注的问题。在生产用原料普遍涨价的今天，原料的采购成本和材料的耗用更值得关注。这要求企业在考虑原材料质量的基础上，控制这些原材料的进价，帮助企业寻找性价比最优秀的原材料产品；同时要根据客户的需求随时掌握订单的生产进度，保证客户利益最大化。

信息化软件可以协助企业解决以上核心问题。借助信息化应用，企业可以建立一系列成本控制预警机制，规范企业订单管理，直观了解每一个产品的生产情况，有效地协调了各部门间的信息传递，使企业原料成本大幅度下降，同时增强了订单交付的及时性。

请根据上述案例，回答下列问题。

1. 公司需要解决的核心问题是什么？
2. 公司实施信息化后，取得了哪些应用收益？

第 2 章 系统管理

📢 学习目标

知识目标

- 了解系统管理的主要功能
- 明确年度账管理、系统安全维护的内容
- 掌握系统管理的应用流程
- 掌握账套管理、用户及权限管理

能力目标

- 能结合企业实际，进行账套建立、设置用户及权限分配
- 能结合企业实际，进行账套输出和引入

📝 案例导入

阳光公司位于北京市海淀区信息路999号，法人代表肖剑，联系电话及传真为62898899，企业税务登记号110108200711013。

该公司属于高新科技企业，确定采用2007年新会计准则核算体系，记账本位币为人民币。该公司有外币业务，由于存货、客户比较多，所以需要对其进行分类管理。会计科目最多核算到四级。

2019年12月，该企业经过多方比较，购买了用友ERP-U8 V10.1软件的总账、UFO报表、工资、固定资产、应收、应付、采购、销售、库存和存货等子系统。

公司领导层决定，2020年01月正式启用U8软件，手工核算与计算机核算并行。公司委派财务部经理陈明全面负责软件的上线工作。

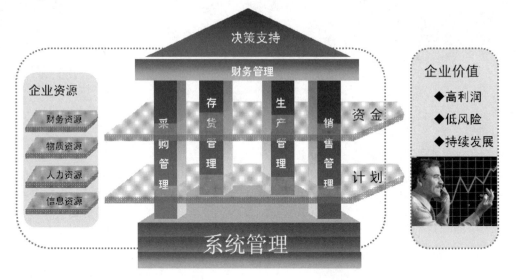

财务部经理陈明组织财务部及相关业务人员开会讨论，确定了如下事项。

(1) 确定了公司建账资料，并于2020年1月1日首先启用总账模块进行会计核算。

(2) 确定公司会计信息化岗位责任制。

① 陈明——账套主管。

该岗位负责财务业务一体化管理系统运行环境的建立，以及各项初始设置工作；负责管理软件的日常运行管理工作，监督并保证系统的有效、安全、正常运行；负责总账管理系统的凭证审核、记账、账簿查询、月末结账工作；负责报表管理及其财务分析工作。

② 王晶——出纳。

该岗位负责现金、银行账管理工作。

③ 马方——总账会计、应收会计、应付会计。

该岗位负责总账系统的凭证管理工作及客户往来和供应商往来管理工作。

④ 白雪——采购主管、仓库主管、存货核算员。

该岗位主要负责采购业务处理。

⑤ 王丽——销售主管、仓库主管、存货核算员。

该岗位主要负责销售业务处理。

信息化应用目标

(1) 根据ERP-U8特点，建立适合企业的会计核算账套。

(2) 依据企业内部会计控制制度，设置操作员并进行合理的权限分工。

知识学习

2.1 系统管理概述

现阶段，我国商品化会计软件以财务业务一体化的网络财务软件为主，它由若干能实现独立功能的子系统组成，每个子系统又由若干功能模块组成，并且各个子系统之间相互联系、数据共享，共同实现网络财务软件的财务、业务一体化的管理。因此，U8 系统中设立了一个独立的系统管理模块，为各子系统提供统一的环境，便于企业管理人员进行方便的管理、及时的监控，随时掌握企业的信息系统状态。

2.1.1 系统管理的主要功能

> **？思考与理解：**
> ABC公司账套下包含两个账套库，分别是001账套库和002账套库。001账套库包含2013年年度会计数据；002账套库包含2014—2015年年度会计数据。请思考这样设置的好处。

系统管理模块可以提供给各子系统一个统一的操作平台，对网络财务系统的各个子系统进行统一的操作管理，主要功能包括账套管理、账套库管理、权限管理及系统安全维护。

1. 账套管理

账套是指一组相互关联的数据。用户可以为企业中每一个独立核算的单位建立一个账套。ERP-U8 最多可以建立 999 套账。账套管理是对账套的统一管理，包括账套的建立、修改、引入和输出(恢复备份和备份)等功能。

2. 账套库管理

为便于账套数据的管理，账套可以由一个或多个账套库组成，一个账套库可以含有一年或多年会计数据。一个账套对应一个经营实体或核算单位，账套中的某个账套库对应这个经营实体的某年度区间内的业务数据。账套库管理包括账套库的建立、清空、引入、输出和账套库初始化等功能。

2-1 账套与账套库.mp4

3. 权限管理

为了保证系统及数据的安全、保密，以及进一步加强企业内部控制，系统管理提供了操作员及操作权限的集中管理功能。通过对系统操作分工和权限的管理，一方面可以避免与业务无关的人员进入系统，另一方面可以对网络财务软件中所含的各个子系统的操作进行协调，以保证各负其责，流程顺畅。操作权限的集中管理包括设定系统用户、定义角色及设置用户和角色的权限等功能。

4. 系统安全维护

用户在使用财务软件系统时需要在一个安全、稳定的环境下进行操作，因此，为了保证系统运行安全、数据存储安全，系统应建立一个强有力的安全保障机制。在系统管理中，系统安全维护包括系统运行监控、设置数据自动备份计划、清除系统运行异常任务、记录上机日志和刷新等功能。

2.1.2 系统管理的使用者

鉴于系统管理模块在整个会计信息系统中的地位和重要性，因此，对系统管理模块的使用，系统予以严格控制。系统只允许以两种身份注册进入系统管理，一是以系统管理员(admin)的身份，二是以账套主管的身份。

2-2 系统管理员与账套主管.mp4

1. 以系统管理员的身份注册系统管理

系统管理员负责整个应用系统的总体控制和维护工作，可以管理该系统中所有的账套。以系统管理员身份注册进入，可以进行账套的建立、引入和输出，设置操作员和权限，监控系统运行过程，清除异常任务等。

系统管理员是系统中权限最高的操作员，他要对系统数据安全和运行安全负责。通用会计信息系统中一般预置默认的系统管理员及口令，企业在正确安装应用系统后，应及时更改系统管理员的密码，以保障系统的安全性。

【例2-1】以系统管理员(admin)的身份注册系统管理，如图2-1所示。

操作路径：系统→注册

图2-1　注册系统管理

2. 以账套主管的身份注册系统管理

账套主管负责所选账套的维护工作，主要包括对所管理的账套进行修改、对账套库的管理(包括创建、清空、引入、输出及账套库初始化)，以及该账套操作员权限的设置。

对所管辖的账套来说，账套主管是级别最高的，拥有所有模块的操作权限。

由于账套主管是由系统管理员指定的，因此第一次必须以系统管理员的身份注册系统管理，建立账套和指定相应的账套主管之后，才能以账套主管的身份注册系统管理。

2.1.3 系统管理操作的基本流程

1. 系统启用当年操作流程

系统启用当年操作流程如图2-2所示。

2. 更换账套库操作流程

更换账套库操作流程如图2-3所示。

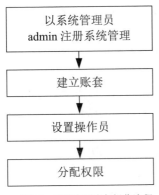

图2-2 系统启用当年操作流程

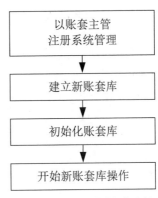

图2-3 更换账套库操作流程

2.2 系统管理应用

2.2.1 账套管理

企业可以为其每一个独立核算的单位建立一个核算账套，即每一个核算单位都有一套完整的账簿体系。账套管理就是对账套的统一管理，包括账套的建立、输出、引入和修改(恢复备份和备份)等功能。

1. 建立账套

建立账套，就是在企业财务软件中为本企业或本核算单位建立一套符合核算要求的账簿文件。根据企业的具体情况进行账套参数设置，软件将按照这些基础参数自动建立一套"账"，而将来进行系统的数据输入、处理、输出时，数据的内容和形式就会由账套的基础参数决定。

只有系统管理员才有权创建新账套。

系统的账套参数主要包括账套信息、单位信息、核算类型、基础信息、分类编码方案、数据精度等内容。

【例2-2】 为北京阳光信息技术有限公司建立账套。

操作路径：账套→建立

1) 账套信息(如图2-4 所示)

图2-4 建立账套—账套信息

账套信息用于输入新建账套的有关信息，主要包括已存账套、账套号(或称账套代码)、账套名称、账套路径、启用会计期等内容。

已存账套是系统将系统内现有的账套以下拉列表框的形式在此显示出来，用户只能参照，而不能输入或修改。

账套号是系统用于区分不同核算账套的编号。账套号具有唯一性，即每个账套只能用一个账套代码表示，一般不能重复，它与核算单位名称是一一对应的关系，共同用于代表指定的核算账套。U8软件中"账套号"的范围为001～999。

"账套名称"用于输入新建账套的名称，即核算单位的名称。其作用是标识新账套的信息，以便在显示和打印账簿、报表时使用。

"账套路径"是新建账套所存放在系统中的路径，通常系统核算数据都会储存在系统中某一指定目录下的数据库文件中。有的软件会指定某一路径为系统默认路径，用户不能更改，但大多数软件允许用户自行指定账套路径。

"启用会计期"用于输入新建账套将被启用的会计核算时间，一般为某一月份。启用日期应在新建账套时设定，而且一旦设定便不能更改。规定启用会计期主要是用于明确账务处理的起始点，以保证核算数据的完整性和连续性。设置启用会计期时，同时进行会计期间设置，确认当前会计年度及会计月份的起始日期和结账日期。一般财务软件按照国家统一会计制度的规定划分会计期间。如果不选择启用会计期，系统则自动默认设置为当前的机器时间。

2) 单位信息(如图 2-5 所示)

单位信息用于输入新建账套的基本信息，主要包括单位名称、单位简称、单位地址、法人代表、邮政编码、联系电话、传真、电子邮件、税号和备注等内容。其中单位名称是系统必要的信息，必须输入，将来在打印发票时使用；单位简称是核算单位的简称，最好输入。

3) 核算类型(如图 2-6 所示)

核算类型用于记录新建账套的基本核算信息，主要包括本币代码、本币名称、企业类型、行业性质、账套主管、是否按行业性质预置科目等内容。

图2-5 建立账套—单位信息

图2-6 建立账套—核算类型

记账本位币是核算单位按照会计法规要求采用的记账本位币名称，通常系统默认的记账本位币是人民币。如果需要进行外币核算，可以在此进行设置，将来在账务处理子系统中还要设置外币币种和相应的外币汇率。本位币代码是用来输入新建账套所使用的本位币的代码，本位币名称则是用来输入新建账套所使用的本位币的名称。

企业类型是区分不同企业业务类型的必要信息，用于明确核算单位特定经济业务的类型，用户必须在此进行设置，一般系统提供工业和商业两种类型。如果选择工业模式，系统则不能处理受托代销业务；如果选择商业模式，委托代销和受托代销都能进行处理。

行业性质是明确新建账套采用何种会计制度的重要信息，选择不同的行业性质，执行不同的会计核算，行业性质的选择将决定企业用何种一级会计科目。通常系统会将工业、商业、交通运输、金融、高校、新会计制度科目等现行行业会计制度规定的会计科目预设在系统内，供用户选择使用。

> **？思考与理解：**
> 行业性质的选择非常重要，你知道它对后续会计核算的影响吗？
> 表2-1所示为企业可选择的主要行业性质的特点。

2-3 行业性质选择.mp4

表2-1 企业可选择的主要行业性质的特点

行业性质	特点	一级科目编码	科目大类
小企业会计准则(2013)	财政部2013年推出，一级科目较2007年新准则科目简化很多，不包括大企业和特殊行业的会计科目	4位	5类
2007年新会计制度科目	根据财政部2007年实施的新《企业会计准则》制定，一级科目最完整，包含金融企业特殊会计科目	4位	6类
新会计制度科目	根据财政部2000年推出的新《企业会计制度》制定，一级科目相对完整，不含金融企业特殊会计科目	4位	5类
分行业会计制度科目	根据财政部1993年推出行业会计制度制定	3位	5类

账套主管是系统指定的本账套的负责人，一般可以是会计主管。设置账套主管是为了便于对该账套的管理，明确会计核算人员的职责和权利。

是否按行业性质预置科目是为了方便用户预置所属行业的标准一级会计科目，用户可以自行选择该项。

4) 基础信息(如图2-7所示)

基础信息也是用于记录新建账套的基础核算信息的，主要包括存货、客户、供应商是否分类及是否有外币核算等内容。

如果企业存货、客户、供应商相对较多，则可以对其进行分类管理。如果选择对存货、客户、供应商进行分类，则在进行基础信息设置时，必须先设置存货、客户、供应商分类，然后才能设置存货、客户、供应商的档案。如果没有选择对存货、客户、供应商进行分类，则在进行基础信息设置时，可以直接设置存货、客户、供应商的档案。

5) 分类编码方案(如图2-8所示)

> **？思考与理解：**
> 本例中科目编码方案为42222，你理解它的含义吗？
> 请用此编码方案给如下会计科目编码。
> 应交税费——应交增值税——进项税额
> ——销项税额
> ——应交所得税
> ——应交消费税

2-4 科目编码方案.mp4

图2-7 建立账套—基础信息

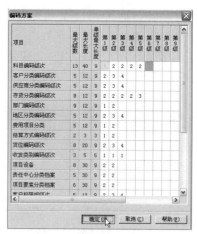
图2-8 建立账套—编码方案

为了便于对经济业务数据进行分级核算、统计和管理，系统将对会计科目、企业部门、结算方式、客户分类、地区分类、存货分类、供应商分类等进行编码。

编码方案是指设置编码的级次方案，便于使用单位对经济业务数据进行分级核算、统计和管理。它通常采用群码方案，这是一种分段组合编码，每一段有固定的位数。编码方案由级次和级长两部分组成：级次表示编码共分几段，级长表示每级编码的数字位数。编码总级长为每级编码级长之和。

6) 数据精度定义(如图2-9所示)

数据精度是指定义数据的小数位数。由于各用户对数量、单价的核算精度要求不一致，为了适应不同的需求，系统提供自定义数据精度的功能。进行数据精度定义，有助于系统在数据处理过程中对数据的小数位数进行取舍，从而保证数据处理的一贯性。数据精度定义主要包括存货数量小数位、存货单价小数位、开票单价小数位、件数小数位、换算率小数位和税率小数位的定义等内容。用户可以根据本核算单位的具体情况进行设置。

用户在进行上述内容的设置后，系统会根据这些信息自动建立一套符合用户要求的新的账套。

7) 系统启用(如图2-10所示)

会计信息系统由若干子系统构成，企业会计核算可对涉及的子系统进行启用。

总账子系统是会计信息系统中的核心子系统，一般情况下，需要启用此子系统。若暂不使用某子系统，可以之后再到企业应用平台中启用。

图2-9 建立账套—数据精度

图2-10 建立账套—系统启用

2. 账套的输出

账套的输出功能(即会计数据备份)是指将所选的账套数据进行备份输出。对于企业系统管理员来讲，应定期将企业数据备份出来存储到不同的介质上(如常见的U盘、光盘、移动硬盘等)，这对数据的安全性是非常重要的。如果企业由于不可预知的原因(如地震、火灾、计算机病毒、人为的误操作等)，需要对数据进行恢复，此时就可以利用已备份的数据使系统恢复正常，保证企业业务正常进行，使企业的损失降到最小。当然，对于异地管理的公司，此种方法还可以解决审计和数据汇总的问题。

2-5 输出账套和引入账套.mp4

账套的输出功能除了可以进行数据备份以外，还可以完成删除账套的操作。如果系统内的账套已经不需要继续保留，则可以使用账套的输出功能进行删除。

3. 账套的引入

账套的引入功能(即会计数据恢复)是指将系统外某账套的数据引入本系统中。该功能的增加有利于保证系统数据的安全，一旦系统出现故障或遭受病毒侵袭而使系统数据丢失时，就可以利用账套引入功能恢复系统数据。同时该功能的增加也有利于集团公司的操作，子公司的账套数据可以定期被引入母公司系统中，以便进行有关账套数据的分析和合并工作。如果企业需要定期将子公司的账套数据引入母公司系统中，应预先在建立账套时就进行规划，使各子公司的账套号不一样，以避免在引入子公司数据时因为账套号相同而造成数据相互覆盖的后果。

4. 修改账套

当系统管理员建完账套、账套主管建完年度账后，在未使用相关信息的基础上，需要对某些信息进行调整，以便使信息更真实准确地反映企业的相关内容时，可以进行适当的调整。通常，只有账套主管可以修改其具有权限的年度账套中的信息，系统管理员无权修改。在修改账套过程中，系统会自动列出所选账套的账套信息、单位信息、核算信息、基础设置信息、分类编码方案信息和数据精度信息，账套主管可以根据需要，对允许修改的内容进行修改。

2.2.2 角色及用户管理

为了保证系统及数据的安全与保密，系统一般提供角色管理、用户管理及权限管理等功能。

1. 角色管理

在系统中为了继续加强企业内部控制中权限的管理，增加了按角色分工管理的理念，加大了控制的广度、深度和灵活性。角色是指在企业管理中拥有某一类职能的组织，即权限组。该角色组织可以是实际的部门，也可以是由拥有同一类职能的人构成的虚拟组织。例如，实际工作中最常见的会计和出纳两个角色(他们可以是一个部门的人员，也可以不是一个部门但工作职能是一样的角色统称)。在设置角色后，可以定义角色的权限。用户被设置为某个角色后，在系统内的所有账套都拥有该角色的权限，而无须重新设置。进行角色管理的优点是方便控制操作员权限，可以依据职能统一进行权限的划分。

2. 用户管理

用户是指有权登录系统，对应用的系统进行操作的人员，即通常所指的"操作员"。每次登录系统，都要进行用户身份的合法性检查，只有设置了具体的用户之后，才能进行相关的操作。

只有系统管理员才有权设置用户。用户管理主要是完成对所核算账套的用户的增加、删除、修改等维护工作。

【例2-3】设置用户，如图2-11所示。

操作路径：权限→用户

图2-11　设置用户

2.2.3　权限管理

为了保证权责清晰和企业经营数据的安全与保密，企业需要对系统中所有的操作人员进行分工，设置各自相应的操作权限。

2-6 分配权限.mp4

？思考与理解：
你知道设置功能级权限两种方式的步骤和适用范围吗？

1. 功能级权限

在系统管理中可以实现一般的功能权限管理。功能级权限设置即是设置某用户具有某个功能模块的操作权限。例如，对某个操作员设定功能级权限时，为其设定了账务子系统中出纳的全部权限，那么该操作员注册进入账务子系统后，只拥有出纳管理的全部权限，而不能进行账务子系统的设置、凭证管理、期末处理等功能。

只有系统管理员和该账套的账套主管才有权进行权限设置，但两者的权限又有区别。系统管理员可以指定某账套的账套主管，还可以对各个账套的用户进行权限设置；而账套主管只可以对所管辖账套的用户进行权限指定。

功能级权限管理主要完成对用户权限的增加、删除、修改等维护工作。

设置功能级权限有两种方式，区别如表2-2所示。

表2-2　功能级权限的两种设置方式

方式	步骤	适用范围
直接分配权限	1. 新建用户 2. 给用户直接设置相应权限	适用于用户少、权限不同的情况
通过角色分配权限	1. 新建角色 2. 给角色设置相应权限 3. 新建用户 4. 给用户指定角色	适用于用户多、权限相同的情况

【例2-4】 设置用户"王晶"具有555账套的"出纳签字"权限,如图2-12所示。
操作路径:权限→权限

图2-12 设置权限

2. 数据级权限

数据级权限可以通过两个方面进行权限控制:一个是记录级权限控制,另一个是字段级权限控制。字段级权限控制是指对单据中包含的字段进行权限分配,这样可以提高系统的安全保密性。记录级权限控制是指对具体业务对象进行权限分配,通常根据所选定的用户或角色及业务对象进行明细的数据权限分配工作。例如,可以限制某制单人所能使用的凭证类型或会计科目。

3. 金额级权限

金额级权限主要用于完善内部金额控制,实现对具体金额数量划分级别,对不同岗位和职位的操作员进行金额级别控制,限制他们制单时可以使用的金额数量,不涉及内部系统控制的不在管理范围内。例如,可以设定某制单人录入的凭证最大金额或某业务员所签订的采购订单的最大金额。

2.2.4 账套库管理

在系统管理中,用户不仅可以建多个账套,而且每一个账套中可以包含若干账套库。账套库管理主要包括建立账套库、引入和输出账套库、账套库初始化、清空账套库数据等。对账套库的管理只能由账套主管进行。

1. 建立账套库

企业是持续经营的,因此企业的日常工作是一个连续性的工作,U8支持在一个账套库中保存连续多年数据,理论上一个账套可以在一个账套库中一直使用下去。但是由于某些原因,如需要调整重要基础档案、调整组织机构、调整部分业务等,或者一个账套库中数据过多影响业务处理性能,需要使用新的账套库并重置一些数据,这样就需要新建账套库。

2. 引入和输出账套库

引入和输出年度账,其基本含义与引入和输出账套是一致的,作用都是对数据的备份与恢复。所不同的是两者的数据范围不一样,引入和输出账套是针对整个账套的全部数据,而引入和输出账套库则是针对账套中某一特定账套库数据进行的。

3. 账套库初始化

新建账套库后,为了支持新旧账套库之间业务的衔接,可以通过账套库初始化功能将上一个账套库中相关模块的余额及其他信息结转到新账套库中。为了统计分析的规整性,每个账套库包含的数据都以年为单位,上一账套库的结束年+1 就是新账套库的开始年。

4. 清空账套库数据

当用户会发现某账套库中错误太多,或者不希望将上一账套库的余额或其他信息全部转到下一年度时,便可使用清空账套库数据的功能。"清空"并不是指将账套库的数据全部清空,而还是要保留一些信息的,主要有基础信息、系统预置的科目报表等。保留这些信息主要是为了方便用户使用清空后的账套库重新做账。

2.2.5 系统安全维护

用户在使用财务软件系统时需要在一个安全、稳定的环境下进行操作,因此,为了保证系统运行安全、数据存储安全,系统应建立一个强有力的安全保障机制。在系统管理中,系统安全维护包括系统运行监控、设置数据自动备份计划、清除系统运行异常任务、记录上机日志和刷新等功能。

1. 系统运行监控

在系统管理中,可以对本会计信息系统中已经登录系统管理的子系统、操作员、操作时间、系统状态等内容进行监控,以保证整个会计信息系统正常运行。

2. 设置数据自动备份计划

设置数据自动备份计划的作用是自动定时对设置的账套进行输出(备份)。这种方式的好处是不但可以实现对多个账套同时输出,而且可以进行定时设置,实现无人干预自动输出,减轻了系统管理员的工作量,保障了系统数据的安全,便于更好地对系统进行管理。

3. 清除系统运行异常任务

系统运行过程中,由于死机、网络阻断等原因有可能造成系统异常。针对系统异常,系统管理中通常会提供"清除单据锁定""清除异常任务"两项功能。

清除单据锁定功能是在使用过程中,由于不可预见的原因可能会造成单据锁定,致使单据的正常操作将不能使用,此时使用"清除单据锁定"功能,将恢复正常功能的使用。

清除异常任务功能是指系统除了提供手动清除异常任务之外,还提供了自动处理异常任务的能力,即不用每次必须由系统管理员登录系统管理后手工清除。用户在使用过程中,可在服务管理器中设置服务端异常和服务端失效的时间,提高使用中的安全性和高效性。如果用户服务端超过异常限制时间未工作或由于不可预见的原因非法退出某系统,则视此为异常任务,在系统管理中会显示"运行状态异常",系统在到达服务端失效时间时,自动清除异常任务。在等待时间内,用户也可选择"清除异常任务"命令来自行删除异常任务。

4. 上机日志

为了保证系统的安全运行,系统随时对各个子系统的每个操作员的上下机时间、操作的具体功能等情况进行登记,形成上机日志,以便使所有的操作都有所记录、有迹可循。

用户可以对上机日志的内容进行删除、排序、刷新。

5. 刷新

系统管理的一个很重要的用途就是对各个子系统的运行实施适时的监控。为此，系统将正在登录系统管理的子系统及其正在执行的功能在界面上列示出来，以便于系统管理员或账套主管进行监控。如果需要看最新的系统内容，则需要启用刷新功能来适时刷新功能列表中的内容。

 实践应用

实验一 系统管理业务

【实验目的】

1. 掌握用友 ERP-U8 管理软件中系统管理的相关内容。
2. 理解系统管理在整个系统中的作用及重要性。

【实验内容】

1. 建立单位账套。
2. 增加用户。
3. 进行权限分配。
4. 备份账套数据。
5. 引入账套数据。
6. 修改账套参数。

【实验准备】

1. 已正确安装用友 ERP-U8 管理软件。
2. 设置系统日期格式(以 Windows XP 操作系统为例)，操作步骤如下。
(1) 执行"开始"|"设置"|"控制面板"命令，进入"控制面板"窗口。
(2) 双击其中的"区域选项"图标，进入"区域选项"窗口。
(3) 单击打开"日期"选项卡。
(4) 单击打开"短日期样式"下拉列表框，选择下拉列表中的"yyyy-mm-dd"选项。
(5) 单击"确定"按钮返回。

【实验资料】

1. 账套相关资料

1) 账套信息

账套号：555；账套名称：阳光公司账套；采用默认账套路径；启用会计期：2020 年 01 月；会计期间设置：默认。

2) 单位信息

单位名称：北京阳光信息技术有限公司；单位简称：阳光公司；单位地址：北京海淀区信息路 999 号；法人代表：肖剑；邮政编码：100888；联系电话及传真：010-62898899；税号：110108200711013256。

3) 核算类型

该企业的记账本位币：人民币(RMB)；企业类型：工业；行业性质：2007年新会计制度；科目预置语言：中文(简体)；账套主管：陈明；选中"按行业性质预置科目"复选框。

4) 基础信息

该企业有外币核算，进行经济业务处理时，需要对存货、客户、供应商进行分类。

5) 分类编码方案

该企业的分类方案如下。

科目编码级次：42222

其他默认。

6) 数据精度

该企业对存货数量、单价小数位定为2。

7) 系统启用

启用总账子系统，启用时间为2020-01-01。

2. 人员及权限资料

1) 001　陈明(口令：1)

角色：账套主管。

负责财务业务一体化管理系统运行环境的建立，以及各项初始设置工作；负责管理软件的日常运行管理工作，监督并保证系统的有效、安全、正常运行；负责总账管理系统的凭证审核、记账、账簿查询、月末结账工作；负责报表管理及其财务分析工作。

具有系统所有模块的全部权限。

2) 002　王晶(口令：2)

角色：出纳。

负责现金、银行账管理工作。

具有"总账—凭证—出纳签字""总账—出纳"的操作权限。

3) 003　马方(口令：3)

角色：总账会计、应收会计、应付会计。

负责总账系统的凭证管理工作及客户往来和供应商往来管理工作。

具有公共单据、公用目录设置、企业门户、总账、固定资产、薪资管理、应收款管理、应付款管理的全部操作权限。

4) 004　白雪(口令：4)

角色：采购主管、仓库主管、存货核算员。

主要负责采购业务处理。

具有公共单据、公用目录设置、应收款管理、应付款管理、总账、采购管理、销售管理、库存管理、存货核算的全部操作权限。

5) 005　王丽(口令：5)

角色：销售主管、仓库主管、存货核算员。

主要负责销售业务处理。

权限同白雪。

> **注意：**
> 以上权限设置只是为了实验中的学习，与企业实际分工可能有所不同，企业相关操作员比较多，分工比较细致。

【实验要求】

1. 以系统管理员 admin 的身份，进行增加用户、建立账套、权限分配、备份账套操作。
2. 以账套主管"陈明"的身份，进行账套数据修改操作。

【操作指导】

1. 注册系统管理 sy1-1.mp4

(1) 执行"开始"|"程序"|"用友 U8 V10.1"|"系统服务"|"系统管理"命令或双击桌面图标，启动系统管理。
(2) 执行"系统"|"注册"命令，打开"登录"系统管理对话框。
(3) 系统中预先设定了一个系统管理员 admin，第一次运行时，系统管理员密码为空，选择系统默认账套(default)。
(4) 单击"确定"按钮，以系统管理员身份进入系统管理。

sy1-1

> **注意：**
> - 为了保证系统的安全性，在"登录"系统管理对话框中，可以设置或更改系统管理员的密码。例如，设置系统管理员密码为super的操作步骤如下。
>   ① 选中"改密码"复选框和系统默认账套，单击"确定"按钮。
>   ② 打开"设置操作员密码"对话框，在"新密码"和"确认"输入框中均输入super。
>   ③ 单击"确定"按钮，返回系统管理。
> - 一定要牢记设置的系统管理员密码，否则无法以系统管理员的身份进入系统管理，也就不能执行账套数据的引入和输出。
> - 考虑实际教学环境，建议不要设置系统管理员密码。

2. 增加用户 sy1-2.mp4

(1) 执行"权限"|"用户"命令，进入"用户管理"窗口。
(2) 单击工具栏上的"增加"按钮，打开"增加用户"对话框，按表 2-3 中所示的资料输入操作员。

sy1-2

表2-3 操作员信息

编号	姓名	口令	确认口令	所属部门
001	陈明	1	1	财务部
002	王晶	2	2	财务部
003	马方	3	3	财务部
004	白雪	4	4	采购部
005	王丽	5	5	销售部

(3) 单击"取消"按钮结束，返回"用户管理"窗口，所有用户以列表方式显示，再单击工具

栏上的"退出"按钮,返回"系统管理"窗口。

> **注意:**
> - 只有系统管理员才有权限设置角色和用户。
> - 用户编号在系统中必须唯一,即使是不同的账套,用户编号也不能重复。
> - 设置操作员口令时,为保密起见,输入的口令字以"*"号在屏幕上显示。
> - 所设置的操作员用户一旦被引用,便不能被修改和删除。
> - 如果操作员调离企业,可以通过"修改"功能"注销当前用户"。
> - 在"增加用户"对话框中,蓝色字体标注的项目为必输项,其余项目为可选项。这一规则适用于所有界面。

3. 建立账套 sy1-3.mp4

sy1-3

1) 创建账套

执行"账套"|"建立"命令,打开"创建账套"对话框。选择建账方式,单击"下一步"按钮。

2) 输入账套信息

已存账套:系统中已存在的账套在下拉列表框中显示,用户只能查看,不能输入或修改。

账套号:必须输入。本例输入账套号 555。

账套名称:必须输入。本例输入"阳光公司账套"。

账套路径:用来确定新建账套将要被放置的位置,系统默认的路径为 C:\U8SOFT\Admin,用户可以人工更改,也可以利用"…"按钮进行参照输入,本例采用系统的默认路径。

启用会计期:必须输入。系统默认为计算机的系统日期,更改为"2020 年 1 月"。

输入完成后,单击"下一步"按钮,进行单位信息设置。

3) 输入单位信息

单位名称:用户单位的全称,必须输入。企业全称只在发票打印时使用,其余情况全部使用企业的简称。本例输入"北京阳光信息技术有限公司"。

单位简称:用户单位的简称,最好输入。本例输入"阳光公司"。

其他栏目都属于任选项,参照实验资料输入即可。

输入完成后,单击"下一步"按钮,进行核算类型设置。

4) 输入核算类型

本币代码:必须输入。本例采用系统默认值 RMB。

本币名称:必须输入。本例采用系统默认值"人民币"。

企业类型:用户必须从下拉列表框中选择输入。系统提供了"工业""商业"等模式。如果选择工业模式,则系统不能处理受托代销业务;如果选择商业模式,则委托代销和受托代销都能处理。本例选择"工业"模式。

行业性质:用户必须从下拉列表框中选择输入,系统按照所选择的行业性质预置科目。本例选择行业性质为"2007 年新会计制度科目"。

科目预置语言:中文(简体)。U8 V10.1 为多语言版本。

账套主管:必须从下拉列表框中选择输入。本例选择"001 陈明"。

按行业性质预置科目:如果用户希望预置所属行业的标准一级科目,则选中该复选框。本例选择"按行业性质预置科目"复选框。

输入完成后,单击"下一步"按钮,进行基础信息设置。

5) 确定基础信息

按照本例要求,选中"存货是否分类""客户是否分类""供应商是否分类""有无外币核算"4个复选框;单击"下一步"按钮,进入开始创建账套窗口;单击"完成"按钮,系统提示"可以创建账套了吗?";单击"是"按钮,稍候,系统打开"编码方案"对话框。

> **注意:**
> 此处创建账套的时间较长,请耐心等待。

6) 确定编码方案

本例设置科目编码方案为42222,其他默认。

设置完毕,单击"确定"按钮,再单击"取消"按钮,打开"数据精度"对话框。

> **注意:**
> 科目编码级次中第1级科目编码长度根据建账时所选行业性质自动确定,此处显示为灰色,不能修改,只能设定第2~5级的科目编码长度。

7) 定义数据精度

采用系统默认值,单击"确定"按钮,创建账套成功。系统弹出"现在进行系统启用设置"提示对话框,单击"是"按钮。

8) 系统启用

选中"GL—总账"复选框,弹出"日历"对话框,选择"2020-01-01"。单击"确定"按钮,根据提示,单击"是"按钮。

9) 退出

单击"退出"按钮,返回系统管理。

> **注意:**
> 编码方案、数据精度、系统启用项目可以由账套主管在"企业应用平台"|"基础设置"|"基本信息"中进行修改。

4. 权限分配 sy1-4.mp4

(1) 执行"权限"|"权限"命令,进入"操作员权限"窗口。

(2) 选择555账套;2020年度。

(3) 从窗口左侧操作员列表中选择"001 陈明",选中"账套主管"复选框,确定陈明具有账套主管权限。

sy1-4

> **注意:**
> - 在增加用户和建立账套时已设定"陈明"为账套主管,此处无须再设置。如果在建账时未设定陈明为账套主管,则可以在此处进行指定。
> - 一个账套可以设定多个账套主管。
> - 账套主管自动拥有该账套的所有权限。

(4) 选择"王晶",单击工具栏上的"修改"按钮,分别选中"总账-凭证-出纳签字"权限,单击"保存"按钮。

(5) 同理,根据实验资料为用户"马方、白雪、王丽"设置相应的操作权限。单击工具栏上的"退出"按钮,返回系统管理。

5. 备份账套数据 ▇ sy1-5.mp4

sy1-5

(1) 执行"账套"|"输出"命令,打开"账套输出"对话框。

(2) 选择需要输出的账套555,确定账套数据输出位置,单击"确认"按钮。

(3) 备份完成后,系统弹出"输出成功!"信息提示对话框,单击"确定"按钮返回。

> **注意:**
> - 只有系统管理员(admin)才能备份账套数据。在备份的文件夹内有两个文件,一个是UFDATA.BAK,另一个是UfErpAct.Lst。
> - 在备份账套数据时,需要一段时间。根据机器的快慢和数据量的大小,备份需要的时间也不确定。因此,在上机实验时,要耐心等待。
> - 若要删除账套,在"账套备份"对话框中,选择"删除当前输出账套"选项。但正在使用的账套不能删除。
> - 账套数据必须先备份输出到本地硬盘上(由于备份的账套数据较大,请留有足够的磁盘空间),然后根据需要复制到U盘或移动硬盘上,以便妥善保存。

6. 引入账套数据 ▇ sy1-6.mp4

sy1-6

(1) 执行"账套"|"引入"命令,打开"账套引入"对话框。

(2) 打开相应的文件夹,选择账套文件UfErpAct.Lst,单击"确定"按钮。

(3) 系统提示"请选择账套引入的目录",单击"确定"按钮。根据实际情况选择账套要引入的目录,单击"确定"按钮。

(4) 系统提示"正在引入账套,请等待……",最后提示"账套引入成功!",单击"确定"按钮。

> **注意:**
> - 只有系统管理员(admin)才能引入账套。
> - 引入账套时,若系统中存在的账套号与引入的账套号相同,则系统提示"是否覆盖系统中的账套?"。若引入不成功,则可先将原账套备份并删除,然后再引入。

7. 修改账套数据 ▇ sy1-7.mp4

sy1-7

(1) 在系统管理窗口中,执行"系统"|"注册"命令,打开"登录"系统管理对话框。

> **注意:**
> 如果此前是以系统管理员的身份注册进入系统管理的,那么需要首先执行"系统"|"注销"命令,注销当前系统操作员,再以账套主管的身份登录。

(2) 在"操作员"文本框中输入 001 或"陈明",在"密码"文本框中输入 1,选择"555 阳光公司账套",操作日期为 2020-01-01。

(3) 单击"确定"按钮,进入"系统管理"窗口,菜单中显示为黑色字体的部分为账套主管可以操作的内容。

(4) 执行"账套"|"修改"命令,打开"修改账套"对话框,可修改的账套信息以白色显示,不可修改的账套信息以灰色显示。

(5) 修改完成后,单击"完成"按钮,系统提示"确认修改账套了么?"信息;单击"是"按钮,确定"编码方案"和"数据精度";单击"确认"按钮,系统提示"修改账套成功!"信息。

(6) 单击"确定"按钮,返回系统管理。

> **注意:**
> 账套中的很多参数不能修改,若这些参数错误,则只能删除此账套,再重新建立。因此,建立账套时,参数设置一定要小心。

巩固提高

一、单选题

1. ( )有权在系统中建立企业账套。
   A. 企业老总　　　B. 系统管理员　　　C. 账套主管　　　D. 销售总监

2. ( )可以作为区分不同账套数据的唯一标识。
   A. 账套号　　　B. 账套名称　　　C. 单位名称　　　D. 账套主管

3. ( )自动拥有该账套的全部权限。
   A. admin　　　B. 账套主管　　　C. 财务经理　　　D. 系统管理员

4. 一个账套可以指定( )个账套主管。
   A. 1　　　B. 2　　　C. 3　　　D. 多

5. 若科目编码方案为 4-2-1-3,则三级科目的编码为( )位。
   A. 1　　　B. 2　　　C. 3　　　D. 4

二、多选题

1. 建立单位核算账套时,必须设置的基本信息包括( )。
   A. 启用会计期　　　B. 账套名称　　　C. 账套号　　　D. 账套路径

2. 账套建立完成之后,( )不能修改。
   A. 账套号　　　B. 账套名称　　　C. 启用会计期　　　D. 账套主管

3. 增加系统操作员时,需要确定的基本信息有( )。
   A. 操作员编号　　　B. 操作员姓名　　　C. 所属账套　　　D. 操作员密码

4. 对于设置操作员密码,以下说法正确的有( )。
   A. 不能为空　　　B. 必须输入两次　　　C. 可以输入数字　　　D. 不能修改

5. 系统管理功能基本包括( )。
   A. 账套管理　　　　　　　　　　　　B. 操作员及操作权限管理
   C. 账套库管理　　　　　　　　　　　D. 报表管理

三、判断题

1. 账套主管自动拥有所管辖账套所有模块的操作权限。（ ）
2. 单位名称是区分系统内不同账套的唯一标志。（ ）
3. 账套删除操作是在账套引入操作的同时进行的。（ ）
4. 所设置的操作员一旦被引用，仍可以被修改和删除。（ ）
5. 建立账套时，如果选择"是否按行业预置科目"，则系统会自动建立企业所需的所有会计科目。（ ）

四、简答题

1. 系统管理的主要功能有哪些？
2. 为什么要输出和引入账套？
3. 年度账管理包括哪些内容？
4. 建立账套的简要步骤是什么？
5. U8 系统中权限设置分哪几种？各有什么特点？
6. 账套和账套库有什么区别？

五、案例分析题

系统管理员和账套主管是唯一可以登录系统管理的两个身份。他们在应用上有何区别？请认真完成表 2-4 并回答问题。

表2-4 系统管理员和账套主管的区别

区别项	系统管理员	账套主管
账套操作		
账套库操作		
设置操作员		
分配权限		
设置安全机制		

已知张三为 A 账套的账套主管，李四为 B 账套的账套主管。请回答下列操作分别由何身份完成？

1. 建立 C 账套。
2. 修改 A 账套信息。
3. 备份 B 账套。
4. 备份 B 账套中 2014 年账套库。
5. 增加用户王五。
6. 设置王五为 C 账套的账套主管。
7. 设置李四具有 C 账套"总账"子系统的权限。

第 3 章 基 础 设 置

学习目标

知识目标
- 了解存货信息设置、供应链基础设置、其他基础设置
- 明确基础档案整理的内容及顺序
- 掌握机构设置、财务信息设置、往来单位设置

能力目标
- 能结合企业实际,进行机构设置、财务信息设置、往来单位设置

案例导入

阳光公司共设3个一级部门,6个二级部门,拥有员工11人(简化处理)。

企业的客户按性质分为批发、零售、代销、专柜四类。客户共有四家,分别是华宏公司、昌新公司、精益公司和利氏公司;该企业的供应商按提供商品的性质分为原料供应商和成品供应商,分别是兴华公司、建昌公司、泛美公司和艾德公司。

企业进行美元外币核算,汇率为1:6.25。阳光公司在原手工方式下,大部分会计核算使用一级会计科目,少部分核算使用明细科目,如表3-1所示。

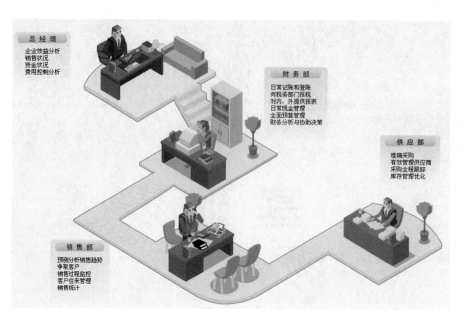

表3-1　企业手工会计核算部分科目表

科目编码	科目名称	科目编码	科目名称
…	…	…	…
1122	应收账款	2202	应付账款
112201	华宏公司	220201	兴华公司
112202	昌新贸易公司	220202	建昌公司
…	…	…	…
1221	其他应收款	6602	管理费用
122101	应收单位款	660201	薪资
122102	应收个人款	66020101	总经理办公室
12210201	肖剑	66020102	财务部
12210202	孙健	66020103	销售部
…	…	66020104	采购部
5001	生产成本		……
500101	家用电脑	660202	福利费
50010101	直接材料		……（同工资设置三级明细）
50010102	直接人工	660203	办公费
50010103	制造费用		……（同工资设置三级明细）
500102	商用电脑	660204	差旅费
50010201	直接材料		……（同工资设置三级明细）
50010202	直接人工	660205	招待费
50010203	制造费用		……（同工资设置三级明细）
…	…	…	…

企业的凭证类型分为三类，即收款凭证、付款凭证和转账凭证。企业大多时候使用支票结算。

信息化应用目标

(1) 根据企业核算特点，进行各类基础档案的设置。

(2) 利用U8的辅助核算功能，将公司会计科目体系优化。

知识学习

3.1 基础设置概述

基础设置即基础档案设置。一个新账套建立以后，在进行核算前要对各个子系统共用的基础档案进行设置。一般可以根据企业的实际情况及业务要求，先手工整理出一份基础资料，再按要求将其输入系统中，以便顺利完成初始建账工作。

基础档案一般数据量较大，很多大型企业需要很长时间才能完成基础档案的设置。但这部分操作相对简单，一般遵循"增加—输入—保存"三步操作。设置基础档案之前应确定基础档案的分类编码方案，基础档案的设置必须要遵循分类编码方案中的级次和各级编码长度的设定。基础档案的设置有一定的先后顺序。

一般情况下，企业需要整理的基础档案如表3-2所示。

表3-2 企业的基础档案

基础档案分类	基础档案目录	档案用途	前提条件
机构设置	部门档案	设置与企业财务核算和管理有关的部门	先设置部门编码方案
	人员档案	设置企业的各个职能部门中需要对其核算和业务管理的职工信息	先设置部门档案，才能在其下增加职员
往来单位	客户分类	便于进行业务数据的统计、分析	先对客户分类，然后确定编码方案
	客户档案	便于进行客户管理和业务数据的录入、统计、分析	先建立客户分类档案
	供应商分类	便于进行业务数据的统计、分析	先对供应商分类，然后确定编码方案
	供应商档案	便于进行供应商管理和业务数据的录入、统计、分析	先建立供应商分类档案
	地区分类	针对客户/供应商所属地区进行分类,便于进行业务数据的统计、分析	
存货	存货分类	便于进行业务数据的统计、分析	先对存货分类，然后确定编码方案
	存货档案	便于存货核算、统计、分析和实物管理	先确定对存货分类、确定编码方案
财务	会计科目	设置企业核算的科目目录	先设置科目编码方案及外币
	凭证类别	设置企业核算的凭证类型	
	外币	设置企业用到的外币种类及汇率	
	项目目录	设置企业需要对其进行核算和管理的对象、目录	可将存货、成本对象、现金流量直接作为核算的项目目录

(续表)

基础档案分类	基础档案目录	档案用途	前提条件
收付结算	结算方式	设置资金收付业务中用到的结算方式	
	付款条件	设置企业与往来单位协议规定的收、付款折扣优惠方法	
	开户银行	设置企业在收付结算中对应的开户银行信息	

3.2 机构设置

3.2.1 部门档案

部门档案就是设置会计科目中要进行部门核算的部门名称，以及要进行个人往来核算的职员所属的部门。

部门档案需要按照已经定义好的部门编码级次原则输入部门编号及信息，其主要内容包括部门编码、部门名称、负责人、部门属性、电话、地址等信息。

在总账管理子系统中可以按部门核算收入、费用；在薪资管理子系统中按部门管理职工、发放工资、工资数据汇总等；在固定资产子系统中可以按部门管理资产、计提折旧等；在应收/付款管理子系统中可以将客户、供应商往来数据记录到部门。

【例3-1】设置部门档案，如图3-1所示。

操作路径：基本档案→机构人员→部门档案

图3-1 设置部门档案

3.2.2 人员类别

人员类别是指人员的性质，如管理人员、销售人员等。人员类别设置的内容包括类别编码、类别名称等内容。

人员类别与工资费用的分配、分摊有关，工资费用的分配及分摊是薪资管理系统的一项重要功能。人员类别的设置是为工资分摊生成凭证设置相应的入账科目做准备，可以按不同的人员类别需要设置不同的入账科目。

人员类别是人员档案中的必选项目，需要在人员档案建立之前设置。

3.2.3 人员档案

人员档案主要用于记录本企业职员的个人信息资料。人员档案设置的内容包括职员名称、部门名称、职员属性等。

在总账管理子系统中人员档案与个人往来核算有关；在薪资管理子系统中人员档案用于核算职工工资数据；在应收应付子系统中可以将往来数据记录到业务员。

在设置人员档案时，应先设置好部门档案。

3.3 往来单位基础信息设置

3.3.1 客户分类

当往来客户较多时，可以先对客户进行分类，以便对客户进行分类统计和汇总，从而达到分类管理的目的。通常企业可以按行业、地区、客户信誉资质等对客户进行分类。客户分类设置主要包括类别编码和类别名称两项内容。建立起客户分类后，必须将客户档案设置在最末级的客户分类下。只有当本账套设置了"需要对客户进行分类"，且已经设置好客户分类的编码方案时才可以进行客户分类档案的编辑。如果对客户没有进行分类管理的需求，则可以直接建立客户的档案。

3.3.2 客户档案

建立客户档案即设置客户的详细信息。客户档案将应用于总账管理、销售管理、库存管理、应收款管理等子系统，便于进行客户管理和业务数据的录入、统计、分析。

客户档案信息分别在"基本""联系""信用""其他"几个选项卡中存放。

"基本"选项卡中主要记录客户的基本信息，如客户编码、客户名称、客户简称、税号等。客户名称与客户简称的用法有所不同：客户名称要输入客户全称，用于销售发票的打印；客户简称主要用于录入业务单据时屏幕上的参照显示。如果企业为一般纳税人，则要输入税号，否则专用销售发票中的"税号"栏为空。

"联系"选项卡中几乎包括了企业的各种联系方式，还可以记录该客户默认的发货地址、发货方式和发货仓库。

"信用"选项卡中记录了有关客户信用的相关数据。有些数据是根据本企业的信用政策，结合该客户往年的销售量及信用情况评定计算的，如折扣率、信用等级等；有些数据与应收账款系统直接相连，如应收余额、最后交易日期、最后交易金额、最后收款日期、最后收款金额等。它们反映了该客户的当前信用情况。

"其他"选项卡中记录了客户的专管部门、专管业务员等信息。

客户档案必须建立在最末级客户分类下。

【例3-2】设置客户档案，如图3-2所示。

操作路径：基础档案→客商信息→客户档案

图3-2 设置客户档案

3.3.3 供应商分类

如果要对供应商进行分类管理，可以通过建立供应商分类体系来实现。建立供应商分类，有利于对供应商进行分类管理及对相关业务数据进行统计与分析。通常企业可以按行业、地区等对供应商进行分类。供应商分类设置主要包括类别编码和类别名称两项内容。建立起供应商分类后，必须将供应商档案设置在最末级的供应商分类下。只有当本账套设置了需要对供应商进行分类，且已经设置好供应商分类的编码方案时才可以进行供应商分类档案的编辑。如果对供应商没有进行分类管理的需求，则可以直接建立供应商的档案。

3.3.4 供应商档案

建立供应商档案即设置供应商的详细信息。供应商档案将应用于总账管理、销售管理、库存管理、应付款管理等子系统，便于进行供应商管理和业务数据的录入、统计、分析。

供应商档案信息也分"基本""联系""信用""其他"几个选项卡存放。但在供应商档案的"其他"选项卡中，不同于客户档案管理的内容有以下两项。

(1) 单价是否含税：是指所购货物的单价中是否含有税金，可以是含税价格也可以是不含税价格。

(2) 对应条形码：用于存货进行条形码管理时。若存货条形码中有供应商信息，则需要在对应的供应商中输入对应的编码信息。

3.3.5 地区分类

地区分类是指企业根据自身管理要求出发，对客户、供应商的所属地区进行相应的分类，以便对业务数据进行统计与分析。地区分类设置主要包括类别编码和类别名称两项内容。

3.4 财务信息设置

3.4.1 会计科目设置

会计科目设置的功能是将单位会计核算中使用的科目逐一地按要求描述给系统，并将科目设置的结果保存在科目文件中，实现对会计科目的管理。财会人员可以根据会计核算和管理的需要，设置适合自身业务特点的会计科目体系。

1. 会计科目设置的原则

设置会计科目时，应该注意以下问题。

(1) 会计科目的设置必须满足会计报表编制的要求，凡是报表所用数据，需从系统取数的，必须设立相应科目。

(2) 会计科目要保持相对稳定。

(3) 设置会计科目要考虑各子系统的衔接。在总账系统中，只有末级会计科目才允许有发生额，才能接收各个子系统转入的数据，因此，要将各个子系统中的核算科目设置为末级科目。

2. 会计科目编码方案

在账务系统中，为了便于计算机识别和处理会计数据，需要对每一会计科目进行编码，以便节约计算机存储单元，提高运算速度。同时，对会计科目的编码还可以促进会计业务工作的标准化，便于反映会计科目间的逻辑关系，减少汉字输入的工作量。因此科目编码在会计信息系统中被广泛采用。

根据我国现行会计制度，为保证会计数据口径一致，财政部对一级会计科目的代码和名称做了统一规定，对其他各级会计科目的名称只做了原则规定和说明。在进行科目代码设置时，一级科目代码应该使用财政部统一规定的代码；其他各级科目代码应按使用单位的实际情况，在满足核算和管理要求的基础上自行设置，但这种设置还应符合前面所设的会计科目编码规则。

由于账务处理子系统运行时计算机只以科目代码来识别账户，因此科目编码非常重要，除上面所说原则外，编码时还需要注意以下问题。

(1) 科目代码应输入全码，即从一级科目至本级科目的各级代码组合而成的代码组。

(2) 科目代码必须具有唯一性，即每一个会计科目有且只有一个代码来代表。

(3) 科目代码要在满足核算和管理的前提下适合计算机识别和分类处理。

(4) 科目代码应简单明了，便于操作人员记忆和使用。

(5) 科目代码既要反映科目间的统属和逻辑关系，也要尽量减少位数，以免增加输入和运算的工作量，增加出错的可能性。

(6) 考虑单位业务的扩展和管理要求的不断提高，科目代码还应具有一定的扩展性，以便需要时能够灵活地对科目进行增删。

通常对会计科目进行编码采用分组的顺序码。图 3-3 所示的是科目代码的一种编制方案，即 4-2-2 编码方案。本科目编码共三级，第一级是 4 位编码，第二级是 2 位编码，第三级是 2 位编码。

图3-3 科目编码示意图

例如，"应交税费——应交增值税——进项税额"的全编码可以编为 22210101，其中一级编码 2221 为新会计准则规定，二级、三级科目编码根据企业需要自行设定。

3. 会计科目辅助核算设置

> **？思考与理解：**
> 你知道ERP-U8会计科目的辅助核算有哪些吗？通常哪些会计科目会设置这些辅助核算？会计科目辅助核算的优势体现在什么地方？

3-1 会计科目辅助核算.mp4

一般来说，为了充分体现计算机管理的优势，在企业原有的会计科目基础上，应对以往的一些科目结构进行优化调整，充分发挥计算机账务处理子系统提供的辅助核算功能，深化、强化企业的核算和管理工作。

当企业规模不大、往来业务较少时，可采用和手工方式一样的科目结构及记账方法，即将往来单位、个人、部门、项目通过设置明细科目来进行核算管理；而对于一个往来业务频繁、清欠、清理工作量大，核算要求较严格的企业来说，应该采用账务处理子系统提供的辅助核算功能进行管理，即将这些明细科目的上级科目设为末级科目并设为辅助核算科目，然后将这些明细科目设为相应的辅助核算目录。一个科目设置了辅助核算后，它所发生的每一笔业务都将会登记在总账和辅助明细账上。

例如，未使用辅助核算功能的科目设置，如表 3-3 所示。

表3-3 未使用辅助核算功能的科目设置

科目编码	科目名称	科目编码	科目名称
1122	应收账款	1604	在建工程
112201	北京石化公司	160401	办公楼
112202	天津销售分公司	160402	宿舍楼
1221	其他应收款	6602	管理费用
122101	差旅费应收款	660201	办公费
12210101	王坚	66020101	A 部门
12210102	李默	66020102	B 部门
122102	私人借款		
12210201	王坚		
12210202	李默		

使用账务处理子系统的辅助核算功能进行核算后的科目设置，如表 3-4 所示。

表3-4 使用辅助核算功能的科目设置

科目编码	科目名称	辅助核算
1122	应收账款	客户往来
1221	其他应收款	
122101	差旅费应收款	个人往来
122102	私人借款	个人往来
1604	在建工程	项目核算
6602	管理费用	
660201	办公费	部门核算

4. 会计科目设置的内容

(1) 科目编码。科目编码应是科目全编码，即从一级科目至本级科目的各级科目编码组合。其中，各级科目编码必须唯一，且必须按其级次的先后次序建立，即先有上级科目，然后才能建立下级明细科目。科目编码中的一级科目编码必须符合现行的会计制度。通常，通用商品化会计核算系统在建立账套时，会自动装入规范的一级会计科目。

3-2 会计科目设置.mp4

(2) 科目名称。科目名称是指本级科目名称，通常分为科目中文名称和科目英文名称。在中文版中，必须录入中文名称；若是英文版，则必须录入英文名称。科目中文名称和英文名称不能同时为空。

(3) 科目类型。科目类型是指会计制度中规定的科目类型，分为资产、负债、所有者权益、成本、损益。由于一级科目编码的首位数字与科目类型有直接的对应关系，即科目大类代码"1=资产""2=负债""3=共同""4=所有者权益""5=成本""6=损益"，因此，系统可以根据科目编码自动识别科目类型。

(4) 账页格式。定义该科目在账簿打印时的默认打印格式。通常系统会提供金额式、外币金额式、数量金额式、外币数量式4种账页格式供选择。

(5) 助记码。用于帮助记忆科目，提高录入和查询速度。通常科目助记码不必唯一，可以重复。

(6) 科目性质(余额方向)。增加记借方的科目，科目性质为借方；增加记贷方的科目，科目性质为贷方。一般情况下，只能为一级科目设置科目性质，下级科目的科目性质与其一级科目的相同。已有数据的科目不能再修改科目性质。

(7) 辅助核算。也叫辅助账类，用于说明本科目是否有其他核算要求。系统除完成一般的总账、明细账核算外，还提供部门核算、个人往来核算、客户往来核算、供应商往来核算、项目核算5种专项核算功能供选用。

一般地，收入或费用类科目可设部门辅助核算，日常运营中当收入或费用发生时，系统要求实时确认收入或费用的部门归属，记账的同时登记总账、明细账和部门辅助账。其他应收款可设为个人往来核算，用于详细记录内部职工的借款情况；与客户的往来科目如应收账款、应收票据、预收账款可设成客户往来核算；应付账款、应付票据、预付账款可设成供应商往来核算；在建工程及收入成本类科目可设成项目核算，用于按项目归集收入或费用。

一个科目可同时设置两种专项核算，例如，若主营业务收入既想核算各部门的使用情况也想了解各项目的使用情况，则可以同时设置部门核算和项目核算。个人往来核算不能与其他专项一同设置，客户与供应商核算不能一同设置。

辅助核算必须设在末级科目上，但为了查询或出账方便，有些科目也可以在末级科目和上级科目中同时设辅助账类。但若只在上级科目中设辅助账核算，系统将不承认。

(8) 外币核算。用于设定该科目是否有外币核算，以及核算的外币名称。一个科目只能核算一种外币，只有有外币核算要求的科目才允许也必须设定外币币名。

(9) 数量核算。用于设定该科目是否有数量核算，以及数量计量单位。计量单位可以是任何汉字或字符，如公斤、件、吨等。

(10) 其他核算。用于说明本科目是否有其他要求，如银行账、日记账等。一般情况下，现金科目要设为日记账，银行存款科目要设为银行账和日记账。

5. 会计科目设置的功能

1) 增加会计科目

该功能允许系统增加一个新的会计科目,增加时要进行合法性和正确性检查,即不能有相同的科目代码出现,保证科目代码的唯一性。

【例 3-3】 设置明细会计科目,如图 3-4 所示。

操作路径:基础档案→财务→会计科目

图3-4 设置明细会计科目

2) 修改和删除会计科目

如果需要对已建立会计科目的某些属性进行修改,如账页格式、辅助核算、汇总打印、封存标识等,可以通过系统提供的"修改"功能来完成。

如果会计科目未经使用,也可通过"删除"功能来删除。删除会计科目时应遵循"自下而上"的原则。

3) 指定会计科目

指定会计科目是指指定出纳的专管科目,一般指现金科目和银行存款科目。指定科目后,才能执行出纳签字,从而实现现金、银行管理的保密性,才能查看现金、银行存款日记账。

【例 3-4】 指定如下会计科目:指定"1001"为现金科目,指定"1002"为银行科目,指定"1001、100201、100202"为现金流量科目,如图 3-5 所示。

操作路径:基础档案→财务→会计科目

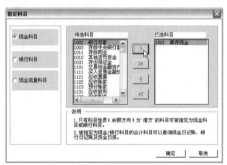

图3-5 指定会计科目

3.4.2 凭证类别设置

> **? 思考与理解：**
> 凭证类别的限制类型和限制科目是必须设置的吗？

3-3 设置凭证类别.mp4

许多企业为了便于管理或登账方便，一般对记账凭证进行分类编制，但各企业的分类方法不尽相同，可以按照本单位的需要对凭证进行分类。

通常，系统提供以下 5 种常用分类方式供选择。

(1) 记账凭证。
(2) 收款、付款、转账凭证。
(3) 现金、银行、转账凭证。
(4) 现金收款、现金付款、银行收款、银行付款、转账凭证。
(5) 自定义凭证类别。某些类别的凭证在制单时对科目有一定限制，通常系统有以下 5 种限制类型供选择。

① 借方必有：制单时，此类凭证借方至少有一个限制科目有发生额。
② 贷方必有：制单时，此类凭证贷方至少有一个限制科目有发生额。
③ 凭证必有：制单时，此类凭证无论借方还是贷方至少有一个限制科目有发生额。
④ 凭证必无：制单时，此类凭证无论借方还是贷方不可有一个限制科目有发生额。
⑤ 无限制：制单时，此类凭证可使用所有合法的科目。

例如，在会计实务中，"收款凭证"的借方必须是现金或银行存款科目。在计算机方式下，可将"收款凭证"的限制类型设置为"借方必有"，限制科目为现金和银行存款科目。这样做的好处是，在填制一张收款凭证时，若借方出现的不是现金或银行存款科目，则凭证不能保存。

【例 3-5】设置凭证类别，如图 3-6 所示。
操作路径： 基础档案→财务→凭证类别

图3-6 设置凭证类别

3.4.3 外币设置

如果企业有外币核算业务，则需要事先定义外币种类，并确定外币业务的核算方式。

外币设置时需要定义以下项目。

(1) 币符及币名：定义外币的表示符号及其中文名称。
(2) 汇率小数位：定义外币汇率的小数位数。
(3) 折算方式：分为直接汇率与间接汇率两种。直接汇率即"外币×汇率=本位币"，间接汇率即"外币÷汇率=本位币"。

(4) 外币最大误差：在记账时，如果外币×(或÷)汇率－本位币>外币最大误差，则系统给予提示，系统默认最大折算误差为 0.00001，即不相等时就提示。

(5) 固定汇率与浮动汇率：对于使用固定汇率(即使用月初或年初汇率)作为记账汇率的用户，在填制每月的凭证前，应预先在此录入该月的记账汇率，否则在填制该月外币凭证时，将会出现汇率为零的错误。对于使用变动汇率(即使用当日汇率)作为记账汇率的用户，在填制凭证的当天，应预先在此录入该天的记账汇率。

3.4.4 项目设置

一个单位项目核算的种类可能多种多样，如在建工程、对外投资、技术改造、融资成本、在产品成本、课题、合同订单等，为此应允许企业定义多个种类的项目核算。可以将具有相同特性的一类项目定义成一个项目大类，一个项目大类可以核算多个项目，为了便于管理，还可以对这些项目进行分类管理。例如，"在建工程"项目大类下可设置"办公楼、科研楼"两个项目。

3-4 设置项目目录.mp4

项目设置分四步完成：一是定义项目大类；二是指定核算科目；三是定义项目分类；四是定义项目目录。

【例 3-6】 设置项目档案。

操作路径：基础档案→财务→项目目录。

(1) 定义项目大类：即定义项目核算的分类类别，如增加"产品类"项目大类，如图 3-7 所示。

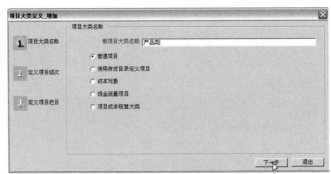

图3-7 定义项目大类

(2) 指定核算科目：即具体指定需按此类项目核算的科目。一个项目大类可以指定多个科目，一个科目只能指定一个项目大类，如图 3-8 所示。

图3-8 指定核算科目

(3) 定义项目分类：为了便于统计，可将同一项目大类下的项目进一步划分，如将产品类项目大类进一步划分为自制产品和外购产品，如图 3-9 所示。

图3-9　定义项目分类

(4) 定义项目目录：指将各个项目大类中的具体项目输入系统，如图 3-10 所示。

图3-10　设置项目目录

3.5　收付结算信息设置

3.5.1　结算方式

为了便于管理和提高银行对账的效率，在基础信息设置中应进行银行结算方式的设置，用来建立和管理用户在经营活动中所涉及的结算方式。它与财务结算方式是一致的，如现金结算、支票结算等。

结算方式设置的主要项目包括结算方式编码、结算方式名称、是否进行票据管理等。

3.5.2　付款条件

付款条件也可称为现金折扣，是指企业为了鼓励客户偿还货款而允诺在一定期限内给予的规定折扣优待。付款条件设置的作用是便于企业对经营过程中与往来核算单位协议规定的收、付款折扣优惠方法进行有效的管理。付款条件设置的主要项目包括付款条件编码、付款条件名称、信用天数、优惠天数、优惠率等。

3.5.3　开户银行

开户银行设置是指企业在收付结算中对应的开户银行的有关信息设置，主要包括开户银行编码、开户银行名称、银行账号等。

3.6 其他基础信息设置

3.6.1 存货信息设置

1. 存货分类

如果企业存货较多，则可以对存货进行分类，以便于对业务数据统计与分析。通常，可以按性质、用途、产地等原则进行分类。只有当本账套设置了需要对存货进行分类，且已经设置好存货分类的编码方案时才可以进行存货分类档案的编辑。设置存货分类主要包括存货分类编码、类别名称及所属经济分类等内容。建立起存货分类以后，就可以将存货档案设置在最末级分类之下。

2. 存货档案

存货档案主要用于设置企业在生产经营中使用到的各类存货信息，以便于对这些存货进行资料管理、实物管理和业务数据的统计与分析。只有在本账套设置了需要对存货进行分类，同时必须先设置好存货分类档案、计量单位信息的情况下，才能进行存货档案的编辑；只有在存货分类的最末级才能设置存货档案。存货档案设置主要包括存货编码、存货名称、规格型号、计量单位组、税率、ABC 分类、存货属性等内容。

3. 计量单位

计量单位主要用于设置对应存货的计量单位组和计量单位信息。在进行计量单位设置时，就先设置好计量单位组，然后再在级下增加具体的计量单位信息。计量单位组设置主要包括计量单位组编码、计量单位组名称和计量单位组类别。计量单位信息设置主要包括计量单位编码、计量单位名称、计量单位组编码、对应条形码和换算率等内容。

3.6.2 供应链基础信息设置

供应链基础信息主要包括仓库档案、收发类别、采购类型、销售类型、产品结构、成套件、费用项目、发运方式、货位档案等内容。此部分初始设置将在第 9 章中详细介绍。

实践应用

实验二　基础设置业务

【实验目的】

1. 理解用友 ERP-U8 管理软件中基础档案的作用。
2. 掌握各类基础档案的设置方法，尤其是会计科目和凭证类别两个基础档案。
3. 理解会计科目设置辅助核算的优势。

【实验内容】

1. 基础档案设置：部门档案、人员类别、人员档案、地区分类、供应商分类、客户分类、客户档案、供应商档案、外币及汇率、会计科目、凭证类别、结算方式、项目目录。
2. 明细权限设置。

【实验准备】

1. 将计算机系统时间调整为2020年1月31日。
2. 引入"实验一"账套数据。

【实验资料】

1) 部门档案(见表3-5)

表3-5 部门档案

部门编码	部门名称	部门属性
1	管理中心	行政管理
101	总经理办公室	综合管理
102	财务部	财务管理
2	供销中心	供销管理
201	销售部	市场营销
202	采购部	采购供应
3	制造中心	组装生产
4	仓储中心	仓储管理

2) 人员类别(见表3-6)

表3-6 人员类别

分类编码	分类名称
1011	管理人员
1012	销售人员
1013	车间管理人员
1014	生产人员

3) 人员档案(见表3-7)

表3-7 人员档案

人员编号	人员姓名	性别	行政部门	人员类别	是否业务员
101	肖剑	男	总经理办公室	管理人员	是
111	陈明	男	财务部	管理人员	是
112	王晶	女	财务部	管理人员	是
113	马方	男	财务部	管理人员	是
201	王丽	女	销售部	销售人员	是
202	孙健	男	销售部	销售人员	是

(续表)

人员编号	人员姓名	性别	行政部门	人员类别	是否业务员
211	白雪	女	采购部	管理人员	是
212	李平	男	采购部	管理人员	是
301	赵会	男	制造中心	车间管理人员	是
302	陈芳	女	制造中心	生产人员	是
401	田英	女	仓储中心	管理人员	是

4) 地区分类(见表3-8)

表3-8 地区分类

地区分类	分类名称
01	东北地区
02	华北地区
03	华东地区
04	华南地区
05	西北地区
06	西南地区

5) 客户分类(见表3-9)

表3-9 客户分类

分类编码	分类名称
01	批发
02	零售
03	代销
04	专柜

6) 供应商分类(见表3-10)

表3-10 供应商分类

分类编码	分类名称
01	原料供应商
02	成品供应商

7) 客户档案(见表3-11)

表3-11 客户档案

客户编码	客户名称/简称	所属分类码	所属地区	税号	开户银行(默认值)	银行账号	地址	邮政编码	扣率	分管部门	分管业务员
001	华宏公司	01	02	120009884732788	工行上地分行	73853654	北京市海淀区上地路1号	100077	5	销售部	王丽

(续表)

客户编码	客户名称/简称	所属分类码	所属地区	税号	开户银行(默认值)	银行账号	地址	邮政编码	扣率	分管部门	分管业务员
002	昌新公司	01	02	120008456732310	工行华苑分行	69325581	天津市南开区华苑路1号	300310		销售部	王丽
003	精益公司	04	03	310106548765432	工行徐汇分行	36542234	上海市徐汇区天平路8号	200032		销售部	孙健
004	利氏公司	03	01	108369856003251	中行平房分行	43810548	哈尔滨市平房区和平路116号	150008	10	销售部	孙健

8) 供应商档案(见表3-12)

表3-12 供应商档案

供应商编码	供应商名称	所属分类码	所属地区	税号	开户银行	银行账号	邮编	地址	分管部门	分管业务员
001	兴华公司	01	02	110567453698462	中行	48723367	100045	北京市朝阳区十里堡8号	采购部	白雪
002	建昌公司	01	02	110479865267583	中行	76473293	100036	北京市海淀区开拓路108号	采购部	白雪
003	泛美商行	02	03	320888465372657	工行	55561278	230187	南京市湖北路100号	采购部	李平
004	艾德公司	02	03	310103695431012	工行	85115076	200232	上海市浦东新区东方路1号甲	采购部	李平

9) 外币及汇率

币符：USD；币名：美元；1月初固定汇率为6.25(此汇率只供演示使用)。

10) 会计科目(见表3-13)

表3-13 会计科目

科目名称	辅助核算	方向	操作
库存现金(1001)	日记	借	修改
银行存款(1002)		借	无操作
工行存款(100201)	银行、日记	借	增加
中行存款(100202)	银行、日记、外币(美元)	借	增加
应收账款(1122)	客户往来	借	修改
预付账款(1123)	供应商往来	借	修改
其他应收款(1221)		借	无操作
应收单位款(122101)	客户往来	借	增加
应收个人款(122102)	个人往来	借	增加
原材料(1403)		借	无操作

(续表)

科目名称	辅助核算	方向	操作
主板(140301)	数量核算(块)	借	增加
CPU(140302)	数量核算(块)	借	增加
内存条(140303)	数量核算(条)	借	增加
硬盘(140304)	数量核算(块)	借	增加
显示器(140305)	数量核算(台)	借	增加
其他(140306)		借	增加
库存商品(1405)	项目核算、数量核算：台(包)	借	修改
应付账款(2202)	供应商往来	贷	修改
预收账款(2203)	客户往来	贷	修改
应付职工薪酬(2211)		贷	无操作
工资(221101)		贷	增加
福利费(221102)		贷	增加
工会经费(221103)		贷	增加
职工教育经费(221104)		贷	增加
应交税费(2221)		贷	无操作
应交增值税(222101)		贷	增加
进项税额(22210101)		贷	增加
销项税额(22210102)		贷	增加
转出未交增值税(22210103)		贷	增加
未交增值税(222102)		贷	增加
利润分配(4104)		贷	无操作
未分配利润(410401)		贷	增加
生产成本(5001)		借	无操作
直接材料(500101)	项目核算	借	增加
直接人工(500102)	项目核算	借	增加
制造费用(500103)	项目核算	借	增加
制造费用(5101)		借	无操作
工资(510101)		借	增加
折旧费(510102)		借	增加
主营业务收入(6001)	项目核算、数量核算：台(包)	贷	修改
主营业务成本(6401)	项目核算、数量核算：台(包)	贷	修改
管理费用(6602)		借	无操作
工资(660201)	部门核算	借	增加
福利费(660202)	部门核算	借	增加
办公费(660203)	部门核算	借	增加

(续表)

科目名称	辅助核算	方向	操作
差旅费(660204)	部门核算	借	增加
招待费(660205)	部门核算	借	增加
折旧费(660206)	部门核算	借	增加
工会经费(660207)		借	增加
职工教育经费(660208)		借	增加
其他(660209)		借	增加
财务费用(6603)		借	无操作
利息支出(660301)		借	增加
汇兑损益(660302)		借	增加

> **说明:**
> - 将"库存现金(1001)"科目指定为现金总账科目。
> - 将"银行存款(1002)"科目指定为银行总账科目。
> - 将"库存现金(1001)""工行存款(100201)""中行存款(100202)"指定为现金流量科目。

11) 凭证类别(见表 3-14)

表3-14 凭证类别

凭证类别	限制类型	限制科目
收款凭证	借方必有	1001,1002
付款凭证	贷方必有	1001,1002
转账凭证	凭证必无	1001,1002

12) 项目目录(见表 3-15)

表3-15 项目目录

项目设置步骤	设置内容
项目大类	产品类
核算科目	直接材料(500101) 直接人工(500102) 制造费用(500103) 库存商品(1405) 主营业务收入(6001) 主营业务成本(6401)
项目分类	1. 自制产品 2. 外购产品
项目名称	101 家用电脑(所属分类码: 1) 102 商用电脑(所属分类码: 1) 201 打印机(所属分类码: 2) 202 打印纸(所属分类码: 2)

13) 结算方式(见表3-16)

表3-16 结算方式

结算方式编码	结算方式名称	票据管理
1	现金结算	否
2	支票结算	否
201	现金支票	是
202	转账支票	是
3	其他	否

14) 数据明细权限

操作员"白雪"只具有采购部的查询和录入权限。操作员"王晶"和"马方"具有所有部门的查询和录入权限。

【实验要求】

以账套主管"陈明"的身份进行基础设置。

【操作指导】

1. 注册企业应用平台 sy2-1.mp4

(1) 单击"开始"按钮，执行"程序"|"用友 U8 V10.1"|"企业应用平台"命令或双击桌面 图标，打开"登录"对话框。

(2) 输入操作员 001，输入密码 1，选择账套"555 阳光公司账套"，输入操作日期"2020-01-01"，单击"确定"按钮。

sy2-1

(3) 单击打开"基础设置"菜单，在此可进行各类基础档案的设置。

2. 设置部门档案 sy2-2.mp4

(1) 执行"基础档案"|"机构人员"|"部门档案"命令，打开"部门档案"窗口。

(2) 在"部门档案"窗口中，单击"增加"按钮。

(3) 输入部门编码 1，部门名称"管理中心"，部门属性"行政管理"。

sy2-2

(4) 单击"保存"按钮。根据实验资料，输入其他部门档案信息。

> 注意:
> 在未建立职员档案前，不能选择输入负责人信息。待职员档案建立完成后，通过"修改"功能补充输入负责人信息。

3. 设置人员类别 sy2-3.mp4

(1) 执行"基础档案"|"机构人员"|"人员类别"命令，打开"人员类别"窗口。

(2) 单击选择"正式工"，单击"增加"按钮。

sy2-3

(3) 在"增加档案项"窗口中，输入档案编码 1011，档案名称"管理人员"。

(4) 单击"确定"按钮,根据实验资料继续输入其他人员类别信息。

4. 设置人员档案 sy2-4.mp4

sy2-4

(1) 执行"基础档案"|"机构人员"|"人员档案"命令,打开"人员列表"窗口。

(2) 单击"增加"按钮,在"人员档案"窗口中,输入如下数据。

人员编码:101;人员名称:肖剑;性别:男;人员类别:管理人员;行政部门:总经理办公室;是否业务员:是。

(3) 单击"保存"按钮,根据实验资料继续输入其他人员档案信息。

> **注意:**
> - 若所需部门档案参照不出来,应先删除原档案内容,再重新单击参照按钮。
> - 若是否操作员选"是",则需将自动生成对应操作员先删除,然后再通过参照按钮重新选择。

5. 设置地区分类 sy2-5.mp4

sy2-5

(1) 执行"基础档案"|"客商信息"|"地区分类"命令,打开"地区分类"窗口。

(2) 根据实验资料输入地区分类信息。

6. 设置客户分类 sy2-6.mp4

sy2-6

(1) 执行"基础档案"|"客商信息"|"客户分类"命令,打开"客户分类"窗口。

(2) 根据实验资料输入客户分类信息。

> **注意:**
> 在建立账套时如果选择了"客户分类",则在此必须进行客户分类,否则将不能输入客户档案。

7. 设置供应商分类 sy2-7.mp4

sy2-7

(1) 执行"基础档案"|"客商信息"|"供应商分类"命令,打开"供应商分类"窗口。

(2) 根据实验资料输入供应商分类信息。

8. 设置客户档案 sy2-8.mp4

sy2-8

(1) 执行"基础档案"|"客商信息"|"客户档案"命令,打开"客户档案"窗口。

(2) 单击"增加"按钮,打开"增加客户档案"对话框。

(3) 分别单击"基本""联系"选项卡,输入如下数据。

客户编码:001;客户名称:华宏公司;客户简称:华宏公司;所属地区:02;税号:120009884732788;地址:北京市海淀区上地路1号;邮政编码:100077;扣率:5;分管部门:销售部;业务员:王丽。

(4) 单击"保存"按钮。单击"银行"按钮,输入银行信息。开户行为"工行上地分行";银行账号为73853654。

(5) 单击"保存"按钮。根据实验资料增加其他客户档案信息。

> **注意：**
> 客户档案必须建立在最末级分类下。

9. 设置供应商档案 sy2-9.mp4

(1) 执行"基础档案"|"客商信息"|"供应商档案"命令，打开"供应商档案"窗口。

(2) 根据实验资料设置供应商档案信息。

sy2-9

10. 设置外币及汇率 sy2-10.mp4

(1) 执行"基础档案"|"财务"|"外币设置"命令，打开"外币设置"对话框。

(2) 单击"增加"按钮，输入币符"USD"、币名"美元"，单击"确认"按钮。

(3) 输入"2020-01"月份的记账汇率6.25，单击"退出"按钮。

sy2-10

> **注意：**
> - 这里只能录入固定汇率与浮动汇率值，并不决定在制单时使用固定汇率还是浮动汇率。在总账"选项"对话框"其他"选项卡的"外币核算"中，可设置制单使用固定汇率还是浮动汇率。
> - 如果使用固定汇率，则应在每月月初录入记账汇率(即期初汇率)，月末计算汇兑损益时录入调整汇率(即期末汇率)；如果使用浮动汇率，则应每天在此录入当日汇率。

11. 设置会计科目

1) 增加明细会计科目 sy2-111.mp4

(1) 执行"基础档案"|"财务"|"会计科目"命令，进入"会计科目"窗口，显示所有按"2007年新会计制度科目"预置的科目。

(2) 单击"增加"按钮，进入"会计科目_新增"窗口。

(3) 输入科目编码100201、科目名称"工行存款"，选择"日记账""银行账"，单击"确定"按钮。

(4) 继续单击"增加"按钮，根据实验资料输入其他需要增加的明细科目。

(5) 全部输入完成后，单击"关闭"按钮。

sy2-111

> **注意：**
> - 增加的会计科目编码必须符合科目编码方案的要求。
> - 若两个会计科目的下级明细科目完全相同，则可通过"成批复制"功能快速生成。

2) 修改会计科目 sy2-112.mp4

(1) 在"会计科目"窗口中，单击要修改的会计科目1001。

(2) 单击"修改"按钮或双击该科目，进入"会计科目_修改"窗口。

(3) 单击"修改"按钮，选中"日记账"复选框，单击"确定"按钮。

sy2-112

(4) 按实验资料内容修改其他需修改科目的相关属性，修改完成后，单击"返回"按钮。

> **注意：**
> - 已有数据的科目不能修改科目性质。
> - 被封存的科目在制单时不可以使用。
> - 只有处于修改状态才能设置汇总打印和封存。

3) 删除会计科目 sy2-113.mp4

(1) 在"会计科目"窗口中，选择要删除的会计科目。
(2) 单击"删除"按钮，系统提示"记录删除后不能修复！真的删除此记录吗？"信息。
(3) 单击"确定"按钮，即可删除该科目。

sy2-113

> **注意：**
> - 如果科目已录入期初余额或已制单，则不能删除。
> - 非末级会计科目不能删除。
> - 被指定为"现金科目""银行科目"的会计科目不能删除；若想删除，必须先取消指定。

4) 指定会计科目 sy2-114.mp4

(1) 在"会计科目"窗口中，执行"编辑"|"指定科目"命令，进入"指定科目"窗口。
(2) 选择"现金总账科目"单选按钮，将"库存现金(1001)"由待选科目选入已选科目。

sy2-114

(3) 选择"银行总账科目"单选按钮，将"银行存款(1002)"由待选科目选入已选科目。
(4) 选择"现金流量科目"单选按钮，将"库存现金(1001)""工行存款(100201)""中行存款(100202)"由待选科目选入已选科目。
(5) 单击"确定"按钮。

> **注意：**
> - 指定会计科目就是指定出纳的专管科目。只有指定科目后，才能执行出纳签字，才能查看现金、银行存款日记账。
> - 在指定"现金科目""银行科目"之前，应在建立"现金""银行存款"会计科目时选中"日记账"复选框。
> - 现金流量表的编制有两种方法：一种是利用总账中的现金流量辅助核算；另一种是利用专门的现金流量表软件编制现金流量表。本例拟采用第一种方法，因此在此处明确与现金流量有关联的科目。

12. 设置凭证类别 sy2-12.mp4

(1) 执行"基础档案"|"财务"|"凭证类别"命令，打开"凭证类别预置"对话框。
(2) 选择"收款凭证、付款凭证、转账凭证"单选按钮。
(3) 单击"确定"按钮，进入"凭证类别"窗口。

sy2-12

(4) 单击工具栏上的"修改"按钮，单击收款凭证"限制类型"的下三角按钮，选择"借方必有"，在"限制科目"栏输入"1001,1002"。

(5) 设置付款凭证的限制类型为"贷方必有"、限制科目为"1001,1002"；转账凭证的限制类型为"凭证必无"，限制科目为"1001,1002"。

(6) 设置完成后，单击"退出"按钮。

13. 设置项目目录

1) 定义项目大类 ▇ sy2-131.mp4

(1) 执行"基础档案"|"财务"|"项目目录"命令，进入"项目档案"窗口。

(2) 单击"增加"按钮，打开"项目大类定义_增加"对话框。

(3) 输入新项目大类名称"产品类"。单击"下一步"按钮，默认设置；再单击"下一步"按钮，默认设置。

(4) 单击"完成"按钮，返回"项目档案"窗口。

sy2-131

> **注意：**
> 项目大类的名称是该类项目的总称，而不是会计科目名称。例如，在建工程按具体工程项目核算，其项目大类名称应为"工程项目"而不是"在建工程"。

2) 指定核算科目 ▇ sy2-132.mp4

(1) 在"项目档案"窗口中，在"产品类"项目大类下，打开"核算科目"选项卡。

(2) 单击"》"按钮，将左侧所有科目选为参加核算的科目，单击"确定"按钮。

sy2-132

> **注意：**
> 一个项目大类可指定多个科目，一个科目只能指定一个项目大类。

3) 定义项目分类 ▇ sy2-133.mp4

(1) 在"项目档案"窗口中，在"产品类"项目大类下，打开"项目分类定义"选项卡。

(2) 单击右下角的"增加"按钮，输入分类编码 1，输入分类名称"自制产品"，单击"确定"按钮。

(3) 同理，定义"2 外购产品"项目分类。

sy2-133

> **注意：**
> - 为了便于统计，可对同一项目大类下的项目进一步划分，即定义项目分类。
> - 若无分类，也必须定义项目分类为"无分类"。

4) 定义项目目录 ▇ sy2-134.mp4

(1) 在"项目档案"窗口中，在"产品类"项目大类下，打开"项目目录"选项卡。

(2) 单击右下角的"维护"按钮，进入"项目目录维护"窗口。

(3) 单击"增加"按钮，输入项目编号 101，输入项目名称"家用电脑"，选

sy2-134

择所属分类码 1。

(4) 根据实验资料，继续增加其他项目档案。全部设置完毕后，单击"保存"按钮。

> **注意：**
> 标志结算后的项目将不能再使用。

14. 设置结算方式 sy2-14.mp4

(1) 执行"基础档案"|"收付结算"|"结算方式"命令，进入"结算方式"窗口。

(2) 根据实验资料输入结算方式信息。

sy2-14

> **注意：**
> 支票管理是系统为辅助银行出纳对银行结算票据的管理而设置的功能，类似于手工系统中的支票登记簿的管理方式。若需实施票据管理，则选中"是否票据管理"复选框。

15. 设置数据明细权限 sy2-15.mp4

(1) 在企业应用平台的"系统服务"选项卡中，执行"权限"|"数据权限控制设置"命令，打开"数据权限控制设置"对话框。

(2) 打开"记录级"选项卡，选中"部门"复选框，单击"确定"按钮返回。

(3) 执行"权限"|"数据权限分配"命令，进入"权限浏览"窗口。

sy2-15

(4) 从"业务对象"下拉列表中选择"部门"选项。

(5) 从"用户及角色"列表框中选择"004 白雪"。

(6) 单击工具栏上的"授权"按钮，打开"记录权限设置"对话框。

(7) 将"采购部"从"禁用"列表框中选入"可用"列表框中。

(8) 单击"保存"按钮，系统提示"保存成功"信息，单击"确定"按钮，返回记录权限设置。

(9) 从"用户及角色"列表框中分别选择"002 王晶"和"003 马方"，将所有部门从"禁用"列表框中选入"可用"列表框中。

(10) 单击"保存"按钮，弹出"保存成功"信息提示对话框，单击"确定"按钮返回。

❖ 巩固提高

一、单选题

1. 下列企业基础信息的设置，顺序错误的是(　　)。
   A. 会计科目→凭证类别　　　　　　B. 部门档案→职员档案
   C. 客户分类→客户档案　　　　　　D. 会计科目→外币
2. 若会计科目的编码方案为 3-2-2，则下列正确的编码为(　　)。
   A. 1010101　　B. 102002　　C. 101101　　D. 0202
3. "2007 年新会计准则"中规定的一级科目编码的第一位表示"负债类"科目的编号是(　　)。
   A. 1　　　　　B. 2　　　　　C. 3　　　　　D. 4
4. "管理费用"科目通常设置的辅助核算是(　　)。
   A. 个人往来　　B. 部门核算　　C. 项目核算　　D. 客户往来

5. 对于收款凭证，通常选择( )限制类型。
   A. 借方必有 B. 贷方必有 C. 凭证必有 D. 凭证必无

二、多选题

1. 在财务软件中，建立会计科目时，输入的基本内容包括( )。
   A. 科目编码 B. 科目名称 C. 科目类型 D. 账页格式
2. 下列关于会计科目编码的描述，正确的是( )。
   A. 会计科目编码必须采用全编码
   B. 一级会计科目编码由财政部统一规定
   C. 设计会计科目编码应从明细科目开始
   D. 科目编码可以不用设定
3. 账页格式一般有( )。
   A. 金额式 B. 外币金额式 C. 数量金额式 D. 数量外币式
4. 下列关于会计科目的描述中，错误的有( )。
   A. 要修改和删除某会计科目，应先选中该会计科目
   B. 科目一经使用，即已经输入凭证，不允许修改或删除该科目
   C. 有余额的会计科目可直接修改
   D. 删除会计科目应从一级科目开始
5. 系统提供的凭证限制类型包括( )。
   A. 借方必有 B. 贷方必有 C. 凭证必有 D. 凭证必无

三、判断题

1. 职员档案主要用于记录本单位职员的个人信息资料，设置职员档案可以方便地进行个人往来核算和管理等操作。( )
2. 输入客户档案时，不用选择客户分类，可直接输入客户档案。( )
3. 科目一经使用，就不能再增设同级科目，只能增加下级科目。( )
4. 删除会计科目应先删除上一级科目，然后再删除本级科目。( )
5. 科目一经使用，即已经输入凭证，则不允许修改或删除该科目。( )

四、简答题

1. 用友 ERP-U8 软件中，需要设置的基础档案有哪些？
2. 为了加强对客户的管理，客户档案中一般需要设置哪些内容？
3. 设置会计科目通常需要确定哪些属性？
4. 指定会计科目的作用是什么？
5. 会计科目的辅助核算功能具有哪些优势？用友 ERP-U8 软件中五大辅助核算是指什么？通常哪些会计科目会设置这些辅助核算？
6. 简述建立项目档案的步骤。
7. 用友 ERP-U8 软件中通常可设置哪些凭证类别？"收、付、转"3 种凭证类别通常需设置的限制类型和限制科目是什么？

五、案例分析题

某电器生产企业设有销售一部和销售二部两个销售部门,生产彩电和洗衣机两类产品,其中彩电又分为 32 寸和 42 寸两种产品,洗衣机又分为 5 升和 6 升两种产品;其日常业务中的主要客户有北京的 A 电器城和 B 电器城,以及天津的 C 超市和 D 超市。

请结合上述资料,按要求回答以下问题。

1. 为了利用辅助核算对各个销售部门和各种产品的销售收入与销售成本进行核算与统计分析,并反映不同客户应收账款的发生与收回状况,请说明应该对哪些科目设置辅助核算及设置何种辅助核算。

2. 为了达到以上核算与管理要求,应设置哪些基础档案?

3. 使用辅助核算时,科目体系设置与传统科目体系设置有何不同?

4. 填制凭证时,如何输入各部门、各产品及各客户信息?

5. 记账后,如何查询各部门、各产品的销售收入和销售成本信息,以及各客户的应收账款信息?

第 4 章 总账管理子系统

🔊 学习目标

知识目标
- 了解总账子系统的功能结构
- 明确总账管理子系统与其他子系统的关系、总账控制参数设置
- 掌握总账子系统的应用流程
- 掌握期初数据录入、填制凭证、修改凭证、审核凭证、凭证记账、凭证记账簿查询、出纳管理、自动转账及结账操作

能力目标
- 能结合企业实际，进行总账参数设置、期初数据录入
- 能结合企业实际，进行填制凭证、修改凭证、审核凭证、凭证记账、凭证记账簿查询、出纳管理等操作
- 能结合企业实际，进行自动转账及结账

📹 案例导入

阳光公司财务部门由账套主管陈明带领财务部相关岗位人员进行ERP-U8软件总账子系统初始

设置、日常业务处理和期末业务处理。

1. 部分财务会计制度规定

收付款凭证必须出纳签字，所有凭证必须审核签字，出纳每月必须进行一次银行对账。

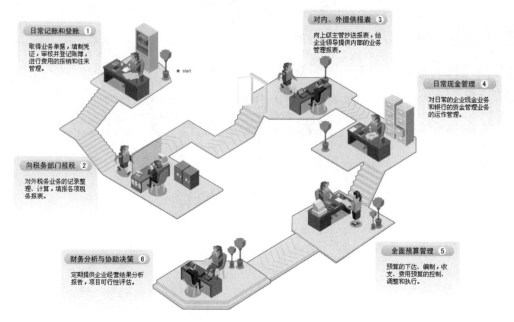

2. 2020年1月1日科目余额表(见表4-1)

表4-1 科目余额表

资产	期初余额	权益	期初余额
库存现金	8 700	短期借款	200 000
银行存款	1 365 000	应付账款	56 500
应收账款	954 000	应交税费	35 600
其他应收款	6 800	其他应付款	6 400
原材料	233 000	负债合计	298 500
库存商品	1 956 000		
生产成本	810 000		
流动资产合计	5 333 500	实收资本	5 000 000
固定资产	760 000	利润分配	1 150 000
累计折旧	(贷)180 000	所有者权益合计	6 115 000
无形资产	500 000		
非流动资产合计	1 080 000		
资产合计	6 413 500	权益合计	6 413 500

3. 2020年1月经济业务

(1) 2日，销售部王丽购买了800元的礼品，以现金支付，附增值税普通发票一张。

(2) 3日，财务部王晶从工行提取现金6 500元，作为备用金，现金支票号01878546。

(3) 5日，收到兴华集团投资资金50 000美元，汇率1：6.25，转账支票号25780913。

(4) 8日，采购部白雪采购主板40块，单价500元，增值税税率为13%，原料直接入库，货款以工行存款支付，转账支票号89026973。

(5) 12日，销售部王丽收到华宏公司转来一张转账支票，用以偿还前欠货款，转账支票号89026973，金额452 000元，该支票已交付于工行。

(6) 14日，采购部白雪从艾德公司购入打印机20台，单价1 500元，增值税税率为13%，货税款暂欠，商品已验收入库。

(7) 16日，总经理办公室支付业务招待费2 400元，转账支票号67093165。

(8) 18日，总经理办公室肖剑出差归来，报销差旅费3 600元，交回剩余现金400元。

(9) 20日，制造中心领用主板20块(单价500元)，CPU 20块(单价800元)，用于组装家用电脑。

(10) 22日，接受卫生局罚款3 000元，以工行存款支付，转账支票号78785239。

(11) 25日，向昌新公司销售商用电脑50台，单价6 000元，增值税税率为13%，货款未收。

(12) 31日，计提短期借款利息(年利率：6%)。

(13) 31日，结转销售成本(成本价：4 000)。

(14) 31日，汇兑损益结转(期末汇率为6.0)。

(15) 31日，期间损益结转。

信息化应用目标

(1) 核算中应提供严密的制单控制，保证制单的正确性。

(2) 实现更加细致的权限控制。

(3) 实现明细账、总账、凭证、原始单据联查功能。

(4) 利用出纳管理平台，加强出纳对现金银行存款的管理。

(5) 自动完成月末分摊、计提、对应转账、销售成本、汇兑损益、期间损益结转等业务，灵活的自定义转账功能可满足各类业务的转账需要。

(6) 应能够进行试算平衡、对账、结账，自动生成月末工作报告。

知识学习

总账管理子系统又称账务处理子系统，就是完成从记账凭证输入、审核、记账到账簿输出等账务处理过程的子系统。总账子系统是会计信息系统中的核心子系统，与其他子系统之间有着大量的数据传递关系。迄今为止，总账管理子系统是网络财务软件各子系统中最为成熟、完善的子系统。同时，在统一的会计法规和会计制度规范下，总账管理子系统的标准化程度也是很高的，各类财务软件所提供的总账管理子系统并无本质上的差异，这是其他子系统所无法比拟的。在会计信息化方式下，其既秉承了传统手工会计原有的一些程序和方法，也出现了一些适应IT环境特点的新的功能和处理方法，为企业实现信息化提供了强有力的支持和保障。

4.1 总账管理子系统概述

4.1.1 总账管理子系统的功能结构

总账管理子系统的主要功能包括总账子系统初始化、凭证管理、出纳管理、账簿管理、辅助核算管理及月末处理。

1. 总账子系统初始设置

总账子系统初始设置是由企业用户根据自身的行业特性和管理需求，将通用的总账管理系统设置为适合企业自身特点的专用系统的过程。总账初始化主要包括系统选项设置和期初数据录入等内容。

2. 凭证管理

凭证是记录企业各项经济业务发生的载体，凭证管理是总账子系统的核心功能，主要包括填制凭证、出纳签字、审核凭证、记账、查询打印凭证等。凭证是总账子系统数据的唯一来源，为严把数据源的正确性，总账子系统设置了严密的制单控制，保证凭证填制的正确性。另外，还提供了资金赤字控制、支票控制、预算控制、外币折算误差控制、凭证类型控制、制单金额控制等功能，以加强对业务的及时管理和控制。

3. 出纳管理

资金收付的核算与管理是企业的重要日常工作，也是出纳的一项重要工作内容。总账子系统中的出纳管理为出纳人员提供了一个集成办公环境，可完成现金日记账、银行存款日记账的查询和打印，随时给出最新资金日报表，进行银行对账并生成银行存款余额调节表。

4. 账簿管理

总账子系统提供了强大的账证查询功能，可以查询打印总账、明细账、日记账、发生额余额表、多栏账、序时账等。不仅可以查询到已记账凭证的数据，而且查询的账表中也可以包含未记账凭证的数据，可以轻松实现总账、明细账、日记账和凭证的联查。

5. 辅助核算管理

为了细化企业的核算与管理，总账子系统提供了辅助核算管理功能。辅助类型主要包括客户往来核算、供应商往来核算、项目核算、部门核算和个人往来核算。

6. 月末处理

总账子系统月末处理主要包括自动转账、对账和结账等内容。

4.1.2 总账管理子系统应用流程

总账管理子系统的应用流程给出了正确使用总账管理子系统的操作顺序，有助于帮助企业实现快速应用。一般来讲，各业务系统的应用大都划分为 3 个阶段：系统初始化、日常业务处理和月末处理，总账管理子系统也遵循这一规律。总账管理子系统的应用流程如图 4-1 所示。

对于图 4-1，需要说明的是：如果在总账选项中设置了出纳凭证必须由出纳签字、凭证需由主管签字，则在凭证处理流程中就必须经过出纳签字、主管签字环节。出纳签字、主管签字与凭证审核没有先后次序之分。

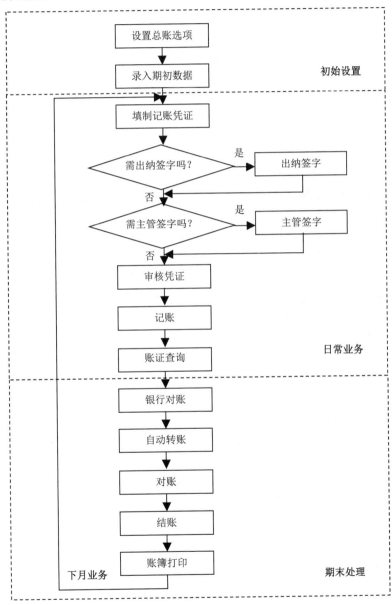

图4-1 总账管理子系统的应用流程

4.1.3 总账管理子系统与其他子系统的关系

总账管理子系统属于会计信息系统的重要组成部分，它既可以独立运行，也可以同其他系统协同运转。总账管理子系统与其他子系统之间的数据关系如图4-2所示。

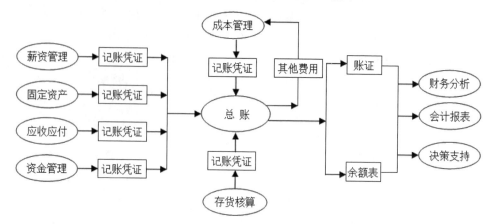

图4-2 总账管理子系统与其他子系统之间的数据关系

- 总账管理子系统需要的基础数据在企业应用平台中统一设置。
- 在总账与应收款管理集成应用模式下，应收款管理系统向总账子系统传递销售过程中形成的应收凭证及收款结算形成的收款凭证。
- 在总账与应付款管理集成应用模式下，应付款管理系统向总账子系统传递采购过程中形成的应付凭证及付款结算形成的付款凭证。
- 薪资管理系统将由工资分摊及费用分配的结果形成的凭证传递给总账子系统。
- 固定资产系统将固定资产增加、减少、计提折旧等业务处理产生的凭证传递给总账，通过对账使固定资产明细记录与总账记录保持平衡。
- 采购、销售、库存管理等业务处理环节生成的凭证统一通过存货核算系统传递给总账。
- 成本管理系统引用总账子系统提供的应计入生产成本的间接费用(制造费用)或其他费用数据，以便正确计算产品成本。成本管理系统将各种成本费用结转生成的凭证传递给总账。
- 总账子系统为UFO报表系统、现金流量表提供财务数据，生成财务报表。
- 总账子系统为数据分析、专家财务评估、管理驾驶舱等决策支持系统提供分析数据。
- 各子系统传递到总账中的凭证，需要在总账子系统中继续进行审核、记账处理。

4.2 总账管理子系统初始设置

总账管理子系统初始设置主要包括系统参数设置和期初数据录入等内容。

4.2.1 总账管理子系统的参数设置

？思考与理解：
你知道控制参数设置对后续操作有哪些影响吗？

会计信息系统初始化过程中，必须对各子系统提供的系统参数做出选择，以适应自身核算和控制管理的特点和要求。

为了最大范围地满足不同企业用户的信息化应用需求,总账作为通用商品化软件的核心子系统,是通过内置大量的选项参数提供面向不同企业应用的解决方案的。企业可以根据自身的实际情况进行选择,以确定符合个性特点的应用模式。

软件越通用,意味着系统内置的参数越多,系统参数的设置决定了企业的应用模式和应用流程。为了明确各项参数的适用对象,软件一般将参数分门别类进行管理。用友 ERP-U8 总账子系统将参数分为以下 7 个选项卡。

1. 凭证选项卡

1) 制单控制

制单控制主要设置在填制凭证时,系统应对哪些操作进行控制,包括以下几项。

(1) 制单序时控制:该项和"系统编号"选项联用。制单时某类凭证编号必须按日期顺序由小到大排列,凭证日期既不能小于该类别最后一张凭证日期,也不能大于系统日期。

(2) 支票控制:若选择了此项,在制单时使用银行科目编制凭证时,系统针对已设置了票据管理的结算方式进行登记,如果录入的支票号在支票登记簿中已存在,则系统提供登记支票报销的功能;否则,系统提供登记支票登记簿的功能。

(3) 赤字控制:若选择了此项,在填制凭证时,如果相关科目的"资金及往来科目"或"全部科目"的最新余额出现负数,系统将予以提示。赤字控制既可以只针对资金类科目和往来科目,也可以针对所有科目。

(4) 可以使用应收受控科目:若科目为应收款系统的受控科目,为了防止重复制单,只允许应收款系统使用此科目进行制单,总账子系统是不能使用此科目制单的。因此,如果用户希望在总账子系统中也能使用这些科目填制凭证,则应选择此项。

> **注意:**
> 总账和其他业务系统使用受控科目会引起应收系统与总账对账不平。

2) 凭证控制

(1) 现金流量科目必录现金流量项目:如果企业选择利用现金流量项目核算作为编制现金流量表的方法,就涉及该选项的选择。选择该项,在录入凭证时如果使用了现金流量科目则必须输入现金流量项目及金额。

(2) 自动填补凭证断号:如果选择凭证编号方式为系统编号,则在新增凭证时,系统按凭证类别自动查询本月的第一个断号作为本次新增凭证的凭证号。

(3) 凭证录入时结算方式及票据号必录:在填制凭证时如果使用了银行科目,则必须录入结算方式及票据号。

3) 凭证编号方式

系统提供系统编号和手工编号两种方式。如果选用系统编号,系统在填制凭证时按照设置的凭证类别按月自动编号。

2. 账簿选项卡

该页签用来设置各种账簿的输出方式和打印要求等。

3. 凭证打印选项卡

该选项卡用来设置凭证的输出方式和打印要求等，主要包括以下几项。

1) 合并凭证显示、打印

选择此项，在填制凭证、查询凭证、出纳签字和凭证审核时，凭证按照"按科目、摘要相同方式合并"或"按科目相同方式合并"合并显示，在明细账显示界面中提供是否"合并显示"的选项。

2) 打印凭证页脚姓名

决定在打印凭证时，是否自动打印制单人、出纳、审核人、记账人的姓名。

4. 预算控制选项卡

根据预算管理系统或财务分析系统设置的预算数对业务发生进行控制。

5. 权限选项卡

1) 制单权限控制到科目

如果需要明确操作员只能使用具有相应制单权限的科目制单，则首先在数据权限控制设置中选择对"科目"进行控制，再选中该项，最后在数据权限中为操作员指定制单可以使用的科目。设置完成后，该操作员只能使用有权限的科目进行制单。

同样意义的选项还有"制单、辅助账查询控制到辅助核算""明细账查询控制到科目"。

2) 制单权限控制到凭证类别

如果需要明确操作员只能填制特定类别的凭证，则首先在数据权限控制设置中选择对"凭证类别"进行控制，再选中该项，最后在数据权限中为操作员指定制单时可以使用哪些凭证类别。设置完成后，操作员制单时，凭证类别参照中只显示操作员有权限的凭证类别。

3) 操作员进行金额权限控制

系统可以对不同级别的人员进行制单金额大小的控制，例如，财务主管可以对10万元以上的经济业务制单，一般财务人员只能对5万元以下的经济业务制单，这样可以减少由于不必要的责任事故带来的经济损失。

以下情况不能进行金额权限控制。

(1) 若为外部凭证或常用凭证调用生成，则不做金额权限控制。

(2) 自定义结转凭证不受金额权限控制。

4) 凭证审核控制到操作员

如果需要指定某个具有凭证审核权限的操作员只能审核某些制单人填制的凭证，则应选择该选项。

5) 出纳凭证必须经由出纳签字

出纳凭证是指凭证上包含现金或银行科目的凭证。涉及现金收付的业务是企业需要重点关注的业务，如果选择该项，则凭证处理流程为：填制凭证—出纳签字—审核凭证—记账。

> **注意：**
> - 出纳签字与审核凭证不分先后顺序。
> - 如果选择了"凭证必须经由主管会计签字"，则在凭证处理流程的填制凭证和记账之间还需要增加主管签字环节。

6) 凭证必须经由主管会计签字

如果企业规定所有凭证都必须由主管会计签字才能作为记账依据，则应选中该项。

7) 允许修改、作废他人填制的凭证

如果制单人填制的凭证有误，则该选项决定其他人员，如审核人员发现凭证有误时是否允许修改或作废。"控制到操作员"属于数据权限控制内容，利用该项可以指定允许修改、作废哪些操作员填制的凭证。

8) 可查询他人凭证

是否可以查询他人填制的凭证。利用"控制到操作员"可以指定允许查询哪些操作员填制的凭证。

6. 会计日历选项卡

在会计日历选项卡中包括以下几项内容。

(1) 可查看各会计期间的起始日期与结束日期，以及启用会计年度和启用日期。

> **注意：**
> 此处仅能查看会计日历的信息，如需修改请到系统管理中进行。

(2) 可查看建立账套时的一些信息，如账套名称、单位名称、账套存放的路径、行业性质和定义的科目级长等。

(3) 可以修改数量小数位、单价小数位和本位币精度。

7. 其他选项卡

在其他选项卡中可以设置以下内容。

1) 外币核算方式

有外币业务时，企业可以选择"固定汇率"或"浮动汇率"处理方式。

2) 排序方式

在参照部门目录、查询部门辅助账时，可以指定查询列表的内容是按编码顺序显示还是按名称顺序显示。对个人往来辅助核算和项目辅助核算也可以进行设置。

【例4-1】 设置总账控制参数，如图4-3所示。

操作路径：总账→设置→选项

图4-3 设置总账选项

4.2.2 总账管理子系统的期初数据录入

企业账套建立之后,还需要在系统中建立基础档案和各账户的余额数据,才能继续手工业务处理进程。各账户余额数据的准备与总账启用的会计期间相关。

4-1 期初数据录入.mp4

1. 期初数据的内容

? 思考与理解:
年中建账比年初建账要多输入哪一种期初数据?软件这样设计的目的是什么?

总账管理子系统需要输入的期初数据包括期初余额和累计发生额。企业建账时间不同,所输入的期初数据也有所不同。

1) 年初建账(1月建账)

如果选择年初建账,则只需要准备各账户上年年末的余额作为新一年的期初余额,且年初余额和月初余额是相同的。例如,某企业选择 2020 年 1 月启用总账子系统,则只需要整理该企业 2019 年 12 月末各账户的期末余额作为 2020 年 1 月初的期初余额,因为本年没有累计数据发生,所以月初余额同时也是 2020 年年初余额。

2) 年中建账(2~12 月建账)

如果选择年中建账,不仅要准备各账户启用会计期间上一期的期末余额作为启用期的期初余额,还要整理自本年度开始截至启用期的各账户累计发生数据。例如,某企业 2020 年 8 月开始启用总账子系统,那么,应将该企业 2020 年 7 月末各科目的期末余额及 1~7 月的累计发生额整理出来,作为计算机系统的期初数据录入总账子系统中,系统将自动计算年初余额。

如果科目设置了某种辅助核算,那么还需要准备辅助项目的期初余额。例如,应收账款科目设置了客户往来辅助核算,除了要准备应收账款总账科目的期初数据外,还要详细记录这些应收账款是哪些客户的销售未收,因此要按客户整理详细的应收余额数据。

2. 录入期初数据

1) 无辅助核算科目期初余额录入

余额和累计发生额的录入要从最末级科目开始,上级科目的余额和累计发生数据由系统自动计算。如果某科目为数量、外币核算,应录入期初数量、外币余额,而且必须先录入本币余额,再录入数量外币余额。若期初余额有外币、数量余额,则必须有本币余额。红字余额用负号输入。

【例 4-2】输入"库存现金"科目的期初余额,如图 4-4 所示。

操作路径: 总账→设置→期初余额

科目名称	方向	币别/计量	期初余额
库存现金	借		8,700.00
银行存款	借		1,365,000.00
工行存款	借		740,000.00
中行存款	借		625,000.00
	借	美元	100,000.00

图 4-4 输入期初余额

2) 有辅助核算科目期初余额录入

在录入期初余额时，对于设置为辅助核算的科目，系统会自动为其开设辅助账页。相应地，在输入期初余额时，这类科目总账的期初余额是由辅助账的期初明细汇总而来的，即不能直接输入总账期初数。

【例4-3】输入"应收账款"科目的期初数据，如图4-5所示。

操作路径：总账→设置→期初余额

图4-5 输入辅助核算科目期初余额

3. 进行试算平衡

期初数据输入完毕后应进行试算平衡。如果期初余额试算不平衡，则可以填制、审核凭证，但不能进行记账处理。因为企业信息化时，初始设置工作量大、占用时间比较长，为了不影响日常业务的正常进行，故允许在初始化工作未完成的情况下进行凭证的填制。

凭证一经记账，期初数据便不能再修改。

【例4-4】进行期初余额的试算平衡，如图4-6所示。

操作路径：总账→设置→期初余额

图4-6 试算平衡

4.3 总账管理子系统日常业务处理

初始化工作完成后，便完成了新旧系统的转换，启用日期后的经济业务就可以在新系统下进行处理了，这就是所说的日常业务处理。总账管理子系统的日常业务处理主要包括凭证管理、出纳管理及账簿查询。

4.3.1 凭证管理

凭证管理的内容包括凭证填制、修改凭证、删除凭证、凭证复核、凭证记账、冲销凭证、凭证查询、凭证汇总等内容。

1. 填制凭证

记账凭证按其编制来源可分为两大类：手工填制凭证和机制凭证。机制凭证包括利用总账管理子系统自动转账功能生成的凭证及其他子系统生成的凭证。关于机制凭证的有关内容将在有关章节中为大家介绍。此处为大家介绍手工填制凭证。

4-2 填制凭证.mp4

记账凭证是总账管理子系统的唯一数据来源，而填制凭证则是制约总账管理子系统整体效率的瓶颈所在。在实际工作中，填制凭证的方式有两种：一是前台处理，即根据审核无误的原始凭证直接在总账管理子系统中填制记账凭证；二是后台处理，即先在手工方式下填制好记账凭证而后再集中输入总账管理子系统中。企业可以根据实际情况选择适合自己的凭证填制方式。

凭证填制的内容包括以下几方面。

1) 凭证类别

由于初始化时已设置了凭证类别，所以填制凭证时可以直接选择所需的凭证类别。当然，若没有设置凭证类别，则不能填制凭证。需要注意的是，如果在设置凭证类别时设置了限制类型，则系统会自动检查会计分录与凭证类别的对应性。

2) 凭证编号

凭证一般是依照凭证类别按月编号，凭证可以由系统自动编号，也可以由用户手工编号。手工编号时，在此可以输入凭证号，但应注意凭证号的连续性、唯一性。一般采用系统自动编号比较方便，填制一张新的记账凭证时，系统会自动给出一个凭证号，但应注意，如果是在网络环境下，多人同时填制凭证时，此凭证号只是一个参考凭证号，而不一定就是最终的凭证号，最终的凭证号只能在保存凭证时确定。另外，当凭证科目过多时，系统会自动加上分单号，如转-0010 号 0002/0004。

3) 凭证日期

填制凭证时，日期一般自动取登录系统时的业务日期，若错误可以修改。在制单序时控制的情况下，应注意日期的范围是该类凭证最后一张凭证日期至系统日期之间。

4) 附单据数

记账凭证打印出来后，应将相应的原始凭证粘附其后，这里的附单据数就是指将来该记账凭证所附的原始单据数，如果填写，则必须与实际张数相符。

5) 摘要

摘要是对经济业务的概括说明，一般而言，会计分录各行都要有摘要，不能为空。可以直接输入，如果定义了常用摘要，也可以调用常用摘要。

6) 会计科目

填制凭证时，要求会计科目必须是末级科目。可以直接输入科目编码、科目名称、科目助记码，也可以通过选择输入。

如果输入的是银行科目，一般系统会要求输入有关结算方式的信息，此时最好输入，以方便日后银行对账；如果输入的科目有外币核算，系统会自动带出在外币中已设置的相关汇率，如果不符还可以修改，输入外币金额后，系统会自动计算出本币金额；如果输入的科目有数量核算，则应输入数量和单价，系统会自动计算出本币金额；如果输入的科目有客户、供应商、个人、部门和项目等辅助核算，则应输入相关的辅助信息，以便系统生成辅助核算信息。

？思考与理解：

请结合实验操作体会哪些辅助信息是必须输入的？哪些不是必须输入的？

7) 金额

金额可以是正数或负数(即红字),但不能为零。凭证金额应符合"有借必有贷,借贷必相等"原则,否则将不能保存。

【例4-5】 填制一张普通凭证,如图4-7所示。

操作路径:总账→凭证→填制凭证

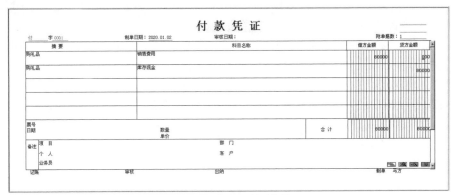

图4-7 填制凭证(无辅助核算)

【例4-6】 填制一张带辅助核算信息的凭证,如图4-8所示。

借:银行存款/工行存款(100201)   452 000

    贷:应收账款(1122)(客户:华宏公司)   452 000

操作路径:总账→凭证→填制凭证

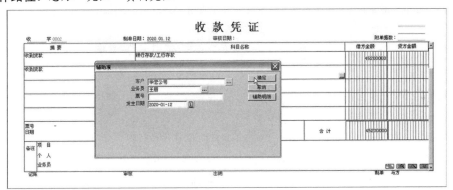

图4-8 填制凭证(有辅助核算)

填制凭证的注意事项如下。

(1) 如果设置了常用凭证,则可以在填制凭证时直接调用常用凭证,从而增加凭证录入速度。

(2) 如果设置了填制凭证的相关明细权限,则填制凭证时还应符合明细权限的设置。

(3) 填制有关损益类科目的凭证时,如果发生额方向与正常余额方向相反,最好填写红字凭证,使损益类科目发生额方向与其正常余额方向一致,以便生成利润表时可以方便地取出其真实发生额。例如,本期销货1 000 000元,销售退货100 000元,如果退货时将主营业务收入金额填写在借方,则月末收入转到本年利润后,主营业务收入科目的借方、贷方发生额将都是1 000 000元,因而编制利润表时取主营业务收入贷方发生额会得到1 000 000元,而并非真实的900 000元,结果导致利润虚增100 000元;而如果退货时将主营业务收入以红字填写在贷方,就不会发生以上错误。

2. 修改凭证

在信息化方式下，凭证的修改分为无痕迹修改和有痕迹修改。

> **？思考与理解：**
> 若一张凭证记账后，发现凭证有错，你知道此凭证无痕迹修改和有痕迹修改的方法吗？

4-3 修改凭证.mp4

1) 无痕迹修改

无痕迹修改，是指系统内不保存任何修改线索和痕迹。对于尚未审核和签字的凭证可以直接进行修改；对于已经审核或签字的凭证应先取消审核或签字，然后才能修改。显然，这两种情况下，都没有保留任何审计线索。

能否修改他人填制的凭证，将取决于系统参数的设置。其他子系统生成的凭证，可以在账务系统中进行查询、审核、记账，不能修改和作废，而只能在生成该凭证的原子系统中进行修改和删除，以保证记账凭证和原子系统中的原始单据相一致。

修改凭证时，一般凭证类别及编号不能修改。修改凭证日期时，为了保持序时性，日期应介于前后两张凭证日期之间，同时日期月份不能修改。修改辅助核算信息时，应先选中带有辅助核算的科目行，再将光标移动到辅助核算信息处，当光标指针变成铅笔状后双击修改。

> **？思考与理解：**
> 请结合上机实验掌握凭证辅助核算信息修改的技巧。

2) 有痕迹修改

有痕迹修改是指系统通过保存错误凭证和更正凭证的方式保留了修改痕迹，因而留下了审计线索。对于已经记账的错误凭证，一般采用有痕迹修改，具体方法是采用红字更正法或补充更正法。前者适用于更正记账金额大于应记金额的错误或会计科目的错误，后者适用于更正记账金额小于应记金额的错误。

3. 删除凭证

1) 作废凭证

对于尚未审核和签字的凭证，如果不需要可以直接将其作废，作废凭证仍保留凭证内容及编号，仅显示"作废"字样。作废凭证不能修改、审核，但应参与记账，否则月末无法结账。记账时不对作废凭证进行数据处理，相当于一张空凭证。账簿查询时，查不到作废凭证的数据。

与作废凭证相对应，系统也提供对作废凭证的恢复，将已标识为作废的凭证恢复为正常凭证。

2) 整理凭证

如果作废凭证没有保留的必要，则可以通过"整理凭证"彻底将其删除。

4. 凭证复核

为了保证会计事项处理正确和记账凭证填制正确，需要对记账凭证进行复核。凭证复核包括出纳签字、主管签字和审核凭证。

4-4 凭证复核.mp4

1) 出纳签字

由于出纳凭证涉及企业资金的收支，所以应加强对出纳凭证的管理。出纳签字功能使出纳可以对涉及现金、银行存款的凭证进行核对，以决定凭证是否有误。如果凭证正确无误，则出纳便可签字，否则必须交由制单人进行修改后再重新核对。

出纳凭证是否必须由出纳签字取决于系统参数的设置，如果选择了"出纳凭证必须由出纳签字"选项，那么出纳凭证必须经过出纳签字才能记账。

2) 主管签字

为了加强对会计人员制单的管理，有的企业所有凭证都需要由主管签字，为了满足这一应用需求，总账子系统提供了"主管签字"功能。但凭证是否需要主管签字才能记账，取决于系统参数的设置。

3) 审核凭证

一般情况下，审核凭证在凭证复核操作中是必须进行的。审核凭证是审核员按照相关规定，对制单员填制的记账凭证进行检查核对，如是否与原始凭证相符、会计分录是否正确等。凭证审核无误后，审核人便可签字，否则必须交由制单人进行修改后再重新审核。

【例4-7】 以账套主管"陈明"的身份审核"收0001"号凭证，如图4-9所示。

操作路径： 总账→凭证→审核凭证

图4-9　审核凭证

凭证审核应注意以下问题。

(1) 所有凭证必须审核后才能记账。

(2) 审核人与制单人不能是同一人。

(3) 凭证一经审核，就不能被修改、删除，只有被取消审核签字后才可以进行修改或删除。

(4) 凭证既可以单张审核，也可以成批审核。

(5) 如果设置了凭证审核明细权限，则审核凭证还会受到明细权限的制约。

5. 凭证记账

？思考与理解：
你知道计算机方式下的记账操作与手工操作有何不同吗？

4-5 凭证记账.mp4

记账凭证经过审核签字后，便可以记账了。计算机系统中，记账是由计算机自动进行的。记账过程中一旦断电或其他原因造成中断，系统将自动调用"恢复记账前状态"功能恢复数据，再重新选择记账。

记账一般都遵循如下过程。

1) 选择记账凭证

开始记账时，要求用户选择要记账的凭证范围。凭证范围由月份、凭证类别、凭证编号决定，系统一般给出凭证编号的最大范围作为默认值。一般月份不能为空，类别如果为空，则系统自动将各类已审核的记账凭证全部进行记账。

2) 系统自动检验记账凭证

虽然记账凭证在输入和审核时已经过多次检验，但为了确保会计数据的正确，系统在登记机内账簿时仍将对记账凭证进行一次平衡校验和会计科目等有关内容的检验。如果发现不平衡凭证或错误凭证，系统会将不平衡凭证或错误凭证的类别和凭证号显示给用户，同时停止记账。

3) 数据保护

记账工作涉及系统内多个数据库，记账过程一旦发生意外，会使记账涉及的数据库受到影响，为此系统设计了数据保护功能。记账前系统首先将有关数据库在硬盘上进行备份，一旦记账过程出现意外，系统将停止记账并自动利用备份文件恢复系统数据。

4) 正式记账

做完以上工作，系统自动将选定的记账凭证登记到机内账簿中(包括部门核算、往来核算和项目核算的辅助账簿)，并进行汇总工作，计算出各个科目最新的本月发生额、累计发生额和最新的当前余额，将其保存在系统中，完成记账工作并将已记账的凭证张数显示给用户。

【例4-8】 对全部已审核凭证进行记账，如图4-10所示。

操作路径：总账→凭证→记账

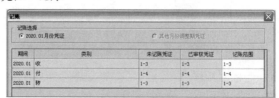

图4-10 凭证记账

记账应注意以下事项。

(1) 在第一次记账时，若期初余额试算不平衡，系统将不允许记账。

(2) 未审核凭证，不允许记账。

(3) 上月未结账，则本月不允许记账。

(4) 如果记账后发现输入的记账凭证有错误需要进行修改，可人工调用"恢复记账前状态"功能。系统提供了两种恢复记账前状态方式：将系统恢复到最后一次记账前状态和将系统恢复到月初状态。只有主管才能选择将数据"恢复到月初状态"。

6. 冲销凭证

冲销凭证是针对已记账凭证而言的。红字冲销可以采用手工方式，也可以由系统自动进行。如果采用自动冲销，则只要告知系统要被冲销的凭证类型及凭证号，系统便会自动生成一张与该凭证相同，只是金额为红字(负数)的凭证。

7. 凭证查询

总账管理子系统提供了强大的凭证查询功能，具体体现在以下几方面。

1) 丰富灵活的查询条件

企业既可设置凭证类别、制单日期等一般查询条件，也可设置摘要、科目等辅助查询条件，各查询条件还可组合设置；既可以查询已记账凭证，也可以查询未记账凭证；既可以查询作废凭证，也可以查询标错凭证；既可以按凭证号范围查询，也可以按日期查询；既可以按制单人查询，也可以按审核人或出纳员查询。通过设置查询条件，可以按科目、摘要、金额、外币、数量、结算方式或各种辅助项查询，快捷方便。

2) 联查明细账、辅助明细及原始单据

当光标位于凭证某分录科目时，可以联查该科目的明细账。若该科目有辅助核算，可以联查该科目的辅助明细账。若当前凭证是由外部系统制单生成的，则可以联查生成这张凭证的原始单据。

8. 凭证汇总

凭证汇总时，可按一定条件对记账凭证进行汇总并生成凭证汇总表。进行凭证汇总的凭证可以是已记账凭证，也可以是未记账凭证，可供财务人员随时查询凭证汇总信息、及时了解企业的经营状况及其他财务信息。

9. 设置常用凭证

企业发生的经济业务都有其规律性，有些业务在一个月内会重复发生若干次，因而在填制凭证的过程中，经常会有许多凭证完全相同或部分相同。可以将这些经常出现的凭证进行预先设置，以便将来填制凭证时随时调用，简化凭证的填制过程，这就是常用凭证。

10. 设置常用摘要

由于经济业务的重复性，在日常填制凭证的过程中，经常会反复用到许多相同的摘要，为了提高凭证的录入速度，可以将这些经常使用的摘要预先设置下来，这样在填制凭证时可以随时调用，从而提高我们处理业务的效率。

11. 设置明细权限

如果在系统参数中设置了某些选项，如"制单权限控制到科目""制单权限控制到凭证类别""制单金额控制""审核权限控制到操作员""明细账查询控制到科目"等，此时还需要利用系统提供的相关功能进行明细权限的设置。

4.3.2 出纳管理

出纳管理是总账子系统为出纳人员提供的一套管理工具和工作平台，包括：出纳签字，现金、银行存款日记账及资金日报表的查询打印，支票登记簿，银行对账。

1. 出纳签字

如果凭证上使用了指定为现金或银行存款属性的科目，即涉及现金收付业务，则需要出纳对该类业务进行确认。出纳签字在凭证管理中已做过介绍，在此不再赘述。

2. 现金、银行存款日记账及资金日报表的查询打印

现金日记账和银行存款日记账不同于一般科目的日记账，是属于出纳管理的，因此将其查询与打印功能放置于出纳管理平台上。现金、银行日记账一般可按月或按日查询，查询时也可以包含未记账凭证在内。

资金日报表可以反映现金和银行存款的日发生额及余额情况。手工环境下，资金日报表由出纳员逐日填写，以反映当天营业终了时现金、银行存款的收支情况及余额。在计算机系统中，资金日报可由总账子系统根据记账凭证自动生成，及时掌握当日借/贷金额合计、余额及当日业务量等信息。

资金日报既可以根据已记账凭证生成，也可以根据未记账凭证生成。

【例4-9】 查询库存现金日记账，如图4-11所示。

操作路径： 总账→出纳→现金日记账

现金日记账

科目 1001 库存现金

2020年		凭证号数	摘要	对方科目	借方	贷方	方向	余额
月	日							
			上年结转				借	8,700.00
01	02	付-0001	购礼品	6601		800.00	借	7,900.00
01	02		本日合计			800.00	借	7,900.00
01	03	付-0002	提现	100201	6,500.00		借	14,400.00
01	03		本日合计		6,500.00		借	14,400.00
01	18	收-0003	报销差旅费	122102	400.00		借	14,800.00
01	18		本日合计		400.00		借	14,800.00
01			当前合计		6,900.00	800.00	借	14,800.00
01			当前累计		6,900.00	800.00	借	14,800.00
			结转下年				借	14,800.00

图4-11 查询现金日记账

3. 支票登记簿

加强支票的管理对于企业来说非常重要，因此总账子系统提供了支票登记簿功能，以供出纳员详细登记支票领用及报销情况，如领用日期、领用部门、领用人、支票号、用途、预计金额、报销日期、实际金额、备注等。

一般而言，使用支票登记簿时，应注意以下问题。

(1) 要使用支票登记簿，必须为各银行存款科目设置银行账属性。

(2) 必须为支票结算方式设置票据管理属性。

(3) 领用支票时，银行出纳必须据实填写领用日期、领用部门、领用人、支票号、用途、预计金额、备注等信息。

(4) 支票支出后，经办人持原始单据报销，会计人员据此填制记账凭证，在录入该凭证时，系统要求录入结算方式和支票号，填制完凭证后，在采取支票控制的方式下，系统自动在支票登记簿中将该支票填上报销日期，表示该支票已报销。否则，出纳员需要自己填写报销日期。

相对于手工处理方式来说，计算机系统中的支票登记对于手工签字没有自动化的替代方案。

4. 银行对账

银行对账是出纳在月末应进行的一项工作。企业为了了解未达账项情况，通常都会定期与开户银行进行对账。在信息化方式下，银行对账的程序如下。

1) 录入银行对账期初数据

在第一次利用总账子系统进行银行对账前，应录入银行启用日期时的银行对账期初数据。银行对账的启用日期是指使用银行对账功能前最后一次手工对账的截止日期，银行对账不一定和总账子系统同时启用，银行对账的启用日期可以晚于总账子系统的启用日期。银行对账期初数据包括银行对账启用日的企业方银行日记账与银行方银行对账单的调整前余额，以及启用日期之前的单位日记账和银行对账单的未达账项。录入期初数据后，应保证银行日记账的调整后余额等于银行对账单的调整后余额，否则会影响以后的银行对账。

【例4-10】 录入银行对账期初数据，如图4-12所示。

操作路径： 总账→出纳→银行对账→银行对账期初录入

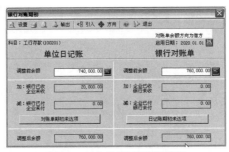

图4-12　录入银行对账期初数据

2) 录入银行对账单

在开始对账前，必须将银行开出的银行对账单录入系统中，以便将其与企业银行日记账进行核对。有些系统还提供了银行对账单导入的功能，避免了烦琐的手工录入过程。

【例 4-11】 录入银行对账单数据，如图 4-13 所示。

操作路径： 总账→出纳→银行对账→银行对账单

银行对账单

科目：工行存款(100201)

日期	结算方式	票号	借方金额	贷方金额	余额
2020.01.03	201	01878546		6,500.00	753,500.00
2020.01.08	202	89026973		22,600.00	730,900.00
2020.01.12	202	67423521	452,000.00		1,182,900.00
2020.01.18				60,000.00	

图4-13　录入银行对账单

3) 银行对账

银行对账可采用自动对账和手工对账相结合的方式，先进行自动对账，然后在此基础上再进行手工对账。

自动对账是指系统根据设定的对账依据，将银行日记账(银行未达账项文件)与银行对账单进行自动核对和勾销。对于已核对上的银行业务，系统将自动在银行日记账和银行对账单双方打上两清标志，视为已达账项，否则视为未达账项。对账依据可由用户自己设置，但“方向＋金额”是必要条件，通常可设置为“结算方式＋结算号＋方向＋金额”。

采用自动对账后，可能还有一些特殊的已达账项没有对上而被视为未达账项，为了保证对账的彻底性和正确性，在自动对账的基础上还要进行手工补对。例如，自动对账只能针对“一对一”的情况进行对账，而对于“一对多”“多对一”或“多对多”的情况，只能由手工对账来实现。

【例 4-12】 自动银行对账，如图 4-14 所示。

操作路径： 总账→出纳→银行对账→银行对账单

科目：100201(工行存款)

单位日记账

票据日期	结算方式	票号	方向	金额	两清	凭证号数	摘要
2020.01.12	202	67423521	借	452,000.00	○	收-0002	收到货款
2020.01.03	201	01878546	贷	6,500.00	○	付-0002	提现
2020.01.08	202	89026903	贷	22,600.00	√	付-0003	购原材料
2020.01.16	202	67093165	贷	2,400.00		付-0004	支付招待费

银行对账单

日期	结算方式	票号	方向	金额	两清	对账序号
2020.01.03	201	01878546	贷	6,500.00	○	2020013100001
2020.01.08	202	89026973	贷	22,600.00	√	2020013100003
2020.01.12	202	67423521	借	452,000.00	○	2020013100002
2020.01.18			贷	60,000.00		

图4-14　银行对账

4) 查询打印余额调节表

在进行对账后，系统会根据对账结果自动生成银行存款余额调节表，以供用户查询打印或输出。

对账后，还可以查询银行日记账和银行对账单对账的详细情况，包括已达账项和未达账项。

【例 4-13】查看工行存款余额调节表，如图 4-15 所示。

操作路径：总账→出纳→银行对账→余额调节表查询

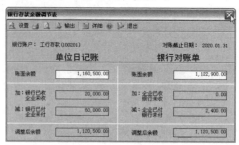

图4-15　查询余额调节表

5）核销银行账

为了避免文件过大，占用磁盘空间，可以利用核销银行账功能将已达账项删除。对于企业银行日记账已达账项的删除不会影响企业银行日记账的查询和打印。

6）长期未达账项审计

有的软件还提供长期未达账项审计的功能。通过设置截止日期及至截止日期未达天数，系统可以自动将至截止日期未达账项未达天数超过指定天数的所有未达账项显示出来，以便企业了解长期未达账项情况，从而采取措施对其追踪、加强监督，避免不必要的损失。

4.3.3　账簿查询

企业发生的经济业务，经过制单、复核、记账后，就可以查询打印各种账簿了。计算机系统的账簿查询具有以下鲜明特点：首先，在查询各种账簿时，可以包括未记账凭证；其次，与手工环境不同，在信息化方式下，各种账簿都可以针对各级科目进行查询；再者，可以进行账表联查，例如，查询总账时可以联查明细账，而查明细账时可以联查凭证等。

下面对基本会计账簿查询和辅助账簿查询进行分别介绍。

> **？思考与理解：**
> 请理解并掌握软件中各种账簿的灵活丰富的查询功能。

1. 基本会计账簿

基本会计账簿就是手工处理方式下的总账、发生额余额表、明细账、序时账、日记账、多栏账等。

1）总账

查询总账时，可单独显示某科目的年初余额、各月发生额合计、全年累计发生额和月末余额。

2）发生额余额表

发生额余额表可以同时显示各科目的期初余额、本期发生额、累计发生额及期末余额。

3）明细账

明细账以凭证为单位显示各账户的明细发生情况，包括日期、凭证号、摘要、借方发生额、贷方发生额及余额。

4) 序时账

序时账根据记账凭证以流水账的形式反映各账户的信息，一般包括日期、凭证号、科目、摘要、方向、数量、外币及金额等信息。

5) 日记账

在信息化方式下，任何账户都可以查询日记账，只要将会计设置为日记账即可，而且可以随时设置，现金、银行存款日记账一般是在出纳功能中单独查询的。日记账一般包括日期、凭证号、摘要、对方科目、借方发生额、贷方发生额及余额。

6) 多栏账

在查询多栏账之前，必须先定义多栏账的格式。多栏账格式的设置有两种方式：自动编制栏目和手工编制栏目。

2. 辅助核算账簿

辅助账在手工处理方式下一般作为备查账存在。而在会计信息系统环境下，对于设置了辅助核算的会计科目可查询其相应的辅助账。

1) 个人核算

个人核算主要进行个人借款、还款管理工作，及时地控制个人借款，完成清欠工作。个人核算可以提供个人往来明细账、催款单、余额表、账龄分析报告及自动清理核销已清账等功能。

2) 部门核算

部门核算主要是为了考核部门收支的发生情况，及时地反映控制部门费用的支出，对各部门的收支情况加以比较分析，便于部门考核。部门核算可以提供各级部门的总账、明细账，以及对各部门收入与费用进行部门收支分析等功能。

【例 4-14】 查询部门收支分析，如图 4-16 所示。

操作路径： 总账→账表→部门辅助账→部门收支分析

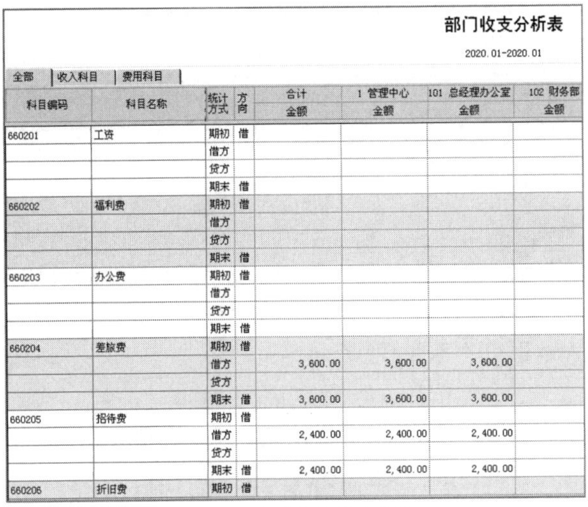

科目编码	科目名称	统计方式	方向	合计 金额	1 管理中心 金额	101 总经理办公室 金额	102 财务部 金额
660201	工资	期初	借				
		借方					
		贷方					
		期末	借				
660202	福利费	期初	借				
		借方					
		贷方					
		期末	借				
660203	办公费	期初	借				
		借方					
		贷方					
		期末	借				
660204	差旅费	期初	借				
		借方		3,600.00	3,600.00		3,600.00
		贷方					
		期末	借	3,600.00	3,600.00		3,600.00
660205	招待费	期初	借				
		借方		2,400.00	2,400.00		2,400.00
		贷方					
		期末	借	2,400.00	2,400.00		2,400.00
660206	折旧费	期初	借				

部门收支分析表
2020.01-2020.01

图 4-16　查询部门收支分析

3) 项目核算

项目核算用于收入、成本、在建工程等业务的核算，以项目为中心为使用者提供各项目的成本、费用、收入、往来等汇总与明细信息，以及项目计划执行报告等。

4) 客户核算和供应商核算

客户核算和供应商核算主要进行客户和供应商往来款项的发生、清欠管理工作，及时掌握往来款项的最新情况，可以提供往来款的总账、明细账、催款单、对账单、往来账清理、账龄分析报告等功能。如果用户启用了应收款管理系统和应付款管理系统，则可以分别在这两个系统中对客户往来款和供应商往来款进行更为详细的核算与管理。

4.4　总账管理子系统期末处理

总账管理子系统的期末处理主要包括银行对账、自动转账、对账及试算平衡、月末结账。年末处理一般是由账套主管在系统管理中统一进行的。银行对账已在出纳功能中做了详细介绍，在此只为大家介绍自动转账、对账和结账。

4.4.1　自动转账

4-6 自动转账.mp4

1. 转账的分类

转账分为内部转账和外部转账。外部转账是指将其他专项核算子系统自动生成的凭证转入总账管理子系统，如工资子系统中有关工资费用分配的凭证、固定资产子系统中有关固定资产增减变动及计提折旧的凭证、应收子系统中有关应收账款发生收回及坏账准备的凭证、应付子系统中有关应付账款发生及偿还的凭证、存货核算子系统中有关存货出入库成本的凭证等。而内部转账就是这里所讲的自动转账，是指在总账管理子系统内部通过设置凭证模板而自动生成相应的记账凭证。一些期末业务具有较强的规律性，而且每个月都会重复发生，如费用的分配、费用的分摊、费用的计提、税金的计算、成本费用的结转、期间损益的结转等。这些业务的凭证分录是固定的，金额来源和计算方法也是固定的，因而可以利用自动转账功能将处理这些经济业务的凭证模板定义下来，期末时通过调用这些模板来自动生成相关凭证。

2. 使用自动转账的步骤

1) 定义凭证模板

企业要想利用自动转账功能自动生成记账凭证，首先应定义凭证模板。定义凭证模板时，应设置凭证类别、摘要、借贷会计科目及其金额。其中的关键是金额公式的设置，因为各月金额不可能总是相同的，所以不能直接输入金额数，而必须利用总账管理子系统提供的账务函数来提取账户数据，如期初余额函数、期末余额函数、发生额函数、累计发生额函数、净发生额函数等。

凭证模板只需定义一次即可，各月不必重复定义。

2) 生成记账凭证

凭证模板定义好以后，当每个月发生相关经济业务时可不必再通过手工录入凭证，而可以直接调用已定义好的凭证模板来自动生成相关的记账凭证。

利用凭证模板生成记账凭证需要各月重复进行。

3. 使用自动转账应该注意的问题

❓思考与理解：
转账生成的记账凭证仍然需要复核和记账吗？操作时应注意哪些问题？

1) 生成自动转账凭证前，先将相关凭证记账

一般而言，只有在凭证记账后，账务函数才能取出相关数据。所以利用自动转账生成凭证时，一定要使相关凭证已经全部记账，这样才能保证取出数据并且是完整的。例如，定义了一张本期利润计提所得税的凭证，那么要生成该张凭证，必须保证有关利润的凭证已经全部记账，否则，要么不能取出相应数据而导致金额为零不能生成凭证，要么取出的数据不完整而导致所得税计提错误。

2) 注意生成自动转账凭证的顺序

出于同样的原因，如果定义了多张凭证模板，并且这些凭证之间又具有一定的数据联系，那么一定要注意这些凭证的生成顺序。例如，定义了结转销售成本、计算汇兑损益、结转期间损益、计提所得税、结转所得税 5 张自动转账凭证，因为销售成本、汇兑损益是期间损益的一部分，所以一定要先生成结转销售成本、计算汇兑损益的凭证并复核记账后，才能生成结转期间损益的凭证；因为要依据本期利润计提所得税，所以一定要先生成结转期间损益的凭证并复核记账后，才能生成计提所得税的凭证；因为有了所得税费用才能结转所得税至本年利润，所以一定要先生成计提所得税的凭证并复核记账后才能生成结转所得税的凭证。故此，这 5 张凭证的顺序是结转销售成本、计算汇兑损益、结转期间损益、计提所得税、结转所得税，并且前一张凭证必须复核记账后才能继续生成后一张凭证。

3) 生成的自动转账凭证仍需审核记账

利用自动转账生成的凭证属于机制凭证，也需要复核、记账。

4. 自动转账的类型

通过定义、调用凭证模板可以自动生成记账凭证，但要求会计人员自行定义凭证模板有时不太现实，会令他们感到很茫然。鉴于此，总账管理子系统将自动转账功能进行了细化，以简化凭证模板的定义。

1) 自定义转账

自定义转账指由用户自己利用自定义转账功能来定义凭证模板。此时，必须由用户自己来定义凭证模板的所有内容，包括科目、借贷方向和金额公式的定义。

【例4-15】 定义自动转账凭证模板，如图 4-17 所示。

业务：按短期借款期末余额的 6%(年利率)计提短期借款利息。

借：财务费用/利息支出(660301)　　　　　　QM(2001,月)*0.06/12

贷：应付利息(2231)　　　　　　　　　　　　JG()

操作路径：总账→期末→转账定义→自定义结转

图4-17　自定义转账设置

2) 销售成本结转

如果企业同时启用了供应链系统，则销售成本的计算及结转可以在存货核算子系统中完成，而且支持计划价法(售价法)、先进先出法、后进先出法、全月加权平均法、移动加权平均法和个别计

价法。此外，销售成本结转一般只支持全月加权平均法和计划价法(售价法)。例如，采用全月加权平均法结转销售成本时，用户只要告知系统库存商品科目(必须有数量核算)、主营业务收入科目(必须有数量核算)和主营业务成本科目，系统便会自动定义好该凭证模板。定义方法如下。

借：主营业务成本　　(库存商品余额÷库存商品数量)×销量
　　贷：库存商品　　　(库存商品余额÷库存商品数量)×销量

不难理解，如果带有辅助核算，主营业务收入、主营业务成本和库存商品的辅助核算必须一致。

3) 汇兑损益结转

使用该功能时，只要告知系统汇兑损益科目，系统就会自动定义好该凭证模板，方法如下。

- 汇率上升时

借：外币资产科目　　　外币资产外币余额×月末汇率－外币资产本币余额
　　贷：汇兑损益科目　　外币资产外币余额×月末汇率－外币资产本币余额
借：汇兑损益科目　　　外币负债外币余额×月末汇率－外币资产本币余额
　　贷：外币负债科目　　外币负债外币余额×月末汇率－外币负债本币余额

- 汇率下降时

借：汇兑损益科目　　　外币资产本币余额－外币资产外币余额×月末汇率
　　贷：外币资产科目　　外币资产本币余额－外币资产外币余额×月末汇率
借：外币负债科目　　　外币负债本币余额－外币负债外币余额×月末汇率
　　贷：汇兑损益科目　　外币负债本币余额－外币负债外币余额×月末汇率

显然，如果损益类科目和本年利润科目都带有辅助核算，则辅助核算必须一致，否则无法结转。当然，可以只有一方带有辅助核算而对方无辅助核算。

4) 对应结转

对应结转是指将某科目的余额按一定比例转入其他一个或多个科目中。使用该功能时，只要告知系统转出科目、转入科目及结转比例即可。系统自动生成如下凭证模板。

- 转出科目为借方余额时

借：转入科目　　　转出科目余额×结转比例
　　贷：转出科目　　转出科目余额×结转比例

- 转出科目为贷方余额时

借：转出科目　　　转出科目余额×结转比例
　　贷：转入科目　　转出科目余额×结转比例

5) 期间损益结转

使用该功能时，只要告知各损益类科目对应的本年利润科目，系统即可自动定义好该凭证模板，方法如下。

借：收入类科目　　　收入类科目余额
　　贷：费用类科目　　费用类科目余额
　　　　本年利润　　　收入与费用的差额

【例 4-16】期间损益结转设置，如图 4-18 所示。

将所有收入、费用类科目结转至"本年利润"科目中。

操作路径：总账→期末→转账定义→期间损益

图4-18　期间损益结转设置

4.4.2　对账及试算平衡

总账管理子系统的对账包括总账与明细账、总账与辅助账的核对，以确定是否账账相符。试算平衡时系统会将所有账户的期末余额按会计平衡公式"借方余额=贷方余额"进行平衡检验，并输出科目余额表。正常情况下，系统自动记账后，应该是账账相符，账户余额也是平衡的。但由于非法操作或计算机病毒等原因有时可能会造成数据被破坏，因而引起账账不符，为了检查是否账证相符、账账相符及账户余额是否平衡，应经常使用对账及试算平衡功能。结账时，一般系统会自动进行对账和试算平衡。

4.4.3　结账

> **？思考与理解：**
> 你知道计算机方式下，结账操作与手工有何不同吗？

4-7 结账.mp4

每月工作结束后，月末都要进行结账。结账前最好进行数据备份。结账后，当月不能再填制凭证，并终止各账户的记账工作。同时，系统会自动计算当月各账户发生额合计及余额，并将其转入下月月初。

本月结账时，系统会进行下列检查工作。

(1) 检查本月业务是否已全部记账，有未记账凭证时不能结账。

(2) 检查上月是否已结账，上月未结账，则本月不能结账。实际上，上月未结账，本月也不能记账，只能填制、复核凭证。

(3) 核对总账与明细账、总账与辅助账，账账不符不能结账。

(4) 对科目余额进行试算平衡，试算结果不平衡将不能结账。

(5) 损益类账户是否已结转至本年利润。

(6) 当各子系统集成应用时，总账管理子系统必须在其他各子系统结账后才能最后结账。

严格意义上讲，应该对各子系统的结账顺序进行控制，一般规则是"谁接收数据谁后结账"。各子系统的结账顺序如图4-19所示。其中，箭头代表两子系统之间的结账顺序，箭头所指向的子系统后结账,例如,采购子系统必须先结账,而后应付款子系统才能结账;若两子系统间没有箭头,则代表这两个子系统之间的结账没有顺序要求,例如,应付款子系统与薪资子系统之间就没有结账先后顺序要求。

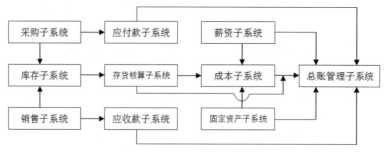

图4-19 各子系统的结账顺序

实践应用

实验三 总账管理子系统初始设置

【实验目的】

1. 掌握用友 ERP-U8 管理软件中总账管理系统初始设置的相关内容和操作方法。
2. 理解总账管理系统初始设置的意义。

【实验内容】

1. 总账管理系统参数设置。
2. 期初余额录入。

【实验准备】

1. 将计算机系统时间调整为 2020 年 1 月 31 日。
2. 引入"实验二"账套数据。

【实验资料】

1. 总账控制参数(见表4-2)

表4-2 总账控制参数

选项卡	参数设置
凭证	可以使用应收受控科目
	可以使用应付受控科目
权限	出纳凭证必须经由出纳签字
其他	部门、个人、项目按编码排序

2. 期初余额

1) 总账期初余额表(见表 4-3)

表4-3 总账期初余额表

资产	期初余额	权益	期初余额
库存现金	8 700	短期借款	200 000
银行存款	1 365 000	应付账款	56 500
工行存款	740 000	应交税费	35 600
中行存款	(外币：100 000)625 000	未交增值税	35 600
应收账款	954 000	其他应付款	6 400
其他应收款	6 800	**负债合计**	**298 500**
应收个人款	6 800		
原材料	233 000		
主板	(数量：100)50 000		
CPU	(数量：50)40 000		
内存条	(数量：80)8 000	实收资本	5 000 000
硬盘	(数量：100)75 000	利润分配	1 115 000
显示器	(数量：50)60 000	未分配利润	1 115 000
库存商品	(数量：1000)1 956 000	**所有者权益合计**	**6 115 000**
生产成本	810 000		
直接材料	470 000		
直接人工	200 000		
制造费用	140 000		
流动资产合计	**5 333 500**		
固定资产	760 000		
累计折旧	(贷)180 000		
无形资产	500 000		
非流动资产合计	**1 080 000**		
资产合计	**6 413 500**	**权益合计**	**6 413 500**

说明：

表中合计数不需输入。

2) 辅助账期初余额表(见表 4-4)

表4-4 辅助账期初余额表

会计科目：1122 应收账款　　余额：借 954 000 元

日期	凭证号	客户	摘要	方向	金额	业务员	票号
2019-12-25	转-118	华宏公司	销售商品	借	452 000	王丽	23567801
2019-12-10	转-15	昌新公司	销售商品	借	502 000	王丽	33653409

会计科目：122102 其他应收款—应收个人款　　余额：借 6 800 元

日期	凭证号	部门	个人	摘要	方向	期初余额
2019-12-26	付-118	总经理办公室	肖剑	出差借款	借	4 000
2019-12-30	付-156	销售部	孙健	出差借款	借	2 800

会计科目：1405 库存商品　　余额：借 1 956 000 元(数量 1000)

项目	家用电脑	商用电脑	打印机	打印纸
金额	600 000	1 200 000	150 000	6 000
数量	200	300	100	400

会计科目：5001 生产成本　　余额：借 810 000 元

科目名称	家用电脑	商用电脑	合计
直接材料(500101)	210 000	260 000	470 000
直接人工(500102)	80 000	120 000	200 000
制造费用(500103)	60 000	80 000	140 000
合计	350 000	460 000	810 000

会计科目：2202 应付账款　　余额：贷 56 500 元

日期	凭证号	供应商	摘要	方向	金额	业务员	票号
2019-12-20	转-45	兴华公司	购买原材料	贷	56 500	李平	89025628

【实验要求】

以账套主管"陈明"的身份进行总账初始设置。

【操作指导】

1. 登录总账子系统　sy3-1.mp4

(1) 单击"开始"按钮，执行"程序"|"用友 U8 V10.1"|"企业应用平台"命令或双击桌面的图标，打开"登录"对话框。

(2) 输入操作员 001，输入密码 1，选择账套"555 阳光公司账套"，输入操作日期"2020-01-01"，单击"确定"按钮。

(3) 在"业务工作"选项卡中，单击"财务会计"|"总账"菜单，展开"总账"下级菜单。

sy3-1

2. 设置总账控制参数　sy3-2.mp4

(1) 在总账管理系统中，执行"设置"|"选项"命令，打开"选项"对话框。

(2) 单击"编辑"按钮，进入选项编辑状态。

(3) 分别打开"凭证""权限""其他"选项卡，按照实验资料的要求进行相应的设置。

(4) 设置完成后，单击"确定"按钮。

sy3-2

3. 输入期初余额

1) 输入总账科目期初余额　sy3-31.mp4

(1) 执行"总账"|"设置"|"期初余额"命令，进入"期初余额录入"窗口。

sy3-31

(2) 输入"1001 库存现金"科目的期初余额 8 700，按 Enter 键确认。
(3) 同理，输入实验资料中其他总账科目的期初余额。

> **注意：**
> - 这里提到的总账科目余额是指无辅助核算科目的期初余额。
> - 期初余额只能在最末级明细科目上输入，上级科目的期初余额将自动计算并填列。

2) 输入辅助核算科目期初余额　sy3-32.mp4
(1) 执行"总账"|"设置"|"期初余额"命令，进入"期初余额录入"窗口。
(2) 双击"应收账款"的期初余额栏，进入"客户往来期初"窗口。
(3) 单击"增加"按钮。单击"往来明细"按钮，先输入实验资料中的"应收账款"的明细核算信息，然后单击"汇总"按钮。退出。
(4) 输入实验资料中其他辅助核算科目的期初余额。

sy3-32

> **注意：**
> - 其他应收款、应付账款的期初余额的输入方式与应收账款类似。
> - 当不想输入某项内容而系统又提示必须输入时，可按Esc键取消输入。此操作在本软件很多地方都是适用的。

3) 试算平衡　sy3-33.mp4
(1) 输完所有科目余额后，在"期初余额输入"窗口中，单击"试算"按钮，打开"期初试算平衡表"对话框。
(2) 单击"确定"按钮。若期初余额不平衡，则修改期初余额直到平衡为止。

sy3-33

> **注意：**
> - 期初余额试算不平衡，将不能记账，但可以填制凭证。
> - 已经记过账，则不能再输入、修改期初余额，也不能执行"结转上年余额"功能。

实验四　总账管理系统日常业务处理

【实验目的】
1. 掌握用友 ERP-U8 管理软件中总账管理系统日常业务处理的相关内容。
2. 熟悉总账管理系统日常业务处理的各种操作。
3. 掌握凭证管理、出纳管理和账簿管理的具体内容及操作方法。

【实验内容】
1. 凭证管理：填制凭证、审核凭证、凭证记账的操作方法。
2. 出纳管理：出纳签字、现金、银行存款日记账和资金日报表的查询。
3. 账簿管理：总账、科目余额表、明细账、辅助账的查询方法。

【实验准备】

1. 将计算机系统时间调整为 2020 年 1 月 31 日。
2. 引入"实验三"账套数据。

【实验资料】

1. 本月业务资料

以下业务中涉及资金收付业务的，现金流量请自行判断。

(1) 1 月 2 日，销售部王丽购买了 800 元的礼品，以现金支付，附增值税普通发票一张。

借：销售费用(6601)　　　　　　　　　　　800
　　贷：库存现金(1001)　　　　　　　　　800

(2) 1 月 3 日，财务部王晶从工行提取现金 6 500 元，作为备用金，现金支票号 01878546。

借：库存现金(1001)　　　　　　　　　　6 500
　　贷：银行存款/工行存款(100201)　　　6 500

(3) 1 月 5 日，收到兴华集团投资资金 50 000 美元，汇率 1：6.25，转账支票号 25780913。

借：银行存款/中行存款(100202)　　　　312 500
　　贷：实收资本(4001)　　　　　　　　312 500

(4) 1 月 8 日，采购部李平采购主板 40 块，单价 500 元，增值税税率为 13%，原料直接入库，货款以工行存款支付，转账支票号 89026973。

借：原材料/主板(140301)　　　　　　　　20 000
　　应交税费/应交增值税/进项税额(22210101)　2 600
　　贷：银行存款/工行存款(100201)　　　22 600

(5) 1 月 12 日，销售部王丽收到华宏公司转来一张转账支票，用以偿还前欠货款，转账支票号 67423521，金额 452 000 元，该支票已交付于工行。

借：银行存款/工行存款(100201)　　　　452 000
　　贷：应收账款(1122)　　　　　　　　452 000

(6) 1 月 14 日，采购部李平从艾德公司购入打印机 20 台，单价 1 500 元，增值税税率为 13%，货税款暂欠，商品已验收入库。

借：库存商品(1405)　　　　　　　　　　30 000
　　应交税费/应交增值税/进项税额(22210101)　3 900
　　贷：应付账款(2202)　　　　　　　　33 900

(7) 1 月 16 日，总经理办公室支付业务招待费 2 400 元，转账支票号 67093165。

借：管理费用/招待费(660205)　　　　　　2 400
　　贷：银行存款/工行存款(100201)　　　2 400

(8) 1月18日，总经理办公室肖剑出差归来，报销差旅费3 600元，交回剩余现金400元。

借：管理费用/差旅费(660204)　　　　　　3 600
　　库存现金(1001)　　　　　　　　　　400
　　贷：其他应收款(122102)　　　　　　4 000

(9) 1月20日，制造中心领用主板20块(单价500元)，CPU 20块(单价800元)，用于组装家用电脑。

借：生产成本/直接材料(500101)　　　　　　26 000
　　贷：原材料/主板(140301)　　　　　　　　　10 000
　　　　原材料/CPU(140302)　　　　　　　　　16 000

(10) 1月22日，接受卫生局罚款3 000元，以工行存款支付，转账支票号78785239。

借：营业外支出(6711)　　　　　　　　　　　3 000
　　贷：银行存款/工行存款(100201)　　　　　　3 000

(11) 1月25日，向昌新公司销售商用电脑50台，单价6 000元，增值税税率为13%，货款未收。

借：应收账款(1122)　　　　　　　　　　　339 000
　　贷：主营业务收入(6001)　　　　　　　　　300 000
　　　　应交税费/应交增值税/销项税额(22210102)　39 000

2. 支票登记簿

1月25日，采购部李平借转账支票一张，票号80217065，预计金额5 000元。

【实验要求】

1. 以"马方"的身份进行填制凭证、凭证查询操作。
2. 以"王晶"的身份进行出纳签字、现金、银行存款日记账和资金日报表的查询，支票登记操作。
3. 以"陈明"的身份进行审核、记账、账簿查询操作。

【操作指导】

以"003 马方"的身份登录进入企业应用平台，单击"业务工作"|"财务会计"|"总账"菜单。

> **注意：**
> 操作日期输入"2020-01-31"。这样，只需登录一次企业应用平台，即可输入不同日期的凭证。收付款凭证涉及的现金流量，请自行判断。

1. 填制凭证

在凭证填制过程中，若某科目为"银行科目""外币科目""数量科目""辅助核算科目""现金流量科目"，则输完科目名称后，需继续输入该科目的辅助核算信息。

1) 增加凭证(业务1：辅助核算——现金流量) ▶ sy4-11.mp4

(1) 执行"凭证"|"填制凭证"命令，进入"填制凭证"窗口。

(2) 单击"增加"按钮，增加一张空白凭证。

(3) 选择凭证类型"付款凭证"，输入制单日期"2020-01-02"，输入附单据数1。

(4) 输入摘要"购礼品"，输入科目名称6601，借方金额800，按Enter键，摘要自动带到下一行，输入科目名称1001、贷方金额800。

sy4-11

(5) 单击"流量"按钮，选择输入"经营活动/现金流出/07支付其他与经营活动有关的现金"。

(6) 全部输入完毕后，单击"保存"按钮，系统弹出"凭证已成功保存！"信息提示框，单击"确定"按钮。

🔸 注意：
- 采用序时控制时，凭证日期应大于等于启用日期，不能超过系统日期。
- 凭证一旦保存，其凭证类别、凭证编号不能修改。
- 正文中不同行的摘要可以相同也可以不同，但不能为空。每行摘要将随相应的会计科目在明细账、日记账中出现。
- 科目编码必须是末级的科目编码。
- 金额不能为"零"，红字以"-"号表示。
- 可按"="键，取当前凭证借贷方金额的差额到当前光标位置；可按空格键，科目金额在借贷方进行转换。
- 每行分录输入完毕，必须按Enter键进入下一行。

2) 增加凭证(业务2：辅助核算——银行科目) ▶sy4-12.mp4

(1) 在填制凭证过程中，输完银行科目100201，弹出"辅助项"对话框。

(2) 输入结算方式201，票号01878546，发生日期"2020-01-03"，单击"确定"按钮。

sy4-12

🔸 注意：
- 若选择支票控制，即该结算方式设为支票管理，则银行账辅助信息不能为空，而且该方式的票号应在支票登记簿中有记录。
- 此业务借贷双方均出现现金流量科目，系统允许不录入现金流量项目。

3) 增加凭证(业务3：辅助核算——外币科目) ▶sy4-13.mp4

(1) 在填制凭证过程中，输完外币科目100202，输入外币金额50 000，根据自动显示的外币汇率6.25，自动算出并显示本币金额312 500。

(2) 全部输入完成后，单击"保存"按钮，保存凭证。

sy4-13

🔸 注意：
"汇率"栏中的内容是固定的，不能输入或修改。如使用浮动汇率，汇率栏中显示最近一次汇率，可以直接在"汇率"栏中修改。

4) 增加凭证(业务4：辅助核算——数量科目) ▶sy4-14.mp4

(1) 在填制凭证过程中，输入完数量科目140301，弹出"辅助项"对话框。

(2) 输入数量40，单价500，单击"确认"按钮。

5) 增加凭证(业务5：辅助核算——客户往来) ▶sy4-15.mp4

(1) 在填制凭证过程中，输入完客户往来科目1122，弹出"辅助项"对话框。

(2) 输入客户"华宏公司"，发生日期"2020-01-12"。

(3) 单击"确定"按钮。

sy4-14

sy4-15

🔸 注意：
如果往来单位不属于已定义的往来单位，则要正确输入新往来单位的辅助信息，系统会自动将其追加到往来单位目录中。

6) 增加凭证(业务6：辅助核算——供应商往来)

(1) 在填制凭证过程中，输入完供应商往来科目2202，弹出"辅助项"对话框。

(2) 输入供应商"艾德公司"，发生日期"2020-01-14"。

(3) 单击"确定"按钮。

7) 增加凭证(业务7：辅助核算——部门核算)

(1) 在填制凭证过程中，输入完部门核算科目660205，弹出"辅助项"对话框。

(2) 输入部门"总经理办公室"，单击"确定"按钮。

8) 增加凭证(业务8：辅助核算科目——个人往来)

(1) 在填制凭证过程中，输入完个人往来科目122102，弹出"辅助项"对话框。

(2) 输入部门"总经理办公室"，个人"肖剑"，发生日期"2020-01-18"。

(3) 单击"确定"按钮。

> **注意：**
> 在输入个人信息时，若不输入"部门名称"只输入"个人名称"，则系统将根据所输入的个人名称在"部门名称"处自动输入其所属的部门。

9) 增加凭证(业务9：辅助核算科目——项目核算)

(1) 在填制凭证过程中，输入完项目核算科目500101，弹出"辅助项"对话框。

(2) 输入项目名称"家用电脑"，单击"确定"按钮。

> **注意：**
> 系统根据"数量×单价"自动计算出金额，并将金额先放在借方；如果方向不符，可将光标移动到贷方，然后按Space(空格)键调整金额方向。

10) 增加凭证(业务10、业务11)

此两笔业务请学员自行填制。

11) 查询凭证 sy4-111.mp4

(1) 执行"凭证"|"查询凭证"命令，打开"凭证查询"对话框。

(2) 输入查询条件，单击"辅助条件"按钮，可输入更多查询条件。

(3) 单击"确定"按钮，进入"查询凭证"窗口。

(4) 双击某一凭证行，则屏幕可显示出此张凭证。

sy4-111

12) 修改凭证 sy4-112.mp4

(1) 执行"凭证"|"填制凭证"命令，进入"填制凭证"窗口。

(2) 单击"查询"按钮，输入查询条件，找到要修改的凭证。

(3) 对于凭证的一般信息，将光标放在要修改的地方，直接修改；如果要修改凭证的辅助项信息，则首先选中辅助核算科目行，然后将光标置于备注栏辅助项，待鼠标图形变为"笔形"时双击，弹出"辅助项"对话框，在对话框中修改相关信息。

sy4-112

(4) 单击"保存"按钮，保存相关信息。

> **注意：**
> ● 未经审核的错误凭证可通过"填制凭证"功能直接修改；已审核的凭证应先取消审核后，再进行修改。

- 若已采用制单序时控制，则在修改制单日期时，不能在上一张凭证的制单日期之前。
- 若选择"不允许修改或作废他人填制的凭证"权限控制，则不能修改或作废他人填制的凭证。
- 如果涉及银行科目的分录已录入支票信息，并对该支票做过报销处理，修改操作将不影响"支票登记簿"中的内容。
- 外部系统传过来的凭证不能在总账管理系统中进行修改，只能在生成该凭证的系统中进行修改。

13) 删除凭证 sy4-113.mp4

sy4-113

- 作废凭证

(1) 在"填制凭证"窗口中，先查询到要作废的凭证"付0005"。

(2) 单击"作废/恢复"按钮。

(3) 凭证的左上角显示"作废"字样，表示该凭证已作废。

注意：
- 作废凭证仍保留凭证内容及编号，只显示"作废"字样。
- 作废凭证不能修改，不能审核。
- 在记账时，已作废的凭证应参与记账，否则月末无法结账，但不对作废凭证做数据处理，相当于一张空凭证。
- 账簿查询时，查不到作废凭证的数据。
- 若当前凭证已作废，可执行"编辑"|"作废/恢复"命令，取消作废标志，并将当前凭证恢复为有效凭证。

- 整理凭证

(1) 在"填制凭证"窗口中，单击"整理凭证"按钮，打开"选择凭证期间"对话框。

(2) 选择要整理的月份。

(3) 单击"确定"按钮，打开"作废凭证表"对话框。

(4) 选择真正要删除的作废凭证"付0005"。

(5) 单击"确定"按钮，系统将这些凭证从数据库中删除并对剩下的凭证重新排号。

注意：
- 如果作废凭证不想保留，则可以通过"整理凭证"功能，将其彻底删除，并对未记账凭证重新编号。
- 只能对未记账凭证做凭证整理。
- 要对已记账凭证做凭证整理，应先恢复本月月初的记账前状态，再做凭证整理。

2. 出纳签字

1) 更换操作员 sy4-21.mp4

sy4-21

(1) 在企业应用平台窗口中，执行左上角"重注册"命令，打开"登录"对话框。

(2) 以"002 王晶"的身份注册进入企业应用平台，再进入总账子系统。

> 注意：
> - 凭证填制人和出纳签字人可以为不同的人，也可以为同一个人。
> - 按照会计制度规定，凭证的填制与审核不能是同一个人。
> - 在进行出纳签字和审核之前，通常需先更换操作员。

2) 进行出纳签字 sy4-22.mp4

(1) 执行"凭证"|"出纳签字"命令，打开"出纳签字"查询条件对话框。
(2) 输入查询条件：选择"全部"单选按钮。
(3) 单击"确定"按钮，进入"出纳签字"的凭证列表窗口。
(4) 双击某一要签字的凭证或单击"确定"按钮，进入"出纳签字"的签字窗口。
(5) 单击"签字"按钮，凭证底部的"出纳"位置被自动签上出纳人姓名。
(6) 单击"下张"按钮，对其他凭证签字，最后单击"退出"按钮。

sy4-22

> 注意：
> - 涉及指定为现金科目和银行科目的凭证才需出纳签字。
> - 凭证一经签字，就不能被修改、删除，只有取消签字后才可以修改或删除，取消签字只能由出纳自己进行。
> - 凭证签字并非审核凭证的必要步骤。若在设置总账参数时，不选择"出纳凭证必须经由出纳签字"，则可以不执行"出纳签字"功能。
> - 可以执行"批处理"|"成批出纳签字"命令，对所有凭证进行出纳签字。

3. 审核凭证 sy4-3.mp4

以"001 陈明"的身份重新注册进入企业应用平台，进入总账子系统。
(1) 执行"凭证"|"审核凭证"命令，打开"凭证审核"查询条件对话框。
(2) 输入查询条件，单击"确定"按钮，进入"凭证审核"的凭证列表窗口。
(3) 双击要审核的凭证或单击"确定"按钮，进入"凭证审核"的审核凭证窗口。
(4) 检查要审核的凭证，无误后，单击"审核"按钮，凭证底部的"审核"处自动签上审核人姓名。
(5) 单击"下张"按钮，对其他凭证签字，最后单击"退出"按钮。

sy4-3

> 注意：
> - 审核人必须具有审核权。如果在"选项"中设置了"凭证审核控制到操作员"，则审核人还需要有对制单人所制凭证的审核权。
> - 作废凭证不能被审核，也不能被标错。
> - 审核人和制单人不能是同一个人。
> - 凭证一经审核，不能被修改、删除，只有取消审核签字后才可修改或删除。
> - 审核凭证也可以成批进行。

4. 凭证记账

1) 记账 sy4-41.mp4

(1) 执行"凭证"|"记账"命令,进入"记账"窗口。

(2) 选择要进行记账的凭证范围。例如,在付款凭证的"记账范围"栏中输入"1-4",本例单击"全选"按钮,选择所有凭证。

sy4-41

(3) 记账。单击"记账"按钮,打开"期初试算平衡表"对话框,单击"确定"按钮,系统开始登记有关的总账和明细账、辅助账。登记完后,弹出"记账完毕"信息提示对话框。

(4) 单击"确定"按钮,记账完毕。

> 注意:
> - 第一次记账时,若期初余额试算不平衡,不能记账。
> - 上月未记账,本月不能记账。
> - 未审核凭证不能记账,记账范围应小于等于已审核范围。
> - 作废凭证不需要审核可直接记账。
> - 记账过程一旦由于断电或其他原因造成中断后,系统将自动调用"恢复记账前状态"功能恢复数据,然后再重新记账。

2) 取消记账(选做内容)

- 激活"恢复记账前状态"菜单 sy4-421.mp4

(1) 在总账子系统中,执行"期末"|"对账"命令,进入"对账"窗口。

(2) 按 Ctrl+H 键,系统弹出"恢复记账前状态功能已被激活"信息提示对话框,同时在"凭证"菜单下显示"恢复记账前状态功能"菜单项。

sy4-421

(3) 单击"确定"按钮,再单击工具栏上的"退出"按钮。

> 注意:
> 如果退出系统后又重新进入系统,或者在"对账"中按Ctrl+H键,将重新隐藏"恢复记账前状态"功能。

- 取消记账 sy4-422.mp4

(1) 执行"凭证"|"恢复记账前状态"命令,打开"恢复记账前状态"对话框。

(2) 选择"2020年1月初状态"单选按钮。

(3) 单击"确定"按钮,系统弹出"请输入主管口令"信息提示对话框。

sy4-422

(4) 输入口令1,单击"确定"按钮,稍候,系统弹出"恢复记账完毕!"信息提示对话框,单击"确定"按钮。

> 注意:
> - 已结账月份的数据不能取消记账。
> - 取消记账后,一定要重新记账。

5. 出纳管理

以"王晶"的身份重新注册进入企业应用平台,进入总账子系统。

1) 查看现金日记账 sy4-51.mp4

(1) 执行"出纳"|"现金日记账"命令,打开"现金日记账查询条件"对话框。

(2) 选择科目"库存现金(1001)",默认月份"2020-01",单击"确定"按钮,进入"现金日记账"窗口。

(3) 查看现金日记账信息后,单击"退出"按钮。

sy4-51

> **注意:**
> 如果在选项中设置了"明细账查询权限控制到科目",那么账套主管应赋予出纳王晶"现金"和"银行存款"科目的查询权限。

2) 查看银行存款日记账 sy4-52.mp4

银行存款日记账查询与现金日记账查询操作基本相同,所不同的只是银行存款日记账设置了"结算号"栏,主要是对账时用。

sy4-52

3) 查看资金日报表 sy4-53.mp4

(1) 执行"出纳"|"资金日报"命令,打开"资金日报表查询条件"对话框。

(2) 输入查询日期"2020-01-03",选中"有余额无发生也显示"复选框。

(3) 单击"确定"按钮,进入"资金日报表"窗口,单击"退出"按钮。

sy4-53

4) 登记支票登记簿 sy4-54.mp4

(1) 执行"出纳"|"支票登记簿"命令,打开"银行科目选择"对话框。

(2) 选择科目"工行存款(100201)",单击"确定"按钮,进入支票登记窗口。

(3) 单击"增加"按钮。

(4) 输入领用日期"2020-01-25",领用部门"采购部",领用人"李平",支票号 80217065,预计金额 5 000,用途"购材料",单击"保存"按钮,退出。

sy4-54

> **注意:**
> - 只有在结算方式设置中选择了"票据管理标志"功能才能在此选择登记。
> - 领用日期和支票号必须输入,其他内容可输可不输。
> - 报销日期不能在领用日期之前。
> - 已报销的支票可成批删除。

6. 账簿管理

以"陈明"的身份重新注册进入企业应用平台,进入总账子系统。

1) 查询基本会计账簿 sy4-61.mp4

(1) 执行"账表"|"科目账"|"总账"命令,可以查询总账。

(2) 执行"账表"|"科目账"|"余额表"命令,可以查询发生额及余额表。

(3) 执行"账表"|"科目账"|"明细账"命令,可以查询月份综合明细账。

sy4-61

2) 查询辅助核算账簿(以部门账查询为例)

- 查询部门总账 sy4-621.mp4

(1) 执行"账表"|"部门辅助账"|"部门总账"|"部门三栏总账"命令,进入"部门三栏总账条件"窗口。

sy4-621

(2) 输入查询条件：科目"招待费(660205)"，部门"总经理办公室"。

(3) 单击"确定"按钮，显示查询结果。

(4) 将光标置于 1 月业务上，单击"明细"按钮，可以联查部门明细账。

- 查询部门明细账 sy4-622.mp4

(1) 执行"账表"|"部门辅助账"|"部门明细账"|"部门多栏式明细账"命令，进入"部门多栏明细账条件"窗口。

(2) 选择科目 6602，部门"总经理办公室"，月份范围"2020-01—2020-01"，分析方式"金额分析"，单击"确定"按钮，显示查询结果。

- 查询部门收支分析 sy4-623.mp4

(1) 执行"账表"|"部门辅助账"|"部门收支分析"命令，进入"部门收支分析条件"窗口。

(2) 选择分析科目。选择所有的部门核算科目，单击"下一步"按钮。

(3) 选择分析部门。选择所有的部门，单击"下一步"按钮。

(4) 选择分析月份。选择起止月份"2020-01—2020-01"，单击"完成"按钮，显示查询结果。

sy4-622

sy4-623

实验五　总账管理系统期末处理

【实验目的】

1. 掌握用友 ERP-U8 管理软件中总账管理系统月末处理的相关内容。
2. 熟悉总账管理系统月末处理业务的各种操作。
3. 掌握银行对账、自动转账设置与生成、对账和月末结账的操作方法。

【实验内容】

1. 银行对账。
2. 自动转账。
3. 对账。
4. 结账。

【实验准备】

1. 将计算机系统时间调整为 2020 年 1 月 31 日。
2. 引入"实验四"账套数据。

【实验资料】

1. 银行对账资料

1) 银行对账期初数据

阳光公司银行账的启用日期为 2020-01-01，工行人民币户企业日记账调整前余额为 740 000 元，银行对账单调整前余额为 760 000 元，未达账项一笔，系银行已收企业未收款 20 000 元。

2) 1 月份银行对账单(见表 4-5)

表4-5 1月份银行对账单

日期	结算方式	票号	借方金额	贷方金额
2020-01-03	201	01878546		6 500
2020-01-08	202	89026973		22 600
2020-01-12	202	67423521	452 000	
2020-01-18				60 000

2. 自动转账资料

1) 自定义结转

计提短期借款利息(计算方法：短期借款期末余额×年利率6%÷12)

借：财务费用/利息支出(660301)　　　QM(2001,月)*0.06/12

　　贷：应付利息(2231)　　　　　　　　JG()(取对方科目金额函数)

2) 销售成本结转

结转商用电脑销售成本，数量50套，成本价4 000元。

借：主营业务成本(6401)　　　200 000

　　贷：库存商品(1405)　　　　　　200 000

3) 汇兑损益结转

2020年1月31日，当日美元对人民币汇率为6.0。

借：财务费用/汇兑损益(660302)　　　37 500　　　150 000×(6.25−6.0)

　　贷：银行存款/美元户(100202)　　　　　　37 500

4) 期间损益结转

将所有损益类科目结转到本年利润(1403)科目中。

【实验要求】

1. 以"王晶"的身份进行银行对账操作。
2. 以"马方"的身份进行自动转账操作。
3. 以"陈明"的身份进行审核、记账、对账、结账操作。

【操作指导】

以"王晶"的身份注册进入企业应用平台，进入总账子系统。

操作员：002；密码：2；账套：555；操作日期：2020-01-31。

1. 银行对账

1) 输入银行对账期初数据　📹 sy5-11.mp4

(1) 在总账子系统中，执行"出纳"|"银行对账"|"银行对账期初录入"命令，打开"银行科目选择"对话框。

(2) 选择科目"工行存款(100201)"，单击"确定"按钮，进入"银行对账期初"窗口。

sy5-11

(3) 确定启用日期为"2020-01-01"。

(4) 输入单位日记账的调整前余额740 000，输入银行对账单的调整前余额760 000。

(5) 单击"对账单期初未达项"按钮，进入"银行方期初"窗口。

(6) 单击"增加"按钮，输入日期"2019-12-31"，借方金额 20 000。

(7) 单击"保存"按钮，再在工具栏上单击"退出"按钮。

> **注意：**
> - 第一次使用银行对账功能前，系统要求录入日记账及对账单未达账项，在开始使用银行对账之后不再使用。
> - 在录入完单位日记账、银行对账单期初未达账项后，请不要随意调整启用日期，尤其是向前调，这样可能会造成启用日期后的期初数不能再参与对账。

2) 录入银行对账单 sy5-12.mp4

(1) 执行"出纳"|"银行对账"|"银行对账单"命令，打开"银行科目选择"对话框。

(2) 选择科目"工行存款(100201)"，月份"2020-01—2020-01"，单击"确定"按钮，进入"银行对账单"窗口。

(3) 单击"增加"按钮，输入银行对账单数据，单击"保存"按钮。

3) 银行对账 sy5-13.mp4

- 自动对账

(1) 执行"出纳"|"银行对账"|"银行对账"命令，打开"银行科目选择"对话框。

sy5-12

sy5-13

(2) 选择科目"工行存款(100201)"，月份"2020-01—2020-01"，单击"确定"按钮，进入"银行对账"窗口。

(3) 单击"对账"按钮，打开"自动对账"条件对话框。

(4) 选择截止日期"2020-01-31"，默认系统提供的其他对账条件。

(5) 单击"确定"按钮，显示自动对账结果。

> **注意：**
> - 对账条件中的方向、金额相同是必选条件，对账截止日期可以不输入。
> - 对于已达账项，系统自动在银行存款日记账和银行对账单双方的"两清"栏中打上圆圈标志。

- 手工对账

(1) 在银行对账窗口中，对于一些应勾对而未勾对上的账项，可分别双击"两清"栏，直接进行手工调整。手工对账的标志为"√"，以区别于自动对账标志。

(2) 对账完毕，单击"检查"按钮，检查结果平衡，单击"确认"按钮。

> **注意：**
> 在自动对账不能完全对上的情况下，可采用手工对账。

4) 输出余额调节表 sy5-14.mp4

(1) 执行"出纳"|"银行对账"|"余额调节表查询"命令，进入"银行存款余额调节表"窗口。

(2) 选择科目"工行存款(100201)"。

sy5-14

(3) 单击"查看"按钮或双击该行，即显示该银行账户的银行存款余额调节表。

(4) 单击"打印"按钮，打印银行存款余额调节表。

2. 自动转账

以"马方"的身份注册企业应用平台，进入总账子系统。

1) 转账定义

- 自定义结转设置　sy5-211.mp4

sy5-211

(1) 在总账子系统中，执行"期末"|"转账定义"|"自定义转账"命令，进入"自定义转账设置"窗口。

(2) 单击"增加"按钮，打开"转账目录"设置对话框。

(3) 输入转账序号 0001，转账说明"计提短期借款利息"；选择凭证类别"转账凭证"。

(4) 单击"确定"按钮，继续定义转账凭证分录信息。

(5) 单击"增行"按钮，选择科目编码 660301，方向"借"；双击金额公式栏，选择参照按钮，打开"公式向导"对话框。

(6) 选择"期末余额"函数，单击"下一步"按钮，继续公式定义。

(7) 输入科目 2001，其他默认，单击"完成"按钮，金额公式带回"自定义转账设置"窗口。将光标移至末尾，输入"*0.06/12"，按 Enter 键确认。

(8) 单击"增行"按钮，确定分录的贷方信息。输入科目编码 2231、选择方向"贷"，输入金额公式 JG()。

(9) 单击"保存"按钮。

> **注意：**
> - 转账科目可以为非末级科目，部门可为空，表示所有部门。
> - 如果使用应收款、应付款管理系统，则在总账管理系统中，不能按客户、供应商辅助项进行结转，只能按科目总数进行结转。
> - 输入转账计算公式有两种方法：一是直接输入计算公式；二是用引导方式录入公式。
> - JG()含义为"取对方科目计算结果"，其中的"()"必须为英文符号。

- 销售成本结转设置　sy5-212.mp4

sy5-212

(1) 执行"期末"|"转账定义"|"销售成本结转"命令，进入"自动转账设置"窗口。

(2) 选择凭证类别"转账凭证"，库存商品科目 1405，商品销售收入科目 6001，商品销售成本科目 6401。

(3) 单击"确定"按钮。

- 汇兑损益设置　sy5-213.mp4

sy5-213

(1) 执行"期末"|"转账定义"|"汇兑损益"命令，进入"自动转账设置"窗口。

(2) 选择凭证类别"付款凭证"，汇兑损益入账科目 660302，双击选中"是否计算汇兑损益"。

(3) 单击"确定"按钮。

- 期间损益结转设置 ■ sy5-214.mp4

(1) 执行"期末"|"转账定义"|"期间损益"命令,进入"期间损益结转设置"窗口。

(2) 选择凭证类别"转账凭证",选择本年利润科目 4103,单击"确定"按钮。

2) 转账生成

sy5-214

- 自定义转账生成 ■ sy5-221.mp4

(1) 执行"期末"|"转账生成"命令,进入"转账生成"窗口。

(2) 选择"自定义转账"单选按钮,单击"全选"按钮。

(3) 再单击"确定"按钮,生成转账凭证。

(4) 单击"保存"按钮,凭证左上角显示"已生成"字样,系统自动将当前凭证追加到未记账凭证中。

sy5-221

> 注意:
> - 转账生成之前,注意转账月份为当前会计月份。
> - 进行转账生成之前,先将相关经济业务的记账凭证登记入账。
> - 转账凭证每月只生成一次。
> - 若使用应收款、应付款管理系统,则总账管理系统中,不能按客户、供应商进行结转。
> - 生成的转账凭证,仍需审核才能记账。

- 销售成本结转生成 ■ sy5-222.mp4

(1) 执行"期末"|"转账生成"命令,进入"转账生成"窗口。

(2) 选择"销售成本结转"单选按钮,单击"确定"按钮,显示销售成本一览表,系统生成转账凭证。

(3) 单击"确定"按钮,再单击"保存"按钮,系统自动将当前凭证追加到未记账凭证中,凭证左上角出现"已生成"标志。

sy5-222

- 汇兑损益转账生成 ■ sy5-223.mp4

先在基础设置中,设置美元外币 2020 年 1 月的调整汇率为 6.0。

(1) 执行"期末"|"转账生成"命令,进入"转账生成"窗口。

(2) 选择"汇兑损益结转"单选按钮,单击"全选"按钮。

(3) 单击"确定"按钮,显示汇兑损益试算表。

(4) 单击"确定"按钮,再单击"保存"按钮,系统自动将当前凭证追加到未记账凭证中。

sy5-223

> 注意:
> 此凭证现金流量为"23 汇率变动对现金流量的影响"。

- 期间损益结转生成 ■ sy5-2241.mp4、sy5-2242.mp4

> 注意:
> - 以"王晶"身份进行汇兑损益结转凭证出纳签字。
> - 以"陈明"身份将之前生成的所有自动转账凭证审核、记账。
> - 上述操作若不进行,下面的期间损益结转凭证的数据将会出错。

sy5-2241

sy5-2242

以"马方"身份注册企业应用平台,进入总账子系统。

(1) 执行"期末"|"转账生成"命令,进入"转账生成"窗口。

(2) 选择"期间损益结转"单选按钮。

(3) 单击"全选"按钮,再单击"确定"按钮,生成转账凭证。单击"保存"按钮。

(4) 以"陈明"的身份对期间损益结转凭证审核、记账。

3. 对账 sy5-3.mp4

sy5-3

(1) 执行"期末"|"对账"命令,进入"对账"窗口。

(2) 将光标置于要进行对账的月份"2020-01",单击"选择"按钮。

(3) 单击"对账"按钮,开始自动对账,并显示对账结果。

(4) 单击"试算"按钮,可以对各科目类别余额进行试算平衡。

(5) 单击"确认"按钮。

4. 结账

1) 进行结账 sy5-41.mp4

(1) 执行"期末"|"结账"命令,进入"结账"窗口。

(2) 单击选择要结账的月份"2020-01",单击"下一步"按钮。

(3) 单击"对账"按钮,系统对要结账的月份进行账账核对。

(4) 单击"下一步"按钮,系统显示"2020 年 01 月工作报告"。

sy5-41

(5) 查看工作报告后,单击"下一步"按钮,再单击"结账"按钮,若符合结账要求,则系统将进行结账,否则不予结账。

> **注意:**
> - 结账只能由有结账权限的人进行。
> - 本月还有未记账凭证时,则本月不能结账。
> - 结账必须按月连续进行,上月未结账,则本月不能结账。
> - 若总账与明细账对账不符,则不能结账。
> - 如果与其他系统联合使用,其他子系统未全部结账,则本月不能结账。
> - 结账前,要进行数据备份。

2) 取消结账(选做内容) sy5-42.mp4

(1) 执行"期末"|"结账"命令,进入"结账"窗口。

(2) 选择要取消结账的月份"2020-01"。

(3) 按 Ctrl+Shift+F6 键,激活"取消结账"功能。

(4) 输入口令 1,单击"确认"按钮,取消结账标志。

sy5-42

> **注意:**
> 在结完账后,由于非法操作或计算机病毒或其他原因可能会造成数据被破坏,这时可以在此使用"取消结账"功能。

巩固提高

一、单选题

1. 期初余额录入是将手工会计资料录入计算机的过程之一。余额和累计发生额的录入要从( )科目开始。
   A. 一级　　　　B. 二级　　　　C. 三级　　　　D. 最末级

2. 凭证一旦保存，其( )不能修改。
   A. 制单日期　　B. 摘要　　　　C. 凭证编号　　D. 金额

3. 可按( )键取当前凭证借贷方金额的差额到当前光标位置。
   A. =　　　　　B. +　　　　　C. 空格　　　　D. Enter

4. 下列关于彻底删除一张未审核的凭证，正确的操作是( )。
   A. 可直接删除　　　　　　　　B. 可将其作废
   C. 先作废，再整理凭证断号　　D. 先整理凭证断号，再作废

5. 下列关于审核操作，错误的说法是( )。
   A. 审核人必须具有审核权
   B. 作废凭证不能被审核，也不能被标错
   C. 审核人和制单人可以是同一个人
   D. 凭证一经审核，不能被直接修改、删除

6. 记账操作每月可进行( )。
   A. 一次　　　　B. 二次　　　　C. 三次　　　　D. 多次

7. 下列关于结账操作，说法错误的是( )。
   A. 结账只能由有结账权限的人进行
   B. 结账后，不能输入凭证
   C. 本月还有未记账凭证时，则本月不能结账
   D. 结账必须按月连续进行，上月未结账，则本月不能结账

二、多选题

1. 下列关于期初余额的描述中，正确的有( )。
   A. 所有科目都必须输入期初余额
   B. 红字余额应输入负号
   C. 期初余额试算不平衡，不能记账，但可以填制凭证
   D. 如果已经记过账，则还可修改期初余额

2. 下列可以采用"无痕迹修改"方法修改的凭证是( )。
   A. 未保存　　　B. 已保存　　　C. 已审核　　　D. 已记账

3. 下列关于凭证审核和记账操作，说法错误的是( )。
   A. 凭证审核需先重新注册更换操作员，由具有审核权限的操作员来进行
   B. 凭证只能逐张审核，不能成批审核
   C. 记账操作每月可多次进行
   D. 上月未记账，本月同样可以记账

4. 基本会计核算账簿管理包括( )的查询及打印。
   A. 总账　　　　　B. 余额表　　　　　C. 明细账　　　　　D. 客户往来账
5. 日常业务处理的任务主要包括( )。
   A. 填制凭证　　　B. 审核凭证　　　　C. 记账　　　　　　D. 结账
6. 结账前要进行的检查包括( )。
   A. 检查本月业务是否全部记账，有未记账凭证不能结账
   B. 月末结转必须全部生成并已记账，否则本月不能结账
   C. 检查上月是否已结账，如果上月未结账，则本月不能结账
   D. 核对总账与明细账、主体账与辅助账、总账子系统与其他子系统的数据是否已经一致，如果不一致，则不能结账

三、判断题

1. 填制凭证时，金额不能为"零"，红字以"-"号表示。　　　　　　　　　　( )
2. 会计制度规定，审核与制单不能为同一人。　　　　　　　　　　　　　　( )
3. 被审核的记账凭证，发现错误后可直接修改。　　　　　　　　　　　　　( )
4. 只有审核后的凭证才能执行记账操作。　　　　　　　　　　　　　　　　( )
5. 记账工作由计算机自动进行数据处理，每月可多次进行。　　　　　　　　( )
6. 在 ERP-U8 系统中，银行对账的科目在科目设置时应定义为"银行账"辅助账类的科目性质。
   　　　　　　　　　　　　　　　　　　　　　　　　　　　　　　　　　( )

四、简答题

1. 总账管理子系统主要包括哪些功能？
2. 简述总账管理子系统的应用流程。
3. 简述总账管理子系统和其他子系统的关系。
4. 请举例说明 5 种总账管理子系统的控制参数。
5. 总账管理子系统的期初数据包括哪些？分别在什么情况下输入？输入时应注意哪些问题？
6. 填制凭证时，应包括哪些内容？应注意哪些问题？
7. 修改凭证有哪些方式？
8. 凭证审核与凭证记账应注意什么问题？
9. 进行银行对账的步骤是什么？
10. 什么是自动转账？自动转账包括哪些类型？使用自动转账应注意哪些问题？
11. 结账前系统需要做哪些检查？

五、案例分析题

ABC 公司账套中，刘宁(会计)具有"总账"的全部权限，张伟(账套主管)具有该账套的全部权限。

该公司库存商品、主营业务收入、主营业务成本科目均为数量核算(单位：台)。

该公司目前出纳凭证不需出纳签字，所有凭证均已记账，部分会计科目余额如表 4-6 所示。

表4-6 科目余额

科目	方向	余额
银行存款——外币户	借	(美元)10 000
管理费用	借	8 000
销售费用	借	4 000
主营业务收入	贷	50 000

请结合上述资料，按要求回答以下问题。

1. 表4-7中所有业务均需通过自动转账生成，请根据要求填写信息。

表4-7 业务表

业务	自动转账类型	设置要点	凭证信息(含金额)
结转销售成本(数量：200；单价：100)			
结转汇兑损益(期初汇率：6.0；期末汇率：5.8)			
结转期间损益			
计算所得税费用(本月无纳税调整事项)			
结转所得税费用			

2. 请回答应由什么身份，进行什么操作才能生成表4-7中的所有业务凭证，并全部审核记账？

第 5 章

UFO 报表子系统

📢 学习目标

知识目标

- 了解报表子系统的功能、图表处理、报表数据管理
- 明确报表子系统与其他子系统间的关系、报表子系统相关概念
- 明确报表审核公式、舍位平衡公式定义、图表处理、表页管理
- 掌握报表子系统的应用流程、调用报表模板生成报表数据的方法
- 掌握报表格式定义、报表计算公式定义、报表数据管理

能力目标

- 能结合企业实际,利用报表模板生成报表数据
- 能结合企业实际,通过自定义报表生成报表数据

📇 案例导入

阳光公司完成了总账管理的相关工作,准备编制财务报表。

账套主管陈明负责编制各类财务报表,会计马方参与学习编制报表。由于大家对报表编制工作不是很熟悉,所以决定先练习编制一张原材料变动明细表,通过此表的编制,熟悉如何在UFO中进行报表格式和报表公式的设置,以及如何自动生成报表数据,其格式如下图所示。最后,利用模板

功能自动生成三大报表：资产负债表、利润表和现金流量表。

信息化应用目标

(1) 企业能够编制并自动生成各种财务报表、管理汇总表、统计分析表。

(2) 充分熟悉内置的21个行业的财务报表模板，能够利用报表模板生成报表，亦能够将企业常用报表定义为报表模板。

(3) 熟悉如何利用项目核算功能及报表模板，自动生成现金流量表。

(4) 利用图表功能、数据采集、汇总及独有的数据透视功能，进行数据对比分析。

(5) 熟悉UFO报表数据文件，能与其他格式文件如文本文件、Access数据库文件、Excel文件等进行数据转换。

(6) 熟练使用UFO提供的各类取数函数与统计函数。

知识学习

会计报表是综合反映企业某一特定日期财务状况和某一会计期间经营成果、现金流量的书面文件，是财会部门提供会计信息资料的一种重要手段。通过日常会计核算，虽然可以提供反映会计主体经营活动和财务收支情况的会计信息，但是这些资料分散在会计凭证和会计账簿中，难以满足会计信息使用者的需要，也难以满足企业内部加强经营管理的需要。因此，有必要在日常会计核算的基础上，根据会计信息使用者的需要，定期对日常会计核算资料进行加工处理和分类。通过编制会计报表，可以总结、综合、清晰地反映会计主体的财务状况和经营成果及收支情况。因此，会计报表子系统在整个会计信息系统中占有非常重要的地位。

5.1 UFO报表子系统概述

5.1.1 UFO报表子系统的功能

报表子系统主要是完成报表格式设计、报表公式设计和报表数据处理,从账务子系统或其他业务系统中取得有关会计核算信息生成会计报表,进行报表汇总,生成各种分析图,并按预定格式输出各种会计报表。

UFO报表子系统是用友ERP-U8管理系统的重要组成部分,其主要功能如下。

1. 报表格式、公式设计

如果我们把一张报表拆分为相对固定的内容和相对变动的内容两部分,那么相对固定的内容包括报表的标题、表格部分、表中的项目、表中数据的来源等,相对变动的内容主要是报表中的数据。报表格式设计是指在计算机系统中建立一张报表中相对固定的部分,相当于在计算机中建立一个报表模板,供以后编制此类报表时调用。UFO报表子系统提供了丰富的格式设计功能,包括设置报表行列数、定义组合单元、画表格线、定义报表关键字等。报表公式设计用于生成报表中变动的数据,包括计算公式、审核公式和舍位平衡公式。

2. 报表数据处理

报表数据处理是根据预先设置的报表格式和报表公式进行数据采集、计算、汇总等,生成会计报表。除此以外,UFO系统还提供了排序、审核、舍位平衡、汇总等功能。

3. 图表处理功能

图表具有比数据报表更直观的优势。UFO的图表处理功能能够方便地对报表数据进行图形组织,制作包括直方图、立体图、圆饼图、折线图等多种分析图表,并能编辑图表的位置、大小、标题、字体、颜色等,打印输出各种图表。

4. 文件管理功能

利用文件管理功能可以方便地完成报表文件的创建、保存等一般文件管理功能;能够进行不同文件格式的转换,包括文本文件、*.MDB文件、Excel文件等,提供标准财务数据的导入、导出功能。

5. 行业报表模板

UFO系统中按照会计制度提供了不同行业的标准财务报表模板,包含了资产负债表、利润表、现金流量表等常用标准报表,这些模板大大简化了用户的报表格式和报表公式设计工作。如果标准行业报表仍不能满足需要,系统还提供了自定义模板的功能。

此外,UFO系统还提供了强大的二次开发功能,方便用户进行各种定制。

5.1.2 UFO报表子系统与其他子系统的关系

会计报表子系统主要是从其他子系统中提取编制报表所需的数据。总账、工资、固定资产、应收、应付、采购、库存、存货核算和销售子系统均可向报表子系统传递数据,以生成财务部门所需的各种会计报表。

5.1.3 UFO报表子系统的应用流程

下面给出了编制报表的完整流程，如图5-1所示。

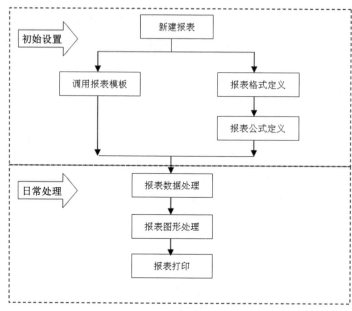

图5-1 UFO报表子系统应用流程

5.1.4 UFO报表子系统的相关概念

1. 格式状态和数据状态

UFO将报表制作分为两大部分来处理，即报表格式设计工作与报表数据处理工作。

在报表格式设计状态下进行有关报表格式与公式设计的操作。报表格式设计包括表尺寸、行高列宽、单元属性、单元风格、组合单元、关键字等；报表公式设计包括定义报表的单元公式(计算公式)、审核公式及舍位平衡公式。在格式状态下时，所看到的是报表的格式，报表的数据全部隐藏。在格式状态下所做的操作对本报表所有的表页都发生作用，但不能进行数据的录入、计算等操作。

5-1 格式状态与数据状态.mp4

在报表的数据状态下管理报表的数据，如生成报表数据、输入个别数据、增加或删除表页、审核、舍位平衡、制作图形、汇总、合并报表等。在数据状态下不能修改报表的格式，看到的是报表的全部内容，包括格式和数据。

报表工作区的左下角有一个"格式/数据"按钮，单击该按钮可以在格式状态和数据状态之间切换。

2. 单元

> ❓思考与理解：
> UFO报表中，有哪几种类型的单元？它们的区别是什么？

5-2 单元类型.mp4

单元是组成报表的最小单位，单元名称由所在行、列标识。行号用数字 1～9999 表示，列标用字母 A～IU 表示。例如，D3 表示第 4 列第 3 行的单元。单元类型有数值单元、字符单元和表样单元 3 种。

数值单元用于存放报表的数值型数据，可在数据状态下输入或由单元中存放的计算公式运算生成数据。建立新表时，所有单元的类型默认为数值型。

字符单元用于存放报表的字符型数据，其内容可以是汉字、字母、数字及各种键盘可输入的符号组成的一串字符。可在数据状态下输入或由计算公式生成。

表样单元存储报表的格式，是定义一个没有数据的空表所需的所有文字、符号或数字。一旦单元被定义为表样，那么在其中输入的内容对所有表页都有效。表样单元在格式状态下输入和修改，在数据状态下不允许修改。

3. 组合单元

由于一个单元只能输入有限个字符，而在实际工作中有的单元有超长输入的情况，这时，可以采用系统提供的组合单元。组合单元由相邻的两个或更多的单元组成，这些单元必须是同一种单元类型(表样、数值、字符)。报表子系统在处理报表时将组合单元视为一个单元。可以组合同一行相邻的几个单元，也可以组合同一列相邻的几个单元，还可以把一个多行多列的平面区域设为一个组合单元。组合单元的名称可以用区域的名称或区域中的单元的名称来表示。例如，把 C3 到 F6 定义为一个组合单元，这个组合单元可以用 "C3" "F6" 或 "C3:F6" 表示。

4. 区域

区域由一张表页上的一组单元组成，自起点单元至终点单元是一个完整的长方形矩阵。例如，B2 到 E5 的长方形区域表示为 B2:E5，起点单元与终点单元用 ":" 连接。

5. 表页

> **？思考与理解：**
> UFO报表中的表页与Excel中的工作表有何不同？

每一张表页是由许多单元组成的。一个报表中的所有表页具有相同的格式，但其中的数据可以不同。例如，一张利润表，有 3 张表页，每张表页都具用相同的利润表格式，但每张表页的数据是不一样的，第 1 页生成的是 1 月份的利润表数据，第 2 页生成的是 2 月份的利润表数据。

报表中表页的序号在表页的下方以标签的形式出现，称为 "页标"。表页的表达方式为@页号，例如，当前表的第 2 页，可以表示为@2。

6. 二维表和三维表

确定某一数据位置的要素称为 "维"。在一张有方格的纸上填写一个数字，这个数字的位置可通过行和列(二维)来描述。

如果将一张有方格的纸称为表，那么这个表就是二维表，通过行(横轴)和列(纵轴)可以找到这个二维表中的任何位置的数据。

如果将多个相同的二维表叠在一起，找到某一个数据，其要素需要增加一个，即表页号(z 轴)，这一叠表称为一个三维表。

如果将多个不同的三维表放在一起，要从这样多个三维表中找到一个数据，又需要增加一个要素，即表名。三维表中的表间操作即称为 "四维运算"。

7. 固定区和可变区

固定区是指组成一个区域的行数和列数的数量是固定的数目。一旦设定好以后，在固定区域内其单元总数是不变的。

可变区是指屏幕显示一个区域的行数或列数是不固定的数字，可变区的最大行数或最大列数是在格式设计状态中设定的。

在一个报表中只能设置一个可变区，或是行可变区或是列可变区。行可变区是指可变区中的行数是可变的；列可变区是指可变区中的列数是可变的。设置可变区后，屏幕只显示可变区的第一行或第一列，其他可变行、列隐藏在表体内。在以后的数据操作中，可变行、列数随着需要而增减。

有可变区的报表称为可变表；没有可变区的报表称为固定表。

8. 关键字

> **? 思考与理解：**
> 你知道资产负债表和利润表通常设置哪些关键字吗？

5-3 关键字.mp4

在 UFO 报表中，关键字是连接一张空表和有数据报表的纽带，也可以通过关键字来唯一标识一个表页，用于在大量表页中快速选择表页。通常可以将引起报表数据发生变化的项目定义为关键字。例如，一张报表中，可以将年、月、日定义为关键字。

通常关键字包括有以下几种。

(1) 单位名称：该报表表页编制单位的名称。
(2) 单位编号：该报表表页编制单位的编号。
(3) 年：该报表表页反映的年度。
(4) 季：该报表表页反映的季度。
(5) 月：该报表表页反映的月份。
(6) 日：该报表表页反映的日期。

除了以上常见的关键字之外，系统通常还会提供一个自定义关键字功能，方便用户灵活定义并运用这些关键字。

关键字的显示位置在格式状态下设置，其值则在数据状态下录入，每张报表可以定义多个关键字。

9. 函数

> **? 思考与理解：**
> 资产负债表和利润表通常用到哪些函数？

5-4 函数.mp4

报表子系统中，函数的作用是从各种地方取数，是自动生成报表数据的关键，因此函数是计算公式中的重要构成要素。按照函数的用途不同，函数可分为账务函数、其他业务系统取数函数、统计函数、数学函数、日期时间函数、本表他页取数函数等。下面举例说明几种常用函数的用法和取数形式。

1) 自总账取数的函数(账务函数)

账务函数通常用来采集总账中的数据，因此使用得较为频繁。账务函数的基本格式为：

函数名("科目编码",会计期间,["方向"],[账套号],[会计年度],[编码1],[编码2])

其中：

- 科目编码也可以是科目名称，可用双引号括起来，也可不加。
- 会计期间可以是"年""季""月"等变量，也可以是具体表示年、季、月的数字。

- 方向即"借"或"贷",可以省略。
- 账套号为数字,缺省时默认为当前账套。
- 会计年度即数据取数的年度,可以省略。
- 编码1、编码2与科目编码的核算账类有关,可以取科目的辅助账,如职员编码、项目编码等,如无辅助核算则省略。

账务函数主要如表 5-1 所示。

表5-1 账务函数

总账函数	金额式	数量式	外币式
期初额函数	QC()	sQC()	wQC()
期末额函数	QM()	sQM()	wQM()
发生额函数	FS()	sFS()	wFS()
累计发生额函数	LFS()	sLFS()	wLFS()
条件发生额函数	TFS()	sTFS()	wTFS()
对方科目发生额函数	DFS()	sDFS()	wDFS()
净额函数	JE()	sJE()	wJE()
汇率函数	HL()		

2) 统计函数

统计函数一般用来完成报表数据的统计工作,如报表中的"合计"项等。常用统计函数有数据合计 PTOTAL()、平均值 PAVG()、最大值 PMAX()、最小值 PMIN()。

3) 本表他页取数函数

本表他页取数函数用于从同一报表文件的其他表页中采集数据。

通常,报表数据是从以前的历史记录中取得的,如本表其他表页。当然,这类数据可以通过查询历史资料而取得,但是查询既不方便,又会由于抄写错误而引起数据失真。而如果在计算公式中进行取数设定,则既能减少工作量,又能节约时间,同时数据的准确性也得到了保障。要达到以上要求,就需要用到表页与表页间的计算公式。

- 取确定页号表页的数据

当所取数据所在的表页页号已知时,用以下格式可以方便地取得本表他页的数据:

<目标区域>=<数据源区域>@<页号>

例如,下面单元公式令各页 B2 单元均取当前表第一页 C5 单元的值。

B2=C5@1

- 按一定关键字取数

SELECT()函数常用于从本表他页取数计算。例如,在"利润表"中,累计数=本月数+同年上月累计数,表示为 D=C+SELECT(D,年@=年 and 月@=月+1)。

4) 从其他报表取数

报表间的计算公式与同一报表内各表页间的计算公式很相近,主要区别就是把本表表名换为他表表名。报表与报表间的计算公式分为取他表确定页号表页的数据和用关联条件从他表取数两种。

- 取他表确定页号表页的数据

具体格式如下:

<目标区域>="<他表表名>"–><数据源区域>[@<页号>]

其中,"<页号>"的默认设置为本表各页分别取他表各页数据。
- 用关联条件从他表取数

当从他表取数时,已知条件并不是页号,而是希望按照年、月、日等关键字的对应关系来取他表数据,就必须用到关联条件。

表页关联条件的意义是建立本表与他表之间以关键字或某个单元为联系的默契关系。

从他表取数的关联条件的格式为:

RELATION <单元 | 关键字 | 变量 | 常量> WITH "<他表表名>"-> <单元 | 关键字 | 变量 | 常量>

5.2 UFO报表子系统初始设置

5.2.1 报表格式设置

报表格式就是一张报表的框架。报表的格式在格式状态下设计,整个报表文件的所有表页格式都相同。报表格式设计主要包括报表尺寸定义、单元属性定义、组合单元定义和关键字设置等内容。报表格式设计工作虽然烦琐,但属于一次性工作,一旦设计完成以后可以重复使用,可谓"一劳永逸"。

1. 报表格式的内容

报表格式一般包括表题、表头、表体、表尾四部分内容。

进行报表格式设计之前,需要事先准备好手工表样。下面以利润表(见图5-2)为例说明报表的四部分。

利 润 表 } 表题

编制单位:		年 月		会企02 表 单位: 元	} 表头
项目			本期金额	上期金额	
一、营业收入					
减:营业成本					
营业税金及附加					
销售费用					
管理费用					
财务费用					
资产减值损失					
加:公允价值变动收益(损失以"-"号填列)					
投资收益(损失以"-"号填列)					
其中:对联营企业和合营企业的投资收益					} 表体
二、营业利润(亏损以"-"号填列)					
加:营业外收入					
减:营业外支出					
其中:非流动资产处置损失					
三、利润总额(亏损总额以"-"号填列)					
减:所得税费用					
四、净利润(净亏损以"-"号填列)					
五、每股收益:					
(一)基本每股收益					
(二)稀释每股收益					
单位负责人:	财务主管:		复核:	制表人:	} 表尾

图5-2 利润表示例

1) 表题

报表的表题为报表的实际名称，应与会计准则与会计制度的要求一致。

2) 表头

表头主要用来描述报表的编制单位名称、编制日期、计量单位等内容，其中编制日期随时间改变，其他内容则每期固定不变。

3) 表体

表体是一张报表的核心，它是报表数据的主要表现区域，是报表的主体。表体由报表栏目名称、报表项目名称和报表数据单元组成。其中，报表的栏目名称定义了报表的列，报表项目名称定义了报表的行。

4) 表尾

表尾是表体以下进行辅助说明的部分，它还包括编制人、审核人等内容。

2. 固定表格式设计

固定表是指报表的行和列相对固定的报表。

【例5-1】 设置如图5-3所示的报表格式。

	A	B	C	D	E	F	G	H	I
1	原材料变动明细表								
2	编制单位：阳光公司			年	月				单位：元
3	原材料	期初		入库		出库		期末	
4		数量	金额	数量	金额	数量	金额	数量	金额
5	主板	SQC(140301,月)	QC(140301,月)	SFS(140301,月,"借")	FS(140301,月,"借")	SFS(140301,月,"贷")	FS(140301,月,"贷")	SQM(140301,月)	QM(140301,月)
6	CPU	SQC(140302,月)	QC(140302,月)	SFS(140302,月,"借")	FS(140302,月,"借")	SFS(140302,月,"贷")	FS(140302,月,"贷")	SQM(140302,月)	QM(140302,月)
7	内存条	SQC(140303,月)	QC(140303,月)	SFS(140303,月,"借")	FS(140303,月,"借")	SFS(140303,月,"贷")	FS(140303,月,"贷")	SQM(140303,月)	QM(140303,月)
8	合计	PTOTAL(B5:B7)	PTOTAL(C5:C7)	PTOTAL(D5:D7)	PTOTAL(E5:E7)	PTOTAL(F5:F7)	PTOTAL(G5:G7)	PTOTAL(H5:H7)	PTOTAL(I5:I7)
9								制表人：	

图5-3 报表格式

1) 设置表尺寸

设置表尺寸就是定义报表的最大行数和列数。报表的行数包括了表题、表头、表体和表尾几个部分。例如，上述原材料变动明细表的表尺寸是9行9列。

设置表尺寸，如图5-4所示。

操作路径：格式→表尺寸

2) 定义组合单元

把几个单元作为一个单元使用，即合并单元格。组合单元可按行组合，也可整体组合。例如，将A1：I1单元格按行组合。

定义组合单元，如图5-5所示。

操作路径：格式→组合单元

图5-4 设置表尺寸

图5-5 定义组合单元

3) 画表格线

对表格中表体部分可画表格线。例如，对 A3：I8 单元进行区域画线，如图 5-6 所示。

操作路径：格式→区域画线

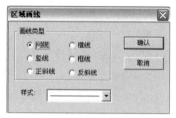

图5-6 画表格线

4) 输入报表项目

报表项目包括表题、表头(关键字值除外)、表体和表尾。报表项目是在格式状态下输入的，其所在单元自动默认为表样单元，定义为表样单元的内容在数据状态下不允许修改和删除。例如，按例题要求输入报表项目，如图 5-7 所示。

	A	B	C	D	E	F	G	H	I
1	原材料变动明细表								
2	编制单位：阳光公司								单位：元
3		期初		入库		出库		期末	
4	原材料	数量	金额	数量	金额	数量	金额	数量	金额
5	主板								
6	CPU								
7	内存条								
8	合计								
9								制表人：	

图5-7 输入报表项目

5) 定义行高和列宽

可根据需要调整报表的行高和列宽，行高和列宽的单位为毫米。例如，设置报表标题行高为 7 毫米，如图 5-8 所示。

操作路径：格式→行高

图5-8 设置行高

6) 设置单元属性

单元属性是指单元的字型、字体、字号、颜色、图案、对齐方式及单元存放数据的类型等。例如，设置表题字型为"粗体"，如图 5-9 所示。

操作路径：格式→单元属性

7) 设置关键字

确定关键字在表页上的位置，例如，在相应的单元格中设置"年、月"关键字，如图 5-10 所示。

操作路径：数据→关键字→设置

图5-9　设置单元属性

图5-10　设置关键字

8) 调整关键字的位置

关键字的位置不合适，可以用偏移量来调整。在调整时，可以通过输入正或负的数值来调整。负数值表示向左移，正数值表示向右移。关键字偏移量单位为像素。

3. 可变表格式设计

可变表是指行数或列数不固定，需随实际需要变动的表。

例如，ABC 公司 1 月份销售的产品有 3 种：甲产品、乙产品、丙产品。为考核各种产品的获利能力，设计了产品销售毛利明细表，如表 5-2 所示，在表中产品的品种是可以变化的，假定在 2020 年度 ABC 公司预计最多可以销售 10 种产品(包括甲、乙、丙 3 种产品)，这就用到了可变表制作。

表5-2　1月份产品销售毛利明细表

产品品种	销售收入	销售成本	销售毛利
甲	70 000	40 000	
乙	50 000	30 000	
丙	30 000	10 000	
合计	150 000	80 000	

制作可变表的步骤基本与固定表相同，所不同的是增加了可变区的设计。一个报表只能定义一个可变区。本表属于列固定、行可变。

5.2.2　报表公式设置

由于各种报表之间存在着密切的数据间的逻辑关系，所以，报表中各种数据的采集、运算和钩稽关系的检测就用到了不同的公式，主要有计算公式、审核公式和舍位平衡公式。

5-5 报表公式.mp4

1. 计算公式

计算公式决定报表数据的来源，是自动生成报表数据的关键。其工作过程是从软件系统的账簿、凭证等地方采集数据，直接填入表中相应的单元或经过简单计算填入相应的单元。因此，通常报表子系统会内置一整套从各种数据文件中调取数据的函数。不同的报表软件，函数的具体表示方法不同，但这些函数所提供的功能和使用方法一般是相同的。通过计算公式来组织报表数据，既经济又省事，把大量重复、复杂的劳动简单化。合理地设计计算公式能大大节约劳动时间，提高工作效率。

计算公式可以直接定义在报表单元中，这样的公式也称为"单元公式"。

计算公式的输入包括引导输入和直接输入两种方式。

1) 引导输入公式

在对计算公式不熟练的情况下，可通过系统提示，逐步引导输入计算公式。

【例 5-2】 引导输入"原材料—主板"期初数量，如图 5-11、图 5-12 所示。

操作路径： 选中相应单元格，单击"fx"按钮

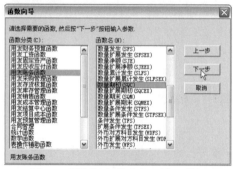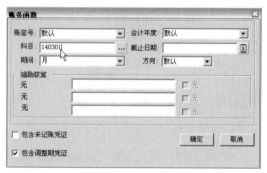

图5-11　引导输入计算公式—选择函数名　　　　图5-12　引导输入计算公式—确定函数参数

2) 直接输入公式

如果已经掌握了各种函数的用法和规律，在对公式输入比较熟练的情况下，可直接输入计算公式。

【例 5-3】 直接输入"原材料—CPU"期初数量的计算公式，如图 5-13 所示。

操作路径： 选中相应单元格，单击"fx"按钮

图5-13　直接输入公式

2. 审核公式

> **?思考与理解：**
> 审核公式和舍位平衡公式是必须设置的吗？为什么？

审核公式用于审核验证数据的正确性。财务报表中的数据往往存在一定的钩稽关系，如资产负债表中的资产合计应等于负债及所有者权益合计。在实际工作中，为了确保报表数据的准确性，可以利用这种报表之间或报表内的钩稽关系对报表的编制进行数据正确性检查，用于该种用途的公式称为审核公式。

3. 舍位平衡公式

对于资产金额较大的企业，对报表进行汇总时，得到的汇总数据可能位数很多，如果报表数据以"元"为单位报送，报表使用者阅读起来就很困难。这种情况下，就需要把以"元"为单位的报表转换为以"千元""万元"为单位的报表。在转换过程中，原报表的平衡关系可能被破坏，因此需要进行调整，使之仍然符合原有的平衡关系。报表经舍位之后，用于重新调整平衡关系的公式称为舍位平衡公式。

5.2.3 报表模板

会计报表包括外部报表和内部报表，其中资产负债表、利润表和现金流量表是主要的 3 张对外财务报表，这些表的格式由国家会计制度统一规定。报表子系统为了简化用户的报表格式设计工作，一般会预先设置一系列的报表模板以供用户选择使用。用户可以利用报表模板迅速建立一张符合本企业需要的财务报表。此外，对于本企业常用报表模板中没有提供的一些报表，在设置了这些报表的格式和公式以后，可以将其定义为报表模板，以便今后直接调用。灵活运用报表模板无疑可以加快报表处理的效率。如果报表模板与本企业的实际需要存在差异，用户也可以充分利用报表格式和公式设置的功能，对原来的报表模板进行修改，生成新的报表模板。

1. 利用模板生成资产负债表和利润表

操作步骤如下。

(1) 调用报表模板。

(2) 调整报表模板。

(3) 输入关键字，生成报表数据。

【例 5-4】调用资产负债表模板，生成资产负债表，如图 5-14、图 5-15 所示。

操作路径：格式→报表模板

图5-14　调用报表模板—选择报表类型

图5-15　调用报表模板—显示报表

2. 利用模板生成现金流量表

系统提供了两种生成现金流量表的方法：一是利用现金流量表模块；二是利用总账的项目管理功能和 UFO 报表。第一种方法比较麻烦，本书主要介绍第二

5-6 现金流量表编制.mp4

种方法。

利用第二种方法生成现金流量表的步骤如下。

1) 总账子系统中操作流程

(1) 在设置会计科目界面指定"库存现金""银行存款"科目为现金流量科目。

(2) 系统在项目目录中已经建立了"现金流量项目"项目大类的各现金流量项目。

(3) 在凭证中指定现金流量科目所对应的现金流量项目。

在填制凭证时，如果涉及现金流量科目，可以在填制凭证界面中单击"流量"按钮，指定发生的该笔现金流量的所属项目。

如果在填制凭证时未指定现金流量项目，也可以执行"现金流量表"|"现金流量凭证查询"命令，针对每一张现金流量凭证，单击"修改"按钮补充录入现金流量项目。

2) UFO报表子系统中的操作流程

(1) 调用现金流量表模板。

(2) 补充现金流量模板中的公式。

(3) 生成现金流量表主表数据。

5.3 UFO报表子系统日常处理

在格式设计工作完成以后，就可以进行报表数据处理了。报表数据处理主要包括报表数据生成、报表审核、报表舍位平衡处理、图表处理、报表输出等内容。

5.3.1 报表编制

报表编制的主要任务是根据预先设定的公式完成报表数据的采集和计算，得到完整的数据表。利用报表子系统编制报表的一般步骤如下。

1. 打开报表文件

打开已定义好表样格式及公式的报表文件。一个报表文件可能包含多个表页，每个表页用来存放不同会计期间的数据。如果没有存放当期数据的表页，则需要插入或追加表页。

2. 输入关键字

不同会计期间企业经营的数据有所不同，如何判定本表页数据取自哪个单位、哪个会计期间呢？在系统中是通过设置关键字来识别的，因此在生成报表数据前的重要步骤就是录入关键字的值。

【例5-5】输入"原材料变动明细表"的关键字为"2020年1月"，如图5-16所示。

操作路径：数据→关键字→录入

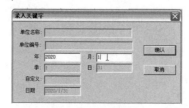

图5-16 录入关键字

3. 输入基本数据

某些报表单元的个别数据每月不同，且无法从机内的账簿文件中获取，与其他数据之间也不存在关联关系，只能在编制报表时临时输入。

4. 生成报表

在完成基本数据输入和关键字录入后，系统将自动根据计算公式从账务子系统中或其他子系统中采集数据，进行计算，生成报表。在生成报表的过程中，系统将对公式的格式进行检查，如有语法或句法错误，系统将给予提示。

【例 5-6】 根据输入的关键字生成原材料变动明细表数据，如图 5-17 所示。
操作路径： 数据→表页重算

图5-17　表页重算

5. 报表审核

报表数据生成后，如果设置了审核公式，系统将根据审核公式中设定的逻辑关系进行检查。当报表数据不符合钩稽关系时，系统会给出预先设定的提示信息，用户应按照系统提示修改报表数据，并重新进行审核，直到审核通过。每次对报表数据进行修改后，都应该重新进行审核，以保证报表各项钩稽关系正确。

6. 舍位平衡处理

如果设置了舍位平衡公式，还可以进行舍位平衡处理，生成舍位表。

5.3.2　图表处理

图表处理可以实现以图表的方式对数据进行直观分析的功能。报表子系统提供的图表格式一般包括直方图、圆饼图、折线图、面积图等，不同格式的图表的建立方法类似。

图表是利用报表文件中的数据生成的，图表与报表存在着密切联系。当报表中的源数据发生变化时，图表也随之变化；报表文件被删除后，由该报表生成的图表也被同时删除。

图表以图表窗口的形式存在。图表并不是独立的文件，它的存在依附于源数据所在的报表文件，只有打开报表文件，才能打开相应的图表。

对图表可以进行命名、修改、保存或删除等操作，也可以进行打印输出。

5.3.3　表页管理

表页管理包括插入、追加、删除表页，还可以对表页进行排序。

表页排序是指报表子系统可以按照表页关键字的值或报表中任何一个单元的值重新排列表页，以方便用户进行查询和管理。

5.3.4 报表数据管理

报表数据管理主要包括对报表数据进行透视、汇总和报表合并。

1. 报表透视

在报表子系统中，大量的数据是以表页的形式分布的，正常情况下每次只能看到一张表页。要想对各个表页的数据进行比较，可以利用数据透视功能，把多张表页的多个区域的数据显示在一个平面上。数据透视的结果可以保存在报表中。

2. 数据汇总

报表的数据汇总是报表数据不同形式的叠加。通过数据汇总功能可以把结构相同、数据不同的两张报表经过简单叠加生成一张新的报表。在实际工作中，数据汇总主要用于同一报表不同时期的汇总，以便得到某一期间的汇总数据；或者同一单位不同部门，对同一张报表进行汇总，以得到整个单位的合计数字。

实践应用

实验六 UFO报表管理

【实验目的】

1. 理解报表编制的原理，掌握报表编制的操作流程。
2. 掌握报表格式定义、公式定义的操作方法，以及报表单元公式的用法。
3. 掌握报表数据处理、表页管理及图表功能等。
4. 掌握如何利用报表模板生成一张报表。

【实验内容】

1. 自定义一张报表。
2. 利用报表模板生成报表。

【实验准备】

1. 将计算机系统时间调整为 2020 年 1 月 31 日。
2. 引入"实验五"账套数据。

【实验资料】

1. 原材料变动明细表

(1) 报表格式与计算公式(见图 5-18)。

> 说明：
> 年、月需定义为关键字；B5：I8单元为报表计算公式。

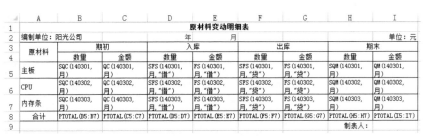

图5-18 报表格式与公式

(2) 生成2020年1月原材料变动明细表。

(3) 报表审核公式。

B8+D8-F8=H8，C8+E8-G8=I8；如果不等，系统将弹出"数据不正确"提示信息。

2. 资产负债表、利润表、现金流量表(主表)

利用报表模板生成资产负债表、利润表和现金流量表(主表)。

【实验要求】

以账套主管"陈明"的身份进行UFO报表管理操作。

【操作指导】

1. 启用UFO报表管理系统 sy6-1.mp4

(1) 以"陈明"的身份进入企业应用平台(日期：2020年1月31日)，执行"财务会计"|"UFO报表"命令，进入报表管理系统。

(2) 执行"文件"|"新建"命令，建立一张空白报表，报表名默认为report1。

(3) 查看空白报表底部左下角的"格式/数据"按钮并单击，使当前状态为"格式"状态。

sy6-1

2. 报表格式定义

1) 设置报表尺寸 sy6-21.mp4

(1) 执行"格式"|"表尺寸"命令，打开"表尺寸"对话框。

(2) 输入行数9，列数9，单击"确认"按钮。

sy6-21

2) 定义组合单元 sy6-22.mp4

(1) 选择需合并的单元区域A1：I1。

(2) 执行"格式"|"组合单元"命令，打开"组合单元"对话框。

(3) 选择组合方式为"整体组合"或"按行组合"，该单元即合并成一个单元格。

sy6-22

(4) 同理，按实验资料设置其他组合单元。

3) 画表格线 sy6-23.mp4

(1) 选中报表中需要画线的单元区域A3：I8。

(2) 执行"格式"|"区域画线"命令，打开"区域画线"对话框。

(3) 选择"网线"单选按钮，单击"确认"按钮，将所选区域画上表格线。

sy6-23

4) 输入报表项目 ▣ sy6-24.mp4

(1) 选中需要输入内容的单元或组合单元。

(2) 在该单元或组合单元中输入相关文字内容，例如，在 A1 组合单元中输入"原材料变动明细表"。根据实验资料，输入所有报表项目。

sy6-24

> **注意：**
> - 报表项目是指报表的文字内容，主要包括表头内容、表体项目、表尾项目等，本例中不包括日期关键字和报表公式。
> - 日期一般不作为文字内容输入，而需要设置为关键字。

5) 定义报表行高和列宽 ▣ sy6-25.mp4

(1) 选中第 1 行，执行"格式"|"行高"命令，设置行高为 7mm。

(2) 选中 A～I 列，执行"格式"|"列宽"命令，打开"列宽"对话框。

(3) 输入列宽为 20，单击"确认"按钮。

sy6-25

> **注意：**
> 行高、列宽的单位为毫米。

6) 设置单元属性 ▣ sy6-26.mp4

(1) 选中标题所在组合单元 A1，执行"格式"|"单元属性"命令，打开"单元格属性"对话框。

(2) 打开"字体图案"选项卡，设置字型为"粗体"；打开"对齐"选项卡，设置对齐方式垂直和水平方向为"居中"，单击"确定"按钮。

sy6-26

(3) 选中 I9 单元格，设置其单元类型为"字符"。

(4) 根据实验资料设置其他单元格的属性。

> **注意：**
> - 格式状态下输入内容的单元均默认为表样单元，未输入数据的单元均默认为数值单元，在数据状态下可输入数值。若希望在数据状态下输入字符，应将其定义为字符单元。
> - 字符单元和数值单元输入后只对本表页有效，表样单元输入后对所有表页有效。

7) 设置关键字 ▣ sy6-27.mp4

(1) 选中需要输入关键字的单元 D2。

(2) 执行"数据"|"关键字"|"设置"命令，打开"设置关键字"对话框。

(3) 选择"年"单选按钮，单击"确定"按钮。

(4) 同理，在 E2 单元设置"月"关键字。

sy6-27

> **注意：**
> - 每个报表可以同时定义多个关键字。
> - 如果要取消关键字，需执行"数据"|"关键字"|"取消"命令。
> - 如果关键字位置不合适，可执行"数据"|"关键字"|"偏移"命令，进行关键字的偏移。正数表示向右偏移，负数表示向左偏移，偏移量的单位为像素。

3. 定义报表公式

1) 定义计算公式——引导输入公式 sy6-31.mp4

(1) 选定需要定义公式的单元 B5。

(2) 单击 fx 按钮或执行"数据"|"编辑公式"|"单元公式"命令,打开"定义公式"对话框。

(3) 单击"函数向导"按钮,选择"用友账务函数—数量期初(SQC)",单击"下一步"按钮。

(4) 单击"参照"按钮,输入科目 140301,单击"确定"按钮,返回"定义公式"对话框。

(5) 可以将公式中"月"后的逗号全部去掉,单击"确认"按钮。

sy6-31

> **注意:**
> - 单元公式中涉及的符号均为英文半角字符。
> - 单击"fx"按钮或双击某公式单元或按"="键,都可以打开"定义公式"对话框。
> - 函数中的科目编码可带引号,也可不带引号。

2) 定义计算公式——直接输入公式 sy6-32.mp4

(1) 选定被定义单元 B6,单击 fx 按钮,打开"定义公式"对话框。

(2) 直接输入单元公式 SQC(140302,月),单击"确认"按钮。

(3) 根据实验资料,可以引导或直接输入其他单元的计算公式。

sy6-32

3) 定义审核公式 sy6-33.mp4

(1) 执行"数据"|"编辑公式"|"审核公式"命令,打开"审核公式"对话框。

(2) 输入审核公式:B8+D8-F8=H8,C8+E8-G8=I8 MESS "数据不正确"。

(3) 单击"确定"按钮。

sy6-33

4) 定义舍位平衡公式 sy6-34.mp4

(1) 执行"数据"|"编辑公式"|"舍位公式"命令,打开"舍位平衡公式"对话框。

(2) 确定信息:舍位表名 SW1,舍位范围 B5:I8,舍位位数 3,平衡公式"B8=B5+B6+B7,C8=C5+C6+C7"。

(3) 单击"完成"按钮。

sy6-34

> **注意:**
> - 每个公式一行,各公式之间用逗号","(半角)隔开,最后一条公式不用写逗号,否则公式无法执行。
> - 等号左边只能为一个单元(不带页号和表名)。
> - 舍位公式中只能使用加号(+)和空符号,不能使用其他运算符及函数。
> - 报表中原通过计算得到数据的单元格均应设置舍位平衡公式,此例只设置两个,供学员体会。

5) 保存报表 sy6-35.mp4

(1) 执行"文件"|"保存"命令。如果是第一次保存,则打开"另存为"对话框。

sy6-35

(2) 选择保存文件夹的目录，输入报表文件名"原材料变动明细表"，选择保存类型为*.REP，单击"保存"按钮。

> **注意：**
> - 报表格式设置完后，切记要及时将这张报表格式保存下来，以便以后随时调用。
> - .REP为用友报表文件专用扩展名。

4. 报表数据处理

1) 生成报表数据
- 增加表页 sy6-411.mp4

(1) 单击空白报表底部左下角的"格式/数据"按钮，使当前状态为"数据"状态。
(2) 执行"编辑"|"追加"|"表页"命令，打开"追加表页"对话框。
(3) 输入需要增加的表页数2，单击"确认"按钮。

sy6-411

> **注意：**
> - 一张报表最多只能管理99 999张表页，演示版软件系统最多只能管理4张表页。
> - 对报表数据的处理必须在数据状态下进行。

- 输入关键字值并生成报表数据 sy6-412.mp4

(1) 执行"数据"|"关键字"|"录入"命令，打开"录入关键字"对话框。
(2) 在第1表页中，输入关键字年2020，月1。
(3) 单击"确认"按钮，系统弹出"是否重算第1页？"信息提示对话框。
(4) 单击"是"按钮，系统会自动根据单元公式计算1月份数据；单击"否"按钮，系统不计算1月份数据，以后可利用"表页重算"功能生成1月份数据。
(5) 再次保存报表数据。

sy6-412

> **注意：**
> - 每一张表页均对应不同的关键字值，输出时随同单元一起显示。
> - 日期关键字可以确认报表数据取数的时间范围，即确定数据生成的具体日期。

- 表页重算 sy6-413.mp4

(1) 执行"数据"|"表页重算"命令，系统弹出"是否重算第1页？"信息提示对话框。
(2) 单击"是"按钮，系统会自动在初始的账套和会计年度范围内根据单元公式计算生成数据。

sy6-413

> **注意：**
> 当账套数据发生变化或计算公式变化时，可以执行此功能重新生成报表数据。

2) 报表审核 sy6-42.mp4
(1) 执行"数据"|"审核"命令。
(2) 系统会自动根据前面定义的审核公式进行审核，提示"完全正确"。

sy6-42

3) 报表舍位操作 sy6-43.mp4

(1) 执行"数据"|"舍位平衡"命令。

(2) 系统会自动根据前面定义的舍位公式进行舍位操作，并将舍位后的报表保存在 SW1.REP 文件中。

(3) 查看后，可关闭 SW1.REP 文件。

sy6-43

5. 表页管理

1) 表页排序 sy6-51.mp4

(1) 执行"数据"|"排序"|"表页"命令，打开"表页排序"对话框。

(2) 确定信息：选择第一关键字"年"，排序方向"递减"；第二关键字"月"，排序方向"递减"。

(3) 单击"确认"按钮，系统将自动把表页按年份递增顺序重新排列，如果年份相同，则按月份递减顺序排序。

sy6-51

2) 表页查找 sy6-52.mp4

(1) 执行"编辑"|"查找"命令，打开"查找"对话框。

(2) 确定查找内容为"表页"，确定查找条件"月=1"。

(3) 单击"查找"按钮，查找到符合条件的表页作为当前表页。

sy6-52

6. 图表功能

1) 追加图表显示区域 sy6-61.mp4

(1) 在格式状态下，执行"编辑"|"追加"|"行"命令，打开"追加行"对话框。

(2) 输入追加行数 15，单击"确定"按钮。

sy6-61

> **注意：**
> 追加行或列需在格式状态下进行。

2) 插入图表对象 sy6-62.mp4

(1) 在数据状态下，选取数据区域 A4：B7。

(2) 执行"工具"|"插入图表对象"命令，打开"区域作图"对话框。

(3) 选择确定信息：数据组为"行"，数据范围为"当前表页"。

(4) 输入图表名称"原材料数据表"，图表标题"原材料期初"，X 轴标题"原材料"，Y 轴标题"数量"。

sy6-62

(5) 选择图表格式"成组直方图"，单击"确认"按钮。

(6) 将图表中的对象调整到合适位置，保存并关闭报表。

> **注意：**
> - 插入的图表对象实际上也属于报表的数据，因此有关图表对象的操作必须在数据状态下进行。
> - 选择图表对象显示区域时，区域不能少于2行×2列，否则会提示出现错误。

7. 调用报表模板生成资产负债表

1) 调用资产负债表模板 sy6-71.mp4

(1) 在格式状态下,新建一张空表,执行"格式"|"报表模板"命令,打开"报表模板"对话框。

(2) 选择所在的行业性质为"2007年新会计制度科目",财务报表为"资产负债表"。

sy6-71

(3) 单击"确认"按钮,系统弹出"模板格式将覆盖本表格式!是否继续?"信息提示对话框。

(4) 单击"确定"按钮,即可打开"资产负债表"模板。

2) 调整报表模板 sy6-72.mp4

(1) 单击"数据/格式"按钮,将"资产负债表"处于格式状态。

(2) 根据本单位的实际情况,调整报表格式,修改报表公式。

sy6-72

> **注意**:
> - 报表项目"存货"的年初、期末数中应包含"生产成本"的余额,此处需补充。
> - 报表项目"未分配利润"的年初、期末数中应包含"本年利润"的余额,此处需补充。
> - 若系统公式是完整的,则此处不需要补充。

3) 生成资产负债表数据 sy6-73.mp4

(1) 在数据状态下,执行"数据"|"关键字"|"录入"命令,打开"录入关键字"对话框。

(2) 输入关键字:年2020,月01,日31。

(3) 单击"确认"按钮,系统弹出"是否重算第1页?"信息提示对话框。

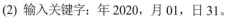

sy6-73

(4) 单击"是"按钮,系统会自动根据单元公式计算1月份数据;若单击"否"按钮,系统不计算1月份数据,以后可利用"表页重算"功能生成1月份数据。

(5) 单击工具栏上的"保存"按钮,将生成的报表数据以"资产负债表.rep"保存。

8. 调用报表模板生成利润表 sy6-8.mp4

(1) 调用利润表模板。选择用户所在的行业性质为"2007年新会计制度科目",财务报表为"利润表"。

(2) 调整报表模板(根据需要)。

sy6-8

(3) 录入关键字"2020年1月",生成利润表数据,将该表以"利润表.rep"保存。

9. 调用报表模板生成现金流量表 sy6-9.mp4

(1) 在设置会计科目界面指定现金流量科目(已设置完毕,可查看)。

(2) 系统在项目目录中已经建立了"现金流量项目"项目大类(系统预制,可查看)。

sy6-9

(3) 在填制凭证时如果涉及现金流量科目,可以在填制凭证界面中单击"流量"按钮,打开"现金流量表"对话框,指定发生的该笔现金流量的所属项目。如果在填制凭证时未指定现金流量项目,也可以执行"现金流量表"|"现金流量凭证查询"命令,进入"现金流量查

询及修改"窗口,针对每一张现金流量凭证,单击"修改"按钮补充录入现金流量项目(已设置完毕,可查看)。

(4) 调用现金流量表模板。选择用户所在的行业性质为"2007年新会计制度科目",财务报表为"现金流量表"。

(5) 调整报表模板。单击"数据/格式"按钮,将"现金流量表"处于格式状态。

① 选择C6单元格,单击"fx"按钮,打开"定义公式"对话框。单击"函数向导"按钮,打开"函数向导"对话框。

② 在函数分类列表框中选择"用友账务函数",在右边的函数名列表中选中"现金流量项目金额(XJLL)",单击"下一步"按钮,打开"用友账务函数"对话框。

③ 单击"参照"按钮,打开"账务函数"对话框。

④ 单击"项目编码"右边的参照按钮,打开"现金流量项目"对话框。

⑤ 双击选择与C6单元格左边相对应的项目,单击"确定"按钮,返回"用友账务函数"对话框。

⑥ 单击"确定"按钮,返回"定义公式"对话框,单击"确认"按钮。

⑦ 重复步骤③~⑥,输入其他单元公式。

⑧ 单击工具栏中的"保存"按钮,保存调整后的报表模板。

(6) 生成现金流量表主表数据,输入关键字"2020年1月"。

(7) 将生成的报表数据以"现金流量表"保存。

> **注意:**
> 汇率变动对现金的影响额,其计算公式为: XJLL(,,"流入","23",,,,月)- XJLL(,,"流出","23",,,,月)。

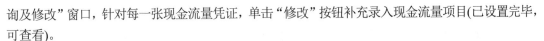 巩固提高

一、单选题

1. 制作报表中,(　　)不是在格式状态下进行的。
   A. 设置表尺寸　　B. 设置单元属性　　C. 设定组合单元　　D. 输入关键字的值

2. UFO报表子系统中,取数操作通常是通过(　　)实现的。
   A. 函数　　B. 关键字　　C. 直接输入　　D. 单元交互

3. UFO报表子系统中,QM()函数的含义是取(　　)数据。
   A. 期初余额　　B. 期末余额　　C. 借方发生额　　D. 贷方发生额

4. UFO报表子系统中,公式QM("1001",月)的含义是(　　)。
   A. 取1001科目的本月期初余额　　B. 取1001科目的本月期末余额
   C. 取1001账套的本月期初余额　　D. 取1001账套的本月期末余额

5. UFO报表子系统中,保存报表的默认扩展名是(　　)。
   A. REP　　B. XLS　　C. DOC　　D. TXT

二、多选题

1. UFO报表子系统中,下列操作在数据状态下进行的是(　　)。
   A. 舍位平衡　　B. 插入表页　　C. 输入关键字　　D. 整表重算

2. UFO 报表子系统中，报表的单元类型包括(　　)。
   A. 数值单元　　　B. 表样单元　　　C. 字符单元　　　D. 日期单元
3. UFO 报表子系统中，下列是系统提供的默认关键字的是(　　)。
   A. 单位名称　　　B. 年　　　　　C. 月　　　　　D. 日
4. UFO 报表子系统中，属于账务取数函数的有(　　)。
   A. QM()　　　　B. QC()　　　　C. PTOTAL()　　D. PMAX()

三、判断题

1. UFO 报表子系统中，没有设置行业标准报表模板。　　　　　　　　　　(　　)
2. UFO 报表子系统中，增加表页是在数据状态下进行的。　　　　　　　　(　　)
3. UFO 报表子系统中，每张报表只能定义一个关键字。　　　　　　　　　(　　)
4. UFO 报表子系统中，审核公式用于审核报表内或报表之间的钩稽关系是否正确。审核公式不是必须定义的。　　　　　　　　　　　　　　　　　　　　　　　　　　　(　　)

四、简答题

1. UFO 报表管理系统提供了哪些功能？
2. 关键字的含义是什么？报表子系统中提供了哪些关键字？
3. 自定义报表的基本流程是什么？
4. 格式状态与数据状态有何不同？
5. 报表子系统中提供了哪几类公式？各自的作用是什么？
6. 编制现金流量表需要经过哪些步骤？
7. UFO 报表子系统和其他子系统的关系是什么？

五、案例分析题

利润表是反映企业一定时期的经营成果，每月需要对外报送，非常重要。在信息化环境下，虽然可以通过调用报表模板生成利润表，但作为一名会计人员，熟练掌握如何设置报表格式和报表公式及如何生成报表数据都是非常重要的。

表 5-3 所示为昌达科技公司的一张利润表简表。请在分析利润表构成项目后，回答下列问题。

表5-3　昌达公司利润表简表

	A	B	C
1	利润表(简易)		
2	单位名称：昌达科技	年　　月	
3	项目	行数	本月数
4	一、营业收入	1	
5	减：营业成本	4	
6	营业税金及附加	5	
7	销售费用	6	
8	管理费用	7	
9	财务费用	8	
10	二、营业利润	10	

(续表)

11	加：营业外收入	11	
12	减：营业外支出	12	
13	三、利润总额	20	
14	减：所得税费用	21	
15	四、净利润	30	

1. 写出在 UFO 系统中设置该报表格式的简要步骤。
2. 将报表中生成各项目本月数的计算公式补充完整。
3. 写出生成 2020 年 1 月利润表(简易)的简要步骤。

第6章 薪资管理子系统

🔊 学习目标

知识目标
- 了解薪资管理子系统的功能、银行代发、票面分解、工资扣零处理等内容
- 明确薪资管理子系统与其他子系统间的关系,了解其应用流程、参数设置、工资类别、工资数据输入的方法
- 明确薪资管理子系统的工资变动处理、工资计算与汇总、账表查询、期末处理等内容
- 掌握薪资管理子系统的工资项目设置、计算公式设置、工资转账关系定义、工资分摊及凭证处理的方法

能力目标
- 能结合企业实际,建立工资账套,进行相应的初始设置、日常及期末处理

📁 案例导入

阳光公司2020年1月1日启用了薪资管理子系统,准备用薪资管理子系统核算企业员工工资数据。

1. 业务分工

由账套主管陈明进行工资业务处理。

2. 相关规定

(1) 阳光公司为企业员工代扣个人所得税，所有员工工资均由工商银行中关村分理处代发，员工银行账号为11位。个人所得税的扣税基数(免征额)为5000元。

(2) 企业共设置"企业管理人员""经营人员""车间管理人员""生产人员"4种人员类别。工资费用按人员类别进行分配。

(3) 该企业共设置"正式人员"和"临时人员"两个工资类别。"正式人员"工资类别下有员工10人，所包含的工资项目有基本工资、奖励工资、交补、应发合计、请假扣款、社会保险、代扣税、扣款合计、实发合计、请假天数、计税工资。其中交通补助的确定方法是：如果是企业管理人员或车间管理人员，交通补助为800元，其他人员一律500元；社会保险的确定方法为：基本工资加奖励工资之和的5%；请假扣款的确定方法为：每请假一天扣80元。"临时人员"工资类别下有2人，工资项目主要为计件工资。

3. 基本工资数据

"正式人员"工资类别工资数据如表6-1所示。

表6-1 正式人员工资类别工资数据

人员编号	人员姓名	部门名称	人员类别	账号	基本工资	奖励工资
101	肖剑	总经理办公室	管理人员	20200080001	5 000	5 000
111	陈明	财务部	管理人员	20200080002	4 000	4 000
112	王晶	财务部	管理人员	20200080003	3 500	3 500
113	马方	财务部	管理人员	20200080004	3 200	3 200
201	王丽	销售部	销售人员	20200080005	4 500	4 500
202	孙健	销售部	销售人员	20200080006	3 600	3 600
211	白雪	采购部	管理人员	20200080007	3 800	3 800
212	李平	采购部	管理人员	20200080008	3 200	3 200

(续表)

人员编号	人员姓名	部门名称	人员类别	账号	基本工资	奖励工资
301	赵会	制造中心	车间管理人员	20200080009	4 600	4 600
302	陈芳	制造中心	生产人员	20200080010	3 500	3 500
401	田英	仓储中心	管理人员	20200080011	3 800	3 800

信息化应用目标

（1）能将企业的薪资政策通过系统进行存储，准确而快速地计算工资数据，消除计算错误和对人的依赖性。

（2）能适应企业薪资发放的不同时间和不同对象的薪资项目处理要求。

（3）自动进行个人所得税的计算。

（4）轻松实现银行代发功能。

（5）自动进行工资费用分配并生成凭证。

（6）实现各类工资报表数据的查询。

知识学习

6.1 薪资管理子系统概述

人力资源的核算和管理是企业管理的重要组成部分，其中对于企业员工的业绩考评和薪酬的确定正确与否更是关系企业每一个职工的切身利益，对调动每一个职工的工作积极性、正确处理企业与职工之间的经济关系具有重要意义。薪资管理是各企事业单位最经常使用的功能之一。在用友ERP-U8 管理软件中，它作为人力资源管理系统的一个子系统存在，主要功能包括以下几个方面。

6.1.1 薪资管理子系统的功能

薪资管理子系统的主要功能包括初始设置、工资数据输入、日常业务处理、凭证处理、信息查询、期末处理等。

1. 初始设置

薪资管理子系统的初始设置部分主要是设置薪资管理系统工作必不可少的各种编码信息和初始数据，将通用的工资系统变成适合本企业核算与管理要求的薪资管理系统。薪资管理系统初始设置的质量，将直接影响薪资管理系统的正常使用。

2. 工资数据录入

按照工资数据变动频率的不同，可以将工资数据分为基本数据和变动数据两类，基本数据及变动数据的划分是相对而言的。职工的基本工资、岗位津贴等数据每月基本不变，属于基本数据；而考勤及加班工时等数据每月都发生变化，属于变动数据。基本数据在薪资管理系统初始化时一次性录入，一般无须修改。只有发生人员变动或工资数据变动时需要修改原始数据，除此以外，日常只需再录入考勤、产量工时等变动数据。

3. 日常业务处理

输入原始数据后，薪资管理系统会根据预先设定的计算公式计算实发工资、扣零处理；代扣个人所得税处理；对工资数据进行汇总、分摊、计提各项费用，编制工资费用一览表；编制分钱清单；并委托银行代发工资等工作。薪资管理系统作为会计信息系统的子系统之一，与总账子系统、成本核算子系统之间存在数据传递关系。

4. 凭证处理

薪资管理子系统的凭证处理功能是根据用户输入的业务数据生成记账凭证并自动传递到总账系统。记账凭证模板的设置一般通过在工资分摊时设置对应的会计科目来完成。工资费用分摊的结果可以直接生成凭证传递到总账系统，以免在总账系统中二次制单。

5. 信息查询

薪资管理子系统数据核算工作完成后，可以生成内容丰富的报表。输出的报表主要包括反映工资数据基本情况的工资表，以及从部门、项目、月份等角度进行统计分析的工资分析表。

6. 期末处理

期末处理主要是月末结账和年末结账。

6.1.2 薪资管理子系统与其他子系统的关系

薪资管理子系统与其他子系统的关系如图6-1所示。

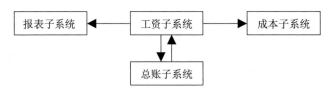

图6-1 薪资管理子系统与其他子系统的关系

1. 薪资管理子系统与总账子系统的关系

薪资管理子系统主要通过转账凭证向总账子系统传递数据。薪资管理子系统将通过计算和分摊生成的工资、福利费、工会经费、养老保险金等转账凭证传递给总账系统进行进一步的处理。同时，薪资管理子系统也可以通过相关的函数和公式从总账子系统中获取工资、福利费等科目的数据。

2. 薪资管理子系统与成本子系统的关系

薪资管理子系统为成本子系统提供其核算所需要的工资和福利费用的数据，是成本核算的基础数据之一。

3. 薪资管理子系统与报表子系统的关系

薪资管理子系统将计算结果和各种统计分析数据传递给报表子系统，以便其定义相关报表。

6.1.3 薪资管理子系统的应用流程

薪资管理子系统的应用流程如图 6-2 所示。

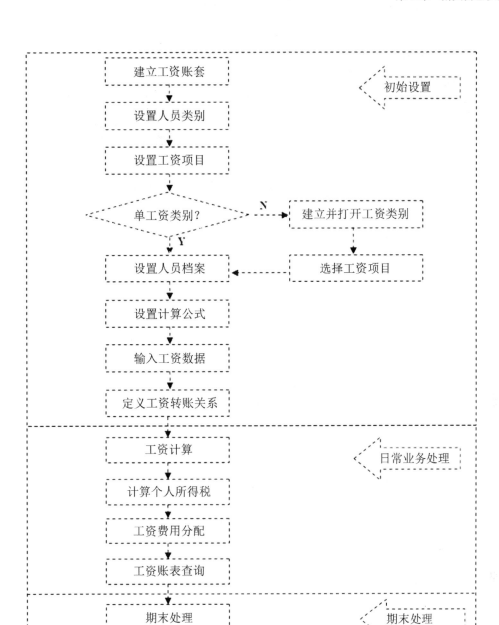

图6-2 薪资管理子系统的应用流程

6.2 薪资管理子系统初始设置

6.2.1 薪资管理子系统的参数设置

对薪资管理子系统主要参数的介绍如下。

1. 业务控制参数

1) 参数设置

首先,参数设置中要设定本账套处理的工资类别个数,如单位按周或月多次发放工资,或者是单位中有多种不同类别(部门)的人员,工资发放项目不尽相同,计算公式亦不相同,但需进行统一的工资核算管理,应选择"多个"。如果单位中所有人员的工资统一管理,而人员的工资项目、工资计算公式全部相同,则选择"单个",可提高系统的运行效率。

其次,参数设置要设定该账套工资的核算币种。系统提供币别参照供用户选择,若选择账套本位币以外的其他币别,则还需在工资类别参数维护中设置汇率。

2) 扣税设置

扣税设置用来设定是否要从工资中代扣个人所得税。

3) 扣零设置

扣零设置对发放现金工资有用。扣零设置是指系统是否进行扣零处理,以及在进行扣零处理时依据的扣零类型。用户一旦选择了"扣零处理",系统自动在工资项目中增加"本月扣零"和"上月扣零"两个项目,用户不必在计算公式中设置有关扣零处理的计算公式,"应发合计"工资项目中不用包括"上月扣零","扣款合计"工资项目中也不用包括"本月扣零"。其中扣零类型包括扣零至元、扣零至角和扣零至分。

- 扣零至元:发放工资时不发10元以下的元、角、分,包括5元、2元、1元。
- 扣零至角:发放工资时不发1元以下的角、分,包括5角、2角、1角。
- 扣零至分:发放工资时不发1角以下的分,包括5分、2分、1分。

4) 人员编码设置

人员编码设置即设定薪资管理子系统中单位人员编码的长度。

2. 权限设置

有的系统会在功能权限的基础上对工资权限进行明细控制,如可以控制用户对哪些部门、哪些工资项目进行操作,如果将某用户设置为工资类别主管,则该用户将拥有该工资类别的全部部门和工资项目处理权限。

6.2.2 薪资管理子系统的基础信息设置

首次使用薪资管理子系统时需完成账套的建立工作,建立账套时进行的基础信息设置在此不再赘述,我们只对薪资管理子系统中的相关基础信息设置内容进行介绍。

1. 工资类别设置

> 思考与理解:
> 企业在何种情况下可设置单工资类别?何种情况下设置多工资类别?

在薪资管理中如果存在多种不同类别的人员,且每一类人员的工资发放的项目不同或计算公式不同,但都需要进行工资的核算管理,这时就需要建立不同的工资类别,进行多工资类别的核算。例如,对企业中在职人员和离退休人员分别进行工资核算时,就需要建立在职人员和离退休人员两个工资类别。又如,对企业中正式人员和临时人员分别进行工资核算时,便可以建立正式人员和临时人员两个工资类别。另外,企业每月多次发放工资的情况下,也需要设置多工资类别。

2. 工资项目操作

？思考与理解：
在多工资类别下，工资项目设置与工资项目选择有何区别？

1) 设置工资项目

工资项目设置即定义工资项目的名称、类型、宽度、小数、增减项。系统中有一些固定项目，是工资账中必不可少的，包括"应发合计""扣款合计""实发合计"，这些项目不能删除和重命名。其他项目可根据实际情况定义或参照增加，如基本工资、奖励工资、请假天数等。在此设置的工资项目是针对所有工资类别的全部工资项目。

6-1 工资项目设置与选择.mp4

定义工资项目时需注意以下内容。

(1) 定义工资项目的基本作用是定义存放工资数据的数据库文件的库结构。因此工资项目定义的先后将决定该项目在数据库中和在工资表、工资单中的位置。因此定义时应考虑各工资项目的先后顺序。

(2) 工资项目中有些项目是所有单位必需的，如部门编码、职工编码、姓名、签名等。一般工资系统均要求定义这些项目为字符型。这些项目的数据类型与程序中设计的处理方式密切相关。为了避免出现混乱，系统一般已事先将这些项目定义好提供给用户，在使用时一般不允许修改这些项目的名称和数据类型，只在必要时修改它们的数据长度即可。

(3) 定义工资项目并输入数据后，如要修改、增加或删除这些工资项目，一般会使已输入的数据丢失或出错。因此在定义工资项目时应适当考虑一段时期的发展需要，以便保证系统投入使用后保持较长时间的稳定。

(4) 在定义各个工资项目的数据宽度时，应以能容纳该项目下可能出现的最大数据的宽度为依据，以免出现数据溢出的错误。

(5) 部分工资项目如应发工资、实发工资、个人所得税等项目的数据是由其他项目数据经过计算得出的，因此凡参与计算的工资项目的数据类型必须设置成数字型。

(6) 工资项目的设置是针对所有工资类别的。单工资类别下，只需完成工资项目设置即可；多工资类别下，工资项目设置完后，当打开某一工资类别时，可从已设置好的工资项目中为本工资类别选择合适的工资项目。

【例 6-1】 设置工资项目，如图 6-3 所示。
操作路径： 薪资管理→设置→工资项目设置

图6-3　设置工资项目

2) 选择工资项目

工资项目的设置是针对所有工资类别的。单工资类别下，只需完成工资项目设置，不需进行工资项目的选择；多工资类别下，工资项目设置完后，当打开某一工资类别时，可从已设置好的工资项目中为本工资类别选择合适的工资项目。

3. 公式设置

公式设置是指定义某些工资项目的计算公式及工资项目之间的运算关系。例如：缺勤扣款=基本工资/月工作日*缺勤天数。运用公式可直观表达工资项目的实际运算过程，灵活地进行工资计算处理。定义公式可通过选择工资项目、运算符、关系符、函数等组合完成。

6-2 工资项目计算公式.mp4

系统固定的工资项目"应发合计""扣款合计""实发合计"的计算公式，根据工资项目设置的"增减项"自动给出，不能更改，用户在此只能增加、修改、删除其他工资项目的计算公式。

定义工资项目计算公式要符合逻辑，系统将对公式进行合法性检查，不符合逻辑的系统将给出错误提示。定义公式时要注意先后顺序，先得到的数据应先设置公式。应发合计、扣款合计和实发合计公式应是公式定义框的最后 3 个公式，并且实发合计的公式要在应发合计和扣款合计公式之后。可通过单击公式框的"▲""▼"上下箭头调整计算公式的顺序。若计算公式超长，可将所用到的工资项目名称缩短(减少字符数)，或者设置过渡项目。定义公式时可直接输入，也可使用函数公式向导参照输入。

【例 6-2】 设置工资项目计算公式，请假扣款＝请假天数*80，如图 6-4 所示。

操作路径：薪资管理→设置→工资项目设置

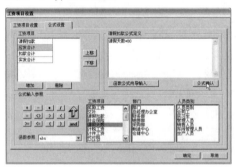

图6-4 设置计算公式

4. 人员设置

人员设置包括人员类别设置和人员档案设置两项内容。

1) 人员类别设置

工资是成本的重要组成部分，从账务处理的角度来看，不同性质人员的工资费用应分别计入不同的账户，如生产工人的工资计入"生产成本"、车间管理人员的工资计入"制造费用"、管理人员的工资计入"管理费用"等。为了使计算机自动进行工资费用的分配，需要正确划分人员类别，以便企业按人员类别进行工资的汇总计算。

2) 人员档案设置

人员档案包括职工的编号、姓名、所在部门、是否计件工资核算、银行名称、银行账号等。这些项目均是工资计算、汇总、分配的基本数据。此外，还有很多企业利用薪资管理系统代替基本的人事信息管理职能，这样就需要增加地址、电话、身份证号、职称等管理信息。

人员类别设置在基础设置中完成。

人员档案的基本信息设置在基础设置中完成，与工资核算相关的部分(银行账号与名称等)在薪资管理子系统中设置。

5. 部门设置

通常，企业工资的汇总、统计、领款、分发等是以部门为基本单位的。正确设置企业部门，可以方便地按部门统计、查询各项工资信息，也可以实现按部门进行工资费用分配的目的。

部门档案在基础设置中完成。

6. 银行名称设置

由银行代发工资的企业应进行银行名称的设置。代发银行可能需要设置多个，这是由于同一工资类别中的人员在不同地点工作时，需要由不同的银行发放工资，或者不同的工资类别由不同的银行发放工资。在设置代发银行名称时还需要对银行账号进行设置和管理，以便正确完成银行代发工资的工作。

6-3 工资费用分配定义与生成.mp4

7. 定义工资转账关系

会计信息系统中通过事先定义工资转账关系，就可以每月自动分配工资费用，生成转账凭证。定义工资转账关系就是定义工资费用分配的模板，即确定不同类别人员的工资计入不同的费用科目中。

除了可以定义工资费用分配的凭证模板以外，还可以定义计提福利费、计提工会经费和职工教育经费的凭证模板。

【例 6-3】 定义工资转账关系，如图 6-5 所示。

操作路径： 薪资管理→业务处理→工资分摊

分摊构成设置

部门名称	人员类别	工资项目	借方科目	借方项目大类	借方项目	贷方科目	贷方项目大类
总经理办公室,...	管理人员	应发合计	660201			221101	
销售部	销售人员	应发合计	6601			221101	
制造中心	车间管理人员	应发合计	510101			221101	
制造中心	生产人员	应发合计	500102	产品类	家用电脑	221101	

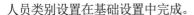

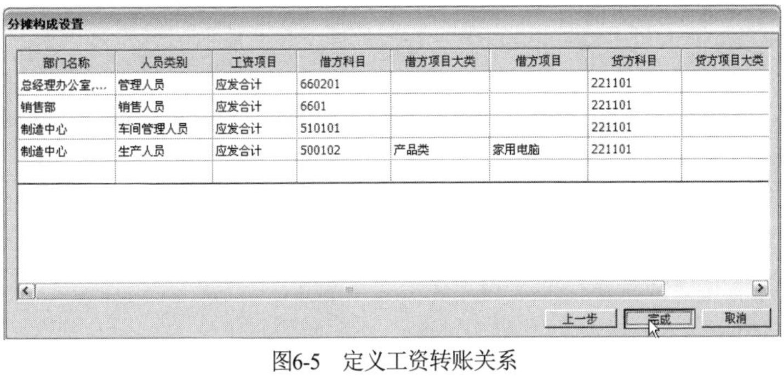

图6-5　定义工资转账关系

6.2.3　薪资管理子系统的期初数据录入

1. 薪资管理子系统期初数据录入的内容

工资数据按变动频度分为基本数据和变动数据两部分。薪资管理子系统在初次使用时需要录入工资基本数据，即每月相对固定不变的部分，如基本工资、职务工资、职称工资及各种固定补贴等。每月固定不变的数据在系统投入使用时一次输入，长期使用，只在提职、提薪、晋级时才进行修改。基本数据通常在期初录入，而对于每月变动的数据部分，如病事假扣款、水电费、代扣税等代扣款等，则需要在每月处理工资数据前进行编辑修改。

2. 薪资管理系统期初数据录入的方法

无论是首次使用薪资管理系统录入工资数据，还是在今后的日常工作中对变动的工资部分进行编辑、修改，都可以通过以下方法加快录入速度，提高工作效率。

(1) 过滤器：如果只对某些工资项目或某一部分职工的工资数据进行录入或修改，使用过滤功能可以将指定需要输入的工资项目或人员过滤出来，使屏幕上只显示用户需要的数据，方便用户输入数据。例如，每月只需输入考勤记录，可以利用过滤功能将相关工资项目筛选出来，屏蔽其他工资项目，以使数据录入界面简洁，实现快速输入。

(2) 成批替换：用户利用此功能可以通过设置公式按照某一特定的条件将某些工资项目数据进行统一替代。例如，年末每一职工工龄工资增加一年；或者由于本月销售一部业绩突出，销售一部所有员工派发奖金 200 元。

(3) 筛选和定位：如果对部分人员的工资数据进行修改，可使用筛选功能，将符合条件的人员筛选出来，进行工资数据的录入。例如，只录入财务部人员的工资数据。

(4) 页编辑：把选定人员的工资数据显示在一张表单上，方便对此人员工资数据的集中录入。

6.3 薪资管理子系统日常及期末处理

工资数据处理主要是按账务处理的要求汇总工资数据以便生成工资转账数据。工资数据处理主要包括工资变动处理、工资计算、扣零处理、代扣个人所得税的计算、工资分摊处理等。

6.3.1 工资变动处理

工资变动数据在每月工资计算处理前录入。工资变动处理只能处理日常工资数据的调整、变动及工资项目的增减等，而人员的增减和部门的变更需要在人员基本信息设置中进行调整。职工调入、调出本单位时，其基本工资数据可以输入或删除。一般情况下，该职工工资数据不必保留备查；特殊情况，如某单位需要保留则需对软件做特殊要求。职工在单位内部不同部门间进行调动时可以通过修改职工所在部门编码直接实现调动。

【例6-4】输入变动工资数据。王丽请假2天，白雪请假1天，如图6-6所示。

操作路径： 薪资管理→业务处理→工资变动

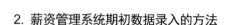

图6-6　输入变动工资数据

6.3.2 工资计算和汇总

薪资管理子系统按照初始设置定义好的工资项目及计算公式,计算职工的各项应发工资、各项扣款及实发工资等项目,并根据所属部门、人员类别等条件自动汇总生成新的工资数据表。

6.3.3 个人所得税的计算

> **? 思考与理解：**
> 当个人所得税法发生变化时,你能根据实际情况调整扣税基数及税率表吗?

6-4 设置个人所得税.mp4

个人所得税是根据《中华人民共和国个人所得税法》对个人征收的一种税。目前我国规定职工个人所得税由企业代扣,个人所得税采用分级累进制。由于纳税基数和税率的规定可能发生变化、不同职工(如外籍职工和本国员工)纳税规定不同,因此个人所得税的计算必须要有足够的灵活性。由于单位代扣代缴工资部分的应交个人所得税是国家规定的,因此薪资管理系统一般提供计算个人所得税的功能。薪资管理子系统中个人所得税的计算通常由用户设定各级纳税基数和分段税率,然后由系统自动完成计算工作。其处理步骤如下。

(1) 设定纳税基数：即计税工资。系统默认实发工资为系统的纳税基数,可以设定其他工资项目作为纳税基数。计税工资减去免征额即为应纳税所得额。

(2) 定义税率表：一般情况下,系统提供了国家规定的工资、薪金所适用的各级超额累进税率。企业可以根据自身的需要调整费用基数(即免征额)、附加费用各级税率及速算扣除数。

(3) 生成个人所得税申报表：薪资管理子系统根据用户定义的税率信息,自动计算并生成个人所得税申报表。

【例 6-5】 设置个人所得税免征额及税率表,如图 6-7 所示。

操作路径： 薪资管理→设置→选项

图6-7 设置所得税免征额及税率表

6.3.4 银行代发工资

银行代发工资是指企业为职工在代发工资的开户银行中设置工资储蓄账户,每月企业直接将职工工资划入开户银行相应账户中。此举既减轻了财务部门发放工资的工作量,又有效地免去了财务人员去银行提现的风险,同时提高了员工薪资的保密度。银行代发工资的处理步骤如下。

(1) 设置代发文件格式：企业需根据代发银行的要求设置代发文件的格式,如文件中包含的数据项目、各数据项的类型、长度等。

(2) 选择代发文件的输出格式：企业根据代发银行的要求设置向银行提供的工资数据文件的存放格式。

(3) 向银行报送工资数据文件：企业按照预先规定好的格式和文件名将工资数据文件报送代发银行，以便银行在规定日期内将员工应得薪金划转到员工个人账户中。

6.3.5 工资扣零处理

> **？思考与理解：**
> 现在大部分单位都是银行代发工资，工资直接发放到工资卡中，在此情况下工资扣零处理还有意义吗？

工资数据的扣零是将本月工资尾数留待下月处理的一种数据处理方式。对使用现金发放工资的单位，这种处理是减少分发现金困难的重要措施，在银行代发工资的情况下已无须此功能。扣零处理的要点是将上月扣零数加上本月工资尾数后将整数部分合并到本月实发工资数中，尾数部分作为本月扣零保存以便下月处理，这一处理过程对每个职工每月都需要进行一次。为了完成工资的扣零处理，需要在工资数据库中设置上月扣零字段和本月扣零字段，采用成批替换字段值的方法进行处理。本月扣零值要在本月工资条中体现，以便职工进行核对；上月扣零数据为系统内部使用，工资条中不必显示。扣零处理由系统自动进行，用户只需设定扣零条件即可。薪资管理系统扣零处理步骤如下。

(1) 使用薪资管理子系统的第一个月，按照预先设定的扣零条件计算扣零数据，并填入本月扣零字段。

(2) 下月系统自动用工资数据文件中当月扣零字段的值替换上月扣零字段，替换后本月扣零字段清零。

(3) 将上月扣零字段值加上本月工资中应扣零数后，将整数部分合并到本月实发工资数中，尾数部分作为本月扣零数额填入本月扣零字段。

以后各月重复上述第(2)和第(3)步处理。

6.3.6 票面分解处理

对于使用现金发放工资的企业，需通过票面分解的功能根据计算出的工资金额求出各种面值人民币的需要量，生成票面分解一览表，以便企业提取适合发放工资的不同面值的货币。票面分解的处理步骤如下。

(1) 对每个职工的实发工资数据进行分解，得到发放每个职工工资所需要的各种面值的货币张数。

(2) 得到发放每个职工工资所需要的各种面值的货币张数后，将不同面值的货币张数进行汇总，从而得到整个企业的票面分解一览表。

6.3.7 工资分摊和凭证处理

> **？思考与理解：**
> 工资分摊生成的凭证会自动传递到总账管理子系统中，对其还需做哪些操作？

工资发放完成之后，财务部门还需要对各个部门的工资数据进行分摊计提应付工资、应付福利费、工会经费、职工教育经费、养老保险金等费用。在进行工资分摊处理时，系统根据用户预先定义的工资转账关系模板自动生成转账凭证并传递到总账子系统，实现与总账子系统的数据传递，在总账子系统中需要对此凭证进行审核、记账。

6.3.8 工资账表查询

薪资管理子系统的信息输出主要包括工资表和工资统计分析表两大类。

1. 工资表

工资表一般用于薪金管理所需要的基本信息，主要包括工资发放签名表、工资发放条、工资卡、部门工资汇总表、人员类别工资汇总表等由系统提供的原始表。

1) 工资发放签名表

工资发放签名表即工资发放清单，一个职工一行。

2) 工资发放条

工资发放条为发放工资时交给职工的工资项目清单。

3) 工资卡

工资卡即工资台账，按每人一张设立卡片，工资卡片反映每个员工各月的各项工资情况。

4) 部门工资汇总表

部门工资汇总表用于按单位(或各部门)进行工资汇总数据的查询。

5) 人员类别工资汇总表

人员类别工资汇总表用于按人员类别进行工资汇总数据的查询。

6) 条件汇总表

条件汇总表是根据用户指定条件生成的工资汇总表。用户可对要进行汇总的工资项目设定汇总条件。

7) 工资变动明细表

工资变动明细表用于本月与上月个人工资的数据核对。

8) 工资变动汇总表

工资变动汇总表用于本月与上月工资汇总数据的核对。

9) 条件明细表

条件明细表是根据用户指定条件生成的工资发放表。系统可以按某些条件查询工资明细数据并输出符合条件的所有人员的工资明细情况。

10) 条件统计表

条件统计表是根据用户指定条件生成的工资统计表，用于统计某些工资项目的总和情况。

2. 工资统计分析表

工资统计分析表是以工资数据为基础，对部门、人员类别的工资数据进行分析和比较，产生各种分析结果，供决策人员使用。工资统计分析表主要包括工资项目分析表、员工工资汇总表、分部门各月工资构成分析表、工资增长分析、部门工资项目构成分析、员工工资项目统计表等。

1) 工资项目分析表

工资项目分析表用于对选定的部门和选定的工资项目进行分析。

2) 员工工资汇总表

员工工资汇总表用于对选定的工资项目和选定部门的员工工资进行汇总分析。

3) 分部门各月工资构成分析表

分部门各月工资构成分析表用于对选定部门和选定工资项目的工资构成进行分析。

4) 工资增长分析

工资增长分析用于对选定工资项目和选定部门的工资增长进行分析。

5) 部门工资项目构成分析

部门工资项目构成分析用于对选定月份、选定部门和选定工资项目的构成进行分析。

6) 员工工资项目统计表

员工工资项目统计表用于对选定部门和选定分析区间的员工工资项目进行统计分析。

7) 按部门分类统计表

按部门分类统计表用于对选定分析区间内选定部门的工资项目进行分类统计分析。

8) 按月分类统计表

按月分类统计表用于对选定的工资项目按月份进行分类统计分析。

6.3.9 期末处理

1. 月末结转

月末结转是将当月数据经过处理后结转至下月,每月工资数据处理完毕后均可进行月末结转。在工资项目中有些是变动项目,即每月数据均不相同,因此在进行每月工资处理时需将其数据清为0,再输入当月数据。而其他固定不变的项目则继承以前月份的数据。月末结转只有在会计年度的1月至11月进行。系统进行月末处理后当月数据将不允许改动。系统中若存在多个工资类别则应分别进行月末结转。

2. 年末结转

年末结转是指在会计年度结束时将工资数据经过处理后自动结转至下一年。年末结转需要在当月数据全部处理完毕后进行。完成年末结转后,本年各个月份的数据均不允许进行改动。

实践应用

实验七　薪资管理

【实验目的】

1. 掌握用友 ERP-U8 管理软件中薪资管理系统的相关内容。
2. 掌握薪资管理系统初始化、日常业务处理、工资分摊及月末处理的操作。

【实验内容】

1. 薪资管理系统初始设置。
2. 薪资管理系统日常业务处理。

3. 工资分摊及月末处理。
4. 薪资管理系统数据查询。

【实验准备】

1. 将计算机系统时间调整为 2020 年 1 月 31 日。
2. 引入"实验三"账套数据。

【实验资料】

1. 工资账套信息

工资类别个数：多个；核算计件工资；核算币种：人民币(RMB)；要求代扣个人所得税；不进行扣零处理；人员编码长度：3 位；启用日期：2020 年 1 月。

2. 全部工资项目

全部工资项目如表 6-2 所示。

表6-2 全部工资项目

项目名称	类型	长度	小数位	增减项	操作
基本工资	数字	8	2	增项	增加
奖励工资	数字	8	2	增项	增加
交补	数字	8	2	增项	增加
应发合计	数字	10	2	增项	无操作
请假扣款	数字	8	2	减项	增加
社会保险	数字	8	2	减项	增加
代扣税	数字	10	2	减项	无操作
扣款合计	数字	10	2	减项	无操作
实发合计	数字	10	2	增项	无操作
请假天数	数字	8	2	其他	增加
计税工资	数字	8	2	其他	增加

3. 银行名称

工商银行中关村分理处；账号定长为 11。

4. "正式人员"工资类别数据

(1) 类别名称：正式人员。
(2) 部门选择：所有部门。
(3) 人员档案如表 6-3 所示。

表6-3 人员档案

人员编号	人员姓名	部门名称	人员类别	账号	中方人员	是否计税	核算计件工资
101	肖剑	总经理办公室	管理人员	20200080001	是	是	否
111	陈明	财务部	管理人员	20200080002	是	是	否

(续表)

人员编号	人员姓名	部门名称	人员类别	账号	中方人员	是否计税	核算计件工资
112	王晶	财务部	管理人员	20200080003	是	是	否
113	马方	财务部	管理人员	20200080004	是	是	否
201	王丽	销售部	销售人员	20200080005	是	是	否
202	孙健	销售部	销售人员	20200080006	是	是	否
211	白雪	采购部	管理人员	20200080007	是	是	否
212	李平	采购部	管理人员	20200080008	是	是	否
301	赵会	制造中心	车间管理人员	20200080009	是	是	否
302	陈芳	制造中心	生产人员	20200080010	是	是	否
401	田英	仓储中心	管理人员	20200080011	是	是	否

注：以上所有人员的代发银行均为工商银行中关村分理处。

(4) 工资项目：基本工资、奖励工资、交补、应发合计、请假扣款、社会保险、代扣税、扣款合计、实发合计、请假天数、计税工资。

(5) 工资项目及公式如表6-4所示。

表6-4　工资项目及公式

工资项目	定义公式
交补	iff(人员类别="管理人员" OR 人员类别="销售人员", 800, 500)
社会保险	(基本工资＋奖励工资)×0.05
请假扣款	请假天数×80
计税工资	应发合计-请假扣款-社会保险

注：此处计算公式为简化处理，与实际不完全相符。

(6) 正式人员工资数据如表6-5所示。

表6-5　正式人员工资数据

姓名	基本工资	奖励工资
肖剑	5 000	5 000
陈明	4 000	4 000
王晶	3 500	3 500
马方	3 200	3 200
王丽	4 500	4 500
孙健	3 600	3 600
白雪	3 800	3 800
李平	3 200	3 200
赵会	4 600	4 600
陈芳	3 500	3 500
田英	3 800	3 800

(7) 个人所得税税率表。

个税免征额为 5 000 元。

2019 年 1 月 1 日实施的 7 级超额累进个人所得税税率表如表 6-6 所示。

表6-6 个人所得税税率表

级数	应纳税所得额	税率	速算扣除数
1	不超过3 000元的部分	3%	0
2	超过3 000元至12 000的部分	10%	210
3	超过12 000元至25 000的部分	20%	1 410
4	超过25 000元至35 000的部分	25%	2 660
5	超过35 000元至55 000的部分	30%	4 410
6	超过55 000元至80 000的部分	35%	7 160
7	超过80 000元的部分	45%	15 160

(8) 1 月份工资变动情况。

考勤情况：王丽请假 2 天；白雪请假 1 天。

人员调动情况：因需要，决定招聘李力(编号 213)到采购部担任管理人员，以补充力量，其基本工资 2 000 元，无奖励工资，代发工资银行账号为 20200080012。

发放奖金情况：因去年销售部推广产品业绩较好，每人增加奖励工资 2 000 元。

(9) 工资费用分配及计提。

应付工资总额等于工资项目"应发合计"，工会经费、职工教育经费也以此为计提基数。

工资费用分配的转账分录如表 6-7 所示。

表6-7 工资费用分配的转账分录

部门	工资分摊	应付工资(100%)		工会经费(2%)		职工教育经费(2.5%)	
		借方科目	贷方科目	借方科目	贷方科目	借方科目	贷方科目
总经理办公室、财务部、采购部、仓储中心	管理人员	660201	221101	660207	221103	660208	221104
销售部	销售人员	6601	221101		221103		221104
制造中心	车间管理人员	510101	221101		221103		221104
	生产人员	500102	221101		221103		221104

5. "临时人员"工资类别数据

(1) 类别名称：临时人员。

(2) 部门选择：制造中心。

(3) 临时人员档案如表 6-8 所示。

表6-8 临时人员档案

人员编号	人员姓名	部门名称	人员类别	账号	中方人员	是否计税	计件工资
311	罗江	制造中心	生产人员	20200080031	是	是	是
321	刘会	制造中心	生产人员	20200080032	是	是	是

(4) 工资项目：计件工资。

(5) 工资标准如下。

计件工资标准：工时。

工时档案包括两项：01 组装；02 检验。

(6) 计件工资方案设置如下。

工序：组装；工价：35。

工序：检验；工价：25。

(7) 临时人员 1 月工资数据如表 6-9 所示。

表6-9 临时人员1月工资数据

姓名	组装工时	检验工时
罗江	180	
刘会		200

【实验要求】

以账套主管"陈明"的身份进行工资业务处理。

【操作指导】

1. 启用薪资管理子系统 sy7-1.mp4

(1) 执行"开始"|"程序"|"用友 ERP-U8"|"企业应用平台"命令，打开"登录"对话框。

(2) 以陈明的身份注册企业应用平台(操作员：001；密码：1；账套：666；操作日期：2020-01-31)。

(3) 执行"基础设置"|"基本信息"|"系统启用"命令，打开"系统启用"对话框；选中"WA 薪资管理"复选框，弹出"日历"对话框，选择薪资管理系统启用日期"2020 年 1 月 1 日"；单击"确定"按钮，系统弹出"确实要启用当前系统吗？"信息提示对话框，单击"是"按钮返回。

(4) 同理，启用"PR 计件工资管理"模块。

(5) 进入企业应用平台，打开"业务工作"选项卡，选择"人力资源"中的"薪资管理"选项，打开"建立工资套"对话框。

2. 建立工资账套 sy7-2.mp4

(1) 在建账第一步"参数设置"中，选择本账套所需处理的工资类别个数为"多个"，默认货币名称为"人民币"，选中"是否核算计件工资"复选框，单击"下一步"按钮。

> **注意：**
> ● 本例中对正式人员和临时人员分别进行核算，所以工资类别选择"多个"。

- 计件工资是按计件单价支付劳动报酬的一种形式。由于对计时工资和计件工资的核算方法不同，因此，在薪资管理系统中对于企业是否存在计件工资特别设置了确认选项。选中该项，系统自动在工资项目设置中显示"计件工资"项目；在人员档案中"核算计件工资"项目可选。

(2) 在建账第二步"扣税设置"中，选中"是否从工资中代扣个人所得税"复选框，单击"下一步"按钮。

注意：
选择代扣个人所得税后，系统将自动生成工资项目"代扣税"，并自动进行代扣税金的计算。

(3) 在建账第三步"扣零设置"中，不做选择，直接单击"下一步"按钮。

注意：
- 扣零处理是指每次发放工资时零头扣下，积累取整，于下次工资发放时补上，系统在计算工资时将依据扣零类型(扣零至元、扣零至角、扣零至分)进行扣零计算。
- 用户一旦选择了"扣零处理"，系统自动在固定工资项目中增加"本月扣零"和"上月扣零"两个项目，扣零的计算公式将由系统自动定义，无须设置。

(4) 在建账第四步"人员编码"中，系统要求和公共平台中的人员编码保持一致。
(5) 单击"完成"按钮。

注意：
建账完毕后，部分建账参数可以在"设置"|"选项"中进行修改。

3. 基础信息设置

1) 工资项目设置 sy7-31.mp4

sy7-31

(1) 在薪资管理系统中，执行"设置"|"工资项目设置"命令，打开"工资项目设置"对话框，系统包含一些默认的工资项目。
(2) 单击"增加"按钮，工资项目列表中增加一空行。
(3) 单击"名称参照"下拉列表框，从下拉列表中选择"基本工资"选项。
(4) 双击"类型"栏，单击下拉列表框，从下拉列表中选择"数字"选项。
(5) "长度"采用系统默认值8。双击"小数"栏，单击微调框的上三角按钮，将小数设置为2。
(6) 双击"增减项"栏，单击下拉列表框，从下拉列表中选择"增项"选项。
(7) 单击"增加"按钮，根据实验资料增加其他工资项目。
(8) 单击"确认"按钮，系统弹出"工资项目已经改变，请确认各工资类别的公式是否正确？"信息提示对话框，单击"确定"按钮。

注意：
系统提供若干常用工资项目供参考，可选择输入。对于参照中未提供的工资项目，可以双击"工资项目名称"一栏直接输入，或者先从"名称参照"下拉列表框中选择一个项目，然后单击"重命名"按钮将该项目修改为需要的项目。

2) 银行设置 sy7-32.mp4

(1) 在企业应用平台的"基础设置"中，执行"基础档案"|"收付结算"|"银行档案"命令，打开"银行档案"对话框。

(2) 单击"增加"按钮，输入银行编码01001，银行名称"工商银行中关村分理处"，默认个人账号为"定长"，账号长度为11，自动带出个人账号长度7。

sy7-32

(3) 单击"保存"按钮，再单击"退出"按钮。

3) 建立工资类别

● 建立正式人员工资类别 sy7-331.mp4

(1) 在薪资管理系统中，执行"工资类别"|"新建工资类别"命令，打开"新建工资类别"对话框。

(2) 在文本框中输入第一个工资类别"正式人员"，单击"下一步"按钮。

(3) 选中"选定全部部门"复选框。

sy7-331

(4) 单击"完成"按钮，系统弹出"是否以 2020-01-31 为当前工资类别的启用日期？"信息，单击"是"按钮，返回薪资管理系统。

(5) 执行"工资类别"|"关闭工资类别"命令，关闭"正式人员"工资类别。

● 建立临时人员工资类别 sy7-332.mp4

(1) 执行"工资类别"|"新建工资类别"命令，打开"新建工资类别"对话框。

(2) 在文本框中输入第二个工资类别"临时人员"，单击"下一步"按钮。

(3) 单击选取"制造中心"。

sy7-332

(4) 单击"完成"按钮，系统弹出"是否以 2020-01-31 为当前工资类别的启用日期？"信息，单击"是"按钮，返回薪资管理系统。

(5) 执行"工资类别"|"关闭工资类别"命令，关闭"临时人员"工资类别。

4. "正式人员"工资类别初始设置

1) 打开工资类别 sy7-41.mp4

(1) 执行"工资类别"|"打开工资类别"命令，打开"打开工资类别"对话框。

(2) 选择"001 正式人员"工资类别，单击"确定"按钮。

sy7-41

2) 设置人员档案 sy7-42.mp4

(1) 执行"设置"|"人员档案"命令，进入"人员档案"窗口。

(2) 单击工具栏上的"批增"按钮，打开"人员批量增加"对话框。

(3) 在左侧的"正式人员"列表框中，选中所有部门，单击"查询"按钮，单击"确定"按钮返回。

sy7-42

(4) 修改人员档案信息，补充输入银行账号信息，去掉核算计件工资选项，最后单击工具栏上的"退出"按钮。

3) 选择工资项目 sy7-43.mp4

(1) 执行"设置"|"工资项目设置"命令，打开"工资项目设置"对话框。

(2) 打开"工资项目设置"选项卡，单击"增加"按钮，工资项目列表中增加一空行。

sy7-43

(3) 单击"名称参照"下拉列表框，从下拉列表中选择"基本工资"选项。工资项目名称、类型、长度、小数、增减项都自动带出，不能修改。

(4) 单击"增加"按钮，选择其他工资项目。

(5) 所有项目增加完成后，单击"工资项目设置"对话框上的"▲"和"▼"箭头按钮，按照实验资料所给顺序调整工资项目的排列位置。

> **注意：**
> 工资项目不能重复选择。没有选择的工资项目不允许在计算公式中出现。不能删除已输入数据的工资项目和已设置计算公式的工资项目。

4) 设置计算公式
- 直接输入公式(请假扣款＝请假天数×80) ▣ sy7-441.mp4

(1) 在"工资项目设置"对话框中，打开"公式设置"选项卡。

(2) 单击"增加"按钮，在工资项目列表中增加一空行，单击该行，在下拉列表中选择"请假扣款"选项。

sy7-441

(3) 单击"公式定义"文本框，单击工资项目列表中的"请假天数"。

(4) 单击运算符"*"，在"*"后单击，输入数字80，单击"公式确认"按钮。

(5) 同理，自行设置"社会保险、计税工资"的计算公式。

- 引导输入公式(交补＝iff(人员类别="管理人员" OR 人员类别="销售人员", 800,500)) ▣ sy7-442.mp4

(1) 单击"增加"按钮，在工资项目列表中增加一空行，单击该行，在下拉列表框中选择"交补"选项。

(2) 单击"公式定义"文本框，再单击"函数公式向导输入"按钮，打开"函数向导——步骤之1"对话框。

sy7-442

(3) 从"函数名"列表中选择 iff，单击"下一步"按钮，打开"函数向导——步骤之2"对话框。

(4) 单击"逻辑表达式"参照按钮，打开"参照"对话框，从"参照"下拉列表中选择"人员类别"选项，从下面的列表中选择"管理人员"，单击"确定"按钮。

(5) 在逻辑表达式文本框中的公式后单击，输入"OR"后，再次单击"逻辑表达式"参照按钮，出现"参照"对话框；从"参照"下拉列表中选择"人员类别"选项，从下面的列表中选择"销售人员"，单击"确定"按钮，返回"函数向导——步骤之2"对话框。

> **注意：**
> 在OR前后应有空格。

(6) 在"算术表达式1"后的文本框中输入800，在"算术表达式2"后的文本框中输入500，单击"完成"按钮，返回"公式设置"窗口，再单击"公式确认"按钮。

(7) 单击"确定"按钮，退出公式设置。

5) 设置个人所得税相关信息 ▣ sy7-45.mp4

(1) 执行"设置"|"选项"命令，打开"选项"对话框，单击"编辑"按钮。

(2) 打开"扣税设置"选项卡，收入额合计选择"计税工资"，单击"税率设置"按钮，打开"个人所得税申报表——税率表"对话框。

sy7-45

(3) 设置所得税纳税基数为 5 000。

(4) 根据实验资料,输入最新税法 7 级超额累进税率表。

(5) 单击"确定"按钮返回。

5. "正式人员"工资类别日常业务

1) 人员变动 sy7-51.mp4

(1) 在企业应用平台中,执行"基础设置"|"基础档案"|"机构人员"|"人员档案"命令,进入"人员档案"窗口。

(2) 单击"增加"按钮,根据实验资料,输入新增人员"李力"的详细档案资料。

sy7-51

(3) 单击"确认"按钮,返回"人员档案"窗口,单击工具栏上的"退出"按钮。

(4) 在薪资管理系统的"正式人员"工资类别中,执行"设置"|"人员档案"命令,根据实验资料,增加李力档案资料。

2) 输入正式人员基本工资数据 sy7-52.mp4

(1) 执行"业务处理"|"工资变动"命令,进入"工资变动"窗口。

(2) 单击"过滤器"下拉列表框,从中选择"过滤设置"选项,打开"项目过滤"对话框。

(3) 选择"工资项目"列表框中的"基本工资"和"奖励工资"选项,单击">"按钮,将这两项选入"已选项目"列表框中。

sy7-52

(4) 单击"确认"按钮,返回"工资变动"窗口,此时每个人的工资项目只显示两项。

(5) 输入"正式人员"工资类别的工资数据。

> **注意:**
> 这里只需输入没有进行公式设定的项目,如基本工资、奖励工资和请假天数,其余各项由系统根据计算公式自动计算生成。

(6) 单击"过滤器"下拉列表框,从中选择"所有项目"选项,屏幕上显示所有工资项目。

3) 输入正式人员工资变动数据 sy7-53.mp4

(1) 输入考勤情况:王丽请假 2 天,白雪请假 1 天。

(2) 单击"全选"按钮,人员前面的"选择"栏出现选中标记"Y"。

(3) 单击工具栏上的"替换"按钮,再单击"将工资项目"下拉列表框,从中选择"奖励工资"选项,并在"替换成"文本框中输入"奖励工资+2000"。

sy7-53

(4) 在"替换条件"文本框中分别选择"部门""=""销售部",单击"确定"按钮,系统弹出"数据替换后将不可恢复。是否继续?"信息提示对话框;单击"是"按钮,系统弹出"2 条记录被替换,是否重新计算?"信息提示对话框;单击"是"按钮,系统自动完成工资计算。

4) 数据计算与汇总 sy7-54.mp4

(1) 在"工资变动"窗口中,单击工具栏上的"计算"按钮,计算工资数据。

(2) 单击工具栏上的"汇总"按钮,汇总工资数据。

(3) 单击"关闭"按钮,退出"工资变动"窗口。

sy7-54

5) 查看个人所得税 ▪ sy7-55.mp4

（1）执行"业务处理"|"扣缴所得税"命令，打开"个人所得税申报模板"对话框。

（2）选择"北京"地区"扣缴个人所得税报表"，单击"打开"按钮，打开"所得税申报"对话框，单击"确定"按钮，进入"北京扣缴个人所得税报表"窗口。

sy7-55

6) 工资分摊

- 工资分摊类型设置 ▪ sy7-561.mp4

（1）执行"业务处理"|"工资分摊"命令，打开"工资分摊"对话框。

（2）单击"工资分摊设置"按钮，打开"分摊类型设置"对话框。

（3）单击"增加"按钮，打开"分摊计提比例设置"对话框。

（4）输入计提类型名称为"应付工资"，单击"下一步"按钮，打开"分摊构成设置"对话框。

（5）按实验资料内容进行设置。返回"分摊类型设置"对话框，继续设置工会经费、职工教育经费等分摊计提项目。

sy7-561

> **注意**：
> 500102科目的项目大类为"产品类"，项目为"家用电脑"。

- 分摊工资费用 ▪ sy7-562.mp4

（1）执行"业务处理"|"工资分摊"命令，打开"工资分摊"对话框。

（2）选择需要分摊的计提费用类型"应付工资"，确定分摊计提的月份为"2020-1"。

（3）选择核算部门：管理中心、供销中心、制造中心、仓储中心。

（4）选中"明细到工资项目、按项目核算"复选框。

（5）单击"确定"按钮，打开"应付工资一览表"对话框。

（6）选中"合并科目相同、辅助项相同的分录"复选框，单击工具栏上的"制单"按钮，即生成记账凭证。

sy7-562

（7）单击凭证左上角的"字"位置，选择"转账凭证"，输入附单据数；单击"保存"按钮，凭证左上角出现"已生成"字样，代表该凭证已传递到总账。

（8）单击工具栏上的"退出"按钮，返回。

（9）同理，生成计提工会经费和计提职工教育经费的凭证。

7) 账表查询 ▪ sy7-57.mp4

查看工资分钱清单、个人所得税扣缴申报表、各种工资表。

6. 临时人员工资处理

在完成正式人员工资数据的处理后，打开临时人员工资类别，参照正式人员工资类别初始设置及数据处理方式完成临时人员工资处理。

sy7-57

1) 人员档案设置

按实验资料首先执行"企业应用平台"|"基础档案"|"人员档案"命令，增加临时人员档案，然后在薪资管理系统的临时人员工资类别中，设置新增人员的其他工资信息。

> **注意：**
> 设置"核算计件工资"标志。

2) 计件要素设置 📺 sy7-62.mp4

（1）在计件工资中，执行"设置"|"计件要素设置"命令，打开"计件要素设置"对话框。

（2）查看是否包括"工序"计件要素并为"启用"状态。

3) 工序设置 📺 sy7-63.mp4

（1）在基础档案设置中，执行"生产制造"|"标准工序资料维护"命令，进入"标准工序资料维护"窗口。

（2）单击"增加"按钮，增加"组装"和"检验"两种工序。

4) 计件工价设置 📺 sy7-64.mp4

（1）在计件工资中，执行"设置"|"计件工价设置"命令，进入"计件工价设置"窗口。

（2）单击"增加"按钮，按实验资料输入计件工价。

5) 计件工资统计 📺 sy7-65.mp4

（1）在计件工资中，执行"个人计件"|"计件工资录入"命令，进入"计件工资录入"窗口。

（2）选择工资类别"临时人员"，部门"制造中心"，单击"批增"按钮，进入"计件数据录入"窗口。

（3）选择人员"罗江"，选择计件日期"2020-01-31"。单击"增行"按钮，选择工序"组装"，输入数量180，单击"确定"按钮。

（4）同理，输入刘会检验工序数量200。

（5）全部输入完成后，单击"审核"按钮，对录入的计件工资数据进行审核。

6) 计件工资汇总处理 📺 sy7-66.mp4

执行"计件工资汇总"命令，选择工资类别"临时人员"，部门"制造中心"，单击"汇总"按钮进行计件工资汇总处理。

7) 工资变动处理 📺 sy7-67.mp4

（1）执行"设置"|"选项"命令，在"扣税设置"中设置扣税基数及税率表。(同"正式人员"工资类别)

（2）执行"业务处理"|"工资变动"命令，进行工资变动处理。

（3）执行"业务处理"|"工资分摊"命令，进行工资分摊设置及工资分摊处理。

7. 汇总工资类别 📺 sy7-7.mp4

（1）执行"工资类别"|"关闭工资类别"命令。

（2）执行"维护"|"工资类别汇总"命令，打开"工资类别汇总"对话框。

（3）选择"正式人员、临时人员"工资类别，单击"确定"按钮，完成工资类别汇总。

（4）执行"工资类别"|"打开工资类别"命令，打开"打开工资类别"对话框。

（5）打开"998 汇总工资类别"，单击"确定"按钮，查看工资类别汇总后的各项数据。

sy7-62

sy7-63

sy7-64

sy7-65

sy7-66

sy7-67

sy7-7

- 注意：
  - 该功能必须在关闭所有工资类别时才可以使用。
  - 所选工资类别中必须有汇总月份的工资数据。
  - 如果是第一次进行工资类别汇总，则需在汇总工资类别中设置工资项目计算公式。如果每次汇总的工资类别一致，则无须重新设置公式。如果与上一次所选择的工资类别不一致，则要重新设置计算公式。
  - 汇总工资类别不能进行月末结算和年末结算。

8. 月末处理 sy7-8.mp4

sy7-8

(1) 打开"正式人员"工资类别，执行"业务处理"|"月末处理"命令，打开"月末处理"对话框。单击"确定"按钮，系统弹出"月末处理之后，本月工资将不许变动，继续月末处理吗？"信息提示对话框；单击"是"按钮，系统继续弹出"是否选择清零项？"信息提示对话框；单击"是"按钮，打开"选择清零项目"对话框。

(2) 在"请选择清零项目"列表框中，单击选择"请假天数"和"请假扣款"项目，单击">"按钮，将所选项目移动到右侧的列表框中。

(3) 单击"确定"按钮，系统弹出"月末处理完毕！"信息提示对话框，单击"确定"按钮返回。

(4) 同理，完成"临时人员"工资类别月末处理。

- 注意：
  - 月末结转只有在会计年度的1月至11月进行。
  - 如果是处理多个工资类别，则应打开工资类别，分别进行月末结算。
  - 如果本月工资数据未汇总，系统将不允许进行月末结转。
  - 进行期末处理后，当月数据将不再允许变动。
  - 月末处理功能只有主管人员才能执行。

【参考答案】

正式人员工资类别，进行工资费用分配、计提工会经费和职工教育经费后，在薪资管理子系统中生成相应记账凭证并传递到总账，最后在总账管理系统中可以查询到表6-10所示的凭证。

表6-10 薪资管理子系统生成凭证一览表

凭证号	业务日期	业务或单据	会计分录		来源
1	01-31	应付工资	借：制造费用/工资	9 700	薪资管理
			销售费用	21 800	
			生产成本/直接人工	7 500	
			管理费用/工资(办公室)	10 800	
			管理费用/工资(财务部)	23 800	
			管理费用/工资(采购部)	18 400	
			管理费用/工资(仓储中心)	8 400	
			贷：应付职工薪酬/工资	100 400	

(续表)

凭证号	业务日期	业务或单据	会计分录	来源
2	01-31	工会经费	借：管理费用/工会经费　　　　　2 008 　贷：应付职工薪酬/工会经费　　　2 008	薪资管理
3	01-31	职工教育经费	借：管理费用/职工教育经费　　　2 510 　贷：应付职工薪酬/职工教育经费　2 510	薪资管理

巩固提高

一、单选题

1. 在银行代发工资的情况下，下列( )可以不用设置。
   A. 扣税设置　　　B. 扣零设置　　　C. 人员编码设置　　　D. 参数设置
2. 若在建立账套时选择了"扣税设置"，则在工资项目中自动生成( )。
   A. 基本工资　　　B. 奖金　　　C. 代扣税　　　D. 实发合计
3. 系统默认以( )作为扣税基数。
   A. 应发合计　　　B. 基本工资　　　C. 代扣税　　　D. 实发合计
4. 人员类别设置的主要目的是便于( )。
   A. 计算工资　　　B. 工资发放　　　C. 工资数据统计　　　D. 工资费用分配
5. 如果只想输入"奖金"和"缺勤天数"两个工资项目的数据，最佳方法是利用系统提供的( )功能。
   A. 页编辑　　　B. 筛选　　　C. 替换　　　D. 过滤器

二、多选题

1. 建立工资账套的内容主要包括( )。
   A. 参数设置　　　B. 扣税设置　　　C. 扣零设置　　　D. 人员编码设置
2. 工资管理系统中固定的工资项目有( )。
   A. 基本工资　　　B. 应发合计　　　C. 扣款合计　　　D. 实发合计
3. 以下必须在打开工资类别的情况下才能进行操作的是( )。
   A. 设置工资项目　　　　　　　B. 增加人员档案(工资相关部分)
   C. 选择工资项目　　　　　　　D. 设置工资项目计算公式
4. 如果企业采用银行代发工资的方式，需要设置的银行信息包括( )。
   A. 银行名称　　　B. 账号长度　　　C. 银行地址　　　D. 职工账号

三、判断题

1. 工资类别的启用日期可以修改。　　　　　　　　　　　　　　　　　　( )
2. 系统提供的固定工资项目不能修改。　　　　　　　　　　　　　　　　( )
3. 已使用的工资项目可以删除。　　　　　　　　　　　　　　　　　　　( )
4. 人员档案在设置前可不用打开工资类别。　　　　　　　　　　　　　　( )
5. 工资系统月末处理功能只有账套主管才能进行。　　　　　　　　　　　( )

四、简答题

1. 简述薪资管理子系统的主要功能。
2. 简述薪资管理子系统与其他子系统的关系。
3. 薪资管理子系统基础信息设置包括哪些内容？
4. 工资项目设置过程中需注意哪些问题？
5. 工资数据按变动频度分为哪两类？分类的意义何在？
6. 薪资管理子系统日常业务处理功能包括哪些内容？
7. 薪资管理子系统期末处理包括几部分？进行期末处理时应该注意哪些问题？
8. 在哪些情况下需要设置多个工资类别？
9. 如何处理与职工工资有关的费用计提？

五、案例分析题

有一家业务很小的公司，其人员及工资表如表6-11所示。

表6-11 人员及工资表(部分)

姓名	部门	人员类别	基本工资	岗位工资	应发合计	住房公积金	代扣税	扣款合计	实发合计
刘伟	管理部	管理人员	8 000						
张宁	财务部	管理人员	6 000						
赵会	销售部	销售人员	7 000						
李芳	生产部	生产人员	5 000						

该公司生产人员的岗位工资为4 000元，其他人员均为3 000元，住房公积金为基本工资和岗位工资的12%，代扣税按国家新的个人所得税有关规定执行，个税免征额即扣税基数为5 000元，税率见表6-12，公司的应纳税所得额为应发合计减去社会保险。

表6-12 超额累进个人所得税税率表(部分)

级数	全月应纳税所得额	税率	速算扣除数
1	不超过3 000元	3%	0
2	超过3 000元至12 000元的部分	10%	210
3	超过12 000元至25 000元的部分	20%	1410

要求：

1. 请给出在U8薪资管理系统中除基本工资外的其他工资项目的计算公式(说明：此处代扣税要求写公式计算生成，不由系统自动生成)。
2. 请将计算后的数据填入表6-12中。
3. 请写出按人员类别进行工资分摊的模板(分配基础为"应发合计"，会计科目全部为一级科目)。
4. 请写出生成的工资费用分配凭证(含金额)。
5. 请在U8薪资管理系统中完成以上设置，计算工资数据并生成工资费用分配凭证。请核对系统中生成的数据和凭证是否与手工生成的一致。
6. "代扣税"工资项目数据若由系统自动生成，该如何设置？

第7章 固定资产管理

学习目标

知识目标
- 了解固定资产管理子系统的功能
- 明确固定资产管理子系统与其他子系统的关系，了解其参数设置、基础信息设置
- 明确固定资产管理子系统的资产变动、凭证处理、账表查询、期末处理的方法
- 掌握固定资产管理子系统的原始卡片录入、资产增减、计提折旧的操作方法

能力目标
- 能结合企业实际，建立固定资产账套，进行相应的初始设置、日常及期末处理

案例导入

阳光公司准备于2020年1月1日启用固定资产子系统，进行固定资产核算。

1. 业务分工
由账套主管陈明进行固定资产核算相关操作。

2. 相关规定
该企业采用平均年限法计提折旧。固定资产编码按"类别编号+部门编号+序号"的方式自动

编码。

该企业固定资产分为三大类：交通运输设备、电子设备及其他设备。公司按固定资产的使用部门来计提折旧费用。

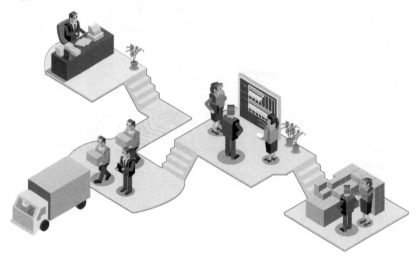

3. 公司期初固定资产卡片数据(见表7-1)

表7-1 公司期初固定资产卡片数据

固定资产名称	所在部门	可使用年限(月)	开始使用日期	原值	累计折旧
轿车	总经理办公室	120	2016-12-31	200 000	57 600
笔记本电脑	财务部	72	2018-12-31	6 000	1 000
复印机	采购部	72	2018-12-31	9 000	1 400
运输车	销售部	120	2016-12-31	145 000	43 200
组装设备	制造中心	240	2015-12-31	400 000	76 800

4. 固定资产日常业务

(1) 1月21日，财务部购买扫描仪一台，价值1 500元，净残值率4%，预计使用年限5年。

(2) 1月23日，总经理办公室使用的轿车需要进行大修理，修改固定资产卡片，将使用状况由"在用"修改为"大修理停用"。

(3) 1月31日，计提本月折旧费用。

(4) 1月31日，销售部运输车毁损。

(5) 2月16日，总经理办公室添置轿车新配件10 000元。

(6) 2月27日，采购部的复印机转移到销售部。

(7) 2月28日，经核查对财务部的笔记本电脑计提1 000元的减值准备。

信息化应用目标

(1) 企业可根据固定资产的特点灵活自定义折旧方法。

(2) 可处理各种资产变动业务，包括原值变动、部门转移、使用状况变动、使用年限调整、折旧方法调整等。

(3) 提供对固定资产的评估功能。

(4) 提供自动计提折旧功能,并按分配表自动生成记账凭证。
(5) 提供固定资产多部门使用、分摊的处理功能。
(6) 提供各类固定资产统计分析表。

知识学习

7.1 固定资产管理子系统概述

固定资产是企业资产的重要组成部分,固定资产管理是否完善、核算是否正确,不仅关系企业资产的安全性,还影响成本费用乃至利润计算的正确性。因此,固定资产管理子系统的主要任务是对资产的增减变动、折旧计提等业务进行正确的核算,并提供及时、准确的各种账簿和统计分析数据,为管理人员对固定资产进行有效管理和制定经营决策提供信息。

7.1.1 固定资产管理子系统的功能

固定资产管理子系统的主要功能包括初始设置、日常业务处理、凭证处理、信息查询、期末处理等。

1. 初始设置

固定资产子系统在初始化过程中需完成对固定资产日常核算和管理所必需的各种系统参数和基本信息的设置,并输入固定资产子系统的原始业务数据。初始设置主要包括核算单位的建立,固定资产卡片项目、卡片样式、折旧方法、使用部门、使用状况、增减方式、资产类别等信息的设置,以及固定资产原始卡片的录入。

2. 日常业务处理

固定资产子系统的日常业务处理主要是当固定资产发生如资产增加、资产减少、原值变动、使用部门转移等变动情况时,更新固定资产卡片,并根据用户设定的折旧计算方法自动计算折旧,再生成折旧清单和折旧分配表。

3. 凭证处理

固定资产子系统根据使用状况和部门对应折旧科目的设置来进行转账凭证的定义。转账凭证可以根据固定资产的业务处理自动生成,但有时也需要人工补足生成凭证所需要的数据。转账凭证经过确认后会自动传递到账务或成本等子系统中等待进一步的处理。

4. 信息查询

固定资产管理子系统输出的报表主要有固定资产卡片、固定资产增减变动表、固定资产分类统计表、固定资产折旧计算表、转账数据汇总表等有关账表。所有输出的账表,系统均设有屏幕显示和打印两种输出方式供用户选择。

5. 期末处理

固定资产管理子系统的期末处理主要包括对账和月末结账两部分。

7.1.2 固定资产管理子系统与其他子系统的关系

固定资产管理子系统与其他子系统的关系如图 7-1 所示。

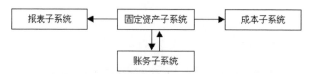

图7-1 固定资产管理子系统与其他子系统的关系

1. 固定资产管理子系统与账务子系统的关系

固定资产管理子系统通过转账凭证向账务子系统传递数据。固定资产的日常变动数据和计提折旧的数据通过生成的转账凭证传递到账务子系统。同时,固定资产管理子系统能够通过相关函数从账务子系统获取固定资产和累计折旧科目的发生额、余额等数据。

2. 固定资产管理子系统与成本子系统的关系

固定资产管理子系统为成本子系统提供其核算所需要的折旧费用数据,是成本核算的基础数据之一。

3. 固定资产管理子系统与报表子系统的关系

报表子系统可以通过调用固定资产管理子系统核算结果数据编制相关报表。

7.1.3 固定资产管理子系统的应用流程

固定资产管理子系统的应用流程如图 7-2 所示。

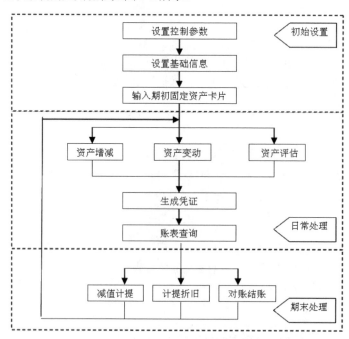

图7-2 固定资产管理子系统的应用流程

7.2 固定资产管理子系统初始设置

7.2.1 固定资产管理子系统的参数设置

固定资产管理子系统参数既可在建立固定资产账套时设置,也可在建立固定资产账套后补充设置。固定资产管理子系统比较主要的业务控制参数介绍如下。

1. 折旧信息设置

在系统初始化时建立核算账套,设定账套编号、名称、启用时间、使用单位、本位币币种等,并指定固定资产是否计提折旧、计提折旧的周期等基本信息。

2. 编码规则设置

固定资产的编码是唯一区分每一项固定资产的标识。固定资产的编码一般采用群码的方式,由类别编号、部门编号、使用情况编码和每项固定资产的顺序码等多组基本编码组成。这种编码方式便于系统按照固定资产的使用情况、使用部门、资产类别等进行折旧计算、汇总数据和编制各种报表。固定资产系统需要定义的编码规则包括资产类别编码规则、固定资产编码规则等。在处理这些基本编码时需要注意以下问题。

(1) 凡具有国家标准的如固定资产类别,国家标准(GT/T14885—1996)将固定资产类别编码规定为六位四级即(2112),如果没有特殊情况应尽量参照使用国家标准。

(2) 编码应尽量具有一定的层次,如固定资产编码可按"固定资产类别编号+部门编号+固定资产顺序号"进行设置,以便分类汇总,提供尽量多层次的管理信息。

(3) 多数软件对编码的总长度都有规定,在设计代码时应注意不能超越系统编码总长度的要求。

3. 与账务系统的接口设置

当固定资产子系统与账务系统集成使用时,需要进行固定资产对账科目与入账科目的设置。

固定资产子系统通过转账凭证的形式向账务系统传递数据,因此需要定义固定资产和累计折旧的缺省入账科目,以便固定资产子系统中发生经济业务,自动生成转账凭证时参考使用。

当固定资产子系统需要定期与账务系统进行对账时,便要设置对账科目,一般固定资产对账科目应选择固定资产一级科目,累计折旧对账科目应选择累计折旧一级科目。通常情况下,当两个系统核对后数据一致时才允许结账。

7.2.2 固定资产管理子系统的基础信息设置

首次使用固定资产管理子系统时需完成账套的建立工作,建立账套时进行的基础信息设置在此不再赘述,我们只对固定资产管理子系统中重要的基础信息设置内容进行介绍。

1. 资产类别设置

固定资产种类繁多、规格不一,为强化固定资产管理,及时准确地进行固定资产核算,需建立科学的资产分类核算体系,为固定资产的核算和管理提供依据。国家标准(GT/T14885—1996)规定的类别编码最多可以设置 4 级,编码总长度是 6 位(2112)。企业可以根据自身的特点和要求,设定较为合理的资产分类方法。

【例7-1】 设置资产类别，如图7-3所示。

操作路径：固定资产→设置→资产类别

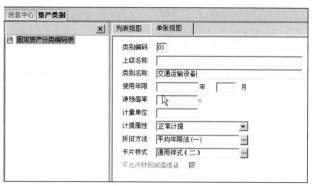

图7-3 设置资产类别

2. 部门对应折旧科目设置

？思考与理解：
部门对应折旧科目设置的意义是什么？

固定资产部门对应折旧科目是指每个部门所对应的折旧费用的入账科目。固定资产计提折旧后，需将折旧费用分配到相应的成本或费用中，根据不同企业的情况可以按照部门或类别进行汇总。固定资产折旧费用的分配去向和其所属部门密切相关，因此需要给每个部门设定对应折旧科目，属于该部门的固定资产在计提折旧时，折旧费用将固定分配到其对应的折旧科目中。

3. 增减方式设置

固定资产增减方式设置即资产增加的来源和减少的去向。增减方式包括增加方式和减少方式两大类。增加方式主要包括直接购买、投资者投入、捐赠、盘盈、在建工程转入、融资租入。减少方式主要包括出售、盘亏、投资转出、捐赠转出、报废、毁损、融资租出。增减方式可根据用户的需要自行增加。在增减方式的设置中还可以定义不同增减方式的对应入账科目，配合固定资产和累计折旧的入账科目使用，当发生相应的固定资产增减变动时可以快速生成转账凭证，减少手工输入数据的业务量。

4. 使用状况设置

固定资产的使用状况一般分为使用中、未使用和不需用三大类，不同的使用状况决定了固定资产计提折旧与否。因此，正确定义固定资产的使用状况是准确计算累计折旧，进行资产数据统计分析，提高固定资产管理水平的重要依据。

5. 折旧方法设置

？思考与理解：
为何手工核算下，大部分企业的固定资产核算都选择平均年限法？电算化方式下可以为每项固定资产设置合适的折旧方法吗？

固定资产折旧的计算是固定资产管理子系统的重要功能,固定资产折旧的计提由系统根据用户选择的折旧方法自动计算而得出,因此折旧方法的定义是计算资产折旧的重要基础。根据财务制度的规定,企业固定资产的折旧方法有平均年限法、工作量法、双倍余额递减法、年限总和法。企业可根据国家规定和自身条件选择采用其中的一种,如果系统中预置的折旧方法不能满足企业管理与核算的需要,用户也可以定义新的折旧方法与相应的计算公式。

由于计算机系统基本不必考虑处理能力的问题,因此在向计算机系统过渡时只需根据企业细化会计核算的需要,在会计制度允许的范围内选择折旧计算方法。一般来说,选用单台折旧方法核算固定资产折旧更合适。

6. 卡片项目和卡片样式设置

固定资产卡片是固定资产管理子系统中重要的管理工具,固定资产卡片文件是重要的数据文件。固定资产文件中包含的数据项目形成一个卡片项目,卡片项目也是固定资产卡片上用来记录固定资产资料的栏目,如原值、资产名称、所属部门、使用年限、折旧方法等是卡片上最基本的项目。固定资产系统提供的卡片上常用的项目称为系统项目,但这些项目不一定能满足所有单位的需求。为了增加固定资产系统的通用性,一般系统都为用户留下了足够的增减卡片项目的余地,在初始设置中由用户定义的项目称为自定义项目。系统项目和自定义项目一起构成固定资产卡片的全部内容。

固定资产卡片样式指卡片的外观,即卡片的格式和卡片上包含的项目及项目的位置。不同资产核算管理的内容与重点各不相同,因此,卡片样式也可能不同。系统提供的缺省卡片样式一般能够满足企业日常管理的要求,用户可以在此基础上略做调整,形成新卡片模板,也可以自由定义新卡片样式。

7.2.3 固定资产管理子系统的初始数据录入

> **? 思考与理解:**
> 固定资产原始卡片的录入,是针对每一个固定资产进行的,那么可以将每一类固定资产或每一批资产录入一张卡片吗?

7-1 输入固定资产原始卡片.mp4

固定资产管理子系统的初始数据是指系统投入使用前企业现存固定资产的全部有关数据,主要是固定资产原始卡片的有关数据。固定资产原始卡片是固定资产管理系统处理的起点。因此,准确录入原始卡片内容是保证历史资料的连续性、正确进行固定资产核算的基本要求。为了保证所输入原始卡片数据的准确无误,应该在开始输入前对固定资产进行全面的清查盘点,做到账实相符。

通常,一张原始卡片代表一项固定资产并形成固定资产卡片文件中的一项明细数据,输入完成后应与账务系统所记录的总数进行核对,如每类固定资产卡片原值的合计应等于账务系统相应固定资产明细科目的余额、卡片已提折旧的合计应等于累计折旧账户的余额。这种检验应在全部初始固定资产卡片输入计算机后由系统自动进行并给出提示。

【例7-2】 输入固定资产原始卡片,如图7-4所示。
操作路径: 固定资产→卡片→录入原始卡片

固定资产卡片

卡片编号	00001			日期	2020-01-31
固定资产编号	01101001	固定资产名称			轿车
类别编号	01	类别名称	交通运输设备	资产组名称	
规格型号		使用部门			总经理办公室
增加方式	直接购入	存放地点			
使用状况	在用	使用年限(月)	120	折旧方法	平均年限法(一)
开始使用日期	2016-12-31	已计提月份	36	币种	人民币
原值	200000.00	净残值率	4%	净残值	8000.00
累计折旧	57600.00	月折旧率	0.008	本月计提折旧额	1600.00
净值	142400.00	对应折旧科目	660206,折旧费	项目	
录入人	陈明			录入日期	2020-01-31

图7-4 输入固定资产原始卡片

7.3 固定资产管理子系统日常及期末处理

固定资产管理子系统的日常业务处理主要是完成固定资产的核算和管理工作。固定资产管理子系统的日常业务包括增减变动处理、变动单处理、折旧处理、资产评估处理、凭证处理、账表查询、期末处理等内容。

7.3.1 固定资产增减处理

> **? 思考与理解：**
> 固定资产增加和减少业务每个月会频繁发生吗？

当企业由于各种原因而增加或减少其固定资产的时候，就需要进行相应的处理，根据固定资产增减变动记录更新固定资产卡片文件，以保证折旧计算的正确性。

1. 固定资产的增加

企业通过购买或其他方式取得固定资产时要进行固定资产增加的处理,填制新的固定资产卡片，一方面要求对新增固定资产按经济用途或其他标准分类，确定其原始价值；另一方面要求办理交接手续，填制和审核有关凭证，作为固定资产核算的依据。

2. 固定资产的减少

固定资产的减少是指资产在使用过程中，由于毁损、出售、盘亏等各种原因而被淘汰。此时需进行固定资产减少的处理，输入固定资产减少记录，说明减少的固定资产、减少方式、减少原因等。资产减少信息经过确认后，系统搜索出相应的固定资产卡片并以固定资产减少记录中的信息更新卡片文件数据，反映固定资产减少的相关情况。

7.3.2 固定资产变动处理

固定资产日常管理过程中出现原值变动、部门转移、使用状况变动、使用年限调整、折旧方法调整、净残值(率)调整、工作总量调整、累计折旧调整、资产类别调整等情况时，需通过变动单进行处理。变动单是指资产在使用过程中由于固定资产卡片上某些项目调整而编制的原始凭证。

1. 原值变动

资产在使用过程中，其原值增减有5种情况：根据国家规定对固定资产重新估价；增加补充设备或改良设备；将固定资产的一部分拆除；根据实际价值调整原来的暂估价值；发现原记录固定资产价值有误。原值变动包括原值增加和原值减少两部分。

2. 部门转移

资产在使用过程中，因内部调配而发生的部门变动应及时处理，否则将影响部门的折旧计算。

【例7-3】将总经理办公室的传真机转移到采购部，如图7-5所示。

操作路径：固定资产→卡片→变动单→部门转移

图7-5　部门转移

3. 使用状况调整

资产使用状况分为在用、未使用、不需用等。资产在使用过程中，可能会因为某种原因，使资产的使用状况发生变化，这种变化会影响设备折旧的计算，因此应及时调整。

4. 使用年限调整

资产在使用过程中，使用年限可能会由于资产的重估、大修等原因而调整。进行使用年限调整的资产在调整的当月就按调整后的使用年限计提折旧。

5. 资产折旧方法的调整

一般来说，资产折旧方法一年之内很少改变，如有特殊情况确需调整改变的也必须遵循一定的原则。例如，所属类别是"总提折旧"的资产调整后的折旧方法不能是"不提折旧"；相应地，所属类别是"总不提折旧"的资产折旧方法不能调整。一般来说，进行折旧方法调整的资产在调整的当月就按调整后的折旧方法计提折旧。

7.3.3 折旧处理

> **?思考与理解：**
> 已经计提折旧并生成凭证，发现数据有错，还能再计提折旧吗？请分析相应的处理办法。

7-2 计提折旧.mp4

累计折旧的处理是固定资产管理子系统的基本处理功能之一，主要包括累计折旧的计提与分配。

1. 折旧计提

根据固定资产卡片中的信息，系统对各项固定资产每期计提折旧一次，自动计算所有资产当期累计折旧，将当期累计折旧额累加到累计折旧项中，并自动生成折旧清单。

2. 折旧分配

计提工作完成后进行折旧分配形成折旧费用，生成折旧分配表。固定资产的使用部门不同，其折旧费用分配的去向也不同，折旧费用与资产使用部门间的对应关系主要通过部门对应折旧科目来实现。系统根据折旧分配表，自动生成折旧凭证并传递到账务系统。

【例 7-4】 计提本月固定资产折旧，如图 7-6、图 7-7 所示。

操作路径： 固定资产→处理→计提本月折旧

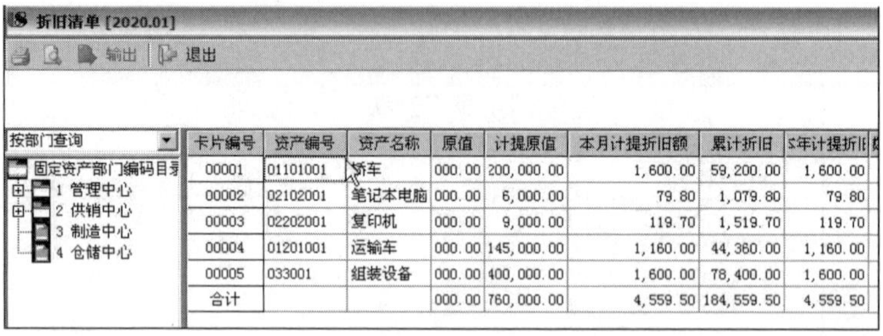

卡片编号	资产编号	资产名称	原值	计提原值	本月计提折旧额	累计折旧	年计提折旧
00001	01101001	轿车	000.00	200,000.00	1,600.00	59,200.00	1,600.00
00002	02102001	笔记本电脑	000.00	6,000.00	79.80	1,079.80	79.80
00003	02202001	复印机	000.00	9,000.00	119.70	1,519.70	119.70
00004	01201001	运输车	000.00	145,000.00	1,160.00	44,360.00	1,160.00
00005	033001	组装设备	000.00	400,000.00	1,600.00	78,400.00	1,600.00
合计			000.00	760,000.00	4,559.50	184,559.50	4,559.50

图7-6 计提折旧—折旧清单

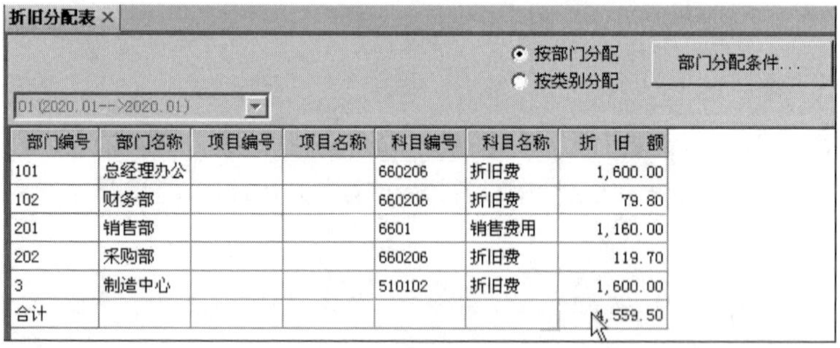

部门编号	部门名称	项目编号	项目名称	科目编号	科目名称	折 旧 额
101	总经理办公			660206	折旧费	1,600.00
102	财务部			660206	折旧费	79.80
201	销售部			6601	销售费用	1,160.00
202	采购部			660206	折旧费	119.70
3	制造中心			510102	折旧费	1,600.00
合计						4,559.50

图7-7 计提折旧—折旧分配表

3. 进行折旧处理需注意的问题

固定资产管理子系统中进行折旧处理时一般应注意以下几点。

(1) 如果在一个期间内多次计提折旧，每次计提折旧后，只是将计提的折旧累加到月初的累计折旧上，不会重复累计。计提折旧后又对账套进行了影响折旧计算分配的操作，必须重新计提折旧，以保证折旧计算的正确性。

(2) 如果上一次计提的折旧已经制单但尚未记账，则必须删除该凭证；如果已经记账，则必须冲销该凭证重新计提折旧。如果自定义的折旧方法月折旧率或月折旧额出现负数，系统会自动中止计提。

(3) 折旧分配表有部门折旧分配表和类别折旧分配表两种类型。部门折旧分配表中的部门可以不等同于使用部门，使用部门必须是明细部门，而部门折旧分配表中的部门指汇总时使用的部门，因此要在计提折旧后、分配折旧费用时做出选择。

(4) 当企业中有固定资产按工作量法计提折旧时，在计提折旧之前，需输入该固定资产当期的工作量，为系统提供计算累计折旧所需要的信息。

7.3.4 资产评估处理

随着市场经济的发展，企业在经营活动中，根据业务需要或国家要求需要对部分资产或全部资产进行评估和重估，而其中固定资产评估是资产评估很重要的部分。固定资产管理子系统中，固定资产评估处理的主要功能有：将评估机构的评估数据手工录入或定义公式录入系统，根据国家要求手工录入评估结果或根据定义的评估公式生成评估结果，以及评估单的管理。

进行资产评估处理的主要步骤如下。

(1) 对需要评估的项目进行选择。可以进行评估的内容包括固定资产的原值、累计折旧、使用年限等，每一次进行评估时可以根据评估的要求进行选择。

(2) 对需要评估的资产进行选择。资产评估的目的各有不同，因此每次评估涉及的资产也不尽相同，可根据需要进行选择。

(3) 制作评估单。选择评估项目和评估资产后，录入评估结果，系统生成评估单，给出被评估资产评估前与评估后的数据。

(4) 制作转账凭证。当评估后资产原值和累计折旧与评估前数据不等时，需通过转账凭证将变动数据传递到账务系统。

7.3.5 凭证处理

固定资产管理系统的凭证处理功能主要是根据固定资产各项业务数据自动生成转账凭证，传递到总账子系统中进行审核、记账。一般，当固定资产发生资产增加、原值变动、资产减少、计提折旧等业务时就要编制转账凭证。编制转账凭证的过程中，系统会根据固定资产和累计折旧入账科目设置、增减方式设置、部门对应折旧科目设置及业务数据来自动生成转账凭证，凭证中不完整的部分可由用户进行补充。

7.3.6 账表查询

1. 固定资产账簿

固定资产账簿一般用于提供资产管理所需要的基本信息，主要包括固定资产总账、单项固定资产明细账、固定资产登记簿、(部门、类别)明细账等基础报表。

1) 固定资产总账

固定资产总账是按部门和类别反映在一个年度内的固定资产价值变化的账页。

2) 单项固定资产明细账

单项固定资产明细账是反映单个资产在查询期间发生的所有业务，包括在该期间的资产增加或资产减少情况。

3) 固定资产登记簿

固定资产登记簿可按资产所属类别或所属部门显示一定期间范围内发生的所有业务，包括资产增加、资产减少、原值变动、部门转移等信息。

4) (部门、类别)明细账

(部门、类别)明细账是反映某一类别或部门的固定资产在查询期间内发生的所有业务，包括资产增加、资产减少、原值变动、使用状况变化、部门转移、计提折旧等信息。

2. 固定资产统计分析表

固定资产统计分析表用于从资产的构成情况、分布情况、使用状况等角度提供统计分析数据，为管理人员进行决策提供信息。固定资产统计分析表主要包括固定资产部门构成分析表、固定资产使用状况分析表、固定资产价值结构分析表、固定资产类别构成分析表等报表。

1) 固定资产部门构成分析表

固定资产部门构成分析表是企业内资产在各使用部门之间的分布情况的分析统计。

2) 固定资产使用状况分析表

固定资产使用状况分析表是对企业内所有资产的使用状况所做的分析汇总，使管理者了解资产的总体使用情况，尽快将未使用的资产投入使用，及时处理不需用的资产，提高资产的利用率和发挥应有的效能。

3) 固定资产价值结构分析表

固定资产价值结构分析表是对企业内各类资产的期末原值和净值、累计折旧净值率数据进行分析汇总，使管理者了解资产计提折旧的程度和剩余价值的大小。

4) 固定资产类别构成分析表

固定资产类别构成分析表是对企业资产的类别分别进行分析的报表。

3. 固定资产统计表

固定资产统计表用于提供各种统计信息，主要包括评估汇总表、评估变动表、固定资产统计表、逾龄资产统计表、役龄资产统计表、盘盈盘亏报告表、固定资产原值统计表等报表。

1) 评估汇总表

评估汇总表统计结果为查询日期的某使用部门内各类资产评估后价值的变动情况汇总。

2) 评估变动表

资产评估变动表是列示所有资产评估变动数据的统计表。

3) 固定资产统计表

固定资产统计表是按部门或类别统计该部门或类别的资产的价值、数量、折旧、新旧程度等指标的统计表。

4) 逾龄资产统计表

逾龄资产统计表就是统计指定会计期间内已经超过折旧年限的逾龄资产的状况。

5) 役龄资产统计表

役龄资产统计表就是统计指定会计期间内在折旧年限内正常使用的资产的状况。

6) 盘盈盘亏报告表

盘盈盘亏报告表反映企业以盘盈方式增加的资产和以盘亏、毁损方式减少的资产情况。盘盈、盘亏、毁损属于非正常方式，通过该统计表，可以看出企业对资产的管理情况。

7) 固定资产原值统计表

固定资产原值统计表是按使用部门和类别交叉汇总显示资产的原值、累计折旧、净值的统计表，便于管理者掌握资产的分布情况。

4. 固定资产折旧表

固定资产折旧表用于提供与固定资产折旧相关的明细信息与汇总信息，主要包括部门折旧计算汇总表、固定资产折旧清单表、折旧计算明细表、固定资产及累计折旧表等报表。

1) 部门折旧计算汇总表

部门折旧计算汇总表反映该账套内各使用部门计提折旧的情况，包括计提原值和计算的折旧额信息。

2) 固定资产折旧清单表

固定资产折旧清单表用于显示按资产明细列示的折旧数据及累计折旧数据信息，可以根据部门、资产类别提供固定资产的明细折旧数据。

3) 折旧计算明细表

折旧计算明细表是按类别设立的，反映资产按类别计算折旧情况的报表，包括上月计提情况、上月原值变动和本月计提情况。

4) 固定资产及累计折旧表

固定资产及累计折旧表是按期编制的反映各类固定资产的原值、累计折旧和本年累计折旧变动的相关明细情况的报表。

7.3.7 期末处理

1. 对账

为了保证固定资产管理子系统中固定资产和累计折旧数额与账务系统中固定资产和累计折旧科目数值相等，需要在固定资产管理子系统月末结账前与账务系统进行对账，并给出对账结果。

2. 月末结转

固定资产管理子系统处理完当月全部业务后，便可以进行月末结账，将当月数据处理后结转至下月。月末结账后当月数据不允许再进行改动。年末结转在系统管理中由账套主管统一进行。

实践应用

实验八　固定资产管理业务

【实验目的】

1. 掌握用友 ERP-U8 管理软件中固定资产管理系统的相关内容。
2. 掌握固定资产管理系统初始化、日常业务处理、月末处理的操作。

【实验准备】

1. 将计算机系统时间调整为 2020 年 1 月 31 日。
2. 引入"实验三"账套数据。

【实验内容】

1. 固定资产管理系统参数设置、原始卡片录入。
2. 日常业务：资产增减、资产变动、资产评估、生成凭证、账表查询。

3. 月末处理：计提减值准备、计提折旧、对账和结账。

【实验资料】

1. 初始设置

1) 控制参数(见表 7-2)

表7-2 控制参数及设置

控制参数	参数设置
约定与说明	我同意
启用月份	2020-01
折旧信息	本账套计提折旧 折旧方法：平均年限法(一) 折旧汇总分配周期：1个月 当(月初已计提月份＝可使用月份－1)时，将剩余折旧全部提足
编码方式	资产类别编码方式：2112 固定资产编码方式： 　按"类别编号＋部门编号＋序号"自动编码 　卡片序号长度为3
账务接口	与账务系统进行对账 对账科目 　固定资产对账科目：固定资产(1601) 　累计折旧对账科目：累计折旧(1602)
补充参数	业务发生后立即制单 月末结账前一定要完成制单登账业务 固定资产默认入账科目：1601 累计折旧默认入账科目：1602 增值税默认入账科目：22210101 减值准备默认入账科目：1603

2) 资产类别(见表 7-3)

表7-3 资产类别

编码	类别名称	净残值率	计提属性
01	交通运输设备	4%	正常计提
02	电子及通信设备	4%	正常计提
03	其他	4%	正常计提

3) 部门及对应折旧科目(见表 7-4)

表7-4 部门及对应折旧科目

部门	对应折旧科目
管理中心、采购部、仓储中心	管理费用/折旧费
销售部	销售费用
制造中心	制造费用/折旧费

4) 增减方式的对应入账科目(见表 7-5)

表7-5 增减方式的对应入账科目

增减方式目录	对应入账科目
增加方式	
直接购入	工行存款(100201)
减少方式	
毁损	固定资产清理(1606)

5) 原始卡片(见表 7-6)

表7-6 原始卡片

固定资产名称	类别编号	所在部门	增加方式	可使用年限(月)	开始使用日期	原值	累计折旧	对应折旧科目名称
轿车	01	总经理办公室	直接购入	120	2016-12-31	200 000	57 600	管理费用/折旧费
笔记本电脑	02	财务部	直接购入	72	2018-12-31	6 000	1 000	管理费用/折旧费
复印机	02	采购部	直接购入	72	2018-12-31	9 000	1 400	管理费用/折旧费
运输车	01	销售部	直接购入	120	2016-12-31	145 000	43 200	销售费用
组装设备	03	制造中心	直接购入	240	2015-12-31	400 000	76 800	制造费用/折旧费
合计						760 000	180 000	

注：净残值率均为4%，使用状况均为"在用"，折旧方法均采用平均年限法(一)。

2. 日常及期末业务

(1) 1月21日，财务部购买扫描仪一台，价值1 500元，净残值率为4%，预计使用年限5年。

(2) 1月23日，总经理办公室使用的轿车需要大修理，修改固定资产卡片，将使用状况由"在用"修改为"大修理停用"。

(3) 1月31日，计提本月折旧费用。

(4) 1月31日，销售部运输车毁损。

3. 下月业务

(1) 2月16日，总经理办公室的轿车添置新配件10 000元。

(2) 2月27日，采购部的复印机转移到销售部。

(3) 2月28日，经核查对财务部的笔记本电脑计提1 000元的减值准备。

【实验要求】

以账套主管"陈明"的身份进行固定资产管理操作。

【操作指导】

1. 启用固定资产管理子系统 sy8-1.mp4

(1) 执行"开始"|"程序"|"用友 ERP-U8"|"企业应用平台"命令，打开"登录"对话框。

(2) 以"陈明"的身份注册企业应用平台(操作员：001；密码：1；账套：666；操作日期：2020-01-31)。

(3) 执行"基础设置"|"基本信息"|"系统启用"命令，打开"系统启用"对话框；选中"FA 固定资产"复选框，弹出"日历"对话框，选择固定资产系统启用日期"2020-01-01"；单击"确定"按钮，系统弹出"确实要启用当前系统吗？"信息提示对话框，单击"是"按钮返回。

(4) 在"业务工作"选项卡中，单击"财务会计"|"固定资产"选项，系统弹出"这是第一次打开此账套，还未进行过初始化，是否进行初始化？"信息提示对话框，单击"是"按钮，打开固定资产的"初始化账套向导"对话框。

sy8-1

2. 初始设置

1) 设置控制参数

● 初次启用固定资产管理系统的参数设置 sy8-211.mp4

(1) 在"固定资产初始化向导——约定与说明"对话框中，选择"我同意"。

(2) 单击"下一步"按钮，打开"固定资产初始化向导——启用月份"对话框。

(3) 选择启用月份"2020-01"。

(4) 单击"下一步"按钮，打开"固定资产初始化向导——折旧信息"对话框。

(5) 选中"本账套计提折旧"复选框；选择折旧方法"平均年限法(一)"，折旧分配周期"1个月"；选中"当月初已计提月份＝可使用月份－1)时，将剩余折旧全部提足"复选框。

(6) 单击"下一步"按钮，打开"固定资产初始化向导——编码方式"对话框。

(7) 确定资产类别编码长度为2112，选择"自动编码"单选按钮，选择固定资产编码方式为"类别编号＋部门编号＋序号"，选择序号长度为3。

(8) 单击"下一步"按钮，打开"固定资产初始化向导——账务接口"对话框。

(9) 选中"与账务系统进行对账"复选框，选择固定资产的对账科目"固定资产(1601)"，累计折旧的对账科目"累计折旧(1602)"。

(10) 单击"下一步"按钮，打开"固定资产初始化向导——完成"对话框。

(11) 单击"完成"按钮，完成本账套的初始化，系统弹出"是否确定所设置的信息完全正确并保存对新账套的所有设置"信息提示对话框。

(12) 单击"是"按钮，系统弹出"已成功初始化本固定资产账套"信息提示对话框，单击"确定"按钮。

sy8-211

注意：
- 初始化设置完成后，有些参数不能修改，所以要慎重。
- 如果发现参数有错，必须改正，则只能通过固定资产管理系统中的"工具"|"重新初始化账套功能"命令实现，该操作将清空对该子账套所做的一切工作。

- 补充参数设置　sy8-212.mp4

(1) 执行"设置"|"选项"命令，进入"选项"窗口。

(2) 单击"编辑"按钮，打开"与账务系统接口"选项卡。

(3) 选中"业务发生后立即制单""月末结账前一定要完成制单登账业务"复选框，选择默认入账科目"固定资产(1601)""累计折旧(1602)""减值准备(1603)" "增值税进项税额(22210101)"，单击"确定"按钮。

sy8-212

2) 设置资产类别　sy8-22.mp4

(1) 执行"设置"|"资产类别"命令，进入"类别编码表"窗口。

(2) 单击"增加"按钮，输入类别名称"交通运输设备"，净残值率为 4%；选择计提属性"正常计提"，折旧方法"平均年限法(一)"，卡片样式"通用样式"，单击"保存"按钮。

(3) 同理，完成其他资产类别的设置。

sy8-22

注意：
- 资产类别编码不能重复，同一级的类别名称不能相同。
- 类别编码、名称、计提属性、卡片样式不能为空。
- 已使用过的类别不能设置新下级。

3) 设置部门对应折旧科目　sy8-23.mp4

(1) 执行"设置"|"部门对应折旧科目"命令，进入"部门编码表"窗口。

(2) 选择部门"管理中心"，单击"修改"按钮。

(3) 选择折旧科目"管理费用/折旧费(660206)"，单击"保存"按钮，系统弹出"是否将管理中心部门的所有下级部门的折旧科目替换为[折旧费]?"信息提示对话框，单击"是"按钮。替换之后，即可看到管理中心下的总经理办公室、财务部对应折旧科目均修改为"管理费用/折旧费"。

sy8-23

(4) 同理，完成其他部门折旧科目的设置。

4) 设置增减方式的对应科目　sy8-24.mp4

(1) 执行"设置"|"增减方式"命令，进入增减方式窗口。

(2) 在左侧列表框中，单击"直接购入"增加方式，单击"修改"按钮。

(3) 输入对应入账科目"工行存款(100201)"，单击"保存"按钮。

(4) 同理，输入减少方式"损毁"的对应入账科目"固定资产清理(1606)"。

sy8-24

注意：
当固定资产发生增减变动、系统生成凭证时，会默认采用这些科目。

5) 录入原始卡片 sy8-25.mp4

(1) 执行"卡片"|"录入原始卡片"命令,进入"资产类别参照"窗口。

(2) 选择固定资产类别"01 交通运输设备",单击"确认"按钮,进入"固定资产卡片录入"窗口。

sy8-25

(3) 输入固定资产名称"轿车";双击"部门名称"选择"总经理办公室",双击"增加方式"选择"直接购入",双击"使用状况"选择"在用";输入开始使用日期"2016-12-31";输入原值 200 000,累计折旧 57 600;输入可使用年限"120 月";其他信息自动算出。

(4) 单击"保存"按钮,系统弹出"数据成功保存!"信息提示对话框,单击"确定"按钮。

(5) 同理,完成其他固定资产卡片的输入。

(6) 执行"处理"|"对账"命令,系统将固定资产系统录入的明细资料数据汇总并与财务核对,显示与财务对账结果,单击"确定"按钮返回。

> **注意:**
> - 卡片编号:系统根据初始化时定义的编码方案自动设定,不能修改,如果删除一张卡片,又不是最后一张时,系统将保留空号。
> - 已计提月份:系统将根据开始使用日期自动算出,但可以修改,请将使用期间停用等不计提折旧的月份扣除。
> - 月折旧率、月折旧额:与计算折旧有关的项目输入后,系统会按照输入的内容自动算出并显示在相应项目内,可与手工计算的值比较,核对是否有错误。

3. 日常及期末处理

1) 业务1:资产增加 sy8-31.mp4

(1) 执行"卡片"|"资产增加"命令,进入"资产类别参照"窗口。

(2) 选择资产类别为"电子及通信设备",单击"确定"按钮,进入"固定资产卡片"窗口。

sy8-31

(3) 输入固定资产名称"扫描仪",双击部门名称弹出"本资产部门使用方式"信息提示对话框;选择"单部门使用"选项,单击"确定"按钮,打开"部门参照"对话框;选择"财务部"选项,双击"增加方式"选择"直接购入",双击"使用状况"选择"在用",输入原值 1 500,可使用年限"60 月",开始使用日期"2020-01-21"。

(4) 单击"保存"按钮,进入"填制凭证"窗口。

(5) 选择凭证类别为"付款凭证",单击"保存"按钮。

> **注意:**
> - 固定资产原值一定要输入卡片录入月月初的价值,否则会出现计算错误。
> - 新卡片第一个月不提折旧,累计折旧为空或0。
> - 卡片输入完后,可以不立即制单,月末可以批量制单。

2) 业务2:修改固定资产卡片 sy8-32.mp4

(1) 执行"卡片"|"变动单"|"使用状况调整"命令,进入"固定资产变动单"窗口。

(2) 选择"卡片编号"为 00001 的卡片,系统自动显示资产编号、开始使用

sy8-32

日期、资产名称及变动前使用状况。

(3) 选择变动后使用状态为"大修理停用",变动原因为"大修理"。

(4) 单击"保存"按钮,系统弹出"数据成功保存!"信息提示对话框,单击"确定"按钮。

3) 业务3:折旧处理 sy8-33.mp4

(1) 执行"处理"|"计提本月折旧"命令,系统弹出"是否要查看折旧清单?"信息提示对话框,单击"是"按钮。

(2) 系统继续弹出"本操作将计提本月折旧,并花费一定时间,是否要继续?"信息提示对话框,单击"是"按钮。

sy8-33

(3) 系统计提折旧完成后,进入"折旧清单"窗口,退出。

(4) 进入"折旧分配表"窗口;单击"凭证"按钮,进入"填制凭证"窗口;选择"转账凭证"类别,修改其他项目,单击"保存"按钮,退出。

(5) 系统提示"计提折旧完成!",单击"确定"按钮。

> **注意:**
> - 如果上次计提折旧已通过记账凭证把数据传递到账务系统,则必须删除该凭证才能重新计提折旧。
> - 计提折旧后又对账套进行了影响折旧计算或分配的操作,必须重新计提折旧,否则系统不允许结账。

4) 业务4:资产减少 sy8-34.mp4

(1) 执行"卡片"|"资产减少"命令,进入"资产减少"窗口。

(2) 选择卡片编号00004,单击"增加"按钮。

(3) 选择减少方式为"毁损",单击"确定"按钮,进入"填制凭证"窗口。

(4) 选择"转账凭证"类别,单击"保存"按钮。

sy8-34

> **注意:**
> - 本账套需要计提折旧后才能减少资产。
> - 如果要减少的资产较少或没有共同点,则通过输入资产编号或卡片号,单击"增加"按钮,将资产添加到资产减少表中。
> - 如果要减少的资产较多并且有共同点,则通过单击"条件"按钮,输入一些查询条件,将符合该条件的资产挑选出来进行批量减少操作。

5) 总账系统处理

固定资产管理系统生成的凭证自动传递到总账管理系统,在总账管理系统中,对传递过来的凭证进行审核和记账。

(1) 以出纳"王晶"的身份登录总账管理系统,进行出纳签字。

(2) 以会计"马方"的身份登录总账,进行审核、记账。

> **注意:**
> 只有总账管理系统记账完毕,固定资产管理系统期末才能和总账进行对账工作。

6) 账表管理　sy8-36.mp4

(1) 在固定资产管理子系统中，执行"账表"|"我的账表"命令，进入"固定资产报表"窗口。

(2) 双击"折旧表"下的"(部门)折旧计提汇总表"。

(3) 打开"条件"对话框。

(4) 选择期间"2020-01——2020-01"，部门级次"1—2"，单击"确定"按钮。

sy8-36

7) 对账　sy8-37.mp4

(1) 执行"处理"|"对账"命令，系统弹出"与账务对账结果"信息提示对话框。

(2) 单击"确定"按钮。

sy8-37

> **注意：**
> - 总账记账完毕，固定资产系统才可以进行对账。对账平衡，开始月末结账。
> - 如果在初始设置时，选择了"与账务系统对账"功能，对账的操作将不限制执行时间，任何时候都可以进行对账。
> - 如果在"账务接口"中选中"在对账不平情况下允许固定资产月末结账"复选框，则可以直接进行月末结账。

8) 结账　sy8-38.mp4

(1) 执行"处理"|"月末结账"命令，打开"月末结账"对话框。

(2) 单击"开始结账"按钮，系统弹出"月末结账成功完成！"信息提示对话框。

(3) 单击"确定"按钮。

sy8-38

> **注意：**
> - 本会计期间做完月末结账工作后，所有数据资料将不能再进行修改。
> - 本会计期间不做完月末结账工作，系统将不允许处理下一个会计期间的数据。
> - 月末结账前一定要进行数据备份，否则数据一旦丢失，将造成无法挽回的后果。

9) 取消结账(选做内容)　sy8-39.mp4

(1) 执行"处理"|"恢复月末结账前状态"命令，系统弹出"是否继续？"信息提示对话框。

(2) 单击"是"按钮，系统弹出"成功恢复月末结账前状态！"信息提示对话框。

(3) 单击"确定"按钮。

sy8-39

> **注意：**
> - 如果在结账后发现结账前操作有误，必须修改结账前的数据，则可以使用"恢复结账前状态"功能，又称"反结账"，即将数据恢复到月末结账前状态，结账时所做的所有工作都被无痕迹删除。
> - 在总账管理系统未进行月末结账时，才可以使用"恢复结账前状态"功能。
> - 一旦从本系统提取了某期的数据，该期不能反结账。如果当前的账套已经做了年末处理，那么就不允许再执行恢复月初状态功能。

4. 下月业务

1) 业务5：资产原值变动 sy8-41.mp4

sy8-41

(1) 修改系统日期为"2020年2月28日"。
(2) 以"陈明"身份，登录固定资产管理系统。
(3) 执行"卡片"|"变动单"|"原值增加"命令，进入"固定资产变动单"窗口。
(4) 输入卡片编号00001，输入增加金额10 000，输入变动原因"增加配件"。
(5) 单击"保存"按钮，进入"填制凭证"窗口。
(6) 选择凭证类型为"付款凭证"，填写修改其他项目，单击"保存"按钮。

> **注意：**
> - 资产变动主要包括原值变动、部门转移、使用状况变动、使用年限调整、折旧方法调整、净残值(率)调整、工作总量调整、累计折旧调整、资产类别调整等。系统对已做出变动的资产，要求输入相应的变动单来记录资产调整结果。
> - 变动单不能修改，只有当月可删除重做，所以请仔细检查后再保存。
> - 必须保证变动后的净值大于变动后的净残值。

2) 业务6：资产部门转移 sy8-42.mp4

sy8-42

(1) 执行"卡片"|"变动单"|"部门转移"命令，进入"固定资产变动单"窗口。
(2) 输入卡片编号00003，双击"变动后部门"选择"销售部"，输入变动原因"调拨"。
(3) 单击"保存"按钮。

3) 业务7：计提减值准备 sy8-43.mp4

sy8-43

(1) 执行"卡片"|"变动单"|"计提减值准备"命令，进入"固定资产变动单"窗口。
(2) 输入卡片编号00002，输入减值准备金额1000，输入变动原因"技术进步"。
(3) 单击"保存"按钮，进入"填制凭证"窗口。
(4) 选择凭证类别为"转账凭证"，将凭证补充完整，单击"保存"按钮。

【参考答案】

以上固定资产日常及期末业务经过处理后，在固定资产系统中生成相应记账凭证传递到总账，最后在总账管理系统中可以查询到表7-7所示的凭证。

表7-7 固定资产日常业务及期末业务生成凭证一览表

业务号	业务日期	业务或单据	会计分录		来源
1	01-21	资产增加	借：固定资产 贷：银行存款/工行存款	1 500 1 500	固定资产
2	01-23	资产变动——使用状况调整	不生成记账凭证		

(续表)

业务号	业务日期	业务或单据	会计分录		来源
3	01-31	计提折旧	借：管理费用/折旧费(总经办) 　　管理费用/折旧费(财务部) 　　管理费用/折旧费(采购部) 　　销售费用 　　制造费用/折旧费 　贷：累计折旧	1 600 79.8 119.7 1 160 1 600 4 559.5	固定资产
4	01-31	资产减少	借：固定资产清理 　　累计折旧 　贷：固定资产	101 800 43 200 145 000	固定资产
5	02-16	资产变动—— 原值增加	借：固定资产 　贷：银行存款/工行存款	10 000 10 000	固定资产
6	02-27	资产变动—— 部门转移	不生成记账凭证		
7	02-28	计提减值准备	借：资产减值损失 　贷：固定资产减值准备	1 000 1 000	固定资产

巩固提高

一、单选题

1. 下列固定资产业务中不生成凭证的是(　　)。
   A. 资产增加　　　B. 计提折旧　　　C. 资产评估　　　D. 部门转移
2. 设置部门对应折旧科目主要是为(　　)提供方便。
   A. 资产增加　　　B. 资产评估　　　C. 部门转移　　　D. 生成折旧费用凭证
3. 下列参数不是在固定资产账套初始化过程中设置的是(　　)。
   A. 主要折旧方法　　　　　　　　　B. 使用年限
   C. 固定资产编码方式　　　　　　　D. 折旧汇总分配周期
4. 在固定资产管理系统初始化过程的折旧信息中，使用单位可以根据自己的需要来确定资产的折旧分配周期，系统缺省的折旧分配周期为(　　)。
   A. 1个月　　　B. 1个季度　　　C. 半年　　　D. 1年

二、多选题

1. 建立固定资产账套需要设置的内容主要包括(　　)。
   A. 启用月份　　　B. 折旧信息　　　C. 编码方式　　　D. 账务接口
2. 固定资产管理系统的作用有(　　)。
   A. 完成企业固定资产日常业务的核算和管理
   B. 反映固定资产的增加、减少、原值变化及其他变动
   C. 生成固定资产卡片
   D. 自动计提折旧

3. 在定义固定资产类别时，下列不能为空的是( )。
   A. 类别编码　　　B. 名称　　　C. 计提属性　　　D. 计量单位

三、判断题

1. 设置上级部门的折旧科目，下级部门自动继承，不能选择不同的科目。（　）
2. 本月增加的固定资产，本月可进行部门转移。（　）
3. 首次使用固定资产管理系统时，应先选择对账套进行初始化。（　）
4. 行政事业单位的固定资产不提折旧，故 U8 固定资产管理系统不适用。（　）
5. 折旧分配表是生成折旧费用分配凭证的依据。（　）

四、简答题

1. 固定资产管理系统的主要功能包括哪些？
2. 固定资产管理系统的业务流程是怎样的？
3. 在固定资产管理系统中需要设置哪些基础数据？
4. 固定资产日常业务处理主要包括哪些内容？
5. 计提折旧的注意事项有哪些？
6. 归纳整理哪些业务可以在固定资产管理系统中生成凭证，生成的凭证分录是什么？

五、案例分析题

财政部与国家税务总局于 2014 年 10 月 20 日联合发布了财税〔2014〕75 号文件《关于完善固定资产加速折旧企业所得税政策的通知》，此文件推动了相关行业对固定资产采用加速折旧法。而会计信息化的广泛应用，也使得企业对众多固定资产实施加速折旧法成为可能。

某公司准备从 2020 年 1 月 1 日起，在 U8 固定资产系统中计提折旧。固定资产详细信息见表 7-8，假设所有固定资产均不考虑净残值。

表7-8　固定资产详细信息

资产名称	类别编号	所在部门	增加方式	可使用年限	开始使用日期	原值	折旧方法	月折旧额
计算机	011	销售部	直接购入	5	2018-12-31	9 000	年数总和法	
复印机	012	管理部	直接购入	8	2018-12-31	24 000	双倍余额递减法	
机床	013	生产部	直接购入	10	2018-12-31	600 000	平均年限法	

要求：

1. 请计算该公司各项固定资产已计提的折旧额。
2. 该公司 2020 年 1 月应计提的折旧额是多少？请填入表中。
3. 请写出 2020 年 1 月计提固定资产折旧的会计分录。
4. 该公司在 ERP-U8 系统中应如何设置和操作，才能在系统中自动生成计提折旧的会计凭证？请将手工编制的会计分录与系统自动生成的会计分录进行对比，查看两者是否一致。

第8章

应收应付款管理子系统

学习目标

知识目标
- 了解应收款管理子系统的功能、票据管理、坏账处理、转账处理等内容
- 明确应收款管理子系统与其他子系统的关系、应用流程,了解其参数设置、基础信息设置、核算规则设置
- 明确应收款管理子系统的制单处理、账表查询、期末处理的方法
- 掌握应收款管理子系统的期初数据录入、应收单据处理、收款单据处理

能力目标
- 能结合企业实际,进行应收款管理子系统的初始设置、日常及期末处理

案例导入

阳光公司准备于2020年1月1日启用应收款管理子系统,进行应收业务核算。

1. 业务分工
由会计马方进行应收业务核算相关操作。

2. 相关规定
该企业采用应收余额百分比法计提坏账准备,提取比例为0.5%,自动计算现金折扣,需要对应

收款进行账龄分析。

3. 本公司存货信息

本公司存货主要包括原材料类和产成品类,其中,原材料类包括芯片、硬盘、显示器、键盘和鼠标等;产成品类包括计算机和打印机等。

4. 公司本月应收相关业务

(1) 1月2日,销售部售给昌新公司家用电脑20台,单价4 000元/台,开出增值税普通发票,货已发出。

(2) 1月4日,销售部出售给精益公司商用电脑50台,无税单价6 000元/台,开出增值税专用发票。货已发出,同时代垫运费5 000元。

(3) 1月5日,收到华宏公司交来转账支票一张,金额452 000元,支票号03860982,用以归还前欠货款。

(4) 1月7日,收到昌新贸易公司交来银行汇票一张,金额550 000元,票号78902154,用以归还上月欠货款及代垫运费,剩余款转为预收账款。

(5) 1月9日,华宏公司交来转账支票一张,金额200 000元,支票号52106289,作为预购商用电脑的订金。

(6) 1月10日,将精益公司购买商用电脑的应收款339 000元转给昌新贸易公司。

(7) 1月11日,用华宏公司交来的200 000元订金冲抵其期初应收款项。

(8) 1月17日,确认本月4日为精益公司代垫运费5 000元,作为坏账处理。

(9) 1月31日,计提坏账准备。

信息化应用目标

(1) 实现发票和应收单的录入、客户信用的控制、客户收款的处理、现金折扣的处理、单据核销的处理、坏账的处理、客户利息的处理等业务处理功能。

(2) 实现应收账龄分析、欠款分析、回款分析等统计分析,提供资金流入预测功能。

(3) 实现应收票据的管理,处理应收票据的核算与追踪功能。

(4) 实现各种预警,帮助用户及时进行到期账款的催收,以防止发生坏账,对信用额度的控制有助于随时了解客户的信用情况。

(5) 实现票据的跟踪管理,可以随时对票据的计息、背书、贴现、转出等操作进行监控。

(6) 实现收付款单的批量审核、自动核销功能,并能与网上银行进行数据的交互。

知识学习

8.1 应收款管理子系统概述

应收款管理子系统与应付款管理子系统的应用极为相似,本书只介绍应收款管理子系统的应用,应付款管理子系统的应用参考应收款管理子系统。

应收款管理子系统主要用于核算和管理客户往来款项,即管理企业在日常经营过程中所产生的各种应收款数据信息。对于应收款的核算与管理既可以深入各种产品、各个地区、各个部门和各业务员,又可以从不同的角度对应收款项进行分析、决策,使购销业务系统和财务系统有机地联系起来。

在实际的经营活动中,企业与其他单位和个人发生的应收账款是非常频繁的,收款工作量比较大,拖欠款情况也时有发生,因此对应收账款的管理是一项相当繁杂的工作。应收款管理子系统可以使企业管理好应收款项,及时收回欠款,从而使企业开展正常的经营活动。应收款子系统可直接根据销售子系统产生的发票和定金自动生成凭证,记入总账子系统。客户交款时,可冲抵客户应收款,并自动计算现金折扣,生成收款凭证。系统可追踪客户的交款情况、拖欠款情况,及时提供客户的信用信息;还可以实现对已形成的应收账款进行账龄分析和估算坏账损失的功能。应收款管理子系统与总账子系统可以实现数据共享,可随时查询应收款有关的账务处理情况。

8.1.1 应收款核算和管理的应用方案

通常情况下,系统根据对客户应收款项核算和管理的程度不同,提供了以下两种应用方法。

1. 在应收款管理子系统中核算客户往来款项

如果在销售业务中应收款核算与管理内容比较复杂,需要追踪每一笔业务的应收款、收款等情况,或者需要将应收款核算具体到产品一级,那么可以选择该方法。在这种方法下,所有的客户往来凭证全部由应收款管理子系统生成,其他系统不再生成这类凭证,并由应收款管理子系统实现对应收账款的核算和管理。其主要功能包括以下几项。

(1) 根据输入的单据或由销售子系统传递过来的单据,记录应收款项的形成,包括由于商品交易和非商品交易所形成的所有应收项目。

(2) 处理应收项目的收款及转账业务。

(3) 对应收票据进行记录和管理。

(4) 在应收项目的处理过程中生成凭证,并向总账子系统进行传递。

(5) 对外币业务及汇兑损益进行处理,并向总账子系统进行传递。

(6) 根据所提供的条件,提供各种查询及统计分析。

2. 在总账子系统中核算客户往来款项

如果销售业务及应收账款业务并不十分复杂,或者现销业务很多,则可以选择在总账子系统中通过辅助核算完成对客户往来核算的管理。该方法侧重于对客户的往来款项进行查询和分析。其主要功能包括以下几项。

(1) 若同时使用销售管理子系统,则可接收销售子系统的发票,并对其进行制单处理;在制单前需要预先进行科目设置。

(2) 客户往来业务在总账子系统生成凭证后，可以在应收款管理子系统进行查询。

8.1.2 应收款管理子系统的主要功能

应收款管理子系统的功能主要包括初始化设置、日常业务处理、信息查询和期末处理。

1. 初始化设置

系统初始化包括系统参数设置、基础信息设置和期初数据录入。

2. 日常业务处理

日常业务处理是对应收款项业务的处理工作，主要包括应收单据处理、收款单处理、票据管理、转账处理和坏账处理等内容。

(1) 应收单据处理，是指用户进行单据录入和单据管理的工作。通过单据录入、单据管理，可记录各种应收业务单据的内容，查阅各种应收业务单据，完成应收业务管理的日常工作。

(2) 收款单处理，是指用户对已收到款项的单据进行输入，并进一步进行核销的过程。单据核销的主要作用是解决收回客户款项、核销该客户应收款的处理，建立收款与应收款的核销记录，监督应收款及时核销，加强往来款项的管理。

(3) 票据管理，主要是对银行承兑汇票和商业承兑汇票进行管理。票据管理可以提供票据登记簿，记录票据的利息、贴现、背书、结算和转出等信息。

(4) 转账处理，是指在日常业务处理中经常发生的应收冲应付、应收冲应收、预收冲应收及红票对冲的业务处理。

(5) 坏账处理，是指计提应收坏账准备的处理、坏账发生后的处理、坏账收回后的处理等。其主要作用是自动计提应收款的坏账准备，当坏账发生时即可进行坏账核销，当被核销的坏账又收回时即可进行相应处理。

3. 信息查询

信息查询指用户在进行各种查询结果的基础上所进行的各项分析。一般，信息查询包括单据查询、凭证查询及账款查询等，统计分析包括欠款分析、账龄分析、综合分析及收款预测分析等，便于用户及时发现问题，加强对往来款项动态的监督管理。

4. 期末处理

期末处理指用户在月末进行的结算汇兑损益及月末结账工作。如果企业有外币往来，则在月末需要计算外币单据的汇兑损益并对其进行相应的处理。如果当月业务已全部处理完毕，就需要执行月末结账处理，只有月末结账后，才可以开始下月工作。月末处理主要包括进行汇兑损益结算和月末结账。

8.1.3 应收款管理子系统与其他子系统的主要关系

对客户应收款项核算和管理的程度不同，其系统功能、接口、操作流程等均不相同。在此，以在应收款管理子系统核算客户往来款项为例，介绍应收款管理子系统与其他子系统的主要关系，如图 8-1 所示。

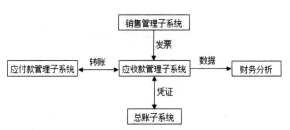

图8-1 应收款管理子系统与其他子系统的主要关系

1. 应收款管理子系统与系统管理的关系

应收款管理子系统与系统管理共享基础数据，即应收款管理子系统需要的基础数据既可以在系统管理中统一设置，也可以在应收款管理子系统中进行设置，最终的结果是由各模块共享基础数据。

2. 应收款管理子系统与销售管理子系统的关系

销售管理子系统为应收款管理子系统提供已审核的销售发票、销售调拨单及代垫费用单，在此生成凭证，并对发票进行收款结算处理。应收款管理子系统为销售管理子系统提供销售发票、销售调拨单的收款结算情况及代垫费用的核销情况。

3. 应收款管理子系统与总账子系统的关系

应收款管理子系统向总账子系统传递凭证，并能够查询其所生成的凭证。

4. 应收款管理子系统与应付款管理子系统的关系

应收款管理子系统和应付款管理子系统之间可以进行转账处理，如应收冲应付。

8.1.4 应收款管理子系统的应用流程

应收款管理子系统的操作流程如图 8-2 所示。

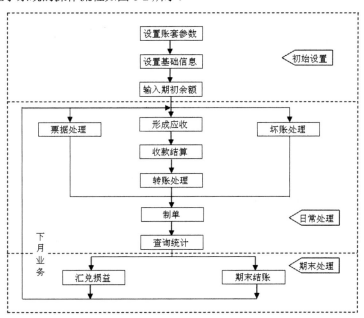

图8-2 应收款管理子系统的操作流程

8.2 应收款管理子系统初始设置

8.2.1 应收款管理子系统的参数设置

会计信息化软件为了提高适应范围，各子系统都会提供相应的系统参数，企业在实施会计信息系统初始化过程中，必须对各子系统提供的系统参数做出选择，以适应自身核算和控制管理的特点和要求。应收款管理子系统提供的主要参数通常有以下几个方面。

1. 确定应收账款核销方式

在选择应收账款核销方式时，可按余额、单据或存货3种方式进行账款核销。其具体含义如下。

(1) 如果采用按余额核销方式，系统将根据选定的单据，按单据的到期日从前向后排序，然后从时间最早的单据开始核销。

(2) 如果采用按单据核销方式，系统将满足条件的未结算单据全部列出，由用户选择要结算的单据，根据所选择的单据进行核销。

(3) 如果采用按存货核销方式，系统将满足条件的未结算单据按存货列出，由用户选择要结算的存货，根据所选择的存货进行核销。

选择不同的核销方式，将影响账龄分析的精确性。一般而言，选择按单据核销或按存货核销能够进行更精确的账龄分析。

2. 选择设置控制科目的依据

控制科目是指在应收款系统中所有带有客户往来辅助核算的科目，如应收账款、预收账款等。控制科目的设置依据有按客户分类、按客户、按地区分类3种，各项依据的具体含义如下。

(1) 按客户分类设置。客户分类是指根据一定的属性将企业的往来客户分为若干大类，针对不同的客户进行分类，设置不同的应收科目和预收科目。例如，可以根据该客户与企业发生业务往来的时间将客户分为长期客户、中期客户和短期客户；也可以根据客户的信用情况将客户分为优质客户、良性客户、一般客户和信用较差的客户等。

(2) 按客户设置。这种设置方式可以为每一种客户设置不同的应收科目和预收科目，适合特殊客户的需要。

(3) 按地区分类设置。如果客户涉及多个地区，可按地区分类设置，即针对不同的地区分类设置不同的应收科目和预收科目。例如，将客户分为华东、华北、东北等地区，则可以在不同的地区分类下设置科目。

3. 选择设置存货销售科目的依据

存货销售科目设置一般有按存货分类设置和按存货设置两种方式，各项依据的具体含义如下。

(1) 按存货分类设置。存货分类是指根据存货的属性对存货所划分的大类，在设置存货销售科目时，可针对存货分类设置不同的科目。例如，将存货分为原材料、燃料及动力、半成品及库存商品等大类，根据存货分类来设置不同的科目。

(2) 按存货设置。当存货种类不多时，可以直接针对不同的存货设置不同的科目。

4. 选择制单的方式

在选择制单方式时，有明细到客户、明细到单据和汇总制单3种方式，各种方式的具体含义如下。

(1) 明细到客户。明细到客户是指将一个客户的多笔业务合并生成一张凭证时，如果核算多笔业务的控制科目相同，系统将自动将其合并成一条分录。这种方式是为了在总账子系统中能够查看到每一个客户的详细信息。

(2) 明细到单据。明细到单据是指将一个客户的多笔业务合并生成一张凭证时，系统会将每一笔业务形成一条分录。这种方式是为了在总账子系统中能查看到每个客户的每笔业务的详细情况。

(3) 汇总制单。汇总制单是指将多个客户的多笔业务合并生成一张凭证时，如果核算多笔业务的控制科目相同，系统自动将其合并成一条分录。这种方式的目的在于精简总账子系统中的数据，但在总账子系统中只能查看到该科目的一个总的发生额。

5. 选择预收款的核销方式

在选择预收款核销方式时，有按单据核销和按余额核销两种核销方式，两种核销方式的具体含义如下。

(1) 按单据核销方式。按单据核销，应根据所选择的单据，对预收款一笔一笔地进行核销。

(2) 按余额核销方式。按余额核销，即按预收款收到的时间从前往后进行核销。

选择不同的核销方式，将影响账龄分析的精确性。一般而言，选择按单据核销能够进行更精确的账龄分析。

6. 选择计算汇兑损益的方式

在选择计算汇兑损益方式时，有外币余额结清时计算和月末计算两种计算汇兑损益的方式，两种方式的具体含义如下。

(1) 外币余额结清时计算。外币余额结清时计算是指只有当某种外币余额结清时才计算汇兑损益，否则不计算汇兑损益。在计算汇兑损益时，可显示外币余额为零且本币余额不为零的外币单据。

(2) 月末计算。月末计算是指在每个月末计算汇兑损益。在计算汇兑损益时，可显示所有外币余额不为零或本币余额不为零的外币单据。

7. 选择坏账处理方式

在选择坏账处理方式时，主要有备抵法和直接转销法两种坏账处理的方式，两种方式的具体含义如下。

(1) 备抵法。备抵法包括应收账款余额百分比法、销售余额百分比法和账龄分析法3种方法。

(2) 直接转销法。由于直接转销法不符合会计的权责发生制及收入与费用相配比原则，所以容易造成会计信息的失真。

8. 选择核算代垫费用的单据类型

根据初始设置中的"单据类型设置"，应收单的类型若分为多种时，可进行选择核算代垫费用单的单据类型的设置。若应收单不进行分类，则无须设置。

9. 选择是否显示现金折扣或输入发票的提示信息

为了鼓励客户在信用期间内提前付款而采用现金折扣政策，选择显示现金折扣及输入发票显示提示信息时，系统会在"单据结算"中显示"可享受折扣"和"本次折扣"，并计算可享受的折扣，显示发票提示信息，如该客户的信用额度余额，以及最后的交易情况。

如果选择不显示现金折扣及输入发票提示信息，则系统既不计算也不显示现金折扣和发票信息。

在账套使用过程中可以修改以上各项参数。

8.2.2 应收款管理子系统的基础信息设置

在应收款管理子系统的初始化中，需要将手工会计核算时的基本内容输入计算机中，系统才能顺利运行。需要输入的基本信息设置包括数据精度、编码方案、客户分类、客户档案、地区分类、存货分类、存货档案、部门档案、职员档案、外币及汇率、结算方式、付款条件、单据设计等。

在进行基础信息设置时，必须将与企业进行往来业务的客户的详细信息输入客户档案中，在使用时随着经济业务的扩展，可以随时向客户档案中追加新的客户。年末可将不再有往来业务联系的往来客户删除，删除时，该客户的所有业务必须全部经过核销，否则，系统将不允许删除该往来客户。建立客户档案直接关系对客户数据的统计、汇总和查询等分类处理，因此要根据实际业务需要进行设置，并要求客户档案资料完整。

基础信息的设置除单据设计外，如果在系统管理的基础设置模块和总账子系统中已经设置完成了，可以在应收款管理子系统中共享这些数据。如果还未进行设置，则需要将上述信息在应收款管理子系统的初始化中进行设置。

在各业务子系统中均提供了各种单据设计功能，利用此功能可以自行设计系统各主要单据的屏幕显示及打印页面的格式，以符合企业应用的实际需要。在应收款管理子系统中，可根据需要对普通发票、专用发票、各类应收单等的单据格式进行设计。

单据种类根据系统模块的不同而有所区别，但其设计方式一样，单据设计的内容主要包括单据头栏目和单据体栏目的增加、删除和布局。对于各种单据，系统均已设置了默认的格式及显示项目，用户若对默认的内容不满意可自行调整。

8.2.3 应收款管理子系统的业务处理核算规则设置

如果企业应收款业务类型比较固定，生成的凭证类型也较固定，则为了简化凭证生成操作，可将各业务类型凭证中的常用科目预先设置好。业务处理核算规则设置，一般包括以下几方面的内容。

1. 凭证科目的设置

1) 基本科目的设置

基本科目是指在核算应收款项时经常用到的科目，可以作为常用科目设置，而且科目必须是末级科目。

(1) 应收账款和预收账款科目。应收账款和预收账款科目是最常用的核算本位币赊销欠款和预收款的科目，可作为应收款管理子系统基本科目进行设置。企业也可根据需要将预收款并入应收账款中核算。应收和预收款科目必须是有客户类辅助核算的科目。

(2) 销售收入科目、应交税金(应交增值税销项税额)科目、销售退回科目。销售收入科目、应交税金(应交增值税销项税额)科目、销售退回科目是最常用的核算销售业务的科目，可以作为核算销售收入、销项税额和销售退回的基本科目，在应收款管理子系统中进行设置。

(3) 其他基本科目。除上述基本科目外，银行承兑科目、商业承兑科目、现金折扣科目、票据利息科目、票据费用科目、汇兑损益科目、币种兑换差异科目和坏账准备科目等都可以作为企业核算某类业务的基本科目。

2) 控制科目的设置

在核算客户的赊销欠款时，如果针对不同的客户(客户分类、地区分类)分别设置不同的应收账款科目和预收账款科目，则可以先依据设置账套参数时的选择，即选择是针对不同的客户设置，还是针对不同的客户分类设置，或者是按不同的地区分类设置，然后依次进行往来单位按客户、客户分类或地区分类的编码、名称、应收科目和预收科目等内容进行设置。

如果某个往来单位核算应收账款或预收账款的科目与常用科目设置中的一样，则可以不设置，否则，应进行设置。科目必须是有客户往来辅助核算的末级最明细科目。

3) 产品科目的设置

如果针对不同的存货(存货分类)分别设置不同的销售收入科目、应交增值税销项税额科目和销售退回科目，则也应先在账套参数中选择设置的依据，即选择是针对不同的存货设置还是针对不同的存货分类设置，然后按存货的分类编码、名称、销售收入科目、应交增值税销项税额科目和销售退回科目进行存货销售科目的设置。

如果某个存货(存货分类)的科目与常用科目设置中的一样，则可以不设置，否则，应进行设置。

4) 结算方式科目的设置

通常，企业不仅可以设置常用的科目，还可以为每种结算方式设置一个默认的科目，以便在应收账款核销时，直接按不同的结算方式生成相应的账务处理中所对应的会计科目。

2. 坏账准备的设置

坏账准备设置是指对坏账准备期初余额、坏账准备科目、对方科目及提取比率进行设置。

在第一次使用系统时，应直接输入期初余额。在以后年度使用系统时，坏账准备的期初余额由系统自动生成且不能进行修改。坏账提取比率可分别按销售收入百分比法和应收账款余额百分比法，直接输入计提的百分比。按账龄百分比法提取，可直接输入各账龄期间计提的百分比。

3. 账龄区间的设置

为了对应收账款进行账龄分析，需设置账龄区间。在进行账龄区间的设置时，账龄区间总天数和起始天数直接输入，系统根据输入的总天数自动生成相应的区间。

4. 报警级别的设置

通过对报警级别设置，系统将按照往来单位欠款余额与其受信额度的比例分为不同的类型，以便于掌握各个往来单位的信用情况。

如果企业要对应收账款的还款期限做出相应的规定，则可使用超期报警功能。在运行此功能时，系统将自动列出到当天为止超过规定期限的应收账款清单，从而使企业可以及时催款，避免不必要的经济损失。这一信息可按往来单位分类，也可按分管人员进行分类。

在进行报警级别设置时，直接输入级别名称和各区间的比率。其中，级别名称可以采用编号或其他形式，但名称最好能够上下对应。

5. 单据类型的设置

单据的类型可分为发票和应收单两大类型。如果同时使用销售子系统，则发票的类型包括增值税专用发票、普通发票、销售调拨单和销售日报等。如果单独使用应收款管理子系统，则发票的类型不包括后面两种。

应收单是记录销售业务之外的应收款情况的单据，可划分为不同的类型，以区分应收货款之外的其他应收款。例如，可以将应收单分为应收代垫费用款、应收利息款、应收罚款、其他应收款等。应收单的对应科目可自由定义。

8.2.4 应收款管理子系统的期初数据录入

在第一次使用系统时，当建立完成往来客户档案登记后，为了能使计算机顺利完成清理核销工作，必须把手工方式下尚未结清的客户往来款项输入计算机中。只有当往来期初数据准确输入后，才能正确地进行往来账的各种统计和分析。当进入第二年度时，系统会自动将上年度未全部结清的单据转为下一年度的期初余额。

在应收款管理子系统中，往来款余额是按单据形式录入的。例如，应收账款余额通过发票录入，预收账款余额通过收款单录入。输入完成后，要与总账子系统中相应的客户往来账户余额核对，以检查输入的往来未达账与相应往来科目余额是否相等。

8.3 应收款管理子系统日常及期末处理

初始化工作完成后就可以在新系统下进行业务处理了，这就是所说的日常业务处理。应收款管理子系统日常业务处理主要包括应收单据处理、收款单处理、票据管理、转账处理、坏账处理和制单等内容。

8.3.1 应收单据处理

应收单据处理指用户进行单据输入和单据管理的工作。应收单据处理是应收款管理子系统处理的起点，在应收单据处理中可以输入销售业务中的各类发票及销售业务之外的应收单据。通过单据输入，单据管理可查阅各种应收业务单据，完成应收业务管理的日常工作。其基本操作流程是：单据输入→单据审核→单据制单→单据查询。

1. 单据输入

单据输入是对未收款项的单据进行输入，输入时先用代码输入客户名称，与客户相关内容由系统自动显示，然后进行货物名称、数量和金额等内容的输入。

在进行单据输入之前，首先应确定单据名称、单据类型及方向，然后根据业务内容输入有关信息。

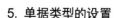填制销售专用销售发票，如图8-3所示。
操作路径：*应收款管理→应收单据处理→应收单据录入*

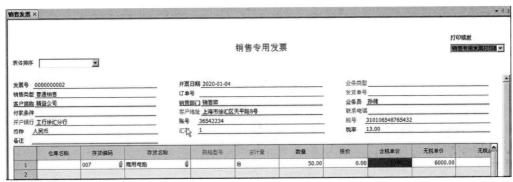

图8-3 填制销售专用发票

2. 单据审核

单据审核是在单据保存后对单据正确性做进一步审核确认。单据输入后必须经过审核才能参与结算。审核人和制单人可以是同一个人。单据被审核后，将从单据处理功能中消失，但可以通过单据查询功能查看此单据的详细资料。

3. 单据制单

单据制单是指在单据审核后由系统自动编制凭证，也可以集中处理。在应收款管理子系统中生成的凭证将由系统自动传送到总账子系统中，并由有关人员进行审核和记账等账务处理工作。

4. 单据查询

单据查询是对未审核单据的查询。通过"单据查询"功能可以查看全部单据。

8.3.2 收款单据处理

收款单据处理是对已收到款项的单据进行输入，并进一步核销的过程。在单据结算功能中，可输入收款单、付款单，并对发票及应收单进行核销，形成预收款并核销预收款，处理代付款。

应收款管理子系统的收款单用来记录企业所收到的客户款项，款项性质包括应收款、预收款、其他费用等。其中应收款、预收款性质的收款单将与发票、应收单、付款单进行核销处理。

应收款管理子系统的付款单用来记录发生销售退货时，企业开具的退付给客户的款项。该付款单可与应收、预收性质的收款单、红字应收单、红字发票进行核销处理。

1. 输入结算单据

输入结算单据是对已交来应收款项的单据进行输入，由系统自动进行结算。首先在根据已收到应收款项的单据进行输入时，必须先输入客户的名称，在进行相应操作时，系统会自动显示相关客户的信息；其次必须输入结算科目、金额和相关部门、业务员名称等内容。

单据输入完毕后，由系统自动生成相关内容。如果输入的是新的结算方式，则应先在"结算方式"中增加新的结算方式。如果要输入另一客户的收款单，则需重新选择客户的名称。

【例8-2】填制收款单，如图8-4所示。

操作路径：应收款管理→收款单据处理→收款单录入

图8-4 填制收款单

2. 单据核销

单据核销是对往来已达账做删除处理的过程，表示本笔业务已经结清，即确定收款单与原始发票之间的对应关系后，进行机内自动冲销的过程。单据核销的作用是解决收回客商款项核销该客商应收款的处理，建立收款与应收款的核销记录，监督应收款及时核销，加强往来款项的管理。明确核销关系后，可以进行精确的账龄分析，更好地管理应收账款。

如果结算金额与上期余额相等，则销账后余额为零；如果结算金额比上期余额小，则其余额为销账后的余额。单据核销可以由计算机自动进行核销，也可以手工进行核销。

由于计算机处理采用建立往来辅助账进行往来业务的管理，所以为了避免辅助账过于庞大而影响计算机运行速度，应对已核销的业务进行删除。删除工作通常在年底结账时进行。

当会计人员准备核销往来账时，应在确认往来已达账后，才能进行核销处理，删除已达账。为了防止操作不当误删记录，会计信息系统软件中一般都会设计有放弃核销或核销前做两清标记功能。例如，有的财务软件中设置有往来账两清功能，即在已达账项上打上已结清标记，待核实后才执行核销功能，经删除后的数据不能恢复；有的财务软件则设置了放弃核销功能，一旦发现操作失误，可通过此功能把被删除掉的数据恢复。

8.3.3 票据管理

用户可以在票据管理中对银行承兑汇票和商业承兑汇票进行管理，包括记录票据详细信息、记录票据处理情况。如果要进行票据登记簿管理，则必须将应收票据科目设置为带有客户往来辅助核算的科目。

当用户收到银行承兑汇票或商业承兑汇票时，应将该汇票在应收款管理子系统的票据管理中录入。系统会自动根据票据生成一张收款单，用户可以对收款单进行查询，并与应收单据进行核销勾对，冲减客户应收账款。在票据管理中，用户还可以对该票据进行计息、贴现、转出、结算、背书等处理。

8.3.4 转账处理

转账处理，是指在日常业务处理中经常发生的应收冲应付、应收冲应收、预收冲应收及红票对冲的业务处理。

1. 应收冲应付

应收冲应付，是指用某客户的应收账款冲抵某供应商的应付款项。系统通过应收冲应付功能将应收款业务在客户和供应商之间进行转账，实现应收业务的调整，解决应收债权与应付债务的冲抵。

2. 应收冲应收

应收冲应收，是指将一家客户的应收款转到另一家客户中。通过应收冲应收功能可将应收款业务在客商之间进行转入、转出，实现应收业务的调整，解决应收款业务在不同客商之间入错户或合并户的问题。

【例8-3】 应收冲应收，如图 8-5 所示。

操作路径：应收款管理→转账→应收冲应收

图8-5 应收冲应收

3. 预收冲应收

预收冲应收，是指处理客户的预收款和该客户应收欠款的转账核销业务，即某一个客户有预收款时，可用该客户的一笔预收款冲其一笔应收款。

4. 红票对冲

红票对冲可实现某客户的红字应收单与其蓝字应收单、收款单与付款单之间进行冲抵。例如，当发生退票时，用红字发票对冲蓝字发票。红票对冲通常可以分为系统自动冲销和手工冲销两种处理方式。自动冲销可同时对多个客户依据红票对冲规则进行红票对冲，提高红票对冲的效率。手工冲销对一个客户进行红票对冲，可自行选择红票对冲的单据，提高红票对冲的灵活性。

8.3.5 坏账处理

> **？思考与理解：**
> 应付款管理系统有坏账处理功能吗？

"坏账"是指购货方因某种原因不能付款，造成货款不能收回的信用风险。坏账处理就是对"坏账"采取的措施，主要包括计提坏账准备、坏账发生、坏账收回、生成输出催款单等。

1. 计提坏账准备

计提坏账准备的方法主要有销售收入百分比法、应收账款余额百分比法和账龄分析法。

1) 销售收入百分比法

销售收入百分比法是指由系统自动算出当年销售收入总额，并根据计提比率计算出本次计提金额。

初次计提时,如果没有预先的设置,应先进行初始设置,设置的内容包括提取比率、坏账准备期初余额。销售总额的默认值为本会计年度发票总额,企业可以根据实际情况进行修改,但计提比率不能在此修改,只能在初始设置中改变。

2) 应收账款余额百分比法

应收账款余额百分比法是指由系统自动算出当年应收账款余额,并根据计提比率计算出本次计提金额。

初次计提时,如果没有预先设置,应先进行初始设置,设置的内容包括提取比率及坏账准备期初余额。应收账款余额的默认值为本会计年度最后一天的所有未结算完的发票和应收单余额之和减去预收款数额的差值,有外币账户时,用其本位币余额。企业可以根据实际情况对默认值进行修改。计提比率不能在此修改,只能在初始设置中改变。

【例8-4】 计提本月坏账准备,如图8-6所示。

操作路径: 应收款管理→坏账处理→计提坏账准备

应收账款…	计提比率	坏账准备	坏账准备余额	本次计提
171,000.00	0.500%	855.00	-5,000.00	5,855.00

图8-6 计提坏账准备

3) 账龄分析法

账龄分析法是根据应收账款入账时间的长短来估计坏账损失的方法。它是企业加强应收账款回收与管理的重要方法之一。一般来说,账款拖欠的时间越长,发生坏账的可能性就越大。

系统自动算出各区间应收账款余额,并根据计提比率计算出本次计提金额。

初次计提时,如果没有预先设置,应先进行初始设置。各区间余额由系统自动生成(由本会计年度最后一天的所有未结算完的发票和应收单据余额之和减去预收款数额的差值),企业也可以根据实际情况对其进行修改。计提比率不能在此修改,只能在初始设置中改变。

2. 坏账发生

发生坏账损失业务时,一般需输入客户名称、日期(指发生坏账日期,该日期应大于已经记账的日期,小于当前业务日期)、业务员(指业务员编号或业务员名称)及部门(指部门编号或部门名称,如果不输入部门,表示选择所有的部门)等内容。

3. 坏账收回

处理坏账收回业务时,一般需输入客户名称、收回坏账日期(如果不输入日期,系统默认为当前业务日期。输入的日期应大于已经记账的日期,小于当前业务日期)、收回的金额、业务员编号或名称、部门编号或名称、选择所需要的币种、结算单号(系统将调出该客户所有未经过处理的且金额等于收回金额的收款单,可选择该次收回业务所形成的收款单)等内容。

4. 生成输出催款单

催款单是对客户或对本单位职工的欠款催还的管理方式。催款单用于设置有辅助核算的应收账款和其他应收款的科目。

不同行业的催款单的预制格式不同,其内容主要包括两个部分:系统预置的文字性的叙述和由系统自动取数生成的应收账款或其他应收款对账单。通常可以对其内容进行修改编辑,在修改退出时，系统会自动保存本月所做的最后一次修改。

打印输出催款单时，可以打印所有客户的应收账款或所有职员的其他应收款(备用金)，也可以有选择地打印某一个客户或某一位职员的催款单。催款单中还可以按条件显示所有的账款和未核销的账款金额。

8.3.6 制单处理

用户使用制单功能进行批处理制单，可以快速、成批地生成凭证。制单类型包括应收单据制单、结算单制单、坏账制单、转账制单、汇兑损益制单等。企业可根据实际情况选取需要制单的类型。制单时一般包括制单日期、凭证类别、选择要进行制单的单据和进入凭证界面编制凭证等内容。

8.3.7 账表查询

应收款管理子系统的一般查询主要包括单据查询、凭证查询及账款查询等。用户在各种查询结果的基础上可以进行各项统计分析。统计分析包括欠款分析、账龄分析、综合分析及收款预测分析等。通过统计分析，可以按用户定义的账龄区间，进行一定期间内应收账款账龄分析、收款账龄分析、往来账龄分析，了解各个客户应收款的周转天数、周转率，了解各个账龄区间内应收款、收款及往来情况，及时发现问题，加强对往来款项的动态管理。

1. 单据查询

单据查询包括对发票、应收单、结算单和凭证的查询。用户可以查询已经审核的各类型应收单据的收款、结余情况；也可以查询结算单的使用情况；还可以查询本系统所生成的凭证，并且对其进行修改、删除、冲销等。

1) 凭证查询

用户通过凭证查询可以查看、修改、删除、冲销应收款管理子系统传递到总账子系统中的凭证，同时还可以查询凭证对应的原始单据。

2) 单据查询

单据查询包括对发票、应收单及结算单的查询，可以查询已经审核的各类型应收单据的收款情况、结余情况，也可以查询结算单的使用情况。

2. 业务账表查询

业务账表查询可以进行总账、明细账、余额表和对账单的查询，并可以实现总账、明细账、单据之间的联查。

1) 业务总账表查询

用户通过业务总账表查询可以查看客户、客户分类、地区分类、部门、业务员、客户总公司、主管业务员、主管部门在一定月份期间所发生的应收、收款及余额情况。

2) 业务余额表查询

用户通过业务余额表查询可以查看客户、客户分类、地区分类、部门、业务员、客户总公司、主管业务员、主管部门在一定期间所发生的应收、收款及余额情况。

3) 业务明细账查询

用户通过业务明细账查询可以查看客户、客户分类、地区分类、部门、业务员、存货分类、存货、客户总公司、主管业务员、主管部门在一定期间内发生的应收及收款的明细情况。

4) 对账单查询

用户通过对账单查询可以获得一定期间内各客户、客户分类、客户总公司、地区分类、部门、业务员、主管部门、主管业务员的对账单并生成相应的催款单。

3. 业务账表分析

业务账表分析是应收款管理的一项重要功能，对于资金往来比较频繁、业务量大、金额也比较大的企业，业务账表分析功能更能满足企业的需要。业务账表分析功能主要包括应收账款的账龄分析、收款账龄分析、欠款分析、收款预测等。

1) 应收账款的账龄分析

应收账款的账龄分析主要是分析客户、存货、业务员、部门或单据的应收款余额的账龄区间分布，计算出各种账龄应收账款占总应收账款的比例，以帮助财务人员了解分析应收账款的资金占用情况，便于企业及时催收款项；同时还可以设置不同的账龄区间进行分析，既可以进行应收款的账龄分析，也可以进行预收款的账龄分析。

2) 收款账龄分析

收款账龄分析主要分析客户、产品、单据的收款账龄。

3) 欠款分析

欠款分析提供多对象分析，可以分析截止到某一日期，客户、部门或业务员的欠款构成、欠款数额、信用额度的使用情况，以及报警级别和最后业务信息。

4) 收款预测

收款预测可以预测将来的某一段日期范围内，客户、部门或业务员等对象的收款情况，并且提供比较全面的预测对象、显示格式。

8.3.8 期末处理

企业在期末主要完成计算汇兑损益和月末结账两项业务处理工作。

1. 计算汇兑损益

如果客户往来有外币核算，且在应收款管理子系统中核算客户往来款项，则在月末需要计算外币单据的汇兑损益并进行相应的处理。在计算汇兑损益之前，应首先在系统初始设置中选择汇兑损益的处理方法。通常系统会提供两种汇兑损益的处理方法：月末计算汇兑损益和单据结清时计算汇兑损益。

2. 月末结账

如果确认本月的各项业务处理已经结束，则可以选择执行月末结账功能。结账后本月不能再进行单据、票据、转账等任何业务的增加、删除、修改等处理。另外，如果上个月没有结账，则本月不能结账，同时一次只能选择一个月进行结账。

如果用户觉得某月的月末结账有错误，则可以取消月末结账。但取消结账操作只有在该月总账子系统未结账时才能进行。如果启用了销售子系统，则销售子系统结账后，应收款管理子系统才能结账。

结账时还应注意本月的单据(发票和应收单)在结账前应该全部审核；若本月的结算单还有未核销的，则不能结账；如果结账期间是本年度最后一个期间，则本年度进行的所有核销、坏账、转账等处理必须制单，否则不能向下一个年度结转，而且对于本年度外币余额为零的单据必须将本币余额结转为零，即必须执行汇兑损益。

实践应用

实验九 应收款管理

【实验目的】

1. 掌握用友 ERP-U8 管理软件中应收款管理系统的相关内容。
2. 掌握应收款管理系统初始化、日常业务处理及月末处理的操作。
3. 理解应收款管理在总账核算与在应收款管理系统核算时的区别。

【实验内容】

1. 初始化：设置账套参数、初始设置。
2. 日常处理：形成应收、收款结算、转账处理、坏账处理、制单、查询统计。
3. 期末处理：月末结账。

【实验准备】

1. 将计算机系统时间调整为 2020 年 1 月 31 日。
2. 引入"实验三"账套数据。

【实验资料】

1. 初始设置

1) 选项设置(见表 8-1)。

表8-1 选项设置

控制参数	参数设置
坏账处理方式	应收余额百分比法
自动计算现金折扣	√

2) 科目设置(见表 8-2)。

表8-2 科目设置

科目类别	设置方式
基本科目设置	应收科目：1122 预收科目：2203 销售收入科目：6001 税金科目：22210102
结算方式科目设置	结算方式：现金；币种：人民币；科目：1001 结算方式：现金支票；币种：人民币；科目：100201 结算方式：转账支票；币种：人民币；科目：100201

3) 坏账准备设置(见表8-3)。

表8-3 坏账准备设置

控制参数	参数设置
提取比例	0.5%
坏账准备期初余额	0
坏账准备科目	1231
对方科目	6701

4) 账期内账龄区间及逾期账龄区间(见表8-4)。

表8-4 账期内账龄区间及逾期账龄区间

序号	起止天数	总天数
01	0～30	30
02	31～60	60
03	61～90	90
04	91以上	

5) 计量单位组(见表8-5)。

表8-5 计量单位组

计量单位组编号	计量单位组名称	计量单位组类别
01	无换算关系	无换算

6) 计量单位(见表8-6)。

表8-6 计量单位

计量单位编号	计量单位名称	所属计量单位组名称
01	块	无换算关系
02	条	无换算关系
03	台	无换算关系
04	包	无换算关系
05	千米	无换算关系

7) 存货分类(见表8-7)。

表8-7 存货分类

存货类别编码	存货类别名称
01	原材料
02	产成品
03	配套用品
04	应税劳务

8) 存货档案(见表 8-8)。

表8-8 存货档案

存货编码	存货名称	所属类别	主计量单位	税率	存货属性	参考成本	参考售价
001	主板	01 原材料	块	13%	内销、外购、生产耗用	500	600
002	CPU	01 原材料	块	13%	内销、外购、生产耗用	800	1 000
003	内存条	01 原材料	条	13%	内销、外购、生产耗用	100	200
004	硬盘	01 原材料	块	13%	内销、外购、生产耗用	750	950
005	显示器	01 原材料	台	13%	内销、外购、生产耗用	1 200	1 500
006	家用电脑	02 产成品	台	13%	内销、自制	3 000	4 000
007	商用电脑	02 产成品	台	13%	内销、自制	4 000	6 000
008	打印机	03 配套用品	台	13%	外购、内销	1 500	2 000
009	打印纸	03 配套用品	包	13%	外购、内销	15	20
999	运输费	04 应税劳务	千米	9%	内销、外购、应税劳务		

9) 期初余额(见表 8-9～表 8-11)。

会计科目：应收账款(1122)　　　余额：借 954 000 元

表8-9 增值税专用发票

开票日期	客户	销售部门	科目	货物名称	数量	单价	税率	金额
2019-12-10	华宏公司	销售部	1122	家用电脑	100	4 000	13%	452 000

表8-10 增值税普通发票

开票日期	客户	销售部门	科目	货物名称	数量	含税单价	金额
2019-12-25	昌新公司	销售部	1122	打印机	200	2 500	500 000

表8-11 其他应收单

单据日期	科目编号	客户	销售部门	金额	摘要
2019-12-25	1122	昌新公司	销售部	2 000	代垫运费

10) 本单位开户银行

编码：01；名称：工商银行北京分行中关村分理处；账号：831658796200。

2. 1月份发生经济业务

(1) 1月2日，销售部售给昌新公司家用电脑 20 台，含税单价 4 000 元/台，开出增值税普通发票，货已发出。

(2) 1月4日，销售部出售给精益公司商用电脑 50 台，无税单价 6 000 元/台，开出增值税专用发票。货已发出，同时代垫运费 5 000 元，以工行存款支付。

(3) 1月5日，收到华宏公司交来转账支票一张，金额 452 000 元，支票号 03860982，用以归还上月欠货款。

(4) 1月7日，收到昌新贸易公司交来银行汇票一张，金额 550 000 元，票号 78902154，用以归还上月欠货款及代垫运费，剩余款转为预收账款。

(5) 1月9日，昌新公司交来银行汇票一张，金额200 000元，票号52106289，作为预购商用电脑的订金。

(6) 1月10日，将精益公司购买商用电脑的应收款339 000元转给昌新贸易公司。

(7) 1月11日，用昌新公司交来的200 000元订金冲抵其应收款。

(8) 1月17日，确认本月4日为精益公司代垫运费5 000元，作为坏账处理。

(9) 1月31日，计提坏账准备。

【实验要求】

以账套主管"陈明"的身份进行应收款管理操作。

【操作指导】

1. 启用应收款管理子系统

(1) 以账套主管"陈明"的身份登录企业应用平台，启用"应收款管理"系统，启用日期为"2020-01-01"。

(2) 在企业应用平台的"业务工作"选项卡中，选择"财务会计"|"应收款管理"选项，打开应收款管理菜单。

2. 初始设置

1) 设置选项 sy9-21.mp4

(1) 执行"设置"|"选项"命令，打开"账套参数设置"对话框。

(2) 单击"编辑"按钮，按实验资料进行控制参数设置。

sy9-21

> **注意：**
> - 应收款管理系统的核销方式一经确定，不允许调整。
> - 如果当年已计提过坏账准备，则坏账处理方式不允许修改，只能在下一年度修改。

2) 初始设置 sy9-22.mp4

(1) 执行"设置"|"初始设置"命令，进入"初始设置"窗口。

(2) 按实验资料进行基本科目设置、结算方式科目设置、坏账准备设置、账期内账龄区间设置和逾期账龄区间设置。

sy9-22

3) 设置计量单位组和计量单位 sy9-23.mp4

(1) 在"企业应用平台"中，执行"基础设置"|"基础档案"|"存货"|"计量单位"命令，进入"计量单位—计量单位组别"窗口。

(2) 单击"分组"按钮，打开"计量单位分组"对话框。

(3) 单击"增加"按钮，按实验资料输入单位组信息并保存，退出。

(4) 选择"无换算关系"计量单位组，单击"单位"按钮，打开"计量单位设置"对话框，按实验资料输入单位信息。

sy9-23

4) 设置存货分类和存货档案 sy9-241.mp4 sy9-242.mp4

(1) 在"企业应用平台"中，执行"基础设置"|"基础档案"|"存货"|"存货分类"命令，进入"存货分类"窗口。

(2) 按实验资料进行存货分类设置。

sy9-241   sy9-242

(3) 执行"基础设置"|"基础档案"|"存货"|"存货档案"命令，进入"存货档案"窗口。
(4) 选择存货分类"1 原材料"，单击"增加"按钮，进入"存货档案卡片"窗口。
(5) 按实验资料输入存货档案。

5) 输入开户银行信息 ▇ sy9-25.mp4

在企业应用平台的"基础设置"中，执行"基础档案"|"收付结算"|"本单位开户银行"命令，输入本单位开户银行信息。

sy9-25

6) 输入期初余额

● 输入期初销售专用发票 ▇ sy9-261.mp4

(1) 在应收款管理子系统中，执行"设置"|"期初余额"命令，打开"期初余额—查询"对话框。
(2) 单击"确定"按钮，进入"期初余额明细表"窗口。
(3) 单击"增加"按钮，打开"单据类别"对话框。
(4) 选择单据名称"销售发票"，单据类型"销售专用发票"。
(5) 单击"确定"按钮，进入"期初销售发票"窗口，再单击"增加"按钮。
(6) 输入开票日期"2019-12-10"，客户名称"华宏公司"，销售部门"销售部"，科目1122。

sy9-261

(7) 选择货物名称"家用电脑"；输入数量100，无税单价4 000，税率13%，金额自动算出；单击"保存"按钮。

■ 注意：
输入期初销售发票时，要确定科目，以方便与总账管理系统的应收账款对账。

● 输入期初销售普通发票 ▇ sy9-262.mp4

执行"设置"|"期初余额"命令，选择"销售普通发票"，根据实验资料填制普通发票信息。

● 输入期初其他应收单 ▇ sy9-263.mp4

sy9-262   sy9-263

(1) 在"期初余额明细表"窗口中，单击"增加"按钮，打开"单据类别"对话框。
(2) 选择单据名称"应收单"，单据类型"其他应收单"，单击"确认"按钮，进入"应收单"窗口。
(3) 单击"增加"按钮，输入单据日期"2019-12-25"，科目编号 1122，客户"昌新公司"，销售部门"销售部"，金额2 000，摘要"代垫费用"，单击"保存"按钮。

● 期初对账 ▇ sy9-264.mp4

(1) 在"期初余额明细表"窗口中，单击"对账"按钮，进入"期初对账"窗口。

(2) 查看应收款管理系统与总账管理系统的期初余额是否平衡。
(3) 关闭"期初对账"窗口，返回"期初余额明细表"窗口。

sy9-264

■ 注意：
应收款管理系统与总账管理系统的期初余额的差额应为零，即两个系统的客户往来科目的期初余额应完全一致。

3. 日常处理

1) 业务1：输入并审核普通发票 ▶ sy9-31.mp4

(1) 执行"应收单据处理" | "应收单据录入"命令，打开"单据类别"对话框。
(2) 选择单据名称"销售发票"，单据类型"销售普通发票"。
(3) 单击"确定"按钮，进入"销售普通发票"窗口。
(4) 单击"增加"按钮，输入开票日期"2020-01-02"；双击销售类型参照按

sy9-31

钮，在销售类型基本参照窗口中编辑如表8-12所示的销售类型并选择出库类别(也需要编辑)。

表8-12 销售类型

销售类型编码	销售类型名称	出库类别	是否默认值
1	普通销售	销售出库	是

(5) 选择客户名称"昌新公司"；选择货物名称"家用电脑"；输入数量20，单价4 000，金额自动算出，单击"保存"按钮。
(6) 单击"审核"按钮，系统弹出"是否立即制单？"信息提示对话框。
(7) 单击"是"按钮，生成销售收入凭证，单击"保存"按钮。退出。

> **注意：**
> - 此凭证贷方科目"6001主营业务收入"的辅助核算信息：数量20；单价不用输入；项目"家用电脑"。
> - 如果应收款管理系统与销售管理系统集成使用，销售发票在销售管理系统中录入并审核，应收款管理系统可对这些销售发票进行查询、核销、制单等操作。
> - 如果没有使用销售管理系统，则在应收款管理系统中录入并审核销售发票，以形成应收款，并对这些发票进行查询、核销、制单等操作。

2) 业务2
- 输入并审核专用发票 ▶ sy9-321.mp4

(1) 执行"应收单据处理" | "应收单据录入"命令，打开"单据类别"对话框。
(2) 选择单据名称"销售发票"，单据类型"销售专用发票"，单击"确定"

sy9-321

按钮，进入"销售专用发票"窗口。
(3) 单击"增加"按钮，输入开票日期"2020-01-04"，客户名称"精益公司"、销售类型"普通销售"。
(4) 选择货物名称"商用电脑"；输入数量50，无税单价6 000，金额自动计算出，单击"保存"按钮。
(5) 单击"审核"按钮，系统弹出"是否立即制单？"信息提示对话框。
(6) 单击"是"按钮，生成记账凭证，保存并退出。
- 输入并审核其他应收单据 ▶ sy9-322.mp4

(1) 执行"应收单据处理" | "应收单据录入"命令，打开"单据类别"对话框。
(2) 选择单据名称"应收单"，单据类型"其他应收单"，单击"确定"按钮，进入"其他应收单"窗口。

sy9-322

(3) 单击"增加"按钮，输入单据日期"2020-01-04"，客户名称"精益公司"，金额 5 000，摘

要"代垫运费"。

(4) 选择对应科目 100201，单击"保存"按钮。

(5) 单击"审核"按钮，系统弹出"是否立即制单？"信息提示对话框。

(6) 单击"是"按钮，生成记账凭证，保存并退出。

> **注意：**
> - 已审核和生成凭证的应收单不能修改删除。若要修改和删除，则必须取消相应的操作。
> - 应收款管理系统与销售管理系统集成使用时，需对由销售管理系统中代垫费用单据所形成的应收单据进行审核。

3) 业务 3：输入一张收款单据并完全核销应收款 sy9-33.mp4

(1) 执行"收款单据处理"|"收款单据录入"命令，进入"收付款单录入"窗口。

(2) 单击"增加"按钮。

(3) 输入日期"2020-01-05"，选择客户"华宏公司"，结算方式"转账支票"，金额 452 000，票据号 03860982，单击"保存"按钮。

sy9-33

(4) 单击"审核"按钮，系统弹出"是否立即制单？"信息提示对话框。

(5) 单击"是"按钮，生成记账凭证。保存并关闭凭证。

(6) 单击"核销"按钮，在 2019 年 12 月 10 日的发票中输入本次结算金额 452 000。

(7) 单击"保存"按钮，退出。

> **注意：**
> - 录入收款单据内容时，结算方式、结算科目及金额不能为空。
> - 系统自动生成的结算单据号不能进行修改。
> - 已核销的收款单据不允许修改和删除。

4) 业务 4：输入一张收款单据，部分核销应收款，部分形成预收账款 sy9-34.mp4

(1) 在"收款单录入"窗口中单击"增加"按钮。

(2) 输入日期"2020-01-07"，选择客户"昌新公司"，结算方式"其他"，金额 550 000，票号 78902154。

(3) 在表体中，分别选择款项类型为应收款、金额 502 000 元和预收款、金额 48 000 元，单击"保存"按钮。

sy9-34

(4) 单击"审核"按钮，系统弹出"是否立即制单？"信息提示对话框，单击"是"按钮，生成记账凭证，保存并关闭凭证。

(5) 单击"核销"按钮，在 2019 年 12 月 25 日的结算单据中，输入专用发票本次结算额 500 000，其他应收单据本次结算额 2 000，单击"保存"按钮。

5) 业务 5：输入一张收款单据全部形成预收款 sy9-35.mp4

(1) 在"收款单录入"窗口中，单击"增加"按钮。

(2) 输入表头项目：选择客户"昌新公司"，输入日期"2020-01-09"，结算方式"其他"，金额 200 000，票据号 52106289。表体项目款项类型选择"预收款"。

sy9-35

(3) 单击"保存"按钮，再单击"审核"按钮，系统弹出"是否立即制单？"

信息提示对话框。

(4) 单击"是"按钮,生成记账凭证,保存并退出。

> **注意:**
> - 全部款项形成预收款的收款单,可在"收付款单查询"功能中查看。
> - 以后可通过"预收冲应收"及"核销"等操作使用此笔预收款。

6) 业务6:应收冲应收 sy9-36.mp4

sy9-36

(1) 执行"转账"|"应收冲应收"命令,进入"应收冲应收"窗口。
(2) 选择转出户"精益公司",转入户"昌新公司"。
(3) 单击"查询"按钮,系统列出转出客户"精益公司"的未核销的应收款。
(4) 在 2020-01-04 的销售专用发票单据行最后一栏并账金额中输入 339 000,单击"保存"按钮,系统弹出"是否立即制单?"信息提示对话框。
(5) 单击"是"按钮,生成记账凭证,保存并退出。

7) 业务7:预收冲应收 sy9-37.mp4
(1) 执行"转账"|"预收冲应收"命令,进入"预收冲应收"窗口。
(2) 输入日期"2020-01-11"。
(3) 单击打开"预收款"选项卡,选择客户"昌新公司"。单击"过滤"按钮,系统列出该客户的预收款,输入转账金额 200 000。
(4) 打开"应收款"选项卡,单击"过滤"按钮,系统列出该客户的应收款,在 1 月 4 日的应收款中,输入转账金额 200 000。
(5) 单击"确定"按钮,系统弹出"是否立即制单?"信息提示对话框。
(6) 单击"是"按钮,生成记账凭证,保存并退出。

sy9-37

> **注意:**
> - 每一笔应收款的转账金额不能大于其余额。
> - 应收款的转账金额合计应等于预收款的转账金额合计。
> - 在初始设置时,如果将应收科目和预收科目设置为同一科目,将无法通过"预收冲应收"功能生成凭证。
> - 此笔预收款也可不先冲应收款,待收到此笔货款的剩余款项并进行核销时,再同时使用此笔预收款进行核销。

8) 业务8:发生坏账 sy9-38.mp4

sy9-38

(1) 执行"坏账处理"|"坏账发生"命令,打开"坏账发生"对话框。
(2) 选择客户"精益公司",输入日期"2020-01-17",选择币种"人民币"。
(3) 单击"确定"按钮,进入"坏账发生单据明细"窗口,系统列出该客户所有未核销的应收单据。
(4) 在"本次发生坏账金额"处输入 5 000,单击"确认"按钮。
(5) 系统弹出"是否立即制单?"信息提示对话框,单击"是"按钮,生成记账凭证,保存并退出。

9) 业务9：计提坏账准备 ▪ sy9-39.mp4

(1) 执行"坏账处理"|"计提坏账准备"命令，进入"应收账款百分比法"窗口。

(2) 系统根据应收账款余额、坏账准备余额、坏账准备初始设置情况自动计算出本次计提金额。

(3) 单击"确认"按钮，系统弹出"是否立即制单？"信息提示对话框。

(4) 单击"否"按钮，暂不生成凭证。

sy9-39

▎注意：

如果坏账准备已计提成功，本年度将不能再次计提坏账准备。

10) 制单

● 立即制单

(1) 在单据进行完相应的操作后，系统弹出"是否立即制单？"信息提示对话框。单击"是"按钮，便可立即生成一张凭证。

(2) 修改后，单击"保存"按钮，此凭证可传递到总账管理系统。

● 批量制单 ▪ sy9-3102.mp4

(1) 执行"制单处理"命令，打开"制单查询"对话框。

(2) 选中"坏账处理制单"复选框，单击"确定"按钮，进入"销售发票制单"窗口。

sy9-3102

(3) 选择凭证类别为"转账凭证"，单击"全选"按钮。

(4) 单击"制单"按钮，进入"填制凭证"窗口，检查凭证信息是否正确、完整。

(5) 单击"保存"按钮，凭证左上方出现"已生成"字样，表明此凭证已传递至总账。退出。

▎注意：

● 执行生成凭证的操作员，必须在总账管理系统中拥有制单的权限。
● 批量制单的类型常见的有应收单据制单、收付款单据制单、应收冲应付制单、预收冲应收制单、坏账处理制单。
● 制单日期应大于等于所选单据的最大日期，但小于当前业务日期。同时，制单日期应满足总账管理系统中制单序时要求。

11) 查询统计 ▪ sy9-311.mp4

(1) 单据查询。

(2) 业务账表查询。

(3) 科目账表查询。

(4) 账龄分析。

sy9-311

4. 期末处理

1) 结账

(1) 执行"期末处理"|"月末结账"命令，打开"月末处理"对话框。

(2) 双击1月份的"结账标志"栏。

(3) 单击"下一步"按钮，屏幕显示各处理类型的处理情况。

(4) 在处理情况都是"是"的情况下,单击"完成"按钮,结账后,系统弹出"月末结账成功!"信息提示对话框。

(5) 单击"确定"按钮,系统自动在对应的结账月份的"结账标志"栏中显示"已结账"字样。

> **注意:**
> - 本月的单据在结账前应全部审核;本月的结算单据在结账前应全部核销。
> - 应收款管理系统结账后,总账管理系统才能结账。
> - 应收款管理系统与销售管理系统集成使用,应在销售管理系统结账后,才能对应收款管理系统进行结账处理。

2) 取消结账(选做内容)

(1) 执行"期末处理"|"取消月结"命令,打开"取消结账"对话框。

(2) 选择"1月 已结账"栏。

(3) 单击"确定"按钮,系统弹出"取消结账成功!"信息提示对话框。

(4) 单击"确定"按钮,当月结账标志即被取消。

> **注意:**
> 如果当月总账管理系统已经结账,则应收款管理系统不能取消结账。

【参考答案】

以上应收日常及期末业务经过处理后,在应收核算系统中生成相应记账凭证并传递到总账,最后在总账管理系统中可以查询到如表 8-13 所示的凭证。

表8-13 应收日常业务及期末业务生成凭证一览表

业务号	业务日期	业务单据	会计分录		来源
1	01-02	销售普通发票	借:应收账款 贷:主营业务收入 　　应交税费/应交增值税/销项税	80 000 70796.46 9203.54	应收款
2	01-04	销售专用发票	借:应收账款 贷:主营业务收入 　　应交税费/应交增值税/销项税	339 000 300 000 39 000	应收款
	01-04	其他应收单	借:应收账款 贷:银行存款/工行存款	5 000 5 000	应收款
3	01-05	收款单	借:银行存款/工行存款 贷:应收账款	452 000 452 000	应收款
4	01-07	收款单	借:银行存款/工行存款 贷:应收账款 　　预收账款	550 000 502 000 48 000	应收款
5	01-09	收款单	借:银行存款/工行存款 贷:预收账款	200 000 200 000	应收款

(续表)

业务号	业务日期	业务单据	会计分录		来源
6	01-10	应收冲应收	借：应收账款(客户：昌新)	339 000	应收款
			借：应收账款(客户：精益)	-339 000	
7	01-11	预收冲应收	贷：预收账款(客户：昌新)	-200 000	应收款
			贷：应收账款(客户：精益)	200 000	
8	01-17	发生坏账	借：坏账准备	5 000	应收款
			贷：应收账款	5 000	
9	01-31	计提坏账准备	借：资产减值损失	5 915	应收款
			贷：坏账准备	5 915	

巩固提高

一、单选题

1. 下列与应收款管理子系统没有数据联系的是(　　)子系统。
   A. 销售　　　　　B. 总账　　　　　C. 应付　　　　　D. 工资
2. 应收款系统中设置控制科目的依据不包括(　　)。
   A. 按客户分类设置　B. 按客户设置　C. 按存货设置　D. 按地区分类设置
3. 在应收款系统中，期初发票是指还未核销的(　　)，在系统中以单据的形式列示，已核销部分金额不显示。
   A. 应收账款　　　B. 预收账款　　　C. 应收票据　　　D. 其他应收款
4. 在应收款系统中，基础档案的准备应不包括(　　)。
   A. 设置客户档案　B. 设置存货档案　C. 设置供应商档案　D. 设置结算方式

二、多选题

1. 在选择应收账款核销方式时，可按(　　)方式进行账款核销。
   A. 余额　　　　　B. 单据　　　　　C. 存货　　　　　D. 日期
2. 应收系统可以选择(　　)制单方式。
   A. 明细到客户　　B. 明细到单据　　C. 明细到存货　　D. 汇总制单
3. 在应收款系统中，通过业务账表查询，可以及时了解一定时期内期初应收款结存汇总情况及(　　)等情况。
   A. 应收款发生　　　　　　　　B. 收款发生的汇总
   C. 坏账准备计提　　　　　　　D. 期末应收款结存汇总
4. 在应收款系统中，转账处理包括(　　)。
   A. 应收冲应付　　B. 应收冲应收　　C. 预收冲应收　　D. 红票对冲

三、判断题

1. 应收款管理子系统主要用于核算和管理客户往来款项，即管理企业在日常经营过程中所产生的各种应收款数据信息。(　　)
2. 应收款管理子系统向总账子系统传递销售发票。(　　)

3. 应收冲应付是指用某客户的应收账款冲抵某客户的应付款项。 （ ）
4. 应收系统中，单据的查询包括发票、应收单、结算单和凭证的查询。 （ ）
5. 在应收款系统中，手工核销及自动核销一次均可对多个客户进行核销处理。 （ ）

四、简答题

1. 应收款管理子系统的主要功能有哪些？
2. 简述应收款管理子系统与其他子系统的主要关系。
3. 应收款管理子系统初始化时设置的参数有哪些？
4. 应收款管理子系统日常业务处理的主要内容有哪些？
5. 坏账处理包括哪些内容？
6. 应收款管理子系统可以进行哪些统计分析？

五、案例分析题

随着我国市场经济的发展，市场竞争日益激烈，目前市场上基本都是供大于求的买方市场。为了扩大产品销售规模，提高市场占有率，增加销售收入，企业除了依靠产品质量、价格、售后服务扩大销售外，赊销也成为扩大销售的主要手段。赊销必然形成应收账款，赊销越多，应收账款占用的资金越多，给企业正常经营带来的风险越大。强化应收账款管理，完善应收账款的管理机制，对降低企业财务风险，提高经济效益具有重要意义。

ERP-U8 软件应收款管理子系统中，除了可以进行应收账款的核算之外，还提供了应收账款的管理功能。

要求：

1. 请结合 ERP-U8 软件，谈一谈软件中哪些地方体现了应收账款的管理功能，是如何体现的。
2. 请试写一篇小论文，论文题目为《如何借助 ERP 软件加强企业应收账款的管理》。

第9章 供应链管理子系统初始化

学习目标

知识目标
- 了解供应链管理子系统的功能及应用方案
- 掌握供应链管理子系统初始设置的相关内容

能力目标
- 能结合企业实际,进行供应链子系统的初始设置

案例导入

阳光公司准备于2020年1月1日启用采购管理、销售管理、库存管理、存货核算、应收款管理、应付款管理子系统,进行供应链系统初始设置。

1. 业务分工
由账套主管陈明进行供应链初始设置的相关操作。

2. 供应链初始设置的内容
该公司供应链初始设置的信息主要包括基础信息设置、基础科目设置及期初数据录入。

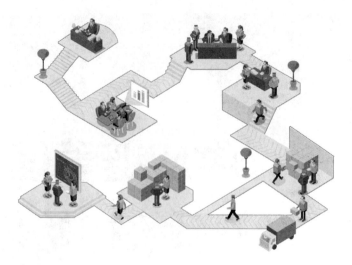

3. 本公司的主要初始数据

(1) 存货信息(见表9-1)。

表9-1 存货信息

存货编码	存货名称	所属类别	主计量单位
001	主板	原材料	块
002	CPU	原材料	块
003	内存条	原材料	条
004	硬盘	原材料	块
005	显示器	原材料	台
006	家用电脑	产成品	台
007	商用电脑	产成品	台
008	打印机	配套用品	台
009	打印纸	配套用品	包

(2) 存货期初数据(见表9-2)。

表9-2 存货期初数据

仓库名称	存货名称	数量	结存单价	金额
原料库	主板	100	500	50 000
	CPU	50	800	40 000
	内存条	80	100	8 000
	硬盘	100	750	75 000
	显示器	50	1 200	60 000
	小计			233 000
成品库	家用电脑	200	3 000	600 000
	商用电脑	300	4 000	1 200 000
	小计			1 800 000

(续表)

仓库名称	存货名称	数量	结存单价	金额
配套用品库	打印机	100	1500	150 000
	打印纸	400	15	6 000
	小计			156 000

(3) 应收期初数据(见表9-3)。

表9-3 应收期初数据

日期	客户	方向	金额	业务员
2019-12-10	华宏公司	借	452 000	王丽
2019-12-25	昌新公司	借	502 000	王丽

(4) 应付期初数据(见表9-4)。

表9-4 应付期初数据

日期	供应商	方向	金额	业务员
2019-12-20	兴华公司	贷	56 500	李平

信息化应用目标

结合阳光公司实际情况，设置各类供应链基础档案、基础科目和期初数据。

知识学习

9.1 供应链管理系统概述

供应链管理系统是用友ERP-U8管理软件的重要组成部分，它突破了会计核算软件单一财务管理的局限，实现了从财务管理到企业财务业务一体化的全面管理，以及物流、资金流管理的统一。

9.1.1 供应链管理系统功能模块及应用方案

用友ERP-U8供应链管理系统是用友ERP-U8企业应用套件的重要组成部分，它以企业购销存业务环节中的各项活动为对象，记录各项业务的发生，有效跟踪其发展过程，为财务核算、业务分析、管理决策提供依据，并实现财务业务一体化全面管理，实现物流、资金流、信息流管理的统一。

1. 供应链管理系统功能模块

用友ERP-U8供应链管理系统主要包括合同管理、采购管理、委外管理、销售管理、库存管理、存货核算、售前分析、质量管理几个模块。其主要功能在于增加预测的准确性，减少库存，提高发货供货能力；减少工作流程周期，提高生产效率，降低供应链成本；减少总体采购成本，缩短生产周期，加快市场响应速度。同时，在这些模块中提供了对采购、销售等业务环节的控制，以及对库存资金占用的控制，完成了对存货出入库成本的核算，使企业的管理模式更符合实际情况，能制定出最佳的企业运营方案，实现管理的高效率、实时性、安全性、科学性。

从上面的介绍可以看出，用友 ERP-U8 软件由众多模块构成，功能强大，应用复杂。为了便于广大学员学习，且从实际应用的角度考虑，本书将重点介绍供应链的采购管理、销售管理、库存管理、存货核算 4 个模块，各模块主要功能简述如下。

1) 采购管理

采购管理帮助企业对采购业务的全部流程进行管理，提供请购、订货、到货、检验、入库、开票、采购结算的完整采购流程，支持普通采购、受托代销、直运等多种类型的采购业务，支持按询价比价方式选择供应商，支持以订单为核心的业务模式。企业还可以根据实际情况进行采购流程的定制，既可选择按规范的标准流程操作，又可选择按最简约的流程来处理实际业务，方便企业构建自己的采购业务管理平台。

2) 销售管理

销售管理帮助企业对销售业务的全部流程进行管理，提供报价、订货、发货、开票的完整销售流程，支持普通销售、委托代销、分期收款、直运、零售、销售调拨等多种类型的销售业务，支持以订单为核心的业务模式，并可对销售价格和信用进行实时监控。企业可以根据实际情况进行销售流程的定制，构建自己的销售业务管理平台。

3) 库存管理

库存管理主要是从数量的角度管理存货的出入库业务，能够满足采购入库、销售出库、产成品入库、材料出库、其他出入库、盘点管理等业务需要，提供多计量单位使用、仓库货位管理、批次管理、保质期管理、出库跟踪、入库管理、可用量管理等全面的业务应用。通过对存货的收发存业务进行处理，可及时、动态地掌握各种库存存货信息，对库存安全性进行控制，提供各种储备分析，避免库存积压占用资金或材料短缺影响生产。

4) 存货核算

存货核算是从资金的角度管理存货的出入库业务，掌握存货耗用情况，及时准确地把各类存货成本归集到各成本项目和成本对象上。存货核算主要用于核算企业的入库成本、出库成本、结余成本。通过存货核算可反映和监督存货的收发、领退和保管情况，反映和监督存货资金的占用情况，动态反映存货资金的增减变动，提供存货资金周转和占用分析，以降低库存、减少资金积压。

2. 供应链管理系统应用

供应链管理系统的每个模块既可以单独应用，也可与相关模块联合应用。

9.1.2　供应链管理系统数据流程

在企业的日常工作中，采购供应部门、仓库、销售部门、财务部门等都涉及购销存业务及其核算的处理，各个部门的管理内容不同，工作间的延续性是通过单据在不同部门间的传递来完成的，那么这些工作在软件中是如何体现的呢？此外，计算机环境下的业务处理流程与手工环境下的业务处理流程肯定存在差异，如果缺乏对供应链管理系统业务流程的了解，那么就无法实现部门间的协调配合，就会影响系统的效率。

供应链管理系统数据流程如图 9-1 所示。

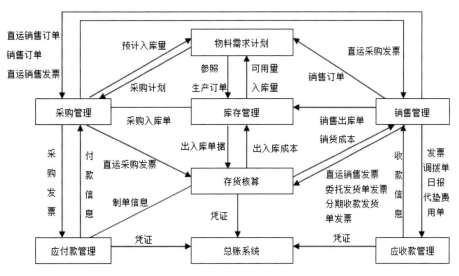

图9-1　供应链管理系统数据流程

9.2　供应链管理子系统基础档案

本书之前设计的实验中，都有基础信息的设置，但基本限于与财务相关的信息。除此以外，供应链管理系统还需要增设与业务处理、查询统计、财务连接相关的基础信息。

使用供应链管理系统之前，应做好手工基础数据的准备工作，如对存货合理分类、准备存货的详细档案、进行库存数据的整理及与账面数据的核对等。供应链管理系统需要增设的基础档案信息包括以下几项。

9.2.1　存货分类

如果企业存货较多，则需要按照一定的方式进行分类管理。存货分类是指按照存货固有的特征或属性将存货划分为不同的类别，以便于分类核算与统计。例如，工业企业可以将存货划分为原材料、产成品、应税劳务；商业企业可以将存货分为商品、应税劳务；等等。

在企业日常购销业务中，经常会发生一些劳务费用，如运输费、装卸费等，这些费用也是构成企业存货成本的一个组成部分，并且它们可以拥有不同于一般存货的税率。为了能够正确反映和核算这些劳务费用，一般我们在存货分类中单独设置一类，如"应税劳务"或"劳务费用"。

9.2.2　计量单位

企业中存货种类繁多，不同的存货有不同的计量单位。有些存货的财务计量单位、库存计量单位、销售发货单位可能是一致的，如自行车的3种计量单位均为"辆"。同一种存货用于不同的业务，其计量单位也可能不同，例如，对某种药品来说，其核算单位可能是"板"，也就是说，财务上按"板"计价；而其库存单位可能按"盒"，1盒=20板；对客户发货时可能按"箱"，1箱=100盒。因此，在开展企业日常业务之前，需要定义存货的计量单位。

9.2.3 存货档案

在"存货档案"窗口中包括基本、成本、控制和其他 4 个选项卡。下面介绍"基本"和"控制"选项卡。

1) "基本"选项卡

在"基本"选项卡中，有以下 6 个复选框，用于设置存货属性。设置存货属性是为了在填制单据参照存货时缩小参照范围。

(1) 销售：用于发货单、销售发票、销售出库单等与销售有关的单据参照使用，表示该存货可用于销售。

(2) 外购：用于购货所填制的采购入库单、采购发票等与采购有关的单据参照使用，在采购发票、运费发票上一起开具的采购费用，也应设置为外购属性。

(3) 生产耗用：存货可在生产过程中被领用、消耗。用于生产产品耗用的原材料、辅助材料等在开具材料领料单时参照。

(4) 自制：由企业生产自制的存货，如产成品、半成品等，主要用在开具产成品入库单时参照。

(5) 在制：指尚在制造加工中的存货。

(6) 应税劳务：指在采购发票上开具的运输费、包装费等采购费用及开具在销售发票或发货单上的应税劳务、非应税劳务等。

2) "控制"选项卡

在"控制"选项卡中，有以下 3 个复选框。

(1) 是否批次管理：对存货是否按批次进行出入库管理。该项必须在库存系统账套参数中选中"有批次管理"后，方可设定。

(2) 是否保质期管理：有保质期管理的存货必须有批次管理。因此该项也必须在库存系统账套参数中选中"有批次管理"后，方可设定。

(3) 是否呆滞积压：存货是否呆滞积压，完全由用户自行决定。

【例 9-1】 设置如下存货档案，如图 9-2 所示。

操作路径：基础档案→存货→存货档案

图9-2 设置存货档案

9.2.4 仓库档案

存货一般是存放在仓库中保管的。对存货进行核算管理，就必须建立仓库档案。

9.2.5 收发类别

收发类别用来表示存货的出入库类型，便于对存货的出入库情况进行分类汇总统计。

9.2.6 采购类型/销售类型

定义采购类型和销售类型后，就能够按采购、销售类型对采购、销售业务数据进行统计和分析。采购类型和销售类型均不分级次，根据实际需要设立。

9.2.7 费用项目

销售过程中有很多不同的费用发生，如代垫费用、销售支出等，在系统中将其设为费用项目，以方便记录和统计。

9.2.8 货位档案

货位档案用于设置企业各仓库所使用的货位，设置内容一般包括货位编码、货位名称、所属仓库、最大体积、最大重量、对应条形码、备注等。货位可以分级设置，当有下级货位时，不可修改，不可删除；非末级货位不可使用。货位一经使用，只能修改货位名、备注等信息，不能删除。在企业中仓库的存放货位一般用数字描述，例如，3212 表示第 3 排第 2 层第 12 个货架。

9.2.9 产品结构

产品结构指产品的组成成分及其数量，又称为物料清单(Bill of Material，BOM)，即企业生产的产品由哪些材料组成。企业定义了产品结构后，才可以通过 MRP 运算得出采购计划、生产计划所需的物料数量。商业企业或没有产品结构的工业企业不需定义产品结构。正确使用与维护 BOM 是系统运行期间十分重要的工作，对 BOM 的准确性要求也很高，企业必须对此引起足够的重视。

通常，有多级结构的产品需要一级一级输入。例如，计算机由显示器、主机、键盘、鼠标组成，主机由机箱、软驱、硬盘、主板、CPU 等组成。假设在存货档案中已经定义好这些物料的编号、名称、规格型号等，输入产品结构时需要先输入计算机的下一层结构，然后输入主机的下一层结构。产品结构定义的内容包括产品结构父项栏目和子项栏目。

9.2.10 成套件

成套件是指由多个存货组成，但不能拆开单独使用或销售的存货，即成套件不能进行组装、拆卸。定义成套件的组成，便于对成套件及其明细进行统计管理，主要用于库存管理和销售管理。对于没有成套件管理的企业，用户可以不设置。企业有成套件管理时，既可对成套件中每个单件进行统计，又可对成套件进行统计。

9.3 采购管理子系统初始设置

9.3.1 采购管理子系统主要参数设置

由于供应链业务的复杂性和多样性，供应链各子系统一般都会提供较多的参数设置。在进行系统初始化时一定要理解各系统参数的含义，并结合企业实际情况仔细地设置，它将决定使用供应链系统的业务流程和业务控制。

1. 业务参数

(1) 采购业务是否必有订单。以订单为中心的采购管理是规范的采购管理模式，在有订单的采购业务中，订单是整个采购业务的核心，整个业务流程的执行都会将相应信息回写到采购订单，从而利用采购订单跟踪采购业务的执行情况。采购业务是否必须要有采购订单取决于该参数设置。按采购类型不同，又可细分为普通采购业务是否必有订单、直运业务是否必有订单、受托代销业务是否必有订单。

(2) 是否启用受托代销业务。商品流通企业可以从事受托代销业务，一般受托代销业务是在采购管理子系统中处理的。是否启用受托代销业务取决于该参数的设置。

(3) 是否允许超订单到货及入库。该选项决定根据采购订单生成到货单或入库单时，存货数量是否可以超过订单存货数量。

2. 权限控制参数

(1) 是否进行最高进价控制。对采购业务中存货的最高进价进行控制，能够有效地控制采购价格的上限，限制业务员的权限。当需要进行控制时，可在此设置控制口令，将来填制采购单据时，如果货物单价高于最高进价(在存货档案中设置)，系统会要求输入控制口令，口令不正确将不能保存采购单据，从而达到控制的目的。

(2) 是否进行数据权限控制。操作员的权限包括功能权限、数据权限、金额权限。在系统管理中为各操作员分配的权限称为功能权限。数据权限是对功能权限的细化，用于设置用户对各业务对象的权限，如在账务子系统中提到的制单权控制到科目、审核权控制到操作员等就属于数据权限。金额权限主要用于控制用户在填制凭证或签订采购订单时可以使用的最大金额。

采购管理子系统涉及的数据权限包括存货权限、部门权限、操作员权限、供应商权限、业务员权限等，可在此设置是否对这些权限进行控制。以存货权限为例，如果控制，则查询单据时只能显示有查询权限的存货记录，填制单据时只能录入有录入权限的存货。当然，如果进行数据权限控制，则需要单独为各用户设置具体的数据权限。

(3) 是否进行金额权限控制。用于设置审核采购订单时是否对用户金额权限进行控制。如果控制，则需要单独对用户金额权限进行设置，将来填制采购订单时，订单金额合计不能大于其金额权限。

9.3.2 采购管理子系统期初数据

采购管理子系统的期初数据主要包括期初暂估入库存货和期初在途存货，如表 9-5 所示。

表9-5 采购管理子系统期初数据

系统名称	操作	内容	说明
采购管理	录入	期初暂估入库存货 期初在途存货	暂估入库是指货到票未到 在途存货是指票到货未到

9.3.3 采购管理子系统期初记账

采购管理子系统期初记账是指将期初暂估入库存货和期初在途存货等数据计入采购账中。没有期初数据也要执行期初记账，否则不能开始日常业务。期初记账后，期初数据将不能输入，若想重新输入则必须取消记账。

9.4 销售管理子系统初始设置

9.4.1 销售管理子系统主要参数设置

1. 业务参数

业务参数主要用于设置企业有无某些特定业务类型，以及各类销售业务是否必须要求有订单管理。

(1) 普通销售业务是否必须有订单。如果设置为销售业务必须有订单，则不能手工填制发货单和销售发票，必须根据审核后的销售订单生成。

(2) 是否有零售日报业务。由于零售业务发生频繁，因此可以根据零售业务票据将零售业务数据汇总并以零售日报的方式输入系统中进行销售业务处理。如果有大量零售业务，则应选择该选项。

(3) 是否有销售调拨业务。销售调拨一般是处理集团企业内部有销售结算关系的销售部门或分公司之间的销售业务。如果有销售调拨业务，则应选择该选项。

(4) 是否有分期收款业务及是否必须有订单。如果企业有分期收款发出商品业务，则可以选中该选项，并可以设置是否必须有销售订单。

(5) 是否有直运销售业务及是否必须有订单。直运业务是指商品不入库而是由供应商直接将商品发给企业的客户，结算时则由购销双方分别与企业结算。如果企业有直运业务，则可以选中该选项，并设置是否必须有销售订单。

(6) 是否有委托代销业务及是否必须有订单。委托代销与前一节介绍的受托代销相对应，企业将商品委托给其他企业代为销售时商品所有权仍归本企业所有，委托代销商品销售后，受托方与企业进行结算，企业开具正式销售发票，形成销售收入，同时商品所有权转移。

如果有委托代销业务，则可以选中该选项并可以设置是否必须有销售订单。

(7) 是否对超订单量发货进行控制。该参数用于设置在根据订单生成发货单、销售发票时是否可以超过订单数量。如果进行控制，则在根据销售订单生成发货单、销售发票时，系统会对订单累计发货数、累计开票数与订单数量进行比较，如果超过订单数量将不能保存单据。因此，选中该选项可根据销售订单控制销售发货数量，限制业务人员的权限，降低出货回款的风险。企业可根据需要进行设置。

(8) 是否自动生成销售出库单。如果设置为自动生成销售出库单，则在审核发货单、销售发票(如果有，还可能包括零售日报、销售调拨单等单据)时自动生成销售出库单，并传到库存管理子系统，并且在库存管理子系统中不可修改出库数量，即一次销售全部出库；如果不选择自动生成销售出库单，销售出库单将只能在库存管理子系统中根据发货单、销售发票等单据生成，并且可以修改出库数量，即可以一次销售多次出库。

(9) 单据默认生成方式。例如，发货单可以设置为是否按订单生成；退货单可以设置为按订单、发货单生成或不参照任何单据；发票可以设置为按订单、发货单生成或不参照任何单据。

2. 权限控制

(1) 是否有最低售价控制。进行最低售价控制，在保存销售订单、发货单、销售发票、委托代销发货单、委托代销结算单时，如果货物的实际销售价格低于在存货档案中设置的该存货的最低售价，则必须正确输入在此设置的口令才能保存以上单据，从而达到控制的目的。

(2) 是否进行数据权限控制。销售管理子系统涉及的数据权限包括存货权限、部门权限、操作员权限、客户权限、业务员权限等，可在此设置是否对这些权限进行控制。例如，当对操作员数据权限进行控制时，在查询、修改、删除、审核、关闭单据时，只能对单据制单人有权限的单据进行操作；在弃审单据时，只能对单据审核人有权限的单据进行弃审；在打开单据时，只能对单据关闭人有权限的单据进行打开。如果不进行数据权限控制，则系统仅进行功能权限检查和控制。

3. 信用控制

(1) 是否对客户信用进行控制。可以设置是否需要对客户信用额度、信用期限两者之一或全部进行控制。客户信用是在客户档案中设置的。

(2) 是否对部门信用进行控制。可以设置是否需要对部门信用额度、信用期限两者之一或全部进行控制。部门信用是在部门档案中设置的。

(3) 是否对业务员信用进行控制。可以设置是否需要对业务员信用额度、信用期限两者之一或全部进行控制。业务员信用是在职员档案中设置的。

(4) 需要信用控制的单据。如果要对以上信用进行控制，还可以设置需要信用控制的单据，如销售订单、发货单、销售发票、销售调拨单、零售日报、委托代销单、委托代销结算单等。

(5) 信用控制点。如果要对以上信用进行控制，还应选择信用控制点，即是在保存单据时还是在审核单据时进行控制。

(6) 实际欠款额度检查公式。如果要对信用额度进行控制，还可以设置参与实际欠款额度计算所包含的单据，一般包括未执行完毕的订单、未执行完毕的发货单、未审核的发票、应收账款余额等。如果"额度检查公式＋当前单据价税合计≤信用额度"则表示通过检查；如果"额度检查公式＋当前单据价税合计＞信用额度"则表示未通过检查。

(7) 实际欠款期间检查公式。如果要对信用期限进行控制，还可以设置参与实际欠款期限计算所包含的单据，一般包括未执行完毕的订单、未执行完毕的发货单、未审核的发票、应收账款余额等。当"最早收款未完的单据或应收款日期－当前单据日期≤信用期限"时表示通过检查；当"最早收款未完的单据或应收款日期－当前单据日期＞信用期限"时表示未通过检查。

(8) 是否需要信用审批。如果设置为需要信用审批，则当超过信用额度或期限时需要信用审批人进行审批，只有在该审批人的权限内，当前单据才可以保存或审核；如果设置为不需要信用审批，则当超过信用额度或期限时系统只是给予提示。

4. 可用量控制

(1) 是否允许超可用量发货。可以分别设置是否允许批次管理的存货和非批次管理的存货超可用量发货。若设置为不允许超可用量发货，系统将对发货量进行严格控制，一般是按"仓库＋存货＋自由项＋批号"进行控制，当超过可用量时，单据不能保存。对于出库跟踪入库的存货，系统会默认为不能超可用量发货。

(2) 可用量控制公式。当设置进行可用量控制时，还可以设置可用量控制公式，可用量控制一般是针对发货单或发票的。可用量默认为"现存量＋预计入库－预计出库"，用户可以设置预计入库和预计出库的包含范围，如到货未入库、发货未出库等。

(3) 可用量检查公式。系统进行可用量检查时如果发现属于超可用量发货，将会提示用户，但不进行强制控制(是否进行强制控制取决于以上选项)；并且检查时是粗线条的，一般只按存货进行大致检查，不会考虑仓库、自由项和批号。另外，如前所述，出库跟踪入库的存货不可以超可用量发货，但可以进行可用量检查。可用量检查可以针对发货单、发票或销售订单进行。可用量默认为"现存量＋预计入库－预计出库"，用户可以设置预计入库和预计出库的包含范围，如到货未入库、已签未到货订单量、已请购量、发货未出库、已签未发货订单量等。

9.4.2 销售管理子系统期初数据

销售管理子系统的期初数据主要包括期初发货单、期初委托代销发货单和期初分期收款发货单，如表 9-6 所示。

表 9-6 销售管理子系统期初数据

系统名称	操作	内容	说明
销售管理	录入并审核	期初发货单	已发货、出库，但未开票
		期初委托代销发货单	已发货未结算的数量
		期初分期收款发货单	已发货未结算的数量

9.5 库存管理子系统初始设置

9.5.1 库存管理子系统主要参数设置

1. 通用设置

通用设置的内容包括业务参数设置、修改现存量时点控制设置、业务校验设置等。

1) 业务参数设置

(1) 有无组装拆卸业务。组装指将多个散件组装成一个配套件的过程，拆卸指将一个配套件拆卸成多个散件的过程。配套件是由多个存货组成，但又可以拆开或销售的存货。

(2) 有无形态转换业务。某种存货在存储过程中，由于环境或本身原因，使其形态发生变化，由一种形态转化为另一种形态，从而引起存货规格和成本的变化，此时在库存管理中需对此进行管理记录。

(3) 有无委托代销业务。其设置同销售管理子系统的该项设置。该项参数一般可以在库存管理子系统中设置，也可以在销售管理子系统中设置，在其中一个子系统的设置，将同时改变在另一个子系统的该选项。

(4) 有无受托代销业务。其设置同采购管理子系统的该项设置。该项参数一般可以在库存管理子系统中设置，也可以在采购管理子系统中设置，在其中一个子系统的设置，将同时改变另一个子系统的该选项。

(5) 有无成套件管理。由多个存货组成，但不能拆开单独使用或销售的存货为成套件。成套件不能进行组装、拆卸。

(6) 有无批次管理。用户通过存货的批号，可以对存货的收发存情况进行批次管理，可统计某一批次所有存货的收发存情况或某一存货所有批次的收发存情况。有批次管理时，可在存货档案中设置批次管理存货，可查询批次台账、批次汇总表；否则，不能设置和查询。

(7) 有无保质期管理。用户可以对存货的保质期进行管理，设置保质期预警和失效存货报警。只有批次管理时，才能进行保质期管理，即要进行保质期管理必须先要进行批次管理。

2) 修改现存量时点控制设置

企业根据实际业务的需要，有些单据在单据保存时进行实物出入库，而有些单据在单据审核时才进行实物出入库。为了解决单据和实物出入库的时间差问题，可以根据不同的单据制定不同的现存量更新时点。该选项会影响现存量、可用量、预计入库量、预计出库量。修改现存量的时点有采购入库审核时、销售出库审核时、材料出库审核时、产成品入库审核时、其他出入库审核时。

3) 业务校验设置

(1) 检查仓库存货对应关系。若选择，系统将检查仓库存货对应关系，当录入仓库存货对照表以外的存货时，系统将给出提示信息；在填制出入库单据时可以参照仓库存货对照表中该仓库的存货，也可手工录入其他存货。若不选择，则不对仓库存货对应关系进行检查，在填制出入库单据时参照存货档案中的存货。

(2) 调拨单只控制出库权限。若选择是，则只控制出库仓库的权限，而不控制入库仓库的权限。否则，出库、入库的仓库权限都要控制。该选项在检查仓库权限设置时有效；若不检查仓库权限，则不控制出入库仓库权限。

(3) 审核时是否检查货位。若选择是，则审核单据时，如果该仓库是货位管理，该单据上的货位信息必须填写完整才能审核，否则不能审核。若选择否，则审核单据时不进行任何检查，货位可以在单据审核后再指定。

(4) 是否库存生成销售出库单。该选项主要影响库存管理子系统与销售管理子系统集成使用的情况。

若选择否，则在销售管理子系统中生成出库单。销售管理子系统的发货单、销售发票、零售日报、销售调拨单在审核/复核时，自动生成销售出库单，并传到库存管理子系统和存货核算子系统，库存管理子系统不可修改出库数量，即一次发货一次全部出库。

若选择是，则在库存管理子系统中生成销售出库单。销售出库单由库存管理子系统参照上述单据生成，不可手工填制。在参照时，可以修改本次出库数量，即可以一次发货多次出库；生成销售出库单后不可修改出库数量。

在由库存管理子系统生单向销售管理子系统生单切换时，如果有已审/复核的发货单、发票未在库存管理子系统中生成销售出库单的，将无法生成销售出库单，因此应在检查已审/复核的销售单据是否均已全部生成销售出库单后再切换。

(5) 出库跟踪入库，存货入库单审核后才能出库。若选择此项，则出库跟踪入库时只能参照已审核的入库单。此选项在库存管理子系统、销售管理子系统中共用。

(6) 是否显示未审核的产品结构。若选择此项，则未审核的产品结构也可使用；否则不可使用。

4) 权限控制

该设置可对当前系统是否进行仓库、存货、货位、部门、操作员等档案的数据权限进行控制。

5) 自动指定批号

该设置用于自动指定批号时的分配规则。

(1) 批号先进先出。按批号顺序从小到大进行分配。

(2) 近效期先出。当批次管理存货同时为保质期管理存货时，按失效日期顺序从小到大进行分配，适用于对保质期管理较严格的存货，如食品、医药等；非保质期管理的存货，按批号先进先出进行分配。

6) 自动出库跟踪入库

该设置用于自动指定入库单号时，系统分配入库单号的规则。

(1) 先进先出。先入库的先出库，按入库日期从小到大进行分配，适用于医药、食品等需要对存货的保质期进行管理的企业。

(2) 后进先出。按入库日期从大到小进行分配，适用于存货体积重量比较大的存货，因其搬运不是很方便，先入库的放在里面，后入库的放在外面，这样出库时只能先出库放在外面的存货。

7) 出库默认换算率

该设置用于浮动换算率出库默认的换算率，默认值为档案换算率，可随时更改。

(1) 档案换算率：取计量单位档案中的换算率。

(2) 结存换算率：该存货最新的结存数量和结存件数之间的换算率。

$$结存换算率＝结存件数÷结存数量$$

批次管理的存货取该批次的结存换算率。出库跟踪入库的存货取出库对应入库单记录的结存换算率。

(3) 不带换算率：手工直接输入。

2. 专用设置

专用设置包括业务开关、预警设置、可用量控制和可用量检查等内容。

9.5.2 库存管理子系统期初数据

库存管理子系统的期初数据主要包括期初库存余额和期初不合格品。期初库存余额既可在库存系统中直接录入，也可在存货系统中录入，然后在库存系统中通过取数方式生成。期初数据录入完毕后，必须按每条存货进行审核操作，如表9-7所示。

表9-7 库存管理子系统期初数据

系统名称	操作	内容	说明
库存	录入(取数)	库存期初余额	库存和存货共用期初数据
	审核	期初不合格品	未处理的不合格品结存量

【例 9-2】 输入原料库期初数据，如图 9-3 所示。

操作路径：库存管理→期初设置→期初结存

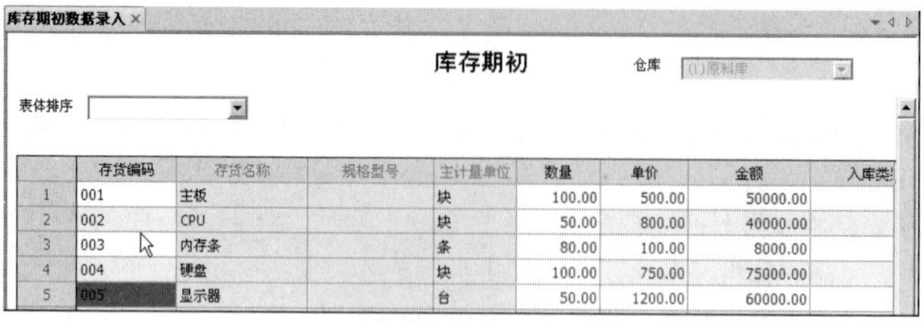

	存货编码	存货名称	规格型号	主计量单位	数量	单价	金额	入库类
1	001	主板		块	100.00	500.00	50000.00	
2	002	CPU		块	50.00	800.00	40000.00	
3	003	内存条		条	80.00	100.00	8000.00	
4	004	硬盘		块	100.00	750.00	75000.00	
5	005	显示器		台	50.00	1200.00	60000.00	

图9-3 输入存货期初数据

9.6 存货核算子系统初始设置

9.6.1 存货核算子系统主要参数设置

1. 核算方式选项定义

核算方式选项定义包括核算方式、暂估方式、销售成本核算方式选择、委托代销成本核算方式、资金占用规划、零出库成本选择、入库单成本选择、红字出库单成本选择。

1) 核算方式

用户可以选择按仓库核算、按部门核算、按存货核算。如果是按仓库核算，则在仓库档案中按仓库设置计价方式，并且每个仓库单独核算出库成本；如果是按部门核算，则在仓库档案中按部门设置计价方式，并且相同所属部门的各仓库统一核算出库成本；如果按存货核算，则按用户在存货档案中设置的计价方式进行核算，而不区分仓库和部门。

2) 暂估方式

当与采购系统集成使用时，用户可以进行暂估业务，并且在此选择暂估入库存货成本的回冲方式，包括月初回冲、单到回冲、单到补差 3 种。月初回冲是指月初时系统自动生成红字回冲单，报销处理时，系统自动根据报销金额生成采购报销入库单；单到回冲是指报销处理时，系统自动生成红字回冲单，并生成采购报销入库单；单到补差是指报销处理时，系统自动生成一笔调整单，调整金额为实际金额与暂估金额的差额。

3) 销售成本核算方式选择

销售出库成本的确认标准。当销售系统启用后，用户可选择用销售发票或销售出库单记账，默认为销售出库单。

4) 委托代销成本核算方式

用户可以选择是按发出商品业务类型核算，还是按照普通销售方式核算。如果用户选择按发出商品业务类型核算，则按“发货单＋发票”进行记账；若按普通销售方式核算，则按系统选项中的销售成本核算方式中选择的“销售发票”或“销售出库单”进行记账。如果发货单全部生成销售发票或销售出库单，而且对应的销售发票或销售出库全部记账，则可修改选项。如果发货单对应的销售出库单或发票全部未记账，也可修改选项。

5) 资金占用规划

资金占用规划的选择是指用户确定本企业按某种方式输入资金占用规划，并按此种方式进行资金占用的分析。资金占用规划分为按仓库、按存货分类、按存货、按仓库＋存货分类、按仓库＋存货、按存货分类＋存货等方式。

6) 零出库成本选择

零出库成本选择是指核算出库成本时，如果出现账中为零成本或负成本，造成出库成本不可计算时，出库成本的取值方式可参考上次出库成本、参考成本、结存成本、上次入库成本手工输入。

7) 入库单成本选择

入库单成本选择是指对入库单据记明细账时，如果没有填写入库成本即入库成本为空时，入库成本的取值方式可参考上次出库成本、参考成本、结存成本、上次入库成本手工输入。

8) 红字出库单成本选择

红字出库单成本选择是指对以先进先出或后进先出方式核算的红字出库单据记明细账时，出库成本的取值方式可参考上次出库成本、参考成本、结存成本、上次入库成本手工输入。

2. 控制方式选项定义

控制方式选项定义包括有无受托代销业务、有无成套件管理等内容。

3. 最高最低控制选项定义

最高最低控制选项定义包括全月平均/移动平均单价最高最低控制、移动平均计价仓库/部门/存货、全月平均计价仓库/部门/存货、最大最小单价、差异率/差价率最高最低控制、最大最小差异率/差价率、全月平均/移动平均最高最低单价是否自动更新、差异/差价率最高最低是否自动更新、最大最小单价/差异率/差价率等定义。

9.6.2 存货核算子系统科目设置

存货核算子系统是供应链管理系统与财务系统联系的"桥梁"，各种存货的购进、销售及其他出入库业务，均在存货核算系统中生成凭证，并传递到总账。为了快速、准确地完成制单操作，应事先设置凭证上的相关科目。

1. 设置存货科目

存货科目是指设置生成凭证所需要的各种存货科目和差异科目。存货科目既可以按仓库，也可以按存货分类分别进行设置。

2. 设置对方科目

对方科目是指设置生成凭证所需要的存货对方科目，可以按收发类别设置。

9.6.3 存货核算子系统期初数据

存货核算子系统的期初数据主要包括期初库存余额和期初分期收款发出商品余额。期初库存余额既可在存货系统中直接录入，也可在库存系统中录入，然后在存货中通过取数方式生成。期初数据录入完毕后，需进行记账操作，如表 9-8 所示。

表9-8 存货核算子系统期初数据

系统名称	操作	内容	说明
存货	录入(取数) 记账	期初库存余额 期初分期收款发出商品余额	库存和存货共用期初数据

实践应用

实验十　供应链管理系统初始设置

【实验目的】

1. 掌握用友 ERP-U8 管理软件中供应链管理系统初始设置的相关内容。
2. 理解供应链管理系统业务处理流程。
3. 掌握供应链管理系统基础信息设置、期初余额录入的操作方法。

【实验内容】

1. 启用供应链管理系统。
2. 供应链管理系统基础信息设置。
3. 供应链管理系统期初数据录入。

【实验准备】

1. 将计算机系统时间调整为 2020 年 1 月 31 日。
2. 引入"实验三"账套数据。

【实验资料】

1. 供应链相关基础档案

1) 计量单位组(见表 9-9)

表9-9 计量单位组

计量单位组编号	计量单位组名称	计量单位组类别
01	无换算关系	无换算率

2) 计量单位(见表 9-10)

表9-10 计量单位

计量单位编号	计量单位名称	所属计量单位组名称
01	块	无换算关系
02	条	无换算关系
03	台	无换算关系
04	包	无换算关系
05	千米	无换算关系

3) 存货分类(见表 9-11)

表9-11 存货分类

存货类别编码	存货类别名称
01	原材料
02	产成品
03	配套用品
04	应税劳务

4) 存货档案(见表 9-12)

表9-12 存货档案

存货编码	存货名称	所属类别	主计量单位	税率	存货属性	参考成本	参考售价
001	主板	01 原材料	块	13%	内销、外购、生产耗用	500	600
002	CPU	01 原材料	块	13%	内销、外购、生产耗用	800	1 000
003	内存条	01 原材料	条	13%	内销、外购、生产耗用	100	200
004	硬盘	01 原材料	块	13%	内销、外购、生产耗用	750	950
005	显示器	01 原材料	台	13%	内销、外购、生产耗用	1 200	1 500
006	家用电脑	02 产成品	台	13%	内销、自制	3 000	4 000
007	商用电脑	02 产成品	台	13%	内销、自制	4 000	6 000
008	打印机	03 配套用品	台	13%	外购、内销	1 500	2 000
009	打印纸	03 配套用品	包	13%	外购、内销	15	20
999	运输费	04 应税劳务	千米	9%	内销、外购、应税劳务		

5) 仓库档案(见表 9-13)

表9-13 仓库档案

仓库编码	仓库名称	计价方式
1	原料库	移动平均法
2	成品库	移动平均法
3	配套用品库	全月平均法

6) 收发类别(见表 9-14)

表9-14 收发类别

收发类别编码	收发类别名称	收发标志	收发类别编码	收发类别名称	收发标志
1	入库业务	收	2	出库业务	发
11	采购入库	收	21	销售出库	发
12	产成品入库	收	22	领料出库	发
13	调拨入库	收	23	调拨出库	发
14	盘盈入库	收	24	盘亏出库	发
15	其他入库	收	25	其他出库	发

7) 采购类型(见表 9-15)

表9-15 采购类型

采购类型编码	采购类型名称	入库类别	是否默认值
1	普通采购	采购入库	是

8) 销售类型(见表 9-16)

表9-16 销售类型

销售类型编码	销售类型名称	出库类别	是否默认值
1	经销	销售出库	是
2	代销	销售出库	否

9) 本单位开户银行

编码：01；开户银行：工商银行北京分行中关村分理处；账号：831658796200。

10) 费用项目

费用项目分类：1 代垫费用。

费用项目：01 运输费(所属分类：1)。

2. 应收款管理子系统初始设置

1) 参数设置

坏账准备核销方式：应收账款余额百分比法；取消控制操作员权限、取消单据审核后立即制单、取消核销生成凭证。

2) 初始设置

基本科目设置：应收科目 1122，预收科目 2203，销售收入科目 6601，应交增值税科目 22210102，其他可暂时不设置。

结算方式科目设置：现金结算对应科目 1001，现金支票对应科目 100201，转账支票对应科目 100201。

坏账准备设置：提取比例 0.5%，期初余额 0，科目 1231，对方科目 6701。

账期内账龄区间设置如表 9-17 所示。

表9-17 账期内账龄区间设置

序号	起止天数	总天数
01	00～30	30
02	31～60	60
03	61～90	90
04	91～120	120
05	121 以上	

报警级别设置如表 9-18 所示。

表9-18 报警级别设置

序号	起止比率	总比率	级别名称
01	0以上	10%	A
02	10%~30%	30%	B
03	30%~50%	50%	C
04	50%~100%	100%	D
05	100%以上		E

3) 期初数据

应收账款科目的期初余额为 954 000 元，以应收单形式录入，如表 9-19 所示。

表9-19 应收款期初数据

日期	客户	方向	金额	业务员
2019-12-10	华宏公司	借	452 000	王丽
2019-12-25	昌新公司	借	502 000	王丽

3. 应付款管理子系统初始设置

1) 参数设置

取消控制操作员权限、取消单据审核后立即制单、取消核销生成凭证。

2) 初始设置

科目设置：应付科目 2202，预付科目 1123，采购科目 1402，税金科目 22210101，其他可暂时不设置。

结算方式科目设置：现金结算对应科目 1001，现金支票对应科目 100201，转账支票对应科目 100201。

账期内账龄区间和报警级别参照应收款管理系统。

3) 期初数据

应付账款科目的期初余额为 56 500 元，以应付单形式录入，如表 9-20 所示。

表9-20 应付款期初数据

日期	供应商	方向	金额	业务员
2019-12-20	兴华公司	贷	56 500	李平

4. 采购管理子系统初始设置

1) 发票编码方式

采购专用发票、采购普通发票、采购运费发票编码方式为"手工编号"。

2) 期初数据

12 月 25 日，收到兴华公司提供的主板 60 块，暂估单价为 500 元，商品已验收入原料库，至今尚未收到发票。

5. 销售管理子系统初始设置

1) 参数设置

报价不含税；新增发票、新增退货参照发货单；允许批次存货/非批次存货超可用量发货。

2) 期初数据

12月28日，销售部向昌新贸易公司出售商用电脑10台，报价为6 000元，由成品仓库发货，该发货单尚未开票。

6. 库存管理子系统初始设置

1) 参数设置

普通存货允许超可用量出库。

2) 期初数据

2019年12月31日，对各个仓库进行了盘点，结果如表9-21所示。

表9-21 库存管理期初数据

仓库名称	存货名称	数量	结存单价	金额
原料库	主板	100	500	50 000
	CPU	50	800	40 000
	内存条	80	100	8 000
	硬盘	100	750	75 000
	显示器	50	1 200	60 000
	小计			233 000
成品库	家用电脑	200	3 000	600 000
	商用电脑	300	4 000	1 200 000
	小计			1 800 000
配套用品库	打印机	100	1 500	150 000
	打印纸	400	15	6 000
	小计			156 000

7. 存货核算子系统初始设置

1) 参数设置

销售成本结算方式为"销售出库单"。

2) 科目设置

存货科目：按照存货分类设置存货科目，如表9-22所示。

表9-22 存货科目

仓库	存货名称	存货科目
原料库	主板	主板(140301)
原料库	CPU	CPU(140302)
原料库	内存条	内存条(140303)
原料库	硬盘	硬盘(140304)
原料库	显示器	显示器(140305)
成品库		库存商品(1405)
配套用品库		库存商品(1405)

对方科目：根据收发类别设置对方科目，如表 9-23 所示。

表9-23 对方科目

收发类别	对方科目
11 采购入库	在途物资(1402)
12 产成品入库	生产成本/直接材料(500101)
14 盘盈入库	待处理资产损溢(1901)
31 销售出库	主营业务成本(6401)
32 领料出库	生产成本/直接材料(500101)

3) 期初数据

该期初数据同库存系统期初数据。

说明：

本实验中采购、销售、库存、存货子系统只要求基本参数设置，与具体业务相关的参数设置在后面实验的具体业务中体现。

【实验要求】

以账套主管"陈明"身份进行供应链系统初始设置(登录日期：2020-01-01)。

【操作指导】

1. 启用供应链相关子系统

启用采购管理、销售管理、库存管理、存货核算、应收款、应付款管理子系统，启用日期为"2020-01-01"。

2. 基础档案设置　sy10-21.mp4~sy10-210.mp4

sy10-21　sy10-22　sy10-23　sy10-24　sy10-25

sy10-26　sy10-27　sy10-28　sy10-29　sy10-210

(1) 打开企业应用平台窗口的"基础设置"选项卡。

(2) 在"基础档案"下，根据实验资料设置存货分类、计量单位组及计量单位、存货档案、仓库档案、收发类别、采购类型、销售类型、本单位开户银行、费用项目等信息。

注意：

设置计量单位时，应先设置计量单位组，然后在不同的计量单位组下设置相应的计量单位。

3. 应收款管理子系统初始设置

1) 参数设置 sy10-31.mp4

(1) 从企业应用平台中进入应收款管理系统。

(2) 执行"设置"|"选项"命令，打开"账套参数设置"对话框。

(3) 单击"编辑"按钮，坏账处理方式为"应收余额百分比法"，取消控制操作员权限、取消单据审核后立即制单。单击"确定"按钮。

2) 初始设置 sy10-32.mp4

(1) 执行"设置"|"初始设置"命令，进入"初始设置"窗口，进行以下的档案设置。

① 基本科目设置：选择应收科目 1122，预收科目 2203，销售收入科目 6601，税金科目 22210102，其他可暂时不设置。

② 结算方式科目设置：现金结算对应科目 1001，转账支票对应科目 100201，现金支票对应科目 100201。

③ 坏账准备设置：提取比率 0.5%，坏账准备期初余额 0，坏账准备科目 1231，对方科目 6701，单击"确定"按钮。

④ 账期内账龄区间设置：按实验资料设置账龄区间。

⑤ 报警级别设置：按实验资料设置报警级别。

(2) 设置完成后，退出"初始设置"窗口。

3) 输入期初数据 sy10-33.mp4

(1) 执行"设置"|"期初余额"命令，打开"期初余额—查询"对话框，单击"确定"按钮，进入"期初余额明细表"窗口。

(2) 单击工具栏上的"增加"按钮，打开"单据类别"对话框；单据名称选择"应收单"，单击"确认"按钮，进入"应收单"窗口。

(3) 按实验资料要求输入应收期初数据。输入完毕，退出"应收单"窗口。

(4) 单击"对账"按钮，与总账管理系统进行对账。

4. 应付款管理子系统初始设置

根据实验资料，参考应收款管理子系统初始设置完成应付款管理子系统初始设置。

5. 采购管理子系统初始设置

1) 设置发票编号方式 sy10-51.mp4

(1) 在企业应用平台的基础设置中，执行"单据设置"|"单据编号设置"命令，打开"单据编号设置"对话框。

(2) 单击单据类型下的"采购管理"方式，选择"采购专用发票"选项，单击"修改"按钮，选中"完全手工编号"复选框，单击"保存"按钮。

(3) 同理，设置采购普通发票的发票号完全手工编号。

2) 输入期初采购入库单 sy10-52.mp4

(1) 进入采购管理子系统，执行"采购入库"|"采购入库单"命令，进入"期初采购入库单"窗口。

(2) 单击"增加"按钮，输入入库日期"2019-12-25"，选择仓库"原料库"，供货单位"兴华公司",部门"采购部",入库类别"采购入库",采购类型"普通采购"。

(3) 选择存货编码001,输入数量60,单价500,单击"保存"按钮。

(4) 录入完成后,单击"退出"按钮。

3) 采购管理系统期初记账 sy10-53.mp4

(1) 执行"设置"|"采购期初记账"命令,系统弹出"期初记账"信息提示对话框。

(2) 单击"记账"按钮,稍候片刻,系统弹出"期初记账完毕!"信息提示对话框。

sy10-53

(3) 单击"确定"按钮,返回采购管理系统。

> **注意:**
> - 采购管理系统如果不执行期初记账,将无法开始日常业务处理,因此,如果没有期初数据,也要执行期初记账。
> - 采购管理系统如果不执行期初记账,库存管理系统和存货核算系统不能记账。
> - 采购管理若要取消期初记账,则执行"设置"|"采购期初记账"命令,单击其中的"取消记账"按钮即可。

6. 销售管理子系统初始设置

1) 参数设置 sy10-61.mp4

(1) 在销售管理系统中,执行"设置"|"销售选项"命令。

(2) 在"业务控制"选项卡中,取消"报价含税"选项。

(3) 在"其他控制"选项卡中,新增退货单、新增发票选择"参照发货"选项。

sy10-61

2) 输入销售期初数据 sy10-62.mp4

(1) 在销售管理系统中,执行"设置"|"期初录入"|"期初发货单"命令,进入"期初发货单"窗口。

(2) 单击"增加"按钮,输入发货日期"2019-12-28",选择销售类型"经销",选择客户名称"昌新公司",选择销售部门"销售部"。

sy10-62

(3) 选择仓库"成品库",选择存货"商用电脑",输入数量10、无税单价6 000,单击"保存"按钮。

(4) 单击"审核"按钮,审核该发货单。

7. 库存管理子系统初始设置

1) 参数设置 sy10-71.mp4

(1) 在库存管理系统中,执行"初始设置"|"选项"命令。

(2) 在"预计可用量控制"选项卡中,普通存货预计可用量控制选择"允许超预计可用量出库"选项。

sy10-71

2) 输入库存期初数据并审核 sy10-72.mp4

(1) 进入库存管理子系统,执行"初始设置"|"期初结存"命令,进入"库存期初"窗口。

(2) 选择仓库"原料库",单击"修改"按钮,根据实验资料输入原料库的存

sy10-72

货期初数据。输入完毕，单击"保存"按钮，再单击"批审"按钮。

(3) 同理，输入成品库及配套用品库的期初存货数据，并完成批审。

> **注意：**
> 所有存货必须审核，批审操作需按仓库进行。

8. 存货核算子系统初始设置

1) 参数设置 ▇ sy10-81.mp4

(1) 在存货核算系统中，执行"初始设置"|"选项"|"选项录入"命令。

(2) 在"核算方式"选项卡中，销售成本核算方式选择"销售出库单"选项。

2) 存货科目设置 ▇ sy10-821.mp4、sy10-822.mp4

(1) 进入存货核算系统。

(2) 执行"初始设置"|"科目设置"|"存货科目"命令，进入"存货科目"窗口，按实验资料中的存货科目设置表设置存货科目。

(3) 执行"初始设置"|"科目设置"|"对方科目"命令，进入"对方科目"设置窗口，按实验资料中的对方科目设置表设置对方科目。

sy10-821

sy10-822

3) 存货期初数据取数并记账 sy10-83.mp4

(1) 进入存货核算子系统，执行"初始设置"|"期初数据"|"期初余额"命令，进入"期初余额"窗口。

(2) 选择"原料库"，单击"取数"按钮，取出原料库数据。同理，取出成品库、配套用品库期初存货数据。

sy10-83

(3) 单击"记账"按钮，系统对所有仓库进行记账，稍候，系统提示"期初记账成功！"信息。

✂ 巩固提高

一、单选题

1. 采购管理系统中，录入的期初暂估入库存货是指(　　)。
   A. 票到货未到的存货　　　　　　B. 货到票未到的存货
   C. 未验收入库的存货　　　　　　D. 在途存货

2. 库存系统期初数据也可以在(　　)系统中录入。
   A. 采购管理　　B. 销售管理　　C. 存货核算　　D. 应收款管理

3. 收发类别设置是为了用户对存货的(　　)进行分类汇总统计而设置的。
   A. 出入库情况　B. 库存情况　　C. 摆放情况　　D. 完好情况

二、多选题

1. 下列属于购销存基础档案设置的内容有(　　)。
   A. 仓库档案　　B. 部门档案　　C. 存货档案　　D. 收发类别

2. 下列属于存货属性的是(　　)。
   A. 销售　　　　B. 外购　　　　C. 自制　　　　D. 生产耗用

3. 下列属于购销存科目设置的有( )。
   A. 存货科目　　　　B. 存货对方科目　C. 客户往来科目　D. 供应商往来科目

三、判断题

1. 存货的"销售"属性用于发货单、销售发票、销售出库单等与销售有关的单据参照使用，表示该存货可用于销售。　　　　　　　　　　　　　　　　　　　　　　　　　　( )
2. 库存期初数据只能在库存子系统中录入。　　　　　　　　　　　　　　　　( )
3. 同一存货只能设置一个属性。　　　　　　　　　　　　　　　　　　　　　( )
4. 客户往来期初余额，是指企业已形成的应收款项到目前为止尚未收到的余额。( )
5. 采购系统若没有期初余额可不必记账。　　　　　　　　　　　　　　　　　( )

四、简答题

1. 供应链子系统主要包括哪些子系统？各子系统的主要功能是怎样的？
2. 供应链子系统的数据流程是怎样的？
3. 供应链管理子系统基础档案包括哪些内容？
4. 请列举供应链各子系统 5 个参数设置的含义。
5. 供应链子系统的期初数据主要包括哪些内容？

五、案例分析题

某公司是组装和销售运动系列产品的公司，其组装和销售的主要产品为滑板，同时销售配套运动产品。该公司滑板的 BOM 结构为：1 个滑板＝1 个面板＋2 个轮轴＋4 个轮子。其公司手工会计核算科目体系如下所示。

原材料
　　——面板
　　——轮轴
　　——轮子
库存商品
　　——自制——滑板
　　——外购——防风面镜
　　　　　——运动水壶
　　　　　——运动手套

请根据上述资料，回答下列问题。

1. 请问该公司应如何设置存货分类？
2. 该公司的原材料和库存商品需要分库存放，请问应如何进行仓库设置？
3. 该公司应设置哪些存货档案？其属性是什么？

第 10 章 采购管理子系统

学习目标

知识目标
- 了解采购管理子系统的功能
- 了解采购管理子系统与其他子系统之间的关系及其他采购业务类型
- 掌握普通采购业务、采购现付业务及采购退货业务

能力目标
- 能结合企业实际,进行采购管理子系统的日常业务及期末业务处理

案例导入

阳光公司准备于2020年1月1日起进行采购业务处理。

1. 业务分工

由采购员白雪负责进行相应的采购业务处理。

2. 本月主要采购业务

(1) 普通采购业务。
(2) 采购现结业务。

(3) 采购运费处理。
(4) 暂估入库报销处理。
(5) 暂估入库处理。
(6) 采购结算前退货。
(7) 采购结算后退货。

信息化应用目标

(1) 实现灵活的业务处理。采购管理应能实现请购单、采购订单、采购到货、采购入库、采购发票、采购结算的全程管理，但根据不同的应用需求和采购模式，可以采用复杂流程或简单流程的处理。通常，系统支持以订单为核心的业务处理，也支持直接办理入库、采购发票、采购结算的业务处理。

(2) 实现多种采购业务类型。采购业务类型包括普通采购、直运采购、受托代销采购业务，依据不同的业务类型特点，提供适宜、优化的处理。

(3) 灵活的采购比价。企业可以选择适宜的供应商，降低采购成本；可针对请购的数量，结合供应商存货对照表、供应商存货价格表，自动比价给出采购建议。系统提供最高进价的控制，对高于最高进价的采购业务进行审批控制，从而对采购成本进行有效控制。

(4) 严密的事中控制。依据不同权责划分设置审批采购订单的权限。

(5) 细致的采购结算。利用U8强大的采购结算功能，包括手工结算、自动结算两种方式，支持采购费用的分摊及结算，能够快速、准确地确定采购成本，提高工作效率，将工作重点放在采购成本的合理有效控制上。

(6) 全程的业务监控。通过U8采购管理实现采购过程事件的监控和及时的反馈分析，掌握订单完成状况，并实现采购资金的合理使用。对于采购业务执行中已发生的及预计将发生的缺货情况，可以对供应商进行催货处理，系统支持催货函的多种输出，可与供应商信息共享，避免缺货损失。

知识学习

10.1 采购管理子系统概述

10.1.1 采购管理子系统的主要功能

采购管理子系统的主要功能包括系统初始化、日常业务处理、信息查询和期末处理。

1. 系统初始化

采购管理子系统初始化内容主要包括系统参数设置、基础信息设置及期初数据录入。

2．日常业务处理

从业务环节来看，采购管理子系统的日常业务处理主要包括请购、订货、到货、入库、采购发票、采购结算等环节；从业务类型来看，一个完善的采购管理子系统不但可以处理普通采购业务，还可以处理现付业务、采购退货业务、直运业务、受托代销业务等特殊业务类型。

3．信息查询

采购管理子系统提供了丰富的信息查询功能，不仅可以查询各种原始单据，还可以查询采购明细表、采购账簿。另外，信息查询还能够从多角度进行采购分析，如采购成本分析、采购类型结构分析、采购资金比重分析等。

4．期末处理

采购管理子系统的期末处理比较简单，主要是月末结账和年末结账。

10.1.2 采购管理子系统与其他子系统的关系

采购管理子系统与其他子系统的关系如图 10-1 所示。

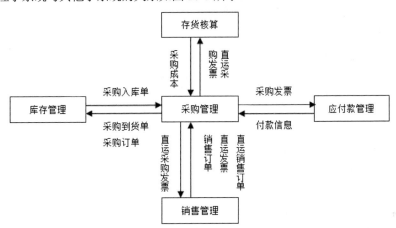

图10-1 采购管理子系统与其他子系统的关系

1．采购管理子系统与库存管理子系统的关系

当采购管理子系统与库存管理子系统集成应用时，可以在库存管理子系统中根据采购到货单或采购订单自动生成采购入库单，完成入库业务；采购入库单又可以回传给采购管理子系统，以供查询、采购结算等操作。

2．采购管理子系统与应付款管理子系统的关系

当采购管理子系统与应付款管理子系统集成应用时，采购发票是在采购管理子系统中录入的，然后传递到应付款子系统进行审核、登记应付款明细账、制单并传递到总账子系统；在应付款管理子系统中进行付款并核销相应应付单据后，将向采购管理子系统提供付款核销信息。

3．采购管理子系统与销售管理子系统的关系

在采购管理子系统中，可以根据销售管理子系统中的销售订单生成采购订单。在直运业务中，如果要求必须有订单，则直运采购订单参照直运销售订单生成，而直运采购发票必须根据直运采购订单生成；如果没有订单，则直运采购发票和直运销售发票可以相互参照。

4. 采购管理子系统与存货核算子系统的关系

存货核算子系统可为采购管理子系统提供相关的采购成本信息；在直运业务中，存货核算子系统将根据直运采购发票记账、登记存货明细表、制单并传递到总账子系统。

在以上关系中，最主要的是采购管理子系统与库存管理子系统、应付款管理子系统的关系，可以反映普通采购业务的物流、资金流；而采购管理子系统与销售管理子系统、存货核算子系统的关系一般是针对直运业务这一特殊业务的，或者只是信息参照。

10.2 采购管理子系统日常业务处理

10.2.1 采购管理子系统日常业务的主要环节

从业务处理环节来看，采购管理子系统提供的日常业务环节主要包括采购请购管理、采购订货管理、采购到货管理、采购入库管理、采购发票管理、采购结算、采购付款等。

1. 采购请购

采购请购是指企业内部各部门向采购部门提出采购申请，或者由采购部门汇总企业内部采购需求列出采购清单。请购是采购业务的起点，可以根据审核后的采购请购单生成采购订单。在采购业务处理流程中，请购环节是可选的。

2. 采购订货

采购订货是指企业通过与供应商签订采购合同或采购协议确认货物需求，主要包括采购什么货物、采购多少、由谁供货、什么时间到货、到货地点、运输方式、价格、运费等内容。供应商将根据采购订单组织货源，而企业则根据采购订单进行验收。采购订单可以手工录入，也可以根据审核后的请购单、销售订单或审核未审核的采购订单生成。是否必须有采购订单可在系统参数中设置。

在有订单的采购业务中，订单是整个采购业务的核心，整个业务流程的执行都会将相应信息回写到采购订单，从而可以利用采购订单跟踪采购业务的执行情况，如累计入库数量和金额、累计开票数量和金额、累计付款金额等。企业可以对拖期的订单打印催货函以向供应商催货。

采购订单审核后才能执行，执行完毕后即货物已全部入库、开票、付款后，可以自动关闭，对于尚未执行完毕的订单如果确实需要，也可以手工关闭。

【例 10-1】 填制采购订单，如图 10-2 所示。
操作路径： 采购管理→采购订货→采购订单

3. 采购到货

采购到货是采购订货和采购验收入库的中间环节，一般由采购业务员根据供货方通知或送货单填写，确认对方所送货物、数量、价格等信息，以到货单的形式传递到仓库作为保管员收货依据。采购到货单可以直接填写，也可以根据审核后的采购订单生成。在库存管理子系统中可以根据审核后的到货单生成采购入库单。在采购业务处理流程中，到货处理是可选的。

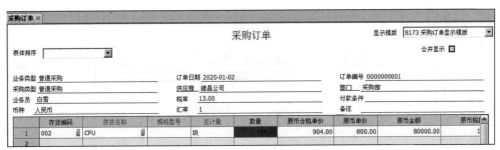

图10-2 填制采购订单

4. 采购入库

采购入库是指将供应商提供的货物检验合格后，放入指定仓库的业务。当货物入库时，仓库保管员应当根据采购到货签收的实收数量填制采购入库单。采购入库单按业务性质分为蓝字入库单和红字入库单，红字入库单用于采购退货业务处理。在采购业务处理流程中，采购入库是必要的。

采购入库单既可以手工填写，也可以根据审核后的采购订单和采购到货单生成。在采购业务必有订单时，入库单必须根据审核后的采购订单生成。当采购管理子系统与库存管理子系统集成应用时，采购入库业务在库存中进行处理；当采购管理子系统单独应用时，采购入库业务在采购管理子系统中处理。

录入采购入库单时，可以只填写数量，而不填写金额。金额的处理方式有两种：一是在发票已到的情况下通过采购结算后由系统自动计算而得；二是在发票未到的情况下，进行暂估入库。总之，采购入库单必须有金额才能在存货核算子系统中记账、制单。

【例10-2】填制采购入库单，如图10-3所示。
操作路径：库存管理→入库业务→采购入库单

图10-3 填制采购入库单

5. 采购发票

采购发票是供应商开出的销售货物的凭证，系统将根据采购发票确认采购成本，并据此登记应付账款。采购发票按发票类型可分为增值税专用发票、普通发票、运杂费发票等类型；发票按业务性质分为蓝字发票和红字发票，红字发票用于采购退货业务处理。在采购业务处理流程中，录入采购发票是必要的。

采购发票可以直接手工填制，也可以根据审核后的采购订单和采购入库单或其他审核未审核采购发票生成。在必有采购订单的采购业务中，采购发票必须根据审核后的采购订单生成。当采购管理子系统与应付款子系统集成应用时，采购发票在采购管理子系统中进行处理；当应付款子系统单独应用时，采购发票在应付款子系统中进行处理。

【例10-3】填制采购发票，如图10-4所示。

操作路径：采购管理→采购发票→专用采购发票

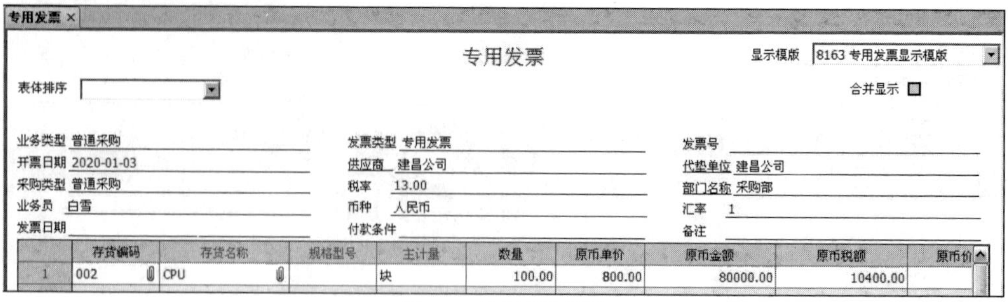

图10-4 填制采购发票

6. 采购结算

采购结算也称采购报账，在手工业务中，采购业务员拿着经主管领导审批过的采购发票和仓库确认的入库单到财务部门，由财务人员确认采购成本并进行相应的账务处理。在信息化方式下，采购结算是针对采购入库单，根据发票确认其采购成本，是必须执行的操作。采购结算后，系统会自动填写采购入库单单价、金额，同时生成采购结算单。采购结算单是记载采购入库单与采购发票对应关系的结算对照表，查看采购结算单可以了解采购成本的确认过程。根据实现方式不同，采购结算可分为自动结算和手工结算。

1) 自动结算

自动结算可以对供应商、存货、数量完全相同的入库单记录和发票记录进行结算，生成结算单；将供应商、存货相同、数量绝对值相等、符号相反的红蓝入库单记录进行对应结算，生成结算单；将供应商、存货相同、金额绝对值相等、符号相反的采购发票记录进行对应结算，生成结算单。

2) 手工结算

手工结算可以进行正数入库单与负数入库单结算、正数发票与负数发票结算、正数入库单与正数发票结算；可以任意选择发票和入库单，发票和入库单的关系可以是一对一、一对多、多对一、多对多；发票和入库单所属供应商可以不同，即支持三角债的结算、到下级单位采购而付款给其上级主管单位的结算；可以进行费用分摊和溢余短缺处理。

工业企业在采购过程中所发生的一切运输费、装卸费、保险费、包装费、仓储费、入库前的挑选整理费用等需要计入采购成本。另外，按照《国家税务总局关于调整增值税运输费用扣除率的通知》有关规定，外地运费可按7%的比例计算可抵扣的增值税进项税额，其余运费金额可直接或分摊计入采购成本。因此，工业企业应利用手工结算将有关费用分摊计入采购成本，可以按金额分摊，也可以按数量分摊。

在进行采购结算时，如果存货入库数量与发票存货数量相当，说明不存在损耗，此时存货的采购总成本等于发票金额加上应分摊的费用金额，单位采购成本等于采购总成本除以存货入库数量。

如果入库存货数量大于发票存货数量，可以有两种处理方法：一种是存在溢余，按照会计制度规定，合理损耗计入采购成本，所以此时只需输入合理损耗数量，使入库存货数量＋合理损耗数量＝发票数量。此时总成本等于发票金额加上应分摊的费用额，单位采购成本等于总成本除以存货入库数量。另一种是把多余数量当作赠品处理，降低存货入库单价。

如果入库存货数量小于发票存货数量，则说明存在短缺，这种短缺有可能是合理损耗，也可能是意外损耗，并且按照会计制度规定意外损耗不允许计入采购成本，所以必须输入合理损耗数量、意外损耗数量及意外损耗金额，使入库存货数量＋合理损耗数量＋意外损耗＝发票数量。此时总成本等于发票金额加上应分摊的费用额减去意外损耗金额，单位成本等于总成本除以实际入库数量。存在非合理损耗时，还应选择非合理损耗类型，以便存货核算子系统根据结算单记录的非合理损耗类型自动生成凭证。

如果存在一次入库、分次开票的情况，则有两种结算方法：一种是等待发票开齐后再进行结算处理；另一种是填写入库单时根据约定好的开票数将存货分成若干行，将来每一行可以与对应的发票单独进行结算。

7. 采购付款

采购付款是采购业务的最后环节。需在"应付款管理"系统中填制付款单，完成采购业务的付款工作，并生成相应的付款凭证。

10.2.2 普通采购业务

普通采购业务是指适合于大多数企业的日常采购业务，与其他子系统协同提供对采购请购、采购订货、采购入库、采购发票、采购结算、采购付款等全程管理。按照采购发票和货物到达的先后顺序不同，可将采购业务分为单货同行业务、货到票未到(即暂估入库)、票到货未到(即在途存货)3种类型。

1. 单货同行采购业务

单货同行业务是指发票已收到、货物已验收入库的采购业务，此时可以进行采购结算以确认采购成本。当供应链各子系统集成应用时，完整的单货同行普通采购业务流程如图10-5 所示。

10-1 普通采购业务.mp4

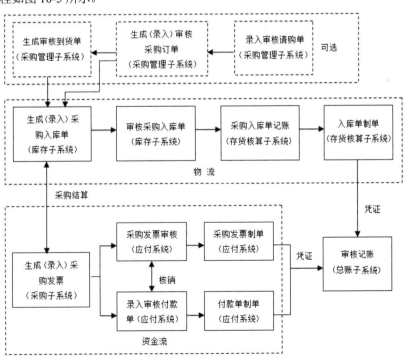

图10-5 普通采购业务处理流程

(1) 在采购管理子系统中填制并审核请购单。请购单是可选单据。

(2) 在采购管理子系统中填制或根据审核后的请购单、销售订单或其他审核未审核采购订单生成采购订单。是否必有采购订单一般取决于系统参数设置。

(3) 在采购管理子系统中填写或根据审核后的采购订单生成到货单。到货单是可选单据。

(4) 在库存管理子系统中填写或根据审核后的采购订单和采购到货单生成采购入库单，在必有采购订单的采购业务中，采购入库单必须根据审核后的采购订单生成。采购入库单是必有单据。

(5) 在采购管理子系统中填制或根据审核后的采购订单、采购入库单或其他审核未审核采购发票生成采购发票，在必有采购订单的采购业务中，采购发票必须根据审核后的采购订单生成。采购发票是必有单据。

(6) 对采购发票和采购入库单进行采购结算。

(7) 在库存管理子系统中审核采购入库单。

(8) 在存货核算系统中对采购入库单记账，登记存货明细账。采购入库单要想记账必须有金额，而金额可以通过两种方式获取：一是在单货同行情况下，经过采购结算由系统自动计算入库单价和金额；二是在货到票未到情况下，在存货核算子系统直接填写暂估价格。

(9) 在存货核算系统中对采购入库单进行制单，生成的凭证会自动传递到总账子系统，在总账子系统中对该凭证进行审核、记账。生成的凭证反映存货入库信息，如下。

借：原材料(库存商品)
　　贷：在途物资

以上介绍的基本上是采购业务的物流过程，主要是在采购管理子系统、库存管理子系统和存货核算子系统中完成的。

(10) 在应付款子系统中对采购发票进行审核，登记应付账款明细账。

(11) 在应付款子系统中对审核后的采购发票进行制单，生成的凭证会自动传递到总账子系统，在总账子系统中对该凭证进行审核、记账。生成的凭证反映采购成本、进项税额和应付账款信息，如下。

借：在途物资
　　应交税费/应交增值税/进项税额
　　贷：应付账款

(12) 到期还款时，在应付款子系统中录入并审核付款单。

(13) 在应付款子系统中，将审核后的付款单和审核后的采购发票进行核销，登记应付账款明细账。

(14) 在应付款子系统中，对审核后的付款单制单，生成的凭证会自动传递到总账子系统，在总账子系统中对该凭证进行审核、记账。生成的凭证反映还款信息，如下。

借：应付账款
　　贷：银行存款

以上介绍的基本是采购业务的资金流过程，主要是在应付款子系统中完成的。

2. 暂估入库业务

暂估入库是指本月存货已验收入库但尚未收到采购发票，因而不能确定存货的入库成本。为了核算存货的库存成本，在手工下，一般是在月末将这些存货暂估入账，然后下月初再用红字冲回。

在信息化方式下，暂估可以在月末进行，也可以在录入入库单后马上暂估。暂估的处理有以下3种方式。

1) 月初回冲

(1) 到下月初，存货核算子系统会自动生成与暂估入库内容完全相同的红字回冲单，同时登记相应的存货明细账，以冲回存货明细账中上月的暂估入库。同时，对红字回冲单制单，以便在总账子系统中回冲上月的暂估凭证。

(2) 收到并录入采购发票后，对采购入库单和采购发票进行采购结算。关于结算后的发票制单、付款与核销等操作与单货同行业务相同。

(3) 结算后，在存货核算子系统中执行暂估处理，以生成与对应的入库单完全相同的蓝字回冲单。

(4) 在存货核算子系统中对蓝字回冲单进行制单。

2) 单到回冲

(1) 下月初不做处理，待收到并录入采购发票后，对采购入库单和采购发票进行采购结算。

(2) 结算后，在存货核算子系统中执行暂估处理，此时系统会同时生成红字回冲单和蓝字回冲单，并据以登记存货明细账。红字回冲单的金额为暂估金额，蓝字回冲单的入库金额为已报销金额。

(3) 在存货核算子系统中对红字回冲单和蓝字回冲单进行制单。

3) 单到补差

(1) 下月初不做处理，待收到并录入采购发票后，对采购入库单和采购发票进行采购结算。

(2) 结算后，在存货核算子系统中执行暂估处理，此时系统会依据报销金额与暂估金额的关系进行不同的处理。如果报销金额与暂估金额不相等，则系统会生成一张调整单，并据以登记存货明细账；如果报销金额与暂估金额相等，则系统不生成调整单。

(3) 如果报销金额与暂估金额不相等，则应在存货核算子系统中对调整单进行制单。

3. 在途存货业务

在途存货业务是指已收到采购发票但货物尚未验收入库的采购业务。对于该类业务在信息化方式下有两种处理方式：一种是压单处理，即收到的发票暂不录入系统，待货物验收入库后再录入系统中与采购入库单进行采购结算；另一种是收到发票后便录入系统中，这样可以实时统计在途货物情况，当货物验收入库后再进行采购结算。

10.2.3 现付业务

现付业务，是指采购业务发生时企业直接付款并由供货单位开具发票。现付业务与普通采购业务的区别在于对发票的处理不同。由前面的内容可以看出，在应付款子系统中对发票的默认处理方式是看作未付款，在发票审核后会登记应付账款明细账，并生成确认采购成本、进项税额和应付账款的凭证传递到总账子系统。因此，发生现付业务后需要一些特殊处理。当然不同软件设计思路不同，数据库结构也会不同，这都会影响某些业务的处理模式。通常，企业可以采取以下策略处理现付业务。

10-2 采购现结业务.mp4

1. 现付处理

进行现付处理时，只需在采购管理子系统中录入发票后直接选择现付处理即可，但一定要注意现付处理的时机是在发票录入之后及在应付款子系统中审核发票之前。现付处理后，一般系统会自动出现付款单供用户填写。当然，现付业务不会形成应付账款，也就不必进行核销操作。

2. 现结制单

在应付款子系统中，因为发票制单会形成应付账款，所以必须通过现结制单功能来生成采购凭证。

借：在途物资
　　应交税费/应交增值税/进项税额
　　贷：银行存款

除以上两点外，现付业务的处理流程与普通采购业务类似，此处不再赘述。

10.2.4　采购运费业务

采购运费业务是在普通采购业务的三张基本单据的基础上增加了一张运费发票，在采购结算上与普通采购业务不同。采购结算时需要将采购发票、运费发票和采购入库单一起结算，在生成凭证时需要将采购发票与运费发票合并制单，将运费计入采购成本中。

10-3 采购运费业务.mp4

采购运费业务中采购入库单、付款单的处理流程与普通采购业务相同。采购发票的处理流程如下。

(1) 在采购子系统填制增值税专用发票(货物税率 13%)。
(2) 在采购子系统填制增值税专用发票(运费税率 9%)。
(3) 在采购子系统中对采购发票、运费发票与采购入库单进行结算。
(4) 在应付子系统中对采购发票、运费发票进行审核。
(5) 在应付子系统中对采购发票、运费发票合并制单。

借：在途物资(买价＋运费)
　　应交税费/应交增值税/进项税额
　　贷：应付账款

10.2.5　采购退货业务

有时因为货物质量等原因，企业会发生采购退货，因此采购退货业务处理是采购管理子系统的重要功能。在信息化方式下，针对退货业务发生的时机不同，所采取的方法也会有所不同。如果收到货物但尚未办理入库手续，则只要把货物直接退给供应商即可，而系统不必进行处理；如果采购业务在系统中尚未完全处理完毕如入库单尚未记账、发票尚未付款，则可以采取"无痕迹修改"，即通过一系列逆操作和删改操作完成全部或部分退货处理；如果采购业务已完全处理完毕，即已采购结算、入库单已记账、发票已付款，此时应采取"有痕迹修改"，即通过录入退货单和红字发票来处理，其处理流程如图 10-6 所示。

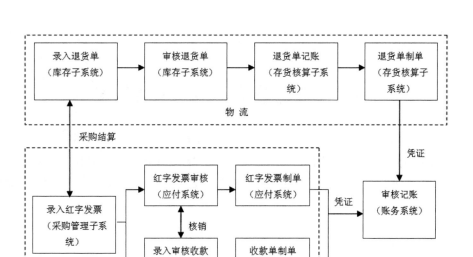

图10-6 采购退货业务处理流程

10.2.6 其他类型采购业务

1. 直运采购业务

直运业务是指商品不经过入库,而是由企业供应商直接将商品发给企业客户的购销业务,常见于大型电器、汽车、设备等商品购销。直运业务包括直运销售业务和直运采购业务。直运业务没有实物的出入库,货物流向是直接从供应商到客户,财务结算通过直运销售发票和直运采购发票完成。由此可以看出,直运业务与普通销售业务和采购业务相比有其自身特点,因此对直运业务需要特殊的方法进行单独处理。由于直运采购业务依赖于直运销售业务,所以具体处理方法和流程将在第11章的直运销售业务中一并为大家介绍。

2. 受托代销业务

商品流通企业有时会从事受托代销业务。受托代销业务是指商业企业接受其他企业的委托,为其代销商品,代销商品售出后,企业再与委托方进行结算,由委托方开具正式销售发票,商品所有权实现转移。通常,企业可以将受托代销业务看作是一种先销售后与委托代销商结算的采购模式,因此,受托代销业务处理也是采购管理子系统的功能之一。其业务处理流程与普通采购业务类似,简要介绍如下。

(1) 受托方接收货物,在库存管理子系统填制审核受托代销入库单。

(2) 受托方售出代销商品后,手工开具代销商品清单交委托方。

(3) 由委托方为受托方开具发票。

(4) 受托方在采购管理子系统中进行受托代销结算,系统会自动生成受托代销发票和受托代销结算单。

(5) 在存货核算子系统中对受托代销入库单记账、制单。

(6) 在应付款子系统中对发票制单。

(7) 在应付款子系统中付款并制单。

(8) 在应付款子系统中对发票和付款单进行核销。

10.3 采购管理子系统信息查询

一个良好的系统应该尽可能多地为用户提供各种相关信息,特别是供应链各子系统更是如此,毕竟使用系统的目的是获取各种有用信息以加强控制、提高管理水平、辅助管理者进行决策。而作为系统使用者,必须熟悉系统的各种信息输出,才能够提高信息使用效率。采购管理子系统的信息输出主要有以下几个方面。

10.3.1 原始单据

在采购管理子系统中,可以对各种原始单据进行查询,如入库单明细表、发票明细表、结算单明细表、采购订单明细表、采购订单执行统计表、到货单明细表、请购单明细表等。

10.3.2 采购相关明细表

1. 采购明细表

采购明细表是根据采购发票产生的,可以按用户设置的筛选条件列出发票中各种货物的采购明细情况。

2. 入库明细表

入库明细表是根据采购入库单产生的,可以按用户设置的筛选条件列出采购入库单中各种货物的采购入库情况。

3. 采购结算明细表

采购结算明细表是根据采购结算单产生的,可以按用户设置的筛选条件列出结算单中各种货物的结算情况。

4. 未完成业务明细表

未完成业务明细表是根据发票和入库单产生的,可以按用户设置的条件查询未完成业务的单据明细情况,包括货到票未到(即暂估入库)和票到货未到(即在途存货)。

5. 受托代销结算明细表

受托代销结算明细表是根据受托代销入库单产生的,可以按用户设置的筛选条件列出受托代销采购入库单中各种货物的入库、结算明细情况。

6. 增值税抵扣明细表

增值税抵扣明细表是根据已报账的采购发票产生的,可以反映某月份增值税专用发票的增值税额抵扣明细情况。

7. 采购费用明细表

采购费用明细表是根据运费发票及发票中的费用项目产生的,可以按用户设置的筛选条件列出各种费用的明细情况。

10.3.3 采购账簿

1. 在途货物余额表

在途货物余额表是普通采购业务采购发票结算情况的滚动汇总表，可以反映每个月各供货单位的采购发票上的货物采购发生、采购结算及未结算的在途货物情况。

2. 暂估入库余额表

暂估入库余额表是普通采购业务的采购入库单结算情况的滚动汇总表，可以反映每个月各供货单位的采购入库单上的货物采购发生、采购结算及未结算的暂估货物情况。

3. 代销商品台账

代销商品台账可以按委托商和委托代销商品序时反映每一笔代销商品的入库、结算情况。

4. 代销商品余额表

代销商品余额表是代销商品台账的汇总表，可以综合反映每个月各委托商的代销商品入库、结算和结余情况。

10.3.4 采购分析

采购管理子系统可以根据各原始单据为用户提供各种采购分析信息，主要包括以下几种。

1. 采购成本分析

采购成本分析是根据采购发票，对某时期内的存货结算成本与其参考成本、计划价进行对比分析。

2. 采购类型结构分析

采购类型结构分析是根据采购发票，对某时期内各种采购类型的业务比重进行分析。

3. 采购资金比重分析

采购资金比重分析是根据采购发票，从供应商、业务员、地区、存货大类、采购类型等角度对某段时期内各种货物占采购资金总额的比重进行分析。

4. 供应商价格对比分析

供应商价格对比分析是根据采购发票，对某种货物各供货单位的实际供货价格进行对比分析。

5. 采购货龄分析

采购货龄分析可以对截止到某日的采购入库未结算的存货货龄进行分析。

6. 采购费用分析

采购费用分析可以根据采购发票，对某段时期内各种采购费用占所购货物的比重进行分析。

10.4 采购管理子系统期末处理

10.4.1 月末结账

月末结账后，系统会将当月的采购单据数据封存，并将当月的采购数据记入有关账表中。进行月末结账时，应注意以下问题。

(1) 结账前应检查当月工作是否已全部完成，只有在当月所有工作全部完成的前提下，才能进行月末结账，否则会遗漏某些业务。

(2) 月末结账前一定要进行数据备份，否则数据一旦发生错误，将造成无法挽回的损失。

(3) 没有期初记账，将不允许月末结账。

(4) 结账必须按月连续进行。上月未结账，将不影响本月日常业务的处理，只是本月不能结账。

(5) 月末结账后，当月便不能再增加、修改、删除采购单据。

(6) 只有采购管理子系统月末结账后，库存管理子系统和应付款子系统才能进行月末结账。

10.4.2 年末结转

当 12 月份结账后，还应进行年末结转，以转到下一年度连续工作。如前所述，在财务业务一体化的会计信息系统中，年末结转是在系统管理中由账套主管统一进行的。如果系统年度数据存放于不同的数据库，则在年末结转时应先建立新年度账，而后再结转上年数据。采购管理子系统年末结转后，将会把上年的基础数据和未执行完毕的采购订单，以及未结算的入库单和采购发票记录到本年度数据库中，并将上年 12 月份的采购余额表作为本年 1 月份的期初余额记录到本年度数据库中。

实践应用

实验十一　采购管理

【实验目的】

1. 掌握用友 ERP-U8 管理软件中采购管理系统的相关内容。
2. 掌握企业日常采购业务处理方法。
3. 理解采购管理系统各项参数设置的意义，了解采购管理系统与其他系统之间的数据传递关系。

【实验内容】

1. 普通采购业务处理。
2. 请购比价采购业务。
3. 采购退货业务。
4. 现结业务。
5. 采购运费处理。

6. 暂估处理。

7. 月末结账及取消。

【实验准备】

1. 将计算机系统时间调整为 2020 年 1 月 31 日。

2. 引入"实验十"账套数据。

【实验资料】

1. 普通采购业务

(1) 1 月 1 日，业务员白雪向建昌公司询问 CPU 的价格(800 元/块)，评估后确认价格合理，随即向公司上级主管提出请购要求，请购数量为 100 块。业务员据此填制请购单。

(2) 1 月 2 日，上级主管同意向建昌公司订购 CPU100 块，单价为 800 元，要求到货日期为 1 月 3 日。

(3) 1 月 3 日，收到所订购的 CPU100 块。填制到货单。

(4) 1 月 3 日，将所收到的货物验收入原料库。填制采购入库单。

(5) 1 月 3 日，收到该笔货物的专用发票一张，发票号为 80010256。业务部门将采购发票交给财务部门，财务部门确定此业务所涉及的应付账款及采购成本，材料会计记材料明细账。

(6) 1 月 4 日，财务部门开出转账支票一张，金额为 90 400 元，支票号为 23890210，付清采购货款。

2. 采购现结业务

1 月 5 日，向兴华公司购买内存条 200 条，单价为 100 元，验收入原料库。同时收到专用发票一张，票号为 85011247，立即以转账支票(支票号为 78026541)形式支付货款。记材料明细账，确定采购成本，进行付款处理。

3. 采购运费处理

1 月 6 日，向建昌公司购买显示器 50 台，单价为 1 200 元，验收入原料库。同时收到专用发票一张，票号为 22789067。另外，在采购过程中，发生了一笔运输费 1 000 元，税率为 9%，收到相应的运费增值税专用发票一张，票号为 90215678。确定采购成本及应付账款，记材料明细账。

4. 暂估入库报销处理

1 月 9 日，收到兴华公司提供的上月已验收入库的 60 块主板的专用发票一张，票号为 48210956，但发票数量为 50，单价为 520 元。进行暂估报销处理，确定采购成本及应付账款。

5. 暂估入库处理

1 月 9 日，收到艾德公司提供的打印机 100 台，入配套用品库。由于到了月底发票仍未收到，故确定该批货物的暂估成本为 1 500 元，并进行暂估记账处理。

6. 采购结算前退货

(1) 1 月 10 日，收到建昌公司提供的显示器，数量 102 台，单价为 1 200 元。验收入原料库。

(2) 1 月 11 日，仓库反映有 2 台显示器有质量问题，要求退回给供应商。

(3) 1 月 11 日，收到建昌公司开具的专用发票一张，其发票号为 90276803，数量 100，单价 1 200 元。填制并审核采购发票，进行采购结算。

7. 采购结算后退货

1月13日,从建昌公司购入的CPU质量有问题,退回5块,单价为800元,同时收到票号为66521807的红字专用发票一张。对采购入库单和红字专用采购发票进行结算处理。

【实验要求】

(1) 以"004白雪"的身份,以相应的业务日期进入采购管理系统、库存管理系统、存货核算系统、应付款管理系统进行相关操作。

(2) 所有业务单据日期为实验资料所要求日期,记账凭证日期与业务单据日期一致。

> **说明:**
> 本实验为操作方便,由白雪一人完成采购、库存、存货、应付款管理子系统的相关操作。在实际工作中,应根据内容的要求,由不同权限的操作员完成相应的操作内容。

【操作指导】

1. 采购业务1

业务类型:普通采购业务

- 请购单处理

在采购管理系统中填制并审核请购单 ▶ sy11-11.mp4

(1) 进入采购管理系统,执行"请购"|"请购单"命令,进入"采购请购单"窗口。

(2) 单击"增加"按钮,输入日期"2020-01-01",选择请购部门"采购部",请购人员"白雪"。

(3) 选择存货编号"002 CPU",输入数量100,本币单价800,需求日期"2020-01-03",供应商"建昌公司"。

(4) 单击"保存"按钮,然后单击"审核"按钮。

(5) 单击"退出"按钮,退出"采购请购单"窗口。

- 采购订单处理

在采购管理系统中填制并审核采购订单 ▶ sy11-12.mp4

sy11-12

(1) 执行"采购订货"|"采购订单"命令,进入"采购订单"窗口。

(2) 单击"增加"按钮,单击"生单"按钮,选择"请购单"选项,打开"查询条件选择—采购请购单列表过滤"对话框。单击"确定"按钮,进入"订单拷贝请购单表头列表"窗口。

(3) 双击需要参照的采购请购单的"选择"栏,单击"确定"按钮,将采购请购单相关信息带入采购订单。订单日期为"2020-01-02",供应商为"建昌公司"。

(4) 单击"保存"按钮,再单击"审核"按钮,订单底部显示审核人姓名。

(5) 单击"关闭"按钮,退出"采购订单"窗口。

> **注意:**
> - 在采购、销售、库存等业务系统中,凡是可参照生成的单据,均可手工直接填入。
> - 在填制采购订单时,右击可查看存货现存量。
> - 如果在存货档案中设置了最高进价,那么当采购订单中货物的进价高于最高进价时,系统会

第 10 章 采购管理子系统

自动报警。
- 如果企业要按部门或业务员进行考核，则必须输入相关"部门"和"业务员"信息。
- 采购订单审核后，可在"采购订单执行统计表"中查询。

- 采购到货单处理

在采购管理系统中填制到货单 sy11-13.mp4

sy11-13

(1) 执行"采购到货"｜"到货单"命令，进入"到货单"窗口。

(2) 单击"增加"按钮，单击"生单"按钮，选择"采购订单"选项，打开"查询条件选择—采购订单列表过滤"对话框。单击"确定"按钮，进入"到货单拷贝订单表头列表"窗口。

(3) 双击需要参照的采购订单的"选择"栏，单击"确定"按钮，将采购订单相关信息带入采购到货单。到货日期为 2020-01-03，部门为"采购部"。

(4) 单击"保存"按钮。单击"审核"按钮。

(5) 单击"退出"按钮，退出"采购到货单"窗口。

- 采购入库单处理

1) 在库存管理系统中填制并审核采购入库单 sy11-141.mp4

sy11-141

(1) 进入库存管理系统，执行"入库业务"｜"采购入库单"命令，进入"采购入库单"窗口。

(2) 单击"生单"按钮右侧箭头，选择"采购到货单(蓝字)"窗口。

(3) 单击"确定"按钮，选择需要参照的采购到货单，单击"确定"按钮，将采购到货单相关信息带入采购入库单。

(4) 修改入库日期为 2020-01-03，仓库为"原料库"，单击"保存"按钮。

(5) 单击"审核"按钮，系统弹出"该单据审核成功！"信息提示对话框，单击"确定"按钮返回。

> 注意：
> - 只有采购管理系统、库存管理系统集成使用时，库存管理系统才可通过"生单"功能生成采购入库单。
> - 生单时参照的单据是采购管理系统中已审核未关闭的采购订单和到货单。
> - 采购管理系统如果设置了"必有订单业务模式"时，不可手工录入采购入库单。
> - 当入库数量与订单/到货单数量完全相同时，可不显示表体。

特别提示：入库单第2)步与第3)步的操作需在入库单与采购发票结算后进行。

2) 在存货核算系统中对入库单记账 sy11-142.mp4

sy11-142

(1) 在存货核算系统中，执行"业务核算"｜"正常单据记账"命令，打开"查询条件选择"对话框。

(2) 单击"确定"按钮，进入"正常单据记账列表"窗口。

(3) 单击选择要记账的单据，单击"记账"按钮，退出"正常单据记账列表"窗口。

3) 在存货核算系统中对入库单生成入库凭证 sy11-143.mp4

(1) 执行"财务核算"｜"生成凭证"命令，进入"生成凭证"窗口。

sy11-143

277

(2) 单击工具栏上的"选择"按钮，打开"查询条件"对话框。

(3) 选择"采购入库单(报销记账)"选项，单击"确定"按钮，进入"未生成凭证单据一览表"窗口。

(4) 选择要制单的记录行，单击"确定"按钮，进入"生成凭证"窗口。

(5) 选择凭证类别为"转 转账凭证"，单击"生成"按钮，进入"填制凭证"窗口。

(6) 单击"保存"按钮，凭证左上角出现"已生成"标志，表示凭证已传递到总账。

● 采购发票处理

1) 在采购管理系统中填制并审核采购发票 sy11-151.mp4

sy11-151

(1) 进入采购管理系统，执行"采购发票"|"专用采购发票"命令，进入采购"专用发票"窗口。

(2) 单击"增加"按钮，单击"生单"按钮，选择"入库单"选项，打开"查询条件选择—采购入库单列表过滤"对话框。单击"确定"按钮，进入"发票拷贝入库单表头列表"窗口。

(3) 选择需要参照的采购入库单，单击"确定"按钮，将采购入库单信息带入采购专用发票，输入发票号80010256，修改表头税率为13%，修改开票日期为2020-01-03。

(4) 单击"保存"按钮，再单击"关闭"按钮。

2) 在采购管理系统中对入库单和采购发票进行采购结算 sy11-152.mp4

sy11-152

(1) 在采购管理系统中，执行"采购结算"|"自动结算"命令，打开"查询条件选择—采购自动结算"对话框，结算模式选择"入库单和发票"类型，单击"确定"按钮，系统弹出"全部成功，共处理了(1)条记录！"信息提示对话框。

(2) 单击"确定"按钮返回。

> **注意：**
> ● 若自动结算不成功，可采用手工结算。结算结果可以在"结算单列表"中查询。
> ● 结算完成后，在"手工结算"窗口中将看不到已结算的入库单和发票。
> ● 由于某种原因需要修改或删除入库单、采购发票时，需先取消采购结算。

特别提示：采购结算后，可先处理入库单第2)步与第3)步，再处理采购发票第3)步。

3) 在应付款管理系统中审核采购专用发票 sy11-153.mp4

sy11-153

(1) 在应付款管理系统中，执行"应付单据处理"|"应付单据审核"命令，打开"应付单查询条件"对话框。

(2) 单击"确定"按钮，进入"单据处理"窗口。

(3) 双击选择需要审核的单据，单击"审核"按钮，系统弹出"审核成功"信息提示对话框，单击"确定"按钮，返回后退出。

4) 在应付款管理系统中将采购专用发票生成应付凭证 sy11-154.mp4

sy11-154

(1) 执行"制单处理"命令，打开"制单查询"对话框，选择"发票制单"，单击"确定"按钮，进入"采购发票制单"窗口。

(2) 单击"全选"按钮，或者在"选择标志"栏输入某数字作为选择标志，选择凭证类别"转账凭证"，单击"制单"按钮，进入"填制凭证"窗口。

(3) 单击"保存"按钮，凭证左上角出现"已生成"标志，表示凭证已传递到总账。

- 付款单处理

1) 在应付款管理系统中填制并审核付款单 sy11-161.mp4

(1) 在应付款管理系统中，执行"付款单据处理"|"付款单据录入"命令，进入"付款单"窗口。

(2) 单击"增加"按钮，选择供应商"建昌公司"，结算方式"转账支票"，金额 90 400，支票号 23890210，单击"保存"按钮。

sy11-161

(3) 单击"审核"按钮，退出。

2) 在应付款管理系统中生成付款凭证 sy11-162.mp4

(1) 执行"制单处理"命令，打开"制单查询"对话框。

(2) 选择"收付款单制单"，单击"确定"按钮，进入"单据处理"窗口。

(3) 双击选择需要制单的单据，选择"付款凭证"。

(4) 单击"制单"按钮，进入"填制凭证"窗口。

sy11-162

(5) 单击"保存"按钮，凭证左上角出现"已生成"标志，表示凭证已传递到总账。

- 账表查询

(1) 在采购管理系统中，查询"到货明细表、入库明细表、采购明细表"等报表。

(2) 在库存管理系统中，查询"库存台账"。

(3) 在存货核算系统中，查询"收发存汇总表"。

2. 采购业务2

业务类型：现结业务

- 采购入库单处理

1) 在库存管理系统中直接填制采购入库单并审核 sy11-211.mp4

(1) 在库存管理系统中，执行"入库业务"|"采购入库单"命令，进入"采购入库单"窗口。

(2) 单击"增加"按钮，输入入库日期 2020-01-05，选择"原料库"，选择供应商"兴华公司"，入库类别"采购入库"，存货编码"003 内存条"，数量 200，单价 100。

sy11-211

(3) 单击"保存"按钮，再单击"审核"按钮，系统弹出"该单据审核成功！"信息提示对话框。

(4) 单击"确定"按钮返回后退出。

特别提示：入库单第2)步与第3)步的操作需在入库单与采购发票结算后进行。

2) 在存货核算系统中对入库单记账

3) 在存货核算系统中对入库单生成入库凭证

- 采购发票处理

1) 在采购管理系统中录入采购专用发票进行现结处理 sy11-221.mp4

(1) 在采购管理系统中，执行"采购发票"|"专用采购发票"命令，进入采购"专用发票"窗口。

(2) 单击"增加"按钮，单击"生单"按钮，选择"入库单"选项，打开"查询条件选择—采购入库单列表过滤"对话框。单击"确定"按钮，进入"发票拷贝入库单表头列表"窗口。

sy11-221

(3) 选择需要参照的采购入库单，单击"确定"按钮，将采购入库单信息带入采购专用发票，修改开票日期为2020-01-05，表头税率为13%，发票号为85011247。

(4) 单击"保存"按钮，单击"现付"按钮，打开"采购现付"对话框。

(5) 选择结算方式202，输入结算金额22 600，支票号78026541，单击"确定"按钮，发票左上角显示"已现付"字样。

2) 在采购管理系统中将入库单和采购发票进行采购结算

特别提示：采购结算后，可先处理入库单第2)步与第3)步，再处理采购发票第3)步。

3) 在应付款管理系统中审核发票 ▶ sy11-223.mp4

sy11-223

(1) 在应付款管理系统中，执行"应付单据处理"|"应付单据审核"命令，打开"应付单查询条件"对话框。

(2) 选择左下角"包含已现结发票"复选框，单击"确定"按钮，进入"应付单据列表"窗口。

(3) 选择需要审核的单据，单击"审核"按钮，系统弹出"审核成功！"信息提示对话框，单击"确定"按钮返回后退出。

4) 在应付款管理系统中对采购发票现结制单 ▶ sy11-224.mp4

sy11-224

(1) 执行"制单处理"命令，打开"制单查询"对话框，选择"现结制单"选项，单击"确定"按钮，进入"现结制单"窗口。

(2) 选择要制单的记录行，选择凭证类别为"付款凭证"，单击"制单"按钮，进入"填制凭证"窗口。

(3) 设置相应现金流量，单击"保存"按钮，凭证左上角出现"已生成"标志，表示凭证已传递到总账。

3. 采购业务3

业务类型：采购运费处理

- 采购入库单处理

1) 在库存管理系统中填制并审核采购入库单(数量：50；单价：1200)

2) 在库存管理系统中查看采购入库单单价变化(数量：50；单价：1220)
▶ sy11-312.mp4

sy11-312

分摊运费后的单价=1200+1000÷50=1220。

特别提示：此步需在采购结算后进行。

- 采购发票处理

1) 在采购管理系统中参照采购入库单填制采购专用发票(税率13%，发票号22789067)

2) 在采购管理系统中填制采购专用发票(运费) ▶ sy11-322.mp4

sy11-322

(1) 在采购管理系统中，执行"采购发票"|"专用采购发票"命令，进入"采购专用发票"窗口。

(2) 单击"增加"按钮，输入发票号90215678、开票日期2020-01-06，供货商"建昌公司"、税率9%，存货名称"运费"、数量1、原币金额1 000，单击"保存"按钮，然后单击"退出"按钮。

> **注意：**
> 费用发票上的存货必须具有"应税劳务"属性。

3) 在采购管理系统中对运费发票、采购专用发票和采购入库单进行结算 sy11-323.mp4

(1) 执行"采购结算"|"手工结算"命令，进入"手工结算"窗口。

(2) 单击"选单"按钮，打开"结算选单"对话框。

(3) 单击"查询"按钮，单击"确定"按钮，上方显示采购专用发票和运费发票。

sy11-323

(4) 选择1月6日的入库单(1张)和发票(2张)，单击"确定"按钮，单击"是"按钮，返回"手工结算"窗口。

(5) 选择费用分摊方式为"按数量"，单击"分摊"按钮，系统弹出关于分摊方式确认的信息提示对话框，单击"是"按钮确认，单击"确定"按钮。

(6) 单击"结算"按钮，系统进行结算处理；完成后系统弹出"完成结算！"信息提示对话框，单击"确定"按钮返回。

> **注意：**
> 不管采购入库单上有无单价，采购结算后，其单价都被自动修改为发票上的存货单价。

4) 在应付款管理系统中审核采购和运费发票

5) 在应付款管理系统中对采购发票和运费发票合并制单 sy11-325.mp4

(1) 执行"制单处理"命令，打开"制单查询"对话框。

(2) 选择"发票制单"，单击"确定"按钮，进入"采购发票制单"窗口。

(3) 选择凭证类别为"转账凭证"，单击"合并"按钮，然后单击"制单"按钮，进入"填制凭证"窗口。

sy11-325

(4) 单击"保存"按钮，生成凭证。

4. 采购业务4

业务类型： 上月暂估业务，本月发票已到

业务特征： 发票数量、单价与入库单数量、单价均不同

- 采购发票处理

1) 在采购管理系统中填制采购发票 sy11-411.mp4

(1) 在采购管理系统中，执行"采购发票"|"专用采购发票"命令，进入"采购专用发票"窗口。

(2) 单击"增加"按钮，再单击"生单"按钮，选择"入库单"选项，打开"查询条件选择—采购入库单列表过滤"对话框；单击"确定"按钮，进入"发票拷贝入库单表头列表"窗口。

sy11-411

(3) 选择日期为2019-12-25的入库单，单击"确定"按钮，将采购入库单信息带入采购专用发票。

(4) 修改发票号48210956，开票日期2020-01-09，税率13%，数量50，单价520，单击"保存"按钮。

2) 在采购管理系统中手工结算 sy11-412.mp4

(1) 在采购管理系统中，执行"采购结算"|"手工结算"命令，进入"手工结算"窗口。

sy11-412

(2) 单击"选单"按钮，打开"结算选单"对话框。

(3) 单击"查询"按钮，再单击"确定"按钮，显示符合条件的发票和入库单列表。

(4) 选择要结算的入库单和发票，单击"确定"按钮，返回"手工结算"窗口。

(5) 修改入库单的结算数量为50，单击"结算"按钮，系统弹出"完成结算！"信息提示对话框，单击"确定"按钮返回。

3) 在应付款管理系统中审核采购发票

4) 在应付款管理系统中对采购发票制单

- 采购入库处理

1) 在存货核算系统中执行结算成本处理

(1) 在存货核算系统中，执行"业务核算"|"结算成本处理"命令，打开"暂估处理查询"对话框；选择"原料库"，选中"未全部结算完的单据是否显示"复选框，单击"确定"按钮，进入"结算成本处理"窗口。

sy11-421

(2) 选择需要进行暂估结算的单据，单击"暂估"按钮，完成结算，然后退出。

2) 在存货核算系统中对红字回冲单和蓝字回冲单生成记账凭证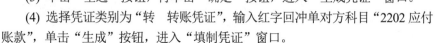

(1) 执行"财务核算"|"生成凭证"命令，进入"生成凭证"窗口。

(2) 单击"选择"按钮，打开"查询条件"对话框，选择"红字回冲单、蓝字回冲单(报销)"选项，单击"确定"按钮返回。

sy11-422

(3) 单击"全选"按钮，再单击"确定"按钮，进入"生成凭证"窗口。

(4) 选择凭证类别为"转 转账凭证"，输入红字回冲单对方科目"2202 应付账款"，单击"生成"按钮，进入"填制凭证"窗口。

(5) 单击"保存"按钮，保存红字回冲单生成的凭证。

(6) 单击"下张"按钮，再单击"保存"按钮，保存蓝字回冲单生成的凭证。

- 账表查询

在采购管理系统中查询暂估入库余额表

(1) 在采购管理系统中，执行"报表"|"采购账簿"|"采购结算余额表"命令，打开"采购结算余额表"对话框。

(2) 单击"过滤"按钮，进入"采购结算余额表"窗口。发现该单据上期结余数量为60，本期结算数量为50，故本期结余数量为10。

5. 采购业务5

业务类型：暂估入库处理

1) 在库存管理系统中填制并审核采购入库单

> **注意：**
> 采购入库单不必填写单价。

2) 在存货核算系统中录入暂估成本(月末发票未到) sy11-52.mp4

(1) 在存货核算系统中，执行"业务核算"|"暂估成本录入"命令，打开"查询条件选择"对话框。单击"确定"按钮，进入"暂估成本录入"窗口。

(2) 输入单价1 500，单击"保存"按钮，系统弹出"保存成功！"信息提示对话框，单击"确定"按钮返回。

sy11-52

3) 在存货核算系统中对暂估入库单记账

4) 在存货核算系统中对暂估入库单生成凭证 sy11-54.mp4

(1) 执行"财务核算"|"生成凭证"命令，进入"生成凭证"窗口。

(2) 单击"选择"按钮，打开"查询条件"对话框。选择"采购入库单(暂估记账)"选项，单击"确定"按钮，进入"选择单据"窗口。

(3) 选择要记账的单据，单击"确定"按钮，进入"生成凭证"窗口。

sy11-54

(4) 选择凭证类别为"转　转账凭证"，补充输入对方科目"2202 应付账款"，单击"生成"按钮，保存生成的凭证。

> **注意：**
> 本例采用的是月初回冲方式。下月初，系统自动生成"红字回冲单"，自动记入存货明细账，回冲上月的暂估业务。

6. 采购业务6

业务类型：结算前部分退货

1) 在库存管理系统中填制并审核采购入库单(数量：102；单价：1 200)

2) 在库存管理系统中填制红字采购入库单 sy11-62.mp4

(1) 在库存管理系统中，执行"入库业务"|"采购入库单"命令，进入"采购入库单"窗口。

(2) 单击"增加"按钮，选择窗口右上角的"红字"选项，输入相关信息，退货数量为-2，单价1 200；单击"保存"按钮，再单击"审核"按钮后退出。

3) 在采购管理系统中根据采购入库单生成采购专用发票 sy11-63.mp4

(1) 在采购管理系统中，执行"采购发票"|"专用采购发票"命令，进入"采购专用发票"窗口。

(2) 单击"增加"按钮，再单击"生单"按钮，选择"入库单"选项，打开"查询条件选择—采购入库单列表过滤"对话框。

sy11-62

sy11-63

(3) 单击"确定"按钮，进入"发票拷贝入库单表头列表"窗口。

(4) 选择日期为2020-01-10 的"采购入库单"，单击"确定"按钮，将采购入库单相关信息带入采购专用发票。

(5) 修改发票号为90276803，税率13%，开票日期2020-01-11，数量为100，单击"保存"按钮。

4) 在采购管理系统中处理采购结算 sy11-64.mp4

在采购管理系统中，对采购入库单、红字采购入库单、采购专用发票进行手工采购结算处理。

7. 采购业务7

业务类型：采购结算后退货

1) 在库存管理系统中填制红字采购入库单并审核(数量：-5；单价：800)

2) 在采购管理系统中填制红字采购专用发票 sy11-72.mp4

(1) 在采购管理系统中，执行"采购发票"|"红字专用采购发票"命令，进入采购"专用发票(红字)"窗口。

sy11-64

sy11-72

283

(2) 单击"增加"按钮,单击"生单"按钮,选择"入库单"选项;单击"确定"按钮,选择日期为 2020-01-13 的红字入库单,生成"红字采购专用发票";输入发票号 66521807,税率 13%,开票日期 2020-01-13,保存后退出。

3) 在采购管理系统中对红字入库单和红字发票进行采购结算 ▣ sy11-73.mp4

sy11-73

8. 月末结账

1) 结账处理 ▣ sy11-81.mp4

(1) 执行"月末结账"命令,打开"结账"对话框。

(2) 选中"1月"。

(3) 单击"结账"按钮,系统弹出"月末结账完毕!"信息提示对话框;单击"确定"按钮,"是否结账"一栏显示"已结账"字样。

(4) 单击"退出"按钮。

sy11-81

2) 取消结账(选做内容) ▣ sy11-82.mp4

(1) 执行"月末结账"命令,打开"结账"对话框。

(2) 单击"取消结账"按钮,系统弹出"取消月末结账完毕!"信息提示对话框;单击"确定"按钮,"是否结账"一栏显示"未结账"字样。

(3) 单击"退出"按钮。

sy11-82

> **注意:**
> 若应付款管理系统或库存管理系统或存货核算系统已结账,则采购管理系统不能取消结账。

【参考答案】

以上采购日常业务经过处理后,在存货核算系统中生成采购入库凭证传递到总账,在应付款管理系统中生成应付凭证和付款核销凭证传递到总账,最后在总账管理系统中可以查询到表 10-1 所示的凭证。

表10-1 采购日常业务处理生成凭证一览表

业务号	业务日期	业务单据	会计分录		来源
1	01-03	采购入库单	借:原材料/CPU 贷:在途物资	80 000 80 000	存货核算
	01-03	采购专用发票	借:在途物资 应交税费/应交增值税/进项税额 贷:应付账款	80 000 10 400 90 400	应付款管理
	01-04	付款单	借:应付账款 贷:银行存款/工行存款	90 400 90 400	应付款管理
2	01-05	采购入库单	借:原材料/内存条 贷:在途物资	20 000 20 000	存货核算
	01-05	采购现付	借:在途物资 应交税费/应交增值税/进项税额 贷:银行存款/工行存款	20 000 2 600 22 600	应付款管理

(续表)

业务号	业务日期	业务单据	会计分录		来源
3	01-06	采购发票 运费发票	借：在途物资 　　应交税费/应交增值税/进项税额 贷：应付账款	61 000 7 890 68 890	应付款管理
4	01-09	红字回冲单	借：原材料/主板 贷：应付账款	-30 000 -30 000	存货核算
	01-09	蓝字回冲单	借：原材料/主板 贷：在途物资	26 000 26 000	存货核算
	01-09	采购专用发票	借：在途物资 　　应交税费/应交增值税/进项税额 贷：应付账款	26 000 3 380 29 380	应付款管理
5	01-09	采购入库单	借：库存商品 贷：应付账款	150 000 150 000	存货核算
6	01-11	不要求生成凭证			
7	01-13	不要求生成凭证			

❖ 巩固提高

一、单选题

1. 采购结算是指(　　)之间的结算。
   A. 采购发票与采购订单　　　　　　B. 采购发票与采购到货单
   C. 采购发票与采购入库单　　　　　D. 采购发票与付款单
2. 采购业务的核销是指确定(　　)之间的对应关系的操作。
   A. 付款单与收款单　　　　　　　　B. 付款单与采购发票
   C. 付款单与入库单　　　　　　　　D. 付款单与采购订单
3. 供应链各子系统集成应用的前提下，采购入库单需要在(　　)系统中填制。
   A. 销售管理　　　B. 总账管理　　　C. 采购管理　　　D. 库存管理
4. 根据采购入库单自动生成的凭证是(　　)。
   A. 借：原材料(或库存商品)
   　　贷：在途物资(或材料平均)
   B. 借：生产成本
   　　贷：原材料
   C. 借：在途物资
   　　　　应交税费/应交增值税/进项税额
   　　贷：应付账款
   D. 借：原材料
   　　贷：生产成本

二、多选题

1. 采购管理子系统填制的单据包括(　　)。
   A. 采购发票　　　　B. 采购入库单　　　C. 付款单　　　　D. 收款单
2. 对暂估业务,系统提供了(　　)处理办法。
   A. 月初回冲　　　　B. 单到补差　　　　C. 单到回冲　　　D. 月末回冲

三、判断题

1. 采购结算就是确定采购发票和付款单之间的对应关系。　　　　　　　　　　(　　)
2. 采购结算既可以自动结算也可以手工结算。　　　　　　　　　　　　　　　(　　)

四、简答题

1. 采购管理子系统包括哪些主要功能?
2. 采购管理子系统和其他系统的主要关系是什么?
3. 采购管理系统日常业务处理包括哪些业务?
4. 什么是现付业务?你认为现付业务应该怎样处理?
5. 货到票未到(暂估入库)业务的系统处理方法有几种?分别怎样处理?
6. 采购退货业务的处理流程是怎样的?
7. 采购管理子系统提供哪些采购业务明细表和采购分析表?

五、案例分析题

在 ERP-U8 采购管理子系统中,不但可以处理普通采购业务,还可以处理现付业务、采购退货业务、直运业务、受托代销业务等特殊业务。所有不同类型的业务均以普通采购业务为核心。在普通采购业务中,有三张非常重要的业务单据,分别是采购发票、采购入库单和付款单,它们经过一系列的操作最终驱动生成相应的记账凭证。这正是 ERP 应用的最佳体现,以业务驱动财务。

请认真分析整理采购发票、采购入库单和付款单的操作步骤,并完成表 10-2。

表10-2　普通采购业务(单货同行)

单据	操作步骤	生成凭证
采购入库单		
采购发票		
付款单		

第 11 章 销售管理子系统

📢 学习目标

知识目标
- 了解销售管理子系统的功能
- 明确销售管理子系统与其他子系统之间的关系,了解其他销售业务类型
- 掌握普通销售业务、销售现收业务及销售退货业务

能力目标
- 能结合企业实际,进行销售管理子系统的日常业务及期末业务处理

📋 案例导入

阳光公司准备于2020年1月1日起进行销售业务处理。

1. 业务分工
由销售员王丽进行相应的销售业务处理。

2. 本月主要销售业务类型
(1) 普通销售业务。
(2) 现结业务。

(3) 代垫费用处理。
(4) 汇总开票业务。
(5) 分次开票业务。
(6) 开票直接发货。
(7) 一次销售分次出库。
(8) 超发货单出库。
(9) 发出商品。
(10) 委托代销业务。
(11) 开票前退货业务。
(12) 委托代销退货业务。
(13) 直运业务。

信息化应用目标

(1) 业务处理的灵活性。支持从报价开始的、以订单为核心的长流程业务处理过程，也可以直接开票发货，满足不同业务处理需求，适应性更广。

(2) 灵活适用的价格策略，严格的价格执行体系。销售管理中提供按价格政策、最新成本加成、历次售价3种取价模式。系统提供最低售价的控制，对于低于最低售价的销售业务需要进行审批方可通过，从而规范了销售行为，保证价格策略的有效执行。

(3) 严格的信用控制体系。建立信用控制机制是保证企业有良好资金流的必要保证，在扩大销售的同时避免产生新的风险。企业可以设置信用期限和信用额度；信用控制的对象，既可以针对客户进行信用管理，也可以针对部门、业务员进行信用管理。

(4) 可用量检查和控制机制。销售管理中提供对于交货量进行控制和检查的两种管理方式，同时可以进行现存量查询，将静态库存的管理和动态库存的管理有机结合起来。

(5) 可进行销售费用管理。系统应提供代垫费用、销售支出的处理功能。

(6) 提供多维度的销售分析。系统应能提供多种销售分析报表，从而为决策提供依据，包括销售统计表、发货结算勾对表、销售增长分析、销售结构分析、销售毛利分析。

(7) 实现与税控系统的集成。系统提供与防伪税控系统的接口，从而实现企业多个系统的集成应用。

知识学习

11.1 销售管理子系统概述

11.1.1 销售管理子系统的主要功能

销售管理子系统的主要功能包括系统初始化、日常业务处理、信息查询和期末处理。

1. 系统初始化

销售管理子系统的初始化内容主要包括系统参数设置、基础信息设置及期初数据录入。

2. 日常业务处理

从业务环节来看,销售管理子系统的日常业务处理主要包括销售报价、销售订货、销售发货、销售开票、销售出库等;从业务类型来看,一个完善的销售管理子系统不但可以处理普通销售业务,还可以处理现收业务、销售退货业务、零售业务、分期收款销售业务、销售调拨业务、直运销售业务、委托代销业务等特殊业务类型。

3. 信息查询

销售管理子系统提供了丰富的信息查询功能,不仅可以查询各种原始单据,还可以查询销售明细账表、销售统计表。另外,信息查询还能够从多角度进行各种销售分析。

4. 期末处理

销售管理子系统的期末处理比较简单,主要是月末结账和年末结账。

11.1.2 销售管理子系统与其他子系统的关系

销售管理子系统与其他子系统的关系如图 11-1 所示。

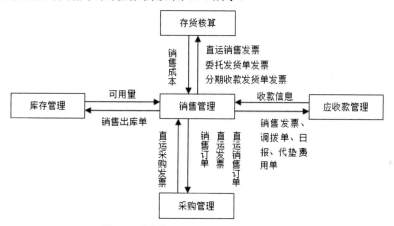

图11-1 销售管理子系统与其他子系统的关系

1. 销售管理子系统与库存管理子系统的关系

在销售管理子系统中,可以根据发货单自动生成销售出库单,然后传递到库存管理子系统。当然也可以在库存管理子系统中根据销售管理子系统的单据生成销售出库单。库存管理子系统可以为销售管理子系统提供货物可用量信息。

2. 销售管理子系统与应收款子系统的关系

当销售管理子系统与应收款管理子系统集成应用时,销售发票、销售调拨单、零售日报、代垫费用单是在销售管理子系统中录入的,然后传递到应收款子系统中进行审核、登记应收款明细账、制单并传递到总账子系统;在应收款管理子系统中进行收款并核销相应销售单据后,将向销售管理子系统提供收款核销信息。

3. 销售管理子系统与采购管理子系统的关系

采购管理子系统可以根据销售管理子系统的销售订单生成采购订单；在直运业务必有订单模式下，直运采购订单必须参照直运销售订单生成；对于非必有订单直运业务而言，直运采购发票和直运销售发票可以相互参照生成。

4. 销售管理子系统与存货核算子系统的关系

直运销售发票、委托代销发货单发票、分期收款发货单发票在存货核算子系统中登记存货明细账、制单，并将生成的凭证传递到总账子系统中审核记账；存货核算子系统为销售管理子系统提供销售成本。

在以上关系中，最主要的是销售管理子系统与库存管理子系统、应收款管理子系统的关系，可以反映普通销售业务的物流、资金流；而销售管理子系统与采购管理子系统、存货核算子系统的关系是针对某些特殊业务的，或者只是信息参照。

11.2 销售管理子系统日常业务处理

11.2.1 销售管理子系统日常业务主要环节

从销售业务环节来看，销售管理子系统提供的日常业务处理功能主要包括销售报价、销售订货、销售发货、销售开票、销售出库等。

1. 销售报价

销售报价是指企业向客户提供货品、规格、价格、结算方式等信息，双方达成协议后，可根据审核后的销售报价单生成销售订单。在销售业务处理流程中，销售报价环节是可选的，企业可以根据具体情况决定是否采用。

2. 销售订货

销售订货是反映由企业和客户双方确认的客户要货需求的单据，它是企业销售合同中关于货物的明细内容，或者是一种订货的口头协议。企业应该根据订单组织进货或生产，以按时向客户交货。销售订单可以手工录入，也可以根据其他销售订单或审核后的报价单生成。是否必须有销售订单可在系统参数中设置。

在有订单的采购业务中，订单是整个销售业务的核心，整个业务流程的执行都会将相应信息回写到销售订单，从而利用销售订单跟踪销售业务的执行情况，如累计发货数量和金额、累计开票数量和金额、累计收款金额等。系统应提供相应的查询功能，可以对某日到期的订单进行查询，以方便企业备货发货。

销售订单审核后才能执行，执行完毕后即货物已全部发出、开票、收款后可以自动关闭；对于尚未执行完毕的订单，如果确实需要，也可以手工关闭。

【例 11-1】 填制销售订单，如图 11-2 所示。

操作路径： 销售管理→销售订货→销售订单

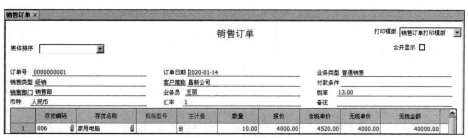

图11-2 填制销售订单

3. 销售发货

销售发货是企业执行与客户签订的销售合同或销售订单，将货物发往客户的行为，是销售业务的执行阶段。销售发货是处理销售业务的必要环节。

在必有订单销售模式下，发货单必须根据审核后的销售订单生成，可以一张订单多次发货，也可以多张订单一次发货，但是否可以超订单量发货取决于系统参数的设置。在非必有销售订单情况下，如果是先发货后开票销售模式，则应先由销售部门根据销售订单、其他发货单生成或直接手工填写发货单，然后根据审核后的发货单生成销售发票；如果是开票直接发货销售模式，则销售部门根据销售订单、其他发票生成或直接填写销售发票并审核后，系统将自动生成销售发货单，生成的发货单只能查询，不能进行编辑操作。

【例 11-2】填制销售发货单，如图 11-3 所示。

操作路径：销售管理→销售发货→销售发货单

图11-3 填制销售发货单

4. 销售开票

销售开票是在销售过程中，企业给客户开具销售发票及其所附清单的过程。销售发票是确认销售收入、应收账款、税金和计算结转销售成本的依据，也是销售业务流程中的必要环节。

通常，在必有订单销售模式下，销售发票必须根据审核后的销售订单生成，可以一张订单多次开票，也可以多张订单一次开票。而在非必有销售订单情况下，如果是先发货后开票销售模式，则销售发票根据审核后的发货单生成；如果是开票直接发货销售模式，则销售发票可由销售部门根据销售订单、其他发票生成或直接填写，审核后自动生成销售发货单。

【例 11-3】填制销售发票，如图 11-4 所示。

操作路径：销售管理→销售开票→销售专用发货单

图 11-4　填制销售发票

5. 销售出库

销售出库也是销售业务处理的必要环节。销售出库单在库存管理子系统中用于核算存货出库数量，在存货核算子系统中用于核算存货出库成本。

销售出库单不能手工填写，只能根据相关单据生成。销售出库单如何生成取决于系统参数设置。如果设置为自动生成销售出库单，则在审核发货单、销售发票等单据后将自动生成销售出库单并传到库存管理子系统，并且在库存管理子系统中不可修改出库数量，即一次销售全部出库；如果不选择自动生成销售出库单，则销售出库单将只能在库存管理子系统中根据发货单、销售发票等单据生成，并且可以修改出库数量，即一次销售多次出库。

11.2.2　普通销售业务

普通销售业务适合于大多数企业的日常销售业务，与其他系统协同提供对销售报价、销售订货、销售发货、销售开票、销售出库、结转销售成本、销售收款结算等进行全程管理。普通销售业务有两种模式：先发货后开票模式和先开票后发货模式。下面，以先发货后开票为例介绍普通销售业务的处理流程。当供应链各子系统集成应用时，先发货后开票业务模式处理流程如图 11-5 所示。

11-1 普通销售业务.mp4

(1) 在销售管理子系统中录入并审核报价单。

(2) 在销售管理子系统中根据其他销售订单或审核后的报价单生成或直接录入销售订单并审核。

(3) 在销售管理子系统中根据其他发货单或审核后的销售订单生成或直接录入发货单并审核。如果在系统参数中设置为必有销售订单，则必须根据审核后的销售订单生成发货单。

(4) 如果在系统参数中设置为自动生成销售出库单，则在审核发货单后将自动生成销售出库单并传到库存管理子系统；如果不选择自动生成销售出库单，则在库存管理子系统中根据发货单生成销售出库单，在库存管理子系统中审核销售出库单。

(5) 在存货核算子系统中对销售出库单记账，登记存货明细账。

(6) 对销售出库单记账后，在存货核算子系统中对销售出库单制单并自动传递到总账子系统，在总账子系统中对该凭证进行审核记账。生成的凭证反映销售出库信息和销售成本信息，具体如下。

借：主营业务成本
　　贷：库存商品

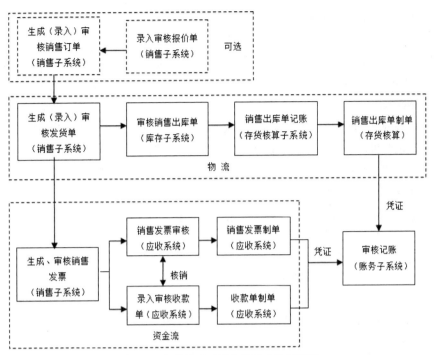

图 11-5 先发货后开票业务模式处理流程

以上介绍的基本上是销售业务的物流过程，主要是在销售管理子系统、库存管理子系统和存货核算子系统中完成的。

(7) 在销售管理子系统中根据审核后的发货单生成销售发票并进行审核。

(8) 在应收款子系统中对销售发票进行审核，登记应收账款明细账。

(9) 在应收款子系统中对审核后的销售发票制单并自动传递到总账子系统，在总账子系统中对该凭证进行审核记账。生成的凭证反映销售收入、销项税额和应收账款信息，具体如下。

借：应收账款
  贷：主营业务收入
    应交税费/应交增值税/销项税额

(10) 到期收款时，在应收款子系统中录入并审核收款单。

(11) 在应收款子系统中，将审核后的收款单和审核后的销售发票进行核销，登记应收账款明细账。

(12) 在应收款子系统中，对审核后的收款单制单，生成的凭证会自动传递到总账子系统，在总账子系统中对该凭证进行审核、记账。生成的凭证反映收款信息，具体如下。

借：银行存款
  贷：应收账款

以上介绍的基本上是销售业务的资金流过程，主要是在应收款子系统中完成的。

11.2.3 现收业务

现收业务，是指销售业务发生时企业直接收款并向客户开具发票。现收业务与普通销售业务的区别在于对发票的处理不同。由前面的内容我们可以看出，应收款

11-2 销售现结业务.mp4

子系统对发票的默认处理方式是看作未收款，在发票审核后会登记应收账款明细账，并生成确认销售收入、销项税额和应收账款的凭证传递到总账子系统。因此，发生现收业务后需要一些特殊处理。当然不同软件的设计思路不同，数据库结构也会不同，这都会影响某些业务的处理模式。通常，企业可以采取以下策略处理现收业务。

1. 现收处理

进行现收处理时，在销售子系统中录入发票以后、审核发票之前选择现收处理即可。但一定要注意现收处理的时机是在发票录入之后及在应收款子系统审核发票之前。现收处理后，一般系统会自动出现收款单供用户填写。当然，现收业务不会形成应收账款，也就不必进行核销操作。

2. 现结制单

在应收款子系统中，因为发票制单会形成应收账款，所以必须通过现结制单功能来生成销售凭证。

借：银行存款
　　贷：应交税费/应交增值税/销项税额
　　　　主营业务收入

除以上两点外，现收业务的处理流程与普通销售业务类似，此处不再赘述。

11.2.4 销售运费业务

1. 代垫销售运费业务

在销售业务中，有的企业随货物销售会有代垫费用的发生，如代垫运杂费、保险费等。代垫费用属于需要向客户收取的费用项目。对代垫费用的处理有两种方法：一种是以应税劳务的方式直接录入在销售发票中，这样做的好处是能将代垫费用和销售发票直接关联起来；代垫费用还可以随同发票的核销分摊到货物中。另一种是通过系统中提供的代垫费用单单独录入，再到应收款系统中进行收款处理。

11-3 销售运费业务.mp4

在销售子系统中仅对代垫费用的发生情况进行登记，收款核销由应收款核算子系统完成。

代垫运费业务的处理流程如下。
(1) 在销售子系统填制并审核代垫费用单。
(2) 在应收子系统对代垫费用单审核。
(3) 在应收子系统对代垫费用单制单(应收单)。

借：应收账款
　　贷：银行存款

2. 由企业自身负担的运费业务

企业在销售商品过程中发生的由自身负担的运费处理起来相对简单，直接计入销售费用科目即可。其处理流程如下。

在总账子系统中直接填制记账凭证。

借：销售费用
　　应交税费/应交增值税/进项税额
　　贷：银行存款

11.2.5 销售退货业务

有时因为货物质量、品种、数量等不符合要求，可能会发生销售退货，因此销售退货业务处理是销售管理子系统的重要功能。在信息化方式下，针对退货业务发生的时机不同，所采取的方法也会有所不同。如果退货时尚未开具发票，则可以采取"无痕迹修改"，即通过一系列逆操作和删改操作完成全部或部分退货处理；如果已经根据发货单开具销售发票，则应采取"有痕迹修改"，即通过录入退货单和红字发票来处理，其处理流程如图 11-6 所示。

开具红字发票时，要遵循相关规定。在购买方已经支付货款并已完成账务处理，发票联和抵扣联无法退还的情况下，购买方必须取得当地主管税务机关开具的进货退出货索取折让证明单送交销售方，作为销售方开具红字专用发票的合法依据。红字专用发票的存根联、记账联作为销售方扣减当期销项税额的凭证，其发票联、税款抵扣联作为购买方扣减进项税额的凭证。

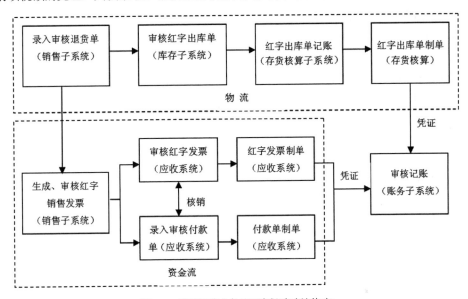

图11-6 销售退货业务处理流程(有痕迹修改)

11.2.6 其他类型销售业务

1. 零售业务

零售业务是商业企业将商品销售给零售客户的销售业务。因为零售业务发生频繁，为了简化操作，系统提供了零售日报功能。零售日报是由相应的销售发票按日汇总而得到的，并不是销售业务的原始单据。

要进行零售日报处理，可在系统参数中进行选择。零售业务的处理流程如下。

(1) 对当日的销售发票进行汇总后，在销售管理子系统中填制零售日报。

(2) 在销售管理子系统中对零售日报进行审核，审核后系统会自动生成发货单。如果在系统参数中设置了自动生成销售出库单，则会自动生成销售出库单，否则必须在库存管理子系统中根据零售日报自动生成的发货单生成销售出库单。对生成的销售出库单在库存管理子系统中进行审核。

(3) 在存货核算子系统中，对销售出库单记账，登记存货明细账。

(4) 在存货核算子系统中，对销售出库单制单，并自动传递到总账子系统，在总账子系统中对该凭证审核记账。

(5) 在应收款子系统中，审核零售日报，审核后自动登记应收账款明细账。

(6) 在应收款子系统中，对零售日报制单，生成凭证传递到总账子系统，在总账子系统中对该凭证进行审核记账。

(7) 收款时，在应收款子系统中，录入审核收款单并制单，核销零售日报。

2. 分期收款销售业务

在分期收款销售业务中，企业将货物提前一次性地交给客户，然后分期收回货款。每次收款时，企业向客户开具销售发票，确认销售收入，同时按照全部销售成本与全部销售收入的比率计算并结转本期的销售成本。

如果有分期收款销售业务，则可以在系统参数中进行设置。

分期收款销售业务的处理流程简要如下(假定无销售订单)。

(1) 在销售管理子系统中填制并审核分期收款发货单。

(2) 如果在系统参数中设置了自动生成销售出库单，则会自动生成销售出库单，否则必须在库存管理子系统中根据发货单生成销售出库单。对生成的销售出库单在库存管理子系统中进行审核。

(3) 在存货核算子系统中对分期收款发出的商品记账，并生成凭证，分录如下。

借：分期收款发出商品
　　贷：库存商品

(4) 每次结算时，在销售管理子系统中根据发货单生成并审核销售发票，并且将开票数量修改为本次实际结算数量。

(5) 在应收款子系统中审核销售发票并制单，分录如下。

借：应收账款
　　贷：主营业务收入
　　　　应交税费/应交增值税/销项税额

(6) 在存货核算子系统中对销售发票记账并制单，凭证如下。

借：主营业务成本
　　贷：分期收款发出商品

(7) 收款时，在应收款子系统中，录入审核收款单并制单，核销应收账款。

3. 销售调拨业务

销售调拨一般是指集团企业内部有销售结算关系的销售部门或分公司之间的销售业务。销售调拨单是给有销售结算关系的客户即有结算关系的集团内部销售部门或分公司开具的原始销售票据，客户通过销售调拨单取得货物的所有权。与普通销售业务相比，销售调拨业务只确认销售收入而不会涉及销售税金。销售调拨业务必须在当地税务机关许可的前提下方可使用，否则处理内部销售调拨业务必须开具发票。

如果要处理销售调拨业务，则可以在系统参数中进行设置。

销售调拨业务的业务处理流程如下。

(1) 在销售管理子系统中填制并审核销售调拨单。

(2) 销售调拨单审核后会生成发货单。如果在系统参数中设置了自动生成销售出库单，则会自动生成销售出库单，否则必须在库存管理子系统中根据发货单生成销售出库单，对生成的销售出库单在库存管理子系统中进行审核。

(3) 在存货核算子系统中，对销售出库单记账，登记存货明细账。

(4) 在存货核算子系统中，对销售出库单制单，并自动传递到总账子系统，在总账子系统中对该凭证审核记账。

(5) 在应收款子系统中，审核销售调拨单，审核后自动登记应收账款明细账。

(6) 在应收款子系统中，对审核后的销售调拨单制单，生成凭证传递到总账子系统，在总账子系统中对该凭证进行审核记账。

(7) 收款时，在应收款子系统中，录入审核收款单，并且制单、核销应收账款。

4. 直运销售业务

直运业务是指商品不经过入库而是由企业供应商直接将商品发给企业客户的购销业务，常见于大型电器、汽车、设备等商品购销。直运业务包括直运销售业务和直运采购业务。直运业务没有实物的出入库，货物流向是直接从供应商到客户，财务结算通过直运销售发票和直运采购发票完成。由此可以看出，直运业务与普通销售业务和采购业务相比有其自身特点，因此直运业务的处理需要特殊的方法进行单独处理。

如果要处理直运业务，可以在系统参数中进行设置。直运业务的处理分为必有订单和非必有订单两种模式。在非必有订单模式下，直运采购发票和直运销售发票可以相互参照生成。在必有订单模式下，直运销售订单是整个业务的逻辑起点，直运销售发票和直运采购订单必须根据直运销售订单生成，而直运采购发票必须根据直运采购订单生成。以必有订单直运为例，其处理流程如下。

(1) 在销售管理子系统中填制并审核直运销售订单。

(2) 在采购管理子系统中根据直运销售订单生成并审核直运采购订单。

(3) 在采购管理子系统中根据直运采购订单生成直运采购发票。

(4) 在应付款子系统中审核直运采购发票。

(5) 在销售管理子系统中根据直运销售订单生成并审核直运销售发票。

(6) 在存货核算子系统中对采购发票和销售发票进行直运销售记账。

(7) 在存货核算子系统中对直运采购发票和直运销售发票制单。

直运采购发票生成如下凭证。

借：库存商品
　　应交税费/应交增值税/进项税额
　贷：应付账款

直运销售发票生成如下凭证。

借：主营业务成本
　贷：库存商品

(8) 在应收款子系统中，对直运销售发票审核并制单，其凭证如下。

借：应收账款
　贷：主营业务收入
　　　应交税费/应交增值税/销项税额

(9) 向客户收款时，在应收款子系统中录入并审核收款单，对审核后的收款单制单并核销销售发票。

(10) 向供应商付款时,在应付款子系统中录入并审核付款单,对审核后的付款单制单并核销采购发票。

5. 委托代销业务

委托代销业务,是指企业将商品委托其他企业进行销售,但商品所有权仍归本企业所有的销售方式。待委托代销商品销售后,受托代销方与企业进行结算,企业开具销售发票,商品所有权转移给代销方,此时企业再确认销售收入,结转销售成本。其处理流程如下。

(1) 在销售管理子系统中,填写并审核委托代销发货单。

(2) 如果在系统参数中设置了自动生成销售出库单,则会自动生成销售出库单,否则必须在库存管理子系统中根据委托代销发货单生成销售出库单。对生成的销售出库单在库存管理子系统中进行审核。

(3) 在存货核算子系统中对委托代销发货单记账并制单,生成如下凭证。

借:委托代销商品
　　贷:库存商品

(4) 在销售管理子系统中,根据委托代销发货单生成委托代销结算单,若是部分结算,则可以修改结算数量。若审核生成的委托代销结算单,则此时会自动生成销售发票。

(5) 在应收款子系统中,审核销售发票并制单,生成以下凭证。

借:应收账款
　　贷:主营业务收入
　　　　应交税费/应交增值税/销项税额

(6) 在存货核算子系统中对委托代销销售发票记账、制单,生成以下凭证。

借:主营业务成本
　　贷:委托代销商品

(7) 收款时,在应收款子系统中填制、审核收款单,并制单、核销销售发票。

11.3　销售管理子系统信息查询

销售管理子系统的信息输出主要有以下几个方面。

11.3.1　原始单据

在销售管理子系统中,可以对各种原始单据进行查询,如销售订单明细表、发货单明细表、销售发票明细表、销售调拨明细表、零售日报明细表、委托代销发货单明细表等。

11.3.2　销售相关明细账表

1. 销售明细表

销售明细表主要是根据销售发票(如果有,还会涉及销售调拨单、零售日报)产生的,可以按用户设置的筛选条件列出销售发票中各种货物的销售明细信息。

2. 发货明细表

发货明细表主要是根据发货单产生的，可以按用户设置的筛选条件列出发货单中各种货物的发货明细信息。

3. 销售收入明细账

销售收入明细账主要是根据销售发票产生的，可以详细提供每笔销售业务的收入信息及凭证信息，如销售数量、销售单价、销售收入、销售税额、价税合计、销售折扣、凭证号、凭证日期、摘要等，可以兼顾会计和业务的不同需要。

4. 销售成本明细账

销售成本明细账主要是根据销售出库单产生的，可以详细提供每笔销售业务的成本信息及凭证信息，如销售数量、单位成本、销售成本、凭证号、凭证日期、摘要等，可以兼顾会计和业务的不同需要。

5. 销售明细账

销售明细账主要是根据销售发票、销售出库单产生的，可以提供每笔业务的销售收入、销售成本、销售毛利等明细信息。

11.3.3 销售相关统计表

1. 销售统计表

销售统计表主要是根据销售发票和销售出库单产生的，能够提供某期间的销售数量、销售金额、销售成本、销售税金、价税合计、销售毛利、销售折扣等信息。

2. 发货统计表

发货统计表主要是根据发货单产生的，可以统计存货的发货、开票、结存等业务数据。

3. 进销存统计表

进销存统计表主要是根据存货明细账、采购发票和销售发票产生的，仅用于商业企业，可以提供采购、暂估、其他入库、销售、出库、成本、毛利的统计信息。

4. 销售综合统计表

销售综合统计表主要是根据销售订单、发货单、销售发票、销售出库单、收款单等产生的，可以提供企业的订货、发货、开票、出库、回款的统计信息。

5. 发货单开票收款勾对表

发货单开票收款勾对表主要是根据发货单、销售发票、收款单等产生的，可以查询发货、开票、收款的统计信息。

6. 发票使用明细表

发票使用明细表是根据销售发票产生的，为会计人员在月末向税务局申报增值税提供信息。

7. 委托代销统计表

委托代销统计表是根据委托代销的发货、结算和结存记录产生的，可以提供企业的委托代销货物发出情况、结算情况及发货未结算的余额。

11.3.4 销售分析

1. 销售增长分析

销售增长分析可以按货物、部门或客户等来分析本期销售比前期销售的增长情况及本年累计的销售情况。分析指标包括发货金额、销售金额、销售收入、销售成本和销售毛利。

2. 货物流向分析

货物流向分析可以按客户、地区、行业等分析某期间企业所经营货物或货物分类的销售流向。分析指标包括发货金额、发货数量、销售金额、销售数量等。

3. 销售结构分析

销售结构分析可以按货物、部门、业务员、客户、地区等分析某期间销售构成情况。分析指标包括销售金额、发货金额、发货折扣、销售折扣、销售收入、销售税金、销售成本、销售毛利、退货金额等。

4. 销售毛利分析

销售毛利分析可以分析货物月或季的毛利变动及数量、售价、成本对毛利的影响额。其计算方法如下。

成本单价＝销售成本÷销售数量
销售毛利＝销售收入－销售成本
变动数量＝本期销售数量－前期销售数量
数量变动增加毛利＝变动数量×(前期售价－前期成本价)
变动售价＝本期售价－前期售价
售价变动增加毛利＝变动售价×本期数量
变动成本＝本期成本－前期成本
成本变动增加成本＝变动成本×本期数量
变动毛利＝数量变动增加毛利＋售价变动增加毛利－成本变动增加成本

5. 市场分析

市场分析可以反映某期间内部门、业务员所负责的客户或地区的销售、回款、业务应收(发货未开票)的比例情况。

6. 货龄分析

货龄分析可以按货物、客户、地区、部门、业务员等分析各货龄区间发货未开票或发货未收款的情况。

7. 商品周转率分析

商品周转率分析一般用于商业企业，可以分析某时间范围内某部门所经营商品的周转速度。其分析项目及计算公式如下。

$$商品各日库存数量=商品分析期间各日库存量合计$$
$$日均库存数量＝商品分析期间各日库存数量合计÷分析期间天数$$
$$周转次数＝分析期间内的发货数量或销售数量÷日均库存数量$$
$$周转天数＝分析期间天数÷周转次数$$
$$月周转次数＝周转次数×30÷分析期间天数$$

8. 动销分析

动销分析一般用于商业企业，可以按商品、部门分析任意时间段经营商品中动销率及未动销货物的时间构成，包括经营品种数、动销率、动销品种数、未动销品种数、分析天数内未动销品种数、分析天数内未动销百分比等。各数据含义及计算方法如下。

(1) 经营品种数：指从存货明细账中取得的某部门或存货分类在分析期间经营的商品品种数。

$$动销率＝动销品种数÷经营品种数×100\%$$

(2) 动销品种数：指从存货明细账中取得的某部门或存货分类在分析期间销售出库大于零的商品品种数。

$$未动销品种数＝经营品种数－动销品种数$$

(3) 分析天数内未动销品种数：落在分析天数内的未动销品种数。
(4) 分析天数内未动销百分比：落在分析天数内的未动销商品占总的经销品种数的百分比。

9. 畅适滞分析

畅适滞分析一般用于商业企业，能按商品、部门分析查询某期间内经营货物畅销、适销、滞销构成信息。为了进行分析，用户应设置月平均周转次数、畅销大于平均的百分比、滞销小于平均的百分比等信息。分析栏目包括经营品种数、畅销品种数、滞销品种数、适销品种数，各数据含义及计算方法如下。

(1) 经营品种数：从存货明细账中取得的某部门或存货分类在分析期间经营的商品品种数。
(2) 畅销品种数：分析期间实际周转次数≥畅销周转次数。

$$分析期间实际周转次数＝分析期间销售数量合计÷分析期间平均库存数量$$
$$分析期间平均库存数量＝分析期间各日库存数合计÷期间天数$$

(3) 滞销品种数：分析期间实际周转次数≤滞销周转次数。

$$分析期间实际周转次数＝分析期间销售数量合计÷分析期间平均库存数量$$
$$分析期间平均库存数量＝分析期间各日库存数合计÷期间天数$$

(4) 适销品种数。

$$适销品种数＝经营品种数－畅销品种数－滞销品种数$$

10. 经营状况分析

经营状况分析一般用于商业企业，能按部门分析某时间范围的多种经营指标的对比情况。分析栏目及含义如下。

(1) 期初库存额：从存货明细账中取得的分析起始日期前一日的库存结存余额。

(2) 期末库存额：从存货明细账中取得的分析终止日期的库存结存余额。
(3) 采购金额：由采购发票取得的分析期间的含税金额合计。
(4) 进项税额：由采购发票取得的在分析期间的税额合计。
(5) 销售金额：由销售发票等取得的分析期间的含税金额合计。
(6) 销售收入：由销售发票等取得的分析期间的无税金额合计。
(7) 销项税额：由销售发票等取得的分析期间的税额合计。
(8) 销售成本：从存货明细账中取得的分析期间的所有销售出库的存货销售成本合计。
(9) 全部成本：从存货明细账中取得的分析期间的所有存货库存成本合计。
(10) 销售毛利：销售毛利＝销售收入－销售成本。
(11) 销售折扣：由销售发票等取得的分析期间的销售折扣合计。
(12) 发货金额：从发货单、委托代销发货单中取得的分析期间的发货金额(含税)合计。
(13) 发货折扣：从发货单、委托代销发货单中取得的分析期间的发货折扣合计。
(14) 退货金额：从退货单、委托代销退货单中取得的分析期间的退货金额(含税)合计。
(15) 发货结算率：发货结算率＝销售金额÷发货金额×100%。
(16) 销售毛利率：销售毛利率＝销售毛利÷销售收入×100%。
(17) 发货折扣率：发货折扣率＝发货折扣额÷(发货金额＋发货折扣额)×100%。
(18) 销售折扣率：销售折扣率＝销售折扣额÷(销售金额＋销售折扣额)×100%。
(19) 退货率：退货率＝退货金额÷发货金额×100%。
(20) 新增商品数量：本期进销存业务中同上期相比新经营的商品的品种数。
(21) 淘汰商品数量：本期进销存业务中同上期相比不再经营的商品的品种数。
(22) 新增商品率：新增商品率＝本期新增商品数量÷上期经营商品数量×100%。
(23) 淘汰商品率：淘汰商品率＝本期淘汰商品数量÷上期经营商品数量×100%。
(24) 新增客户数量：本期进销存业务中同上期相比新发生业务往来的客户的数量。
(25) 新增客户率：新增客户率＝本期新增客户数量÷上期客户数量×100%。
(26) 终止客户数量：在本期进销存业务中终止发生业务往来的客户的数量。
(27) 终止客户率：终止客户率＝本期终止客户数量÷上期客户数量×100%。

11.4 销售管理子系统期末处理

11.4.1 月末结账

月末结账后，系统会将当月的销售单据数据封存，并将当月的销售数据记入有关账表中。进行月末结账时，应注意以下问题。

(1) 结账前应检查当月工作是否已全部完成，只有在当月所有工作全部完成的前提下，才能进行月末结账，否则会遗漏某些业务。

(2) 月末结账前一定要进行数据备份，否则数据一旦发生错误，将造成无法挽回的后果。

(3) 结账必须按月连续进行。上月未结账，不影响本月日常业务的处理，只是本月不能结账。

(4) 月末结账后，当月便不能再增加、修改、删除销售单据。

(5) 只有销售管理子系统月末结账完成后，库存管理子系统和应收款子系统才能进行月末结账。

11.4.2 年末结转

当 12 月份结账后,还应进行年末结转,以转到下一年度连续工作。如前所述,在财务业务一体化的会计信息系统中,年末结转是在系统管理中由账套主管统一进行的。如果系统年度数据存放于不同的数据库,则在年末结转时应先建立新年度账,而后再结转上年数据。销售管理子系统年末结转后,将会把上年的基础数据和未执行完毕的销售单据及相关余额记录到本年度数据库中。

实践应用

实验十二 销售管理

【实验目的】

1. 掌握用友 ERP-U8 管理软件中销售管理系统的相关内容。
2. 掌握企业日常销售业务处理方法。
3. 理解销售管理系统与其他系统之间的数据传递关系。

【实验内容】

1. 普通销售业务处理。
2. 商业折扣处理。
3. 委托代销业务。
4. 分期收款销售业务。
5. 直运销售业务。
6. 现收业务。
7. 销售调拨业务。
8. 代垫费用处理。
9. 销售退货处理。
10. 销售账表查询。

【实验准备】

1. 将计算机系统时间调整为 2020 年 1 月 31 日。
2. 引入"实验十"账套数据。

【实验资料】

1. 普通销售业务

(1) 1 月 14 日,昌新公司欲购买 10 台家用电脑,向销售部了解价格,销售部报价为 4 000 元/台。填制并审核报价单。

(2) 1 月 14 日,该客户了解情况后,要求订购 10 台。填制并审核销售订单。

(3) 1 月 16 日,销售部从成品仓库向昌新公司发出其所订货物,并据此开具专用销售发票一张。

(4) 1 月 16 日,业务部门将销售发票交给财务部门,财务部门结转此业务的收入及成本。

(5) 1月17日,财务部收到昌新公司转账支票一张,金额为45 200元,支票号为11557788。据此填制收款单并制单。

2. 商业折扣的处理

(1) 1月17日,销售部向昌新公司出售打印机20台,报价为2 300元/台,成交价为报价的90%,货物从配套用品库发出。

(2) 1月17日,根据上述发货单开具专用发票一张。

3. 现结业务

(1) 1月17日,销售部向昌新公司出售商用电脑10台,无税报价为6 000元/台,货物从成品库发出。

(2) 1月17日,根据上述发货单开具专用发票一张,同时收到客户以转账支票所支付的全部货款,支票号11886732。

(3) 进行现结制单处理。

4. 代垫费用处理

1月17日,销售部在向昌新公司销售商品过程中,以现金支付了一笔代垫运费500元。客户尚未支付该笔款项。

5. 汇总开票业务

(1) 1月17日,销售部向昌新公司出售打印机10台,报价为2 000元/台,货物从配套用品库发出。

(2) 1月17日,销售部向昌新公司出售打印纸50包,报价为20元/包,货物从配套用品库发出。

(3) 1月17日,根据上述两张发货单开具专用发票一张。

6. 分次开票业务

(1) 1月19日,销售部向华宏公司出售打印机20台,报价为2 000元/台,货物从配套用品库发出。

(2) 1月19日,应客户要求,对上述所发出的商品开具两张专用销售发票,第一张发票中所列示的数量为15台,第二张发票中所列示的数量为5台。

7. 开票直接发货

1月19日,销售部向利氏公司出售打印机10台,报价为2 000元/台,物品从配套用品库发出,并据此开具专用销售发票一张。

8. 一次销售分次出库

(1) 1月20日,销售部向精益公司出售内存条50条,由原料库发货,报价为200元/条,同时开具专用发票一张。

(2) 1月20日,客户根据发货单从原料仓库领出内存条30条。

(3) 1月21日,客户根据发货单再从原料仓库领出内存条20条。

9. 超发货单出库

(1) 1月21日,销售部向精益公司出售CPU 20块,由原料库发货,报价为1 000元/块。开具发票时，客户要求再多买 2 块，根据客户要求开具了 22 块 CPU 的专用发票一张。

(2) 1 月 21 日，客户从原料库领出 22 块 CPU。

10. 分期收款发出商品

(1) 1 月 21 日，销售部向精益公司出售商用电脑 100 台，由成品仓库发货，报价为 6 000 元/台。由于金额较大，客户要求以分期付款形式购买该商品。经协商，客户分 2 次付款，并据此开具相应的销售发票，其中第一次开具的专用发票数量为 50 台，单价为 6 000 元/台。

(2) 1 月 21 日，业务部门将该业务所涉及的出库单及销售发票交给财务部门，财务部门据此结转收入及成本。

11. 委托代销业务

(1) 1 月 21 日，销售部委托利氏公司代为销售家用电脑 50 台，售价为 4 000 元/台，货物从成品库发出。

(2) 1 月 25 日，收到利氏公司的委托代销清单一张，结算家用电脑 30 台，售价为 4 000 元/台。立即开具销售专用发票给利氏公司。

(3) 1 月 25 日，业务部门将该业务所涉及的出库单及销售发票交给财务部门，财务部门据此结转收入及成本。

12. 开票前退货业务

(1) 1 月 25 日，销售部出售给昌新公司商用电脑 10 台，单价为 6 000 元/台，从成品库发出。

(2) 1 月 26 日，销售部出售给昌新公司的商用电脑因质量问题，退回 1 台，单价为 6 000 元/台，收回成品库。

(3) 1 月 26 日，开具相应的专用发票一张，数量为 9 台。

13. 委托代销退货业务

1 月 26 日，委托利氏公司销售的家用电脑退回 2 台，入成品仓库。由于该货物已经结算，故开具红字专用发票一张。

14. 直运业务

(1) 1 月 27 日，销售部接到业务信息，精益公司欲购买服务器 1 台。经协商以单价为 100 000 元/台成交，增值税税率为 13%。随后，销售部填制相应销售订单。

(2) 1 月 27 日，销售部经联系以 90 000 元的价格向艾德公司发出采购订单，并要求对方直接将货物送到精益公司。

(3) 1 月 29 日，销售部根据销售订单开具专用发票一张。

(4) 1 月 29 日，货物送至精益公司，艾德公司凭送货签收单根据订单开具了一张专用发票给销售部，票号为 22336705。

(5) 1 月 29 日，销售部将此业务的采购、销售发票交给财务部，财务部结转此业务的收入及成本。

【实验要求】

(1) 以"005 王丽"的身份，以相应的业务日期进入销售管理系统、采购管理系统、库存管理系统、存货核算系统、应收款管理系统进行相关操作。

(2) 所有业务单据日期为实验资料所要求日期，记账凭证日期业务单据日期一致。

> **说明：**
> 本实验为操作方便，由王丽一人完成销售、采购、库存、存货、应收款管理子系统的相关操作。在实际工作中，应根据内容的要求，由不同权限的操作员完成相应的操作内容。

【操作指导】

1. 销售业务1

业务类型：普通销售业务

- 销售报价单处理

在销售管理系统中填制并审核报价单 sy12-11.mp4

sy12-11

(1) 在销售管理中，执行"销售报价"｜"销售报价单"命令，进入"销售报价单"窗口。

(2) 单击"增加"按钮，输入报价日期"2020-01-14"，销售类型"经销"，客户名称"昌新公司"，销售部门"销售部"。

(3) 选择货物名称"006 家用电脑"，输入数量10、报价4 000。

(4) 单击"保存"按钮，再单击"审核"按钮，保存并审核报价单后退出。

- 销售订单处理

在销售管理系统中填制并审核销售订单 sy12-12.mp4

sy12-12

(1) 执行"销售订货"｜"销售订单"命令，进入"销售订单"窗口。

(2) 单击"增加"按钮，单击"生单"按钮，打开"报价单"对话框。

(3) 从上边窗口中选择上面已录入的报价单，从下边窗口中选择要参照的记录行，单击"确定"按钮，将报价单信息带入销售订单。

(4) 修改订单日期为"2020-01-14"。

(5) 单击"保存"按钮，再单击"审核"按钮，保存并审核销售订单后退出。

- 销售发货单处理

在销售管理系统中填制并审核销售发货单 sy12-13.mp4

sy12-13

(1) 执行"销售发货"｜"发货单"命令，进入"发货单"窗口。

(2) 单击"增加"按钮，打开"选择订单"对话框，选择上面已生成的销售订单，单击"确定"按钮，将销售订单信息带入发货单。

(3) 输入发货日期"2020-01-16"，选择仓库"成品库"。

(4) 单击"保存"按钮，再单击"审核"按钮，保存并审核发货单后退出。

- 销售出库单处理

1) 在库存管理系统中审核销售出库单 sy12-141.mp4

sy12-141

(1) 进入库存管理系统，执行"出库业务"｜"销售出库单"命令，进入"销售出库单"窗口。

(2) 单击"➡"按钮，显示销售出库单，单击"修改"按钮，输入成本单价3 000。

(3) 单击"保存"按钮，单击"审核"按钮，系统弹出"该单据审核成功！"信息提示对话框，单击"确定"按钮返回。

2）在存货核算系统中对销售出库单记账 sy12-142.mp4

sy12-142

(1) 进入存货核算系统，执行"业务核算"|"正常单据记账"命令，打开"正常单据记账条件"对话框。

(2) 选中"成品库"复选框，保留"销售出库单"单据类型，单击"确定"按钮，进入"正常单据记账"窗口。

(3) 单击需要记账的单据前的"选择"栏，出现"√"标志，或者单击工具栏上的"全选"按钮，选择所有单据，然后单击工具栏上的"记账"按钮。

(4) 系统开始进行单据记账，记账完成后，单据不在窗口中显示。

3）在存货核算系统中对销售出库单生成销售成本凭证 sy12-143.mp4

sy12-143

(1) 执行"财务核算"|"生成凭证"命令，进入"生成凭证"窗口。

(2) 单击"选择"按钮，打开"查询条件"对话框。

(3) 选择"销售出库单"选项，单击"确定"按钮，进入"选择单据"窗口。

(4) 单击需要生成凭证的单据前的"选择"栏，或者单击工具栏上的"全选"按钮，然后单击工具栏上的"确定"按钮，进入"生成凭证"窗口。

(5) 选择凭证类别为"转 转账凭证"，单击"生成"按钮，系统显示生成的转账凭证。

(6) 修改借贷方辅助核算项目为"家用电脑"，单击工具栏上的"保存"按钮，凭证左上角显示"已生成"红色字样，表示已将凭证传递到总账。

● 销售发票处理

1）在销售管理系统中根据发货单填制并复核销售发票 sy12-151.mp4

sy12-151

(1) 执行"销售开票"|"销售专用发票"命令，进入"销售专用发票"窗口。

(2) 单击"增加"按钮，打开"选择发货单"对话框；单击"确定"按钮，选择要参照的发货单；单击"确定"按钮，将发货单信息带入销售专用发票。

(3) 修改开票日期为"2020-01-16"，单击"保存"按钮。单击"复核"按钮，复核销售专用发票，再单击"退出"按钮。

2）在应收款管理系统中审核销售专用发票 sy12-152.mp4

sy12-152

(1) 在应收款系统中，执行"应收单据处理"|"应收单据审核"命令，打开"应收单查询条件"对话框，单击"确定"按钮，进入"应收单据列表"窗口。

(2) 选择要审核的单据，单击"审核"按钮，系统弹出"审核成功！"信息提示对话框，单击"确定"按钮返回，然后退出。

3）在应收款管理系统中生成销售收入凭证 sy12-153.mp4

sy12-153

(1) 执行"制单处理"命令，打开"制单查询"对话框。

(2) 选中"发票制单"复选框，单击"确定"按钮，进入"销售发票制单"窗口。

(3) 选择凭证类别为"转账凭证"，单击工具栏上的"全选"按钮，选择窗口中的所有单据。单击"制单"按钮，屏幕上出现根据发票生成的转账凭证。

(4) 修改主营业务收入的辅助核算项目为"家用电脑"，单击"保存"按钮，凭证左上角显示"已生成"红字字样，表示已将凭证传递到总账。

- 收款单处理

1) 在应收款管理系统中输入并审核收款单 sy12-161.mp4

(1) 进入应收款管理系统，执行"收款单据处理"|"收款单据录入"命令，进入"收付款单录入"窗口。

(2) 单击"增加"按钮，修改日期为"2020-01-17"，输入收款单其他信息。

(3) 单击"保存"按钮，再单击"审核"按钮，退出。

sy12-161

2) 在应收款管理系统中对收款单制单 sy12-162.mp4

(1) 执行"制单处理"命令，打开"制单查询"对话框。

(2) 选中"收付款单制单"复选框。

(3) 单击"确定"按钮，进入"收付款单制单"窗口。

(4) 选择凭证类别为"收款凭证"，单击工具栏中的"全选"按钮，选择收款单据。

sy12-162

(5) 单击"制单"按钮，屏幕上出现根据收款单生成的凭证。补充现金流量，单击"保存"按钮。

2. 销售业务2

业务类型：销售折扣的处理

1) 在销售管理系统中填制并审核发货单 sy12-21.mp4

(1) 执行"销售发货"|"发货单"命令，进入"发货单"窗口。

(2) 单击"增加"按钮，打开"选择订单"对话框，单击"取消"按钮，进入"发货单"窗口。

(3) 输入发货日期"2020-01-17"，客户"昌新公司"，销售部门"销售部"。

sy12-21

(4) 选择仓库"配套用品库"，存货名称"打印机"，数量20，报价2 300，扣率90%。

(5) 单击"保存"按钮，再单击"审核"按钮，保存并审核发货单后退出。

2) 在销售管理系统中根据发货单生成并复核销售发票

> **注意：**
> 发票中的无税单价变为2 070(2 300×90%)元。

3. 销售业务3

业务类型：现结销售

- 销售发货单处理

在销售管理系统中填制并审核发货单。

- 销售发票处理

1) 在销售管理系统中，根据发货单生成销售专用发票并执行现结 sy12-321.mp4

(1) 在销售管理系统中，根据发货单生成销售专用发票，单击"保存"按钮。

(2) 在"销售专用发票"界面中，单击"现结"按钮，打开"现结"对话框。选择结算方式为"转账支票"，输入结算金额67 800，支票号11886732，单击"确定"按钮返回，销售专用发票左上角显示"现结"标志。

(3) 单击"复核"按钮，对现结发票进行复核。

sy12-321

> **注意：**
> - 应在销售发票复核前进行现结处理。
> - 销售发票复核后才能在应收款管理系统中进行"现结"制单。

2) 在应收款管理系统中审核现结发票 sy12-322.mp4

sy12-322

(1) 进入应收款管理系统，执行"应收单据处理"|"应收单据审核"命令，打开"单据过滤条件"对话框。

(2) 选中"包含已现结发票"复选框，单击"确定"按钮，进入"应收单据列表"窗口。

(3) 审核上面在销售管理系统中根据发货单生成的销售专用发票。

3) 在应收款管理系统中现结制单 sy12-323.mp4

sy12-323

(1) 执行"制单处理"命令，打开"制单查询"对话框。选中"现结制单"复选框，单击"确定"按钮，进入"现结制单"窗口。

(2) 在需要制单的单据行的"选择标志"栏单击，输入任一标志；选择凭证类别为"收款凭证"，单击"制单"按钮，生成收款凭证。

(3) 补充项目核算内容和现金流量，单击"保存"按钮，凭证左上角出现"已生成"红色字样，表示凭证已传递到总账。

4. 销售业务4

业务类型：代垫费用处理

1) 在销售管理系统中填制并审核代垫费用单 sy12-41.mp4

sy12-41

(1) 在销售管理系统中，执行"代垫费用"|"代垫费用单"命令，进入"代垫费用单"窗口。

(2) 单击"增加"按钮，输入代垫日期"2020-01-17"、客户"昌新公司"、销售部门"销售部"、费用项目"运输费"、代垫金额500，保存并审核。

2) 在应收款管理系统中对代垫费用单审核 sy12-42.mp4

sy12-42

在应收款管理系统中，执行"应收单据处理"|"应收单据审核"命令，对代垫费用单形成的其他应收单进行审核。

3) 在应收款管理系统中对代垫费用单制单 sy12-43.mp4

sy12-43

(1) 执行"制单处理"命令，打开"制单查询"对话框。选择"应收单制单"选项，单击"确定"按钮，进入"应收单制单"窗口。

(2) 选择要制单的单据，选择凭证类别为"付款凭证"，单击"制单"按钮，生成一张转账凭证；补充贷方科目1001及相关现金流量，单击"保存"按钮。

5. 销售业务5

业务类型：多张发货单汇总开票

1) 在销售管理系统中填制并审核两张发货单

2) 在销售管理系统中参照上述两张发货单填制并复核销售发票 sy12-52.mp4

sy12-52

(1) 在销售管理系统中，执行"销售开票"|"销售专用发票"命令，进入"销售专用发票"窗口。

(2) 单击"增加"按钮，再单击"确定"按钮。

(3) 选择要开具销售专用发票的 2 张发货单，单击"确定"按钮，将发货单信息汇总反映在销售专用发票上。

(4) 单击"保存"按钮，再单击"复核"按钮，保存并复核销售专用发票。

6. 销售业务6

业务类型：一张发货单分次开票

1) 在销售管理系统中填制并审核发货单

2) 在销售管理系统中根据上述发货单分次填制两张销售发票并复核 sy12-62.mp4

sy12-62

(1) 在销售管理系统中，执行"销售开票"|"销售专用发票"命令，进入"销售专用发票"窗口。

(2) 单击"增加"按钮，再单击"确定"按钮。

(3) 选择要开具销售专用发票的发货单，单击"确定"按钮，发货单信息带到销售专用发票上。修改开票日期为"2020-01-19"，数量15，保存并复核。

(4) 再单击"增加"按钮，打开"选择发货单"对话框，单击"确定"按钮。

(5) 选择要开具销售专用发票的发货单，注意此时发货单上"未开票数量"一栏显示5，单击"确定"按钮，发货单信息带到销售专用发票上。修改开票日期为"2020-01-19"，保存并复核。

7. 销售业务7

业务类型：开票直接发货业务

1) 在销售管理系统中填制并复核销售专用发票 sy12-71.mp4

sy12-71

(1) 在销售管理系统中，执行"销售开票"|"销售专用发票"命令，进入"销售专用发票"窗口。

(2) 单击"增加"按钮，打开"选择发货单"对话框。单击"取消"按钮，返回"销售专用发票"窗口。

(3) 按实验要求输入销售专用发票内容并复核。

2) 在销售管理系统中查询销售发货单 sy12-72.mp4

执行"销售发货"|"发货单"命令，进入"发货单"窗口，可以查看到根据销售专用发票自动生成的发货单。

sy12-72

3) 在库存管理系统中查询并审核销售出库单 sy12-73.mp4

在库存管理系统中，执行"出库业务"|"销售出库单"命令，进入"销售出库单"窗口，可以查看到根据销售发票自动生成的销售出库单，单击"审核"按钮。

sy12-73

8. 销售业务8

业务类型：一次销售分次出库

1) 在销售管理系统中设置相关选项 sy12-81.mp4

(1) 在销售管理系统中，执行"设置"|"销售选项"命令，进入"销售选项"窗口。

(2) 在"业务控制"选项卡中，取消"销售生成出库单"复选框中的"√"标志，单击"确定"按钮返回。

sy12-81

> **注意：**
> 修改该选项的前提是原操作模式下的单据(发货单、发票)必须全部审核。

2) 在销售管理系统中填制并审核发货单

3) 在销售管理系统中根据发货单开具销售专用发票并复核

4) 在库存管理系统中根据发货单开具销售出库单 sy12-84.mp4

sy12-84

(1) 在库存管理系统中，执行"出库业务"|"销售出库单"命令，进入"销售出库单"窗口。

(2) 单击"生单"按钮，打开"选择发货单"对话框。

(3) 单击"确定"按钮，选择要参照的发货单，单击"确定"按钮，系统弹出"生单成功"信息提示对话框，修改数量为30，单击"确定"按钮，生成销售出库单。

(4) 单击"审核"按钮，系统显示"该单据审核成功！"信息提示对话框，单击"确定"按钮返回。

(5) 同理，填制第二张销售出库单，出库数量为20。

9. 销售业务9

业务类型：超发货单出库及开票

1) 在库存管理系统中修改相关选项设置 sy12-91.mp4

(1) 在库存管理系统中，执行"初始设置"|"选项"命令，打开"库存选项设置"对话框。

sy12-91

(2) 打开"专用设置"选项卡，选中"允许超发货单出库"选项。

(3) 单击"确定"按钮返回。

2) 在销售管理系统中修改相关选项设置 sy12-92.mp4

(1) 在销售管理系统中，执行"设置"|"销售选项"命令，打开"销售选项设置"对话框。

sy12-92

(2) 打开"业务控制"选项卡，选中"允许超发货量开票"选项。

(3) 单击"确定"按钮返回。

3) 在企业应用平台中修改存货档案并设置超额出库上限为20% sy12-93.mp4

(1) 在企业应用平台的"基础设置"选项卡中，执行"基础档案"|"存货"|"存货档案"命令，进入"存货档案"窗口。

sy12-93

(2) 选中"002 CPU"记录行，单击"修改"按钮，打开"修改存货档案"对话框。

(3) 打开"控制"选项卡，在"出库超额上限"一栏中输入0.2，单击"保存"按钮。

4) 在销售管理系统中填制并审核发货单(数量：20)

5) 在销售管理系统中生成并复核销售专用发票(数量：22)

6) 在库存管理系统中根据发货单生成销售出库单 sy12-96.mp4

(1) 在库存管理系统中，执行"出库业务"|"销售出库单"命令，进入"销售出库单"窗口。

sy12-96

(2) 单击"生单"按钮，打开"选择发货单"对话框。

(3) 单击"确定"按钮，选择要参照的发货单，选中"根据累计出库数更新发货单"复选框,修改"本次出库数量"为 22,单击"确定"按钮,审核销售出库单。

7) 在销售管理系统中,查询该笔业务的发货单("数量"一栏已根据销售出库单改写为 22)

10. 销售业务10

业务类型:分期收款发出商品

● 相关参数设置

1) 在销售管理系统中修改相关选项设置 sy12-1011.mp4

(1) 在销售管理系统中,执行"设置"|"销售选项"命令,打开"销售选项"对话框。

(2) 打开"业务控制"选项卡,选中"有分期收款业务"及"销售生成出库单"复选框。

(3) 单击"确定"按钮返回。

sy12-1011

2) 在存货核算系统中设置分期收款业务相关科目 sy12-1012.mp4

(1) 在存货核算系统中,执行"初始设置"|"科目设置"|"存货科目"命令,进入"存货科目"窗口。

(2) 设置所有仓库的"分期收款发出商品科目"为"发出商品(1406)"。

sy12-1012

● 销售发货单处理

1) 在销售管理系统中填制并审核发货单

注意:

填制发货单时选择业务类型为"分期收款"。

2) 在库存管理系统中审核销售出库单

3) 在存货核算系统中对发出商品记账并生成出库凭证 sy12-1023.mp4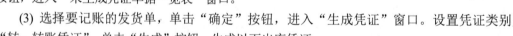

(1) 在存货核算系统中,执行"业务核算"|"发出商品记账"命令,打开"查询条件选择"对话框。

(2) 选择业务类型"分期收款"、单据类型"发货单"、仓库"成品库",单击"确定"按钮,进入"未记账单据一览表"窗口。

sy12-1023

(3) 选择要记账的单据,单击"记账"按钮后退出。

4) 在存货核算系统中对发出商品记账并生成出库凭证 sy12-1024.mp4

(1) 执行"财务核算"|"生成凭证"命令,进入"生成凭证"窗口。单击"选择"按钮,打开"查询条件"对话框。

(2) 在单据列表中,选择"分期收款发出商品发货单"选项,单击"确定"按钮,进入"未生成凭证单据一览表"窗口。

sy12-1024

(3) 选择要记账的发货单,单击"确定"按钮,进入"生成凭证"窗口。设置凭证类别为"转 转账凭证",单击"生成"按钮,生成以下出库凭证。

借:发出商品   400 000
　　贷:库存商品   400 000

● 销售发票处理

1) 在销售管理系统中根据发货单生成并复核销售发票

> **注意：**
> - 参照发货单时，选择业务类型为"分期收款"。
> - 修改开票数量为50。

2) 在应收款管理系统中审核销售发票

3) 在应收款管理系统中对销售发票进行审核并生成应收凭证

借：应收账款　　　　　　　　　　　339 000
　　贷：主营业务收入　　　　　　　　300 000
　　　　应交税费/应交增值税/销项税额　39 000

4) 在存货核算系统中对销售发票记账 sy12-1034.mp4

(1) 在存货核算系统中，执行"业务核算"|"发出商品记账"命令，打开"查询条件选择"对话框。

(2) 选择单据类型"销售发票"、业务类型"分期收款"、仓库"成品库"，单击"确定"按钮，进入"未记账单据一览表"窗口。

sy12-1034

(3) 选择要记账的单据，单击"记账"按钮。

5) 在存货核算系统中生成结转销售成本凭证 sy12-1035.mp4

(1) 执行"财务核算"|"生成凭证"命令，进入"生成凭证"窗口。单击"选择"按钮，打开"查询条件"对话框。

(2) 在单据列表中，选择"分期收款发出商品专用发票"选项，单击"确定"按钮，进入"未生成凭证单据一览表"窗口。

sy12-1035

(3) 选择要记账的发票，单击"确定"按钮，进入"生成凭证"窗口。单击"生成"按钮，生成出库凭证。

借：主营业务成本　　　　　　　　200 000
　　贷：发出商品　　　　　　　　　200 000

- 账表查询

(1) 在存货核算系统中，查询发出商品明细账。

(2) 在销售管理系统中，查询销售统计表。

11. 销售业务11

业务类型：委托代销业务

- 相关参数设置

(1) 在销售管理系统中，执行"设置"|"销售选项"命令，在"业务控制"选项卡中，选择"有委托代销业务"选项，单击"确定"按钮。

(2) 在存货核算系统中，执行"初始设置"|"选项"|"选项录入"命令，将"委托代销成本核算方式"设置为"按发出商品核算"，单击"确定"按钮，保存设置。

- 委托代销发货处理

1) 在销售管理系统中填制并审核委托代销发货单 sy12-1121.mp4

在销售管理系统中，执行"委托代销"|"委托代销发货单"命令，进入"委托代销发货单"窗口，填制并审核委托代销发货单。

sy12-1121

2) 在库存管理系统中审核委托代销出库单 ■ sy12-1122.mp4
3) 在存货核算系统中对委托代销发货单记账 ■ sy12-1123.mp4

执行"发出商品记账"命令,单据类型"发货单",业务类型"委托代销"。

sy12-1122   sy12-1123

4) 在存货核算系统中对委托代销发货单生成出库凭证 ■ sy12-1124.mp4

单据类型"委托代销发出商品发货单";发出商品的科目编码为1406。

借:发出商品　　　　　　　　　150 000
　　贷:库存商品　　　　　　　　　150 000

sy12-1124

● 委托代销结算处理

1) 在销售管理系统中生成并审核委托代销结算单 ■ sy12-1131.mp4
(1) 在销售管理系统中,参照委托代销发货单生成委托代销结算单。

> 注意:
> 修改委托代销结算数量为30。

sy12-1131

(2) 单击"审核"按钮,打开"请选择发票类型"对话框。选择"专用发票"选项,单击"确定"按钮后退出。

2) 在销售管理系统中,查看根据委托代销结算单生成的销售专用发票并复核

> 注意:
> ● 委托代销结算单审核后,由系统自动生成相应的销售发票。
> ● 系统可根据委托代销结算单生成"普通发票"或"专用发票"两种发票类型。
> ● 委托代销结算单审核后,由系统自动生成相应的销售出库单,并将其传递到库存管理系统。

3) 在应收款管理系统中,审核销售发票
4) 在应收款管理系统中,根据销售发票生成销售凭证

借:应收账款　　　　　　　　　135 600
　　贷:主营业务收入　　　　　　　120 000
　　　　应交税费/应交增值税/销项税额　15 600

5) 在存货核算系统中,发出商品记账 ■ sy12-1135.mp4

在存货核算系统中,结转销售成本。执行"发出商品记账"命令,对委托代销销售专用发票记账。

6) 在存货核算系统中,对委托代销发出商品专用发票生成凭证 ■ sy12-1136.mp4

sy12-1135   sy12-1136

发出商品的科目编码为1406。

借:主营业务成本　　　　　　　90 000
　　贷:发出商品　　　　　　　　　90 000

● 相关账表查询

(1) 在销售管理系统中,查询委托代销统计表。
(2) 在库存管理系统中,查询委托代销备查簿。

12. 销售业务12

业务类型：开票前退货处理

1) 在销售管理系统中填制并审核发货单
2) 在销售管理系统中填制并审核退货单 sy12-122.mp4

sy12-122

> **注意：**
> 填制退货单时可参照发货单，数量为-1。

3) 在销售管理系统中填制并复核销售发票 sy12-123.mp4

sy12-123

> **注意：**
> 参照发货单生成销售专用发票时，需要同时选中"蓝字记录"和"红字记录"复选框。如果生成退货单时已参照发货单，则"选择发货单"窗口中不再出现退货单，而参照的结果是发货单与退货单的数量差。

13. 销售业务13

业务类型：委托代销退货业务——结算后退货

1) 在销售管理系统中参照委托代销发货单填制委托代销结算退回并审核 sy12-131.mp4

数量：-2；审核生成专用发票。

2) 查看自动生成的红字销售专用发票并复核 sy12-132.mp4

sy12-131

14. 销售业务14

业务类型：直运销售业务

- 相关参数及档案设置

1) 在销售管理系统中设置直运业务相关选项 sy12-1411.mp4

(1) 执行"设置"|"销售选项"命令，打开"销售选项"对话框。
(2) 选中"有直运销售业务"复选框，单击"确定"按钮。

2) 在企业应用平台中增加存货"010 服务器" sy12-1412.mp4

执行"基础档案"|"存货"|"存货档案"命令，进入"存货档案"窗口，在"配套用品"分类下增加"010 服务器"。

sy12-132

sy12-1411   sy12-1412

> **注意：**
> 直运销售涉及的存货应具有"内销、外购"属性。

3) 在企业应用平台中设置"服务器"项目 sy12-1413.mp4

执行"基础档案"|"财务"|"项目目录"命令，设置服务器项目。
203 服务器(所属分类：2)

sy12-1413

● 订单处理

1) 在销售管理系统中填制并审核直运销售订单 sy12-1421.mp4

(1) 执行"销售订货"|"销售订单"命令,进入"销售订单"窗口。

(2) 单击"增加"按钮,选择业务类型为"直运销售",按要求填写其他内容,保存并审核。

sy12-1421

2) 在采购管理系统中填制并审核直运采购订单 sy12-1422.mp4

(1) 执行"采购订货"|"采购订单"命令,进入"采购订单"窗口。

(2) 单击"增加"按钮,选择业务类型为"直运采购";单击"生单"按钮,选择"销售订单"命令,将销售订单相关信息带入"采购订单"。选择供货单位"艾德公司",输入单价 90 000,单击"保存"按钮。

(3) 单击"审核"按钮,审核采购订单。

sy12-1422

注意:

直运采购订单必须参照直运销售订单生成。

● 发票处理

1) 在销售管理系统中参照直运销售订单生成并复核直运销售发票 sy12-1431.mp4
2) 在采购管理系统中参照直运采购订单生成直运采购发票 sy12-1432.mp4
3) 在应付款管理系统中审核直运采购发票 sy12-1433.mp4

sy12-1431　　　sy12-1432　　　sy12-1433

注意:

在"单据过滤条件"对话框中,选中"未完全报销"复选框,才能找到直运采购发票。

4) 在存货核算系统中执行直运销售记账 sy12-1434.mp4

(1) 在存货核算系统中,执行"业务核算"|"直运销售记账"命令,打开"直运采购发票核算查询条件"对话框,选择"采购发票""销售发票"选项,单击"确定"按钮返回。

(2) 单击"全选"按钮,单击"记账"按钮。

sy12-1434

5) 结转直运业务成本 sy12-1435.mp4

在存货核算系统中,执行"财务核算"|"生成凭证"命令,进入"生成凭证"窗口,选择"直运采购发票"和"直运销售发票"生成凭证。在两张发票的"存货科目"栏中输入 1405。

直运采购发票生成凭证如下。

借:库存商品　　　　　　　　　　　90 000
　　应交税费/应交增值税/进项税额　 11 700
　　贷:应付账款　　　　　　　　　101 700

sy12-1435

直运销售发票生成凭证如下。

借：主营业务成本　　　　　　　90 000
　　贷：库存商品　　　　　　　　90 000

6) 结转直运业务收入 sy12-1436.mp4

在应收款管理系统中，对直运销售发票审核并制单。
直运销售发票生成收入凭证如下。

借：应收账款　　　　　　　　113 000
　　贷：主营业务收入　　　　　100 000
　　　　应交税费/应交增值税/销项税额　　13 000

sy12-1436

15. 账簿查询

在销售日常业务处理完毕后，进行销售账表查询。

16. 月末结账

1) 结账处理

(1) 执行"月末结账"命令，打开"销售月末结账"对话框，其中蓝条位置是当前会计月。
(2) 单击"月末结账"按钮，系统开始结账。
(3) 结账完成后，"是否结账"一栏显示"是"字样。
(4) 单击窗口右上角的"关闭"按钮返回。

2) 取消结账(可选操作)

(1) 执行"月末结账"命令，打开"销售月末结账"对话框，其中蓝条位置是当前会计月。
(2) 单击"取消结账"按钮，"是否结账"栏显示为"否"字样。
(3) 单击窗口右上角的"关闭"按钮返回。

> **注意：**
> 若应收款管理系统或库存管理系统或存货核算系统已结账，则销售管理系统不能取消结账。

【参考答案】

以上销售日常业务经过处理后，在存货核算系统中生成销售出库凭证传递到总账，在应收款管理系统中生成应收凭证和收款核销凭证传递到总账，最后在总账管理系统中可以查询到如表 11-1 所示的凭证。

表 11-1　部分业务处理生成凭证一览表

业务号	业务日期	业务单据	会计分录		来源
1	01-16	销售出库单	借：主营业务成本 　　贷：库存商品	30 000 　　30 000	存货核算
	01-16	销售专用发票	借：应收账款 　　贷：主营业务收入 　　　　应交税费/应交增值税/销项税额	45 200 　　40 000 　　5 200	应收款
	01-17	收款单	借：银行存款/工行存款 　　贷：应收账款	45 200 　　45 200	应收款
2	01-17	未要求生成凭证			

(续表)

业务号	业务日期	业务单据	会计分录		来源
3	01-17	现结	借：银行存款/工行存款 　贷：主营业务收入 　　　应交税费/应交增值税/销项税额	67 800 60 000 7 800	应收款
4	01-17	其他应收单	借：应收账款 　贷：库存现金	500 500	应收款
5	01-17	不要求生成凭证			
6	01-19	不要求生成凭证			
7	01-19	不要求生成凭证			
8	01-21	不要求生成凭证			
9	01-21	不要求生成凭证			
10	01-21	发货单	借：发出商品 　贷：库存商品	400 000 400 000	存货核算
10	01-21	销售专用发票	借：应收账款 　贷：主营业务收入 　　　应交税费/应交增值税/销项税额	339 000 300 000 39 000	应收款
10	01-21	专用发票	借：主营业务成本 　贷：发出商品	200 000 200 000	存货核算
11	01-21	委托代销发货单	借：发出商品 　贷：库存商品	150 000 150 000	存货核算
11	01-25	销售专用发票	借：应收账款 　贷：主营业务收入 　　　应交税费/应交增值税/销项税额	135 600 120 000 15 600	应收款
11	01-25	专用发票	借：主营业务成本 　贷：发出商品	90 000 90 000	存货核算
12	01-26	未要求生成凭证			
13	01-26	未要求生成凭证			
14	01-29	直运采购发票	借：库存商品 　　　应交税费/应交增值税/进项税额 　贷：应付账款	90 000 11 700 101 700	存货核算
14	01-29	专用发票	借：主营业务成本 　贷：库存商品	90 000 90 000	存货核算
14	01-29	销售专用发票	借：应收账款 　贷：主营业务收入 　　　应交税费/应交增值税/销项税额	113 000 100 000 13 000	应收款

巩固提高

一、单选题

1. 下列不生成记账凭证的单据是(   )。
   A. 销售订单　　　　　　　　　　　B. 销售发票
   C. 销售出库单　　　　　　　　　　D. 收款单
2. 当库存系统与销售系统集成使用时，销售出库单参照(   )生成，不可手工填制。
   A. 发货单或销售订单　　　　　　　B. 销售订单或销售发票
   C. 销售订单或收款单　　　　　　　D. 发货单或销售发票

二、多选题

1. 普通销售业务涉及的主要单据是(   )。
   A. 销售发票　　　　　　　　　　　B. 销售发货单
   C. 收款单　　　　　　　　　　　　D. 出库单
2. 销售发票会在(   )子系统中进行操作。
   A. 销售管理　　　　　　　　　　　B. 库存管理
   C. 应收款　　　　　　　　　　　　D. 总账管理

三、判断题

1. 销售发货单需要生成记账凭证。　　　　　　　　　　　　　　　　　　　(   )
2. 销售管理子系统的代垫运费是通过代垫费用单来处理的。　　　　　　　　(   )

四、简答题

1. 销售管理子系统包括哪些主要功能？
2. 销售管理子系统和其他系统的主要关系是什么？
3. 销售管理子系统日常业务处理包括哪些业务？
4. 什么是现收业务？你认为现付业务应该怎样处理？
5. 发生销售退货业务应该如何处理？
6. 零售业务如何处理？
7. 什么是分期收款销售业务？应该如何处理？
8. 如何处理委托代销业务？
9. 销售管理子系统提供了哪些业务明细表、统计表和销售统计功能？

五、案例分析题

在 ERP-U8 销售管理子系统中，不但可以处理普通销售业务，还可以处理现收业务、销售退货业务、零售业务、分期收款销售业务、销售调拨业务、直运销售业务、委托代销业务等特殊业务类型。通常所有不同类型的业务都以普通销售业务为核心，在普通销售业务中，有 4 张非常重要的业务单据，分别是销售发票、销售发货单、销售出库单和收款单，它们经过一系列的操作最终驱动生成相应的记账凭证。这正是 ERP 应用的最佳体现，以业务驱动财务。

请认真分析整理这 4 张单据的操作步骤，并完成表 11-2。

表11-2 普通销售业务

单据	操作步骤	生成凭证
销售发货单		
销售出库单		
销售发票		
收款单		

第 12 章 库存管理子系统

学习目标

知识目标
- 了解库存管理子系统的功能
- 明确库存管理子系统与其他子系统之间的关系,了解其他库存业务类型
- 掌握入库业务处理和出库业务处理

能力目标
- 能结合企业实际,进行库存管理子系统的日常业务及期末业务处理

案例导入

阳光公司准备于2020年1月1日起进行库存业务处理。

1. 业务分工
由账套主管陈明进行相应的库存业务处理。

2. 本月主要库存业务类型
(1) 产成品入库业务。
(2) 材料领用。

(3) 出库跟踪入库。
(4) 调拨业务。
(5) 盘点预警。
(6) 盘点业务。
(7) 假退料。
(8) 其他入库业务。
(9) 其他出库业务。
(10) 组装业务。

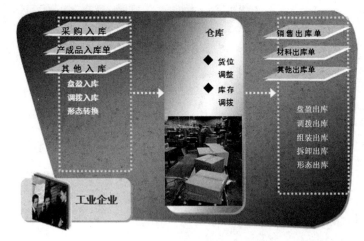

信息化应用目标

(1) 实现所有常规的库存收发料和销售出库作业，包括调拨作业。支持模拟调拨、调拨申请、倒冲、齐套出库、限额领料、配比出库等特殊或便捷性的出库管理。

(2) 支持库存计划的管理。
(3) 灵活的盘点业务。
(4) 支持货位管理。满足货物对存放地点的货位管理要求，货位可以分级，可以管理固定货位和动态货位。
(5) 支持不合格品管理。
(6) 支持特殊业务处理，包括组装、拆卸业务、形态转换业务的支持。
(7) 实现货物的批次管理。
(8) 支持保质期管理。对存货的失效日期进行监控。对过期的存货进行报警提示，对于即将到期的存货进行预警。
(9) 支持条形码应用。提供了条形码管理功能，对入库、出库、盘点等库存业务进行扫描采集资料，提高库存的准确性，提高企业的作业效率。
(10) 实现多种预警机制。提供强大、适宜的预警信息，包括安全库存预警、超储短缺报警、呆滞积压分析、最高最低库存预警，从而及时掌握库存状况，调整相应的策略。

知识学习

12.1 库存管理子系统概述

库存管理子系统是供应链管理的重要子系统，能够满足采购入库、销售出库、产成品入库、材料出库、其他出入库、盘点管理等业务需要，提供仓库货位管理、批次管理、保质期管理、出库跟踪入库管理、可用量管理等全面的业务应用。一般库存管理子系统可以单独使用，也可以与采购管理子系统、销售管理子系统、存货核算子系统集成使用，发挥更加强大的应用功能。

12.1.1 库存管理子系统的主要功能

库存管理子系统的主要功能包括系统初始化、日常业务处理、库存控制、信息查询和期末处理。

1. 系统初始化

库存管理子系统的初始化内容主要包括系统参数设置、基础信息设置及期初数据录入。

2. 日常业务处理

库存管理子系统的日常业务处理主要包括对采购管理系统、销售管理系统及由本系统填制的各种出入库单据进行审核,并对存货的入库数量、出库数量、结存数量进行核算管理。此外,还需处理仓库间的调拨业务、盘点业务、组装拆卸业务、形态转换业务等。

3. 库存控制

库存管理子系统支持批次管理、保质期管理、不合格品管理、现存量(可用量)管理、安全库存管理,对超储、短缺、呆滞积压、超额领料等情况进行报警。

4. 信息查询

库存管理子系统可以提供入库流水账、库存台账、受托代销商品备查簿、委托代销商品备查簿、积压、呆滞存货备查簿等。另外,还能够从多角度进行各种库存分析,提供各种统计汇总表。

5. 期末处理

库存管理子系统的期末处理比较简单,主要是月末结账和年末结账。

12.1.2 库存管理子系统与其他子系统的关系

库存管理子系统与其他子系统的关系如图 12-1 所示。

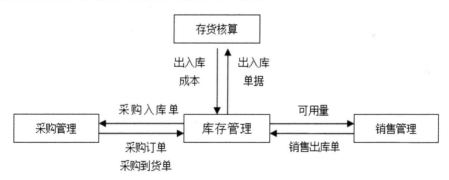

图12-1　库存管理子系统与其他子系统的关系

1. 库存管理子系统与采购管理子系统的关系

在库存管理子系统中,可以参照采购管理子系统的采购订单、采购到货单生成或直接填制采购入库单,库存管理子系统将入库情况反馈到采购管理子系统。

2. 库存管理子系统与销售管理子系统的关系

根据系统设置，销售出库单可以在库存管理子系统中填制、生成，也可以在销售管理子系统中生成后传递到库存管理子系统，在库存管理子系统中进行审核确认。如果在库存管理子系统中生成，则需要参照销售管理子系统的发货单、销售发票。库存管理子系统为销售管理子系统提供存货的可销售量。

3. 库存管理子系统与存货核算子系统的关系

库存管理子系统为存货核算系统提供各种出入库单据。所有出入库单均由库存管理子系统提供，存货核算子系统只能填写出入库单的单价、金额。存货核算子系统对出入库单进行记账操作，核算出入库存货成本，并将出入库成本信息反馈到库存管理子系统。

12.2 库存管理子系统日常业务处理

从库存业务环节来看，库存管理子系统提供的日常业务处理功能主要包括入库业务、出库业务、调拨业务、盘点管理、限额领料业务、组装拆卸业务、形态转换、不合格品管理、调整存货的货位等。

12.2.1 入库业务处理

仓库收到采购或生产的货物，仓库保管员将验收货物的数量、质量、规格型号等，确认验收无误后入库，并登记库存账。入库业务单据主要包括日常业务的采购入库单、产成品入库单和其他入库单。

1. 采购入库单

采购入库单是根据采购到货签收的实收数量填制的单据。对于工业企业，采购入库单一般指采购原材料验收入库时所填制的入库单据。对于商业企业，采购入库单一般指商品进货入库时所填制的入库单据。采购入库单按进出仓方向分为蓝字采购入库单、红字采购入库单；按业务类型分为普通采购入库单、受托代销入库单(商业)。当采购子系统与库存管理子系统集成应用时，采购入库单可以在库存管理子系统中根据到货单、采购发票等生成；当库存管理子系统单独使用时，采购入库单在库存管理子系统中直接录入。采购入库单生成或录入后，应对其审核。

2. 产成品入库单

对于工业企业，产成品入库单一般指产成品验收入库时所填制的入库单据，是工业企业入库单据的主要部分。只有工业企业才有产成品入库单，商业企业没有此单据。由于产成品一般在入库时无法确定产品的总成本和单位成本，所以在填制产成品入库单时，一般只有数量，没有单价和金额。产成品入库单输入后应进行审核。

【例12-1】 填制产成品入库单，如图12-2所示。

操作路径：库存管理→入库业务→产成品入库单

图12-2 填制产成品入库单

3. 其他入库单

其他入库单是指除采购入库、产成品入库之外的其他入库业务，如调拨入库、盘盈入库、组装拆卸入库、形态转换入库等业务形成的入库单。其他入库单一般由系统根据其他业务单据自动生成，也可手工填制。其他入库单填制后应进行审核。

12.2.2 出库业务处理

库存子系统的出库业务一般包括销售出库、材料出库和其他出库。出库业务的单据包括销售出库单、材料出库单、其他出库单。

1. 销售出库

销售出库单是销售出库业务的主要凭证，在库存管理子系统中用于存货出库数量核算，在存货核算子系统中用于存货出库成本核算(如果销售成本的核算选择依据是销售出库单)。对于工业企业，销售出库单一般指产成品销售出库时所填制的出库单据。对于商业企业，销售出库单一般指商品销售出库时所填制的出库单。销售出库单按进出仓库方向分为蓝字销售出库单、红字销售出库单；按业务类型分为普通销售出库单、委托代销出库单、分期收款出库单。当销售管理子系统与库存管理子系统集成应用时，销售出库单可以在发货单、销售发票等单据审核后自动生成，但出库数量不能修改，即一次发货一次出库。当然也可以在库存管理子系统中根据发货单手工生成，并且可以修改出库数量，即一次发货多次出库；当单独使用库存管理子系统时，销售出库单直接在库存系统中手工录入。生成或录入销售出库单后应进行审核。

2. 材料出库

对于工业企业，材料出库单是领用材料时所填制的出库单据，当从仓库中领用材料用于生产时，就需要填制材料出库单。只有工业企业才有材料出库单，商业企业没有此单据。材料出库单可以手工增加，也可以配比出库，或者根据限额领料单生成。

1) 材料出库业务流程

材料出库业务流程如图 12-3 所示。

在库存管理子系统中录入材料出库单，在库存管理子系统中审核材料出库单，在存货核算系统中根据材料出库单进行出库存货的成本核算。

图12-3 材料出库业务流程

【例 12-2】填制材料出库单，如图 12-4 所示。

操作路径： 库存管理→出库业务→材料出库单

图12-4 填制材料出库单

2) 材料退库业务流程

材料退库业务流程如图 12-5 所示。

在库存管理子系统中录入材料出库单(红字)。

在库存管理子系统中审核材料出库单(红字)。

在存货核算系统中根据材料出库单(红字)进行出库存货的成本核算。

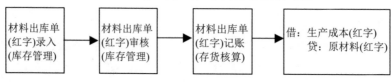

图12-5 材料退库业务流程

3. 其他出库业务

其他出库指除销售出库、材料出库之外的其他出库业务，如调拨出库、盘亏出库、组装拆卸出库、形态转换出库、不合格品记录等业务形成的出库。其他出库业务的出库单一般由系统根据其他业务单据自动生成，也可手工填制。其他出库单也需审核。

12.2.3 其他业务处理

其他业务指除入库业务、出库业务之外的其他库存管理业务，包括库存调拨业务、存货盘点业务、组装与拆卸业务、形态转换业务等。

1. 调拨业务

调拨业务是指用于仓库之间存货的转库业务或部门之间的存货调拨业务。同一张调拨单上，如果转出部门和转入部门不同，则表示部门之间的调拨业务；如果转出部门和转入部门相同，但转出仓库和转入仓库不同，则表示仓库之间的转库业务。调拨单可以手工录入，也可以参照生产订单填制。根据生产订单生成调拨单，可以解决将车间作为虚拟仓库进行处理的业务，即从仓库领料时，先做调拨单，将材料调拨到车间的仓库，车间用料时再从车间的仓库做材料出库单或限额领料单进行领料。

调拨业务处理流程如下。

(1) 在库存管理子系统中录入调拨单。

(2) 在库存管理子系统中审核调拨单。调拨单审核后生成其他出库单、其他入库单。

(3) 在库存系统中审核调拨单审核后自动生成的其他出库单、其他入库单。

2. 盘点业务

为了保证企业库存资产的安全和完整，做到账实相符，企业必须对存货进行定期或不定期的清查，查明存货盘盈、盘亏、损毁的数量及造成的原因，并据以编制存货盘点报告表，按规定程序，报有关部门审批。经有关部门批准后，应进行相应的账务处理，调整存货账的实存数，使存货的账面记录与库存实物核对相符。

盘点时系统提供多种盘点方式，如按仓库盘点、按批次盘点、按类别盘点、对保质期临近多少天的存货进行盘点等，还可以对各仓库或批次中的全部或部分存货进行盘点，盘盈、盘亏的结果自动生成其他出入库单。

1) 盘点业务流程

(1) 选择盘点方式，增加一张新的盘点表。

(2) 打印空盘点表。

(3) 进行实物盘点，并将盘点的结果记录在盘点表的盘点数和原因中。

(4) 实物盘点完成后，根据盘点表，将盘点结果输入计算机的盘点表中。

(5) 打印盘点表，并将打印出的盘点报告按规定程序报经有关部门批准。

(6) 将经有关部门批准后的盘点表进行审核处理。

2) 业务规则

(1) 审核盘点单时，根据盘点表生成其他出入库单，业务号为盘点单号，单据日期为当前的业务日期。

(2) 所有盘盈的存货生成一张其他入库单，业务类型为盘盈入库。

(3) 所有盘亏的存货生成一张其他出库单，业务类型为盘亏出库。

(4) 盘点单弃审时，同时删除生成的其他出入库单；生成的其他出入库单如已审核，则相对应的盘点单不可弃审。

3) 注意事项

(1) 上次盘点仓库存货所在的盘点表未审核之前，不可再对此仓库中的此存货进行盘点，否则系统提示错误。例如，第一张盘点表是对甲仓库中的 A 存货进行盘点，该盘点表未审核时，又新增了一张盘点表，如果第二张盘点表也对甲仓库进行盘点，则第二张盘点表中不能有 A 存货，只能对第一张盘点表中没有的存货进行盘点。

若想在第二张盘点表中对甲仓库中的 A 存货再次进行盘点，则必须将第一张盘点表审核或删除后才可以重盘。如果第二张盘点表是对除甲仓库之外的其他仓库进行盘点，则没有此限制。盘点前应将所有已办理实物出入库的单据处理完毕，否则账面数量会不准确。

(2) 盘点前应将所有已办理实物出入库但未输入的出入库单输入本系统。

(3) 盘点表中的盘点数量不应包括委托代管或受托代管的存货，盘点前应将所有委托代管或受托代管的存货进行清查，并将这些存货与记录在账簿上需盘点的存货加以区分。

(4) 从开始盘点到结束盘点前，不应再办理出入库业务。即新增盘点表后，不应再输入出入库单、发货单及销售发票等单据，也不应办理实物出入库业务。

(5) 盘点表中的账面数，是指增加盘点表中的存货的那一时刻该仓库、该存货的现存量，它为库存管理子系统中该仓库、该存货的账面结存数减去销售系统中已开具发货单或发票但未生成出库单的数量的差。

3. 组装与拆卸业务

一般，有些企业中的某些商品既可单独出售，又可与其他商品组装在一起销售。例如，计算机销售公司既可将显示器、主机、键盘等单独出售，又可按客户的要求将显示器、主机、键盘等组装成计算机销售，这时就需要对计算机进行组装；如果企业库存中只存有组装好的计算机，但客户只需要买显示器，此时又需将计算机进行拆卸，然后将显示器卖给客户。

组装指将多个散件组装成一个配套件的过程，拆卸指将一个配套件拆卸成多个散件的过程。配套件是指由多个存货组成，但又可以拆开或销售的存货。配套件和散件之间是一对多的关系，在产品结构中设置它们之间的关系，用户在组装、拆卸之前应先进行产品结构定义，否则无法进行组装。配套件与成套件不同，配套件可以组装、拆卸，而成套件不能进行组装、拆卸。

1) 组装业务处理流程
(1) 在库存系统中录入组装单。
(2) 在库存系统中审核组装单，审核后会自动生成配套件的其他入库单和散件的其他出库单。
(3) 在库存系统中审核组装单审核后自动生成的其他出库单、其他入库单。
(4) 在存货核算系统中对其他出库单和其他入库单记账、制单。

2) 拆卸业务处理流程
(1) 在库存系统中录入拆卸单。
(2) 在库存系统中审核拆卸单，审核后会自动生成配套件的其他出库单和散件的其他入库单。
(3) 在库存系统中审核拆卸单审核后自动生成的其他出库单、其他入库单。
(4) 在存货核算系统中对其他出库单、其他入库单记账、制单。

4. 形态转换业务

某种存货在存储过程中，由于环境或本身原因，使其形态发生变化，由一种形态转化为另一形态，从而引起存货规格和成本的变化，在库存管理中需对此进行管理记录。例如，特种烟丝变为普通烟丝；煤块由于风吹、雨淋，天长日久变成了煤渣；活鱼由于缺氧变成了死鱼；等等。库管员需根据存货的实际状况填制形态转换单，报请主管部门批准后进行调账处理。

形态转换业务处理流程如下。
(1) 在库存管理子系统中录入形态转换单。
(2) 在库存管理子系统中审核形态转换单。形态转换单审核后生成其他出库单、其他入库单。
(3) 在库存系统中审核拆卸单审核后自动生成的其他出库单、其他入库单。

5. 限额领料单

对于管理比较严格的工业企业，只靠配比出库功能并不能满足企业在领料出库方面的管理需要，用户可以采用限额领料单加强管理。限额领料单可以手工填制，在 ERP 系统中也可以根据物料需求计划系统的生产订单生成。限额领料单分单后系统自动生成一张或多张材料出库单，可以一次领料、多次签收；限额领料单审核后可以再次分单领料。

12.3 库存管理子系统信息查询

库存管理子系统的信息输出主要有以下几个方面。

12.3.1 原始单据

在库存管理子系统中，可以对各种原始单据进行查询、打印或以文件形式输出，如各种入库单明细表、出库单明细表、调拨单明细表、盘点单明细表、组装单明细表、拆卸单明细表、形态转换单明细表、限额领料单明细表等。

12.3.2 库存账表

1．库存账

用户可以查询各种库存账，查询内容包括现存量、出入库流水账、库存台账、代管账、委托代销备查簿、受托代销备查簿、不合格品备查簿、呆滞积压备查簿、供应商库存、入库跟踪表等。

1) 现存量

现存量可查询存货的现存量情况。查询内容包括仓库、存货、规格型号、计量单位、存货分类、现存数量、其中冻结数量、到货在检量数量、调拨在途数量、预计入库数量合计、待发货数量、调拨待发数量、预计出库数量合计、不合格品数量、可用数量等。

2) 出入库流水账

出入库流水账可查询任意时间段或任意情况下的存货出入库情况。查询内容包括仓库、存货、入库数量、入库件数、入库单价、入库金额、出库数量、出库件数、出库单价、出库金额、收发类别、部门、业务员等。

3) 库存台账

库存台账用于查询各仓库各存货各月份的收发存明细情况。库存台账按存货(或存货＋自由项)设置账页，即一个存货一个自由项为一个账页。查询内容包括单据日期、审核日期、单据号、摘要、收入数量、发出数量、结存数量等。

4) 代管账

代管账用于查询各存货已开单待出库的情况，只有库存管理与销售管理集成使用时才能查询代管账。查询内容包括发票号、发货单号、发货日期、客户、部门、业务员、制单人、备注、仓库、存货、批号、失效日期、数量、已发货数量、待发货数量等。

5) 委托代销备查簿

用户可查询委托代销商品各月份的发出、结算、未结算明细情况。委托代销备查簿按委托代销商品(委托代销商品＋自由项)设置账页，即一个委托代销商品一个自由项为一个账页。查询内容包括存货分类、存货、规格、单位、辅计量单位、单据日期、单据号、摘要、发出数量、结算数量、未结算数量等。

6) 受托代销备查簿

用户可查询受托代销商品各仓库各月份的收发存明细情况。受托代销备查簿按照受托代销商品(受托代销商品＋自由项)设置账页，即一个受托代销商品一个自由项为一个账页。查询内容包括存货分类、存货、规格、单位、辅计量单位、安全库存、最高库存、最低库存、单据日期、审核日期、单据号、摘要、收入数量、发出数量、结存数量等。

7) 不合格品备查簿

不合格品备查簿可以查询不合格品的记录和处理情况,按照不合格品(或不合格品＋自由项)设置账页,即一个不合格品一个自由项为一个账页。查询内容包括存货分类、存货、代码、规格、单位、辅计量单位、单据日期、审核日期、单据号、摘要、换算率、不合格数量、处理数量、结存数量等。

8) 呆滞积压备查簿

呆滞积压备查簿用于查询各仓库呆滞积压存货的收发存明细情况。呆滞积压备查簿按呆滞积压存货(或呆滞积压存货＋自由项)设置账页,即一个呆滞积压存货一个自由项为一个账页。查询内容包括存货分类、存货、规格、单位、辅计量单位、安全库存、最高库存、最低库存、审核日期、单据号、摘要、收入数量、发出数量、结存数量。

9) 供应商库存

供应商库存是按照供应商查询出入库和结存情况。查询内容包括供货单位、存货、产地、期初结存数量、期初结存金额、入库数量、入库金额、出库数量、出库金额、期末结存数量、期末结存金额等。

10) 入库跟踪表

入库跟踪表可以查询入库跟踪出库存货的明细情况。查询内容包括仓库、存货分类、存货、自由项、批号、入库日期、入库单号、供应商、部门、业务员、经手人、存货、批号、生产日期、保质期、失效日期、入库数量、入库金额、出库数量、出库金额、结存数量、结存金额。

2. 批次账

批次账的查询包括批次台账、批次汇总表、保质期预警等。

1) 批次台账

批次台账用于查询批次管理的存货的各仓库各月份各批次的收发存明细情况,是按批号＋存货(或批号＋存货＋自由项)设置账页的,即一个批号一个存货一个自由项为一个账页。查询内容包括存货分类、存货、批次、单位、单据日期、审核日期、单据号、摘要、换算率、收入数量/件数、发出数量/件数、结存数量/件数。

2) 批次汇总表

批次汇总表用于查询库存各存货各批次的出入库和结存情况,可对各批次进行详细的跟踪。查询内容包括仓库、存货、批号、生产日期、保质期、产地、失效日期、期初结存数量、收入数量、发出数量、期末结存数量等。

3) 保质期预警

保质期预警用于查询用户指定日期范围内将要失效或已失效的存货。查询内容包括仓库、存货、结存数量、单价、金额、批号、生产日期、保质期、失效日期、天数、状态。

3. 货位账

货位账的查询包括查询货位卡片、货位汇总表。

1) 货位卡片

货位卡片用于查询各货位各存货的详细的收发存情况,按存货＋货位(或存货＋货位＋批号＋自由项)设置账页。查询内容包括仓库、货位、存货、存货分类、单位、批次、安全库存、最高库存、最低库存、单据日期、单据号、摘要、换算率、收入数量/件数、发出数量/件数、结存数量/件数。

2) 货位汇总表

货位汇总表用于查询各货位各存货各批次的收发存情况。查询内容包括日期、存货分类、存货、批次、货位、仓库、存货、批号、存货大类、自由项、自定义项、期初结存数量、本期入库数量、本期出库数量、期末结存数量。

4．统计表

统计表查询包括库存展望、收发存汇总表、存货分布表、业务类型汇总表、限额领料汇总表、组装拆卸汇总表、形态转换汇总表查询等。

1) **库存展望**

库存展望可查询展望期内存货的预计库存、可用量情况。查询内容包括仓库、存货、展望日期、现存量、冻结量、预计入库量(已请购量、订单在途量、到货在检量、生产订单量、调拨在途量、合计)、预计出库量(销售订单占用量、待发货量、备料计划量、调拨待发量、合计)、预计库存量、不合格品量、可用量、安全库存量、低于安全存量、最高库存量、超储量、最低库存量、短缺量。

2) **收发存汇总表**

收发存汇总表反映各仓库各存货各种收发类别的收入、发出及结存情况。收发存汇总表按照仓库进行分页查询，一页显示一个仓库的收发存汇总表，所有仓库的收发存汇总表通过汇总功能查询。查询内容包括仓库、存货、产地、存货大类、项目、期初结存数量、期初结存金额、其他入库数量、其他入库金额、普通入库数量、普通入库金额、其他出库数量、其他出库金额、普通出库数量、普通出库金额、总计入库数量、总计入库金额、总计出库数量、总计出库金额、期末结存数量、期末结存金额。

3) **存货分布表**

存货分布表反映存货在各仓库的出入库和结存情况。查询内容包括仓库、存货、存货大类、产地、期初结存数量、期初结存金额、本期入库数量、本期入库金额、本期出库数量、本期出库金额、期末结存数量、期末结存金额。

4) **业务类型汇总表**

业务类型汇总表反映各仓库各存货各种业务类型的收入、发出及结存情况。按仓库进行分页查询，一页显示一个仓库的业务类型汇总表。查询内容包括仓库、存货、产地、存货大类、项目、期初结存数量、材料出库数量、产成品入库数量、盘盈入库数量、普通采购数量、普通销售数量、委托代销数量、总计入库数量、总计出库数量、期初结存数量。

5) **限额领料汇总表**

限额领料汇总表可以查询限额领料业务的出库、签收情况。查询内容包括材料、材料分类、限额领料单号、生产订单号、产品、产量、项目、计划人、库管员、仓库、批号、计划出库数量、计划出库金额、累计出库数量、累计出库金额、未出库数量、未出库金额、累计签收数量、未签收数量。

6) **组装拆卸汇总表**

用户可查询某段时间内配套件的组装、拆卸情况。查询内容包括仓库、存货、组装数量、拆卸数量。

7) 形态转换汇总表

用户可查询某段时间内各存货的形态转换情况。查询内容包括转换前仓库、转换前存货、转换前规格型号、转换前计量单位、转换前数量、转换前自由项、转换后仓库、转换后存货、转换后规格型号、转换后计量单位、转换后数量、转换后自由项。

5. 储备分析报表

储备分析报表查询包括安全库存预警、超储存货查询、短缺存货查询、呆滞积压分析、库龄分析、缺料表查询等。

1) 安全库存预警

用户可以查询当前可用量大于或小于安全库存量的存货。查询内容包括存货、规格型号、计量单位、安全库存量、可用量、差量。

2) 超储存货查询

用户可以查询当前可用量大于最高库存量的存货。查询内容包括存货、规格型号、计量单位、最高库存量、可用量、超储量。

3) 短缺存货查询

用户可以查询当前可用量小于最低库存量的存货。查询内容包括存货、规格型号、计量单位、最低库存量、可用量、短缺量。

4) 呆滞积压分析

用户可以查询呆滞存货和积压存货。呆滞存货为周转率低于呆滞积压标准且未超过最高库存量(或安全库存量)的存货。积压存货为周转率低于呆滞积压标准且超过最高库存量(或安全库存量)的存货。查询内容包括存货、规格型号、计量单位、单价、最高库存量、安全库存量、呆滞积压标准、当前库存量、超储量、总金额、周转率、差率、状态。

5) 库龄分析

库龄分析反映存货在仓库中停留的时间,用户可以通过库龄分析调整存货结构。查询内容包括存货、规格型号、计量单位、单价、最高库存量、安全库存量、呆滞积压标准、当前库存量、超储量、总金额、周转率、差率、状态。

6) 缺料表查询

用户可以查询生产或组装某产品所需的物料数量,以及现有库存量是否可满足生产或组装的需要。查询内容包括仓库、日期、配套件名称、散件、需求数量、当前库存量、可用量、短缺数量。

12.4 库存管理子系统期末处理

12.4.1 月末结账

月末结账是将每月的出入库单据逐月封存,并将当月的出入库数据记入有关账表中。结账只能每月进行一次。结账后本月不能再填制单据。

结账前用户应检查本会计月工作是否已全部完成,只有在当前会计月所有工作全部完成的前提下,才能进行月末结账,否则会遗漏某些业务;不允许跳月结账,只能从未结账的第一个月逐月结账;没有期初记账,将不允许月末结账;上月未结账,本月单据可以正常操作,不影响日常业务的处理，但本月不能结账；月末结账后将不能再做已结账月份的业务，只能做未结账月的日常业务；月末结账前一定要进行数据备份，否则数据一旦发生错误，将造成无法挽回的后果。

如果库存管理和采购管理、销售管理集成使用，则只有在采购管理、销售管理结账后，库存管理才能进行结账；如果库存管理和存货核算集成使用，则只有库存管理结账后，存货核算才能结账。

12.4.2 年末结转

当 12 月份结账后，还应进行年末结转。如前所述，在财务业务一体化的会计信息系统中，年末结转是在系统管理中由账套主管统一进行的。

实践应用

实验十三　库存管理

【实验目的】

1. 掌握用友 ERP-U8 管理软件中库存管理系统的相关内容。
2. 掌握企业库存日常业务处理方法。
3. 理解库存管理系统与其他系统之间的数据传递关系。

【实验内容】

1. 入库业务处理。
2. 出库业务处理。
3. 其他业务处理。
4. 库存账簿查询。
5. 月末结账。

【实验准备】

1. 将计算机系统时间调整为 2020 年 1 月 31 日。
2. 引入"实验十"账套数据。

【实验资料】

1. **产成品入库业务**

(1) 1 月 15 日，成品库收到当月制造中心组装的 10 台家用电脑做产成品入库。

(2) 1 月 16 日，成品库收到当月制造中心组装的 20 台家用电脑做产成品入库。

(3) 1 月 16 日，随后收到财务部门提供的完工产品成本，其中计算机的总成本为 96 000 元，立即做成本分配，记账生成凭证。

2. **材料领用**

1 月 17 日，一车间向原料库领用 CPU 20 块，内存条 20 条，用于组装商用电脑。记材料明细账，生成领料凭证。

3. 出库跟踪入库

(1) 在对存货"011 键盘"进行库存管理时，需要对每一笔入库的出库情况做详细的统计。

(2) 1月17日，采购部向建昌公司购进80块键盘，单价为60元/块。物品入原料库。

(3) 1月17日，制造中心向原料库领用80块键盘，用于组装商用电脑。

4. 调拨业务

1月20日，将成品库中的10台家用电脑调拨到配套用品库。

5. 盘点预警

1月20日，根据上级主管要求，显示器应在每周二盘点一次。如果周二未进行盘点，则需进行提示。

6. 盘点业务

1月25日，对原料库的"004 硬盘"存货进行盘点，盘点后，发现硬盘多出2块。经确认，该硬盘的成本为750元/块。

7. 假退料

1月28日，根据生产部门的统计，有8块CPU当月尚未耗用完，先做假退料处理，下个月再继续使用。

8. 其他入库业务

1月30日，销售部收到赠品显示器5台，单价为1 500元。

9. 其他出库业务

1月30日，销售部领取10台家用电脑，用于捐助希望小学。

10. 组装业务

1月30日，应客户急需，制造中心当日组装了5台商用电脑。

【实验要求】

(1) 本实验以库存管理与供应链其他子系统集成应用为实验条件，不再处理单纯的采购入库、销售出库业务，相关业务处理参见采购管理、销售管理实验。

(2) 以"001 陈明"的身份、以相应的业务日期进入库存管理系统、存货核算系统中进行相关操作。

(3) 所有业务单据日期为实验资料所要求日期，记账凭证日期与业务单据日期一致。

【操作指导】

1. 库存业务1

业务类型：产成品入库

1) 在库存管理系统中录入产成品入库单并审核 sy13-11.mp4

(1) 执行"入库业务"|"产成品入库单"命令，进入"产成品入库单"窗口。

(2) 单击"增加"按钮，输入入库日期"2020-01-15"，选择仓库"成品库"，入库类别"产成品入库"，部门"制造中心"。

sy13-11

(3) 选择产品编码"006 家用电脑",输入数量10。

(4) 单击"保存"按钮。再单击"审核"按钮,完成对该单据的审核。

(5) 同理,输入第二张产成品入库单。

> **注意:**
> 产成品入库单上无须填写单价,待产成品成本分配后会自动写入。

2) 在存货核算系统中录入生产总成本并进行产成品成本分配 sy13-12.mp4

sy13-12

(1) 执行"业务核算"|"产成品成本分配"命令,进入"产成品成本分配表"窗口。

(2) 单击"查询"按钮,打开"产成品成本分配表查询"对话框。选择"成品库"选项,单击"确定"按钮,系统将符合条件的记录带回"产成品成本分配表"。

(3) 在"006 家用电脑"记录行的"金额"栏中输入96 000。

(4) 单击"分配"按钮,系统弹出"分配操作顺利完成!"信息提示对话框,单击"确定"按钮返回。

(5) 执行"日常业务"|"产成品入库单"命令,进入"产成品入库单"窗口,查看入库存货单价为3 200。

3) 在存货核算系统中对产成品入库单记账 sy13-13.mp4

执行"业务核算"|"正常单据记账"命令,对产成品入库单进行记账处理。

4) 在存货核算系统中对产成品入库单生成凭证 sy13-14.mp4

sy13-13

执行"财务核算"|"生成凭证"命令,选择"产成品入库单"生成凭证。在生成凭证窗口中,单击"合成"按钮,可合并生成入库凭证。

借:库存商品　　　　　　　96 000
　　贷:生产成本/直接材料　　48 000
　　　　生产成本/直接人工　　36 000
　　　　生产成本/制造费用　　12 000

sy13-14

> **注意:**
> - 所有科目的项目核算均为"家用电脑"。
> - 产品成本(96 000元)在直接材料、直接人工、制造费用之间的分配比例为3∶2∶1。
> - 直接人工和制造费用科目及金额需补充录入。

2. 库存业务2

业务类型:材料领用出库

1) 在库存管理系统中填制并审核材料出库单 sy13-21.mp4

(1) 执行"出库业务"|"材料出库单"命令,进入"材料出库单"窗口。

(2) 单击"增加"按钮,填写出库日期"2020-01-17",选择仓库"原料库",出库类别"领料出库",部门"制造中心"。

(3) 选择"002 CPU",输入数量20;选择"003 内存条",输入数量20。

(4) 单击"保存"按钮,再单击"审核"按钮。

sy13-21

2) 在存货核算系统中对材料出库单记账 sy13-22.mp4

执行"业务核算"|"正常单据记账"命令,对材料出库单记账。

3) 在存货核算系统中对材料出库单生成凭证 sy13-23.mp4

执行"财务核算"|"生成凭证"命令,选择材料出库单合并生成出库凭证。

sy13-22

sy13-23

> **注意:**
> 生产成本/直接材料为项目核算科目,本业务项目为"商用电脑"。

3. 库存业务3

业务类型:出库跟踪入库

1) 在企业应用平台中增加存货 sy13-31.mp4

执行"基础档案"|"存货"|"存货档案"命令,在"原材料"分类下,增加存货"011 键盘",具有"内销""外购""生产耗用"属性;在"控制"选项卡中,选择"出库跟踪入库"选项。

sy13-31

2) 在企业应用平台中设计材料出库单单据 sy13-32.mp4

(1) 在企业应用平台的"基础设置"选项卡中,执行"单据设置"|"单据格式设置"命令,进入"单据格式设置"窗口。

(2) 执行"库存管理"|"材料出库单"|"显示"|"材料出库单"命令,进入"材料出库单"窗口。

sy13-32

(3) 单击"表体项目"按钮,打开"表体项目"对话框,选择"34 对应入库单号"选项,单击"确定"按钮。

(4) 单击"保存"按钮,保存设计结果。

> **注意:**
> 单据设计完毕,需重新注册企业应用平台,才能在材料出库单中查看到"对应入库单号"。

3) 在库存管理系统填制并审核采购入库单

4) 在存货核算系统中对采购入库单进行记账处理

5) 在库存管理系统中填制材料出库单并审核 sy13-35.mp4

6) 相关账表查询

(1) 在库存管理系统中,执行"报表"|"库存账"|"入库跟踪表"命令,打开"入库跟踪表"查询条件对话框。

(2) 选择"原料库"选项,单击"确定"按钮,进入"入库跟踪表"窗口,查看出库跟踪入库情况。

sy13-35

> **注意:**
> - 对于出库跟踪入库的存货,出库时需要输入相应的入库单号。
> - 对于出库跟踪入库的存货,不允许超可用量出库。

4. 库存业务4

业务类型：库存调拨——仓库调拨

1) 在库存管理系统中填制调拨单 sy13-41.mp4

(1) 执行"调拨业务"|"调拨单"命令，进入"调拨单"窗口。

(2) 单击"增加"按钮，输入调拨日期"2020-01-20"；选择转出仓库"成品库"，转入仓库"配套用品库"，出库类别"调拨出库"，入库类别"调拨入库"。

(3) 选择存货编码"006 家用电脑"，数量10，单击"保存"按钮。

(4) 单击"审核"按钮。

sy13-41

> **注意：**
> - 调拨单保存后，系统自动生成其他入库单和其他出库单，并且由调拨单生成的其他入库单和其他出库单不得修改和删除。
> - 转出仓库的计价方式是移动平均、先进先出、后进先出时，调拨单的单价可以为空，系统根据计价方式自动计算填入。

2) 在库存管理系统中对调拨单生成的其他出入库单进行审核 sy13-42.mp4

(1) 执行"入库业务"|"其他入库单"命令，进入"其他入库单"窗口。

(2) 查找到生成的入库单，单击"审核"按钮。

(3) 同理，完成对其他出库单的审核。

3) 在存货核算系统中对其他出入库单记账 sy13-43.mp4

(1) 执行"业务核算"|"特殊单据记账"命令，打开"特殊单据记账条件"对话框。

(2) 选择单据类型"调拨单"，单击"确定"按钮，进入"特殊单据记账"窗口。

(3) 选择要记账的调拨单，单击"记账"按钮。

sy13-42

sy13-43

> **注意：**
> 在"库存商品"科目不分明细的情况下，库存调拨业务不会涉及账务处理，因此，对库存调拨业务生成的其他出入库单暂不进行制单。

5. 库存业务5

业务类型：盘点预警

1) 在库存管理系统中设置相关选项 sy13-51.mp4

(1) 执行"初始设置"|"选项"命令，打开"库存选项设置"对话框。

(2) 在"专用设置"选项卡中，选中"按仓库控制盘点参数"复选框，单击"确定"按钮返回。

2) 在企业应用平台的"基础设置"选项卡中修改存货档案 sy13-52.mp4

(1) 执行"基础档案"|"存货"|"存货档案"命令，进入"存货档案"窗口。

(2) 在"控制"选项卡中修改存货"显示器"的盘点周期单位为"周"；每周第3天为盘点日期，然后保存。

sy13-51

sy13-52

3) 检验

以一周后的业务日期注册进入库存管理系统，如果周二未对该存货进行盘点，系统会给出相应提示。

6. 库存业务6

业务类型：盘点业务

1) 在库存管理系统中增加盘点单 sy13-61.mp4

(1) 执行"盘点业务"命令，进入"盘点单"窗口。

(2) 单击"增加"按钮，输入日期"2020-01-25"，选择盘点仓库"原料库"，出库类别"盘亏出库"，入库类别"盘盈入库"。

(3) 单击"盘库"按钮，系统弹出"盘库将删除未保存的所有记录，是否继续？"信息提示对话框，单击"是"按钮，弹出"盘点处理"对话框。选择盘点方式为"按仓库盘点"，单击"确认"按钮，稍候，系统将盘点结果带回盘点单。

(4) 输入存货"004 硬盘"的盘点数量为102，单击"保存"按钮。

(5) 再单击"审核"按钮。

sy13-61

> 注意：
> - 盘点单审核后，系统自动生成相应的其他入库单和其他出库单。
> - 单击"盘库"按钮，表示选择盘点仓库中所有的存货进行盘点；单击"选择"按钮，表示按存货分类批量选择存货进行盘点。
> - 盘点单中输入的盘点数量是实际库存盘点的结果。
> - 盘点单记账后，不能再取消记账。

2) 在库存管理系统中对盘点单生成的其他入库单进行审核

3) 在存货核算系统中对其他入库单记账 sy13-63.mp4
选中其他入库单，选择手工输入硬盘单价为750元。

4) 在存货核算系统中对其他入库单生成凭证(贷方科目：1901 待处理财产损溢) sy13-64.mp4

sy13-63　　sy13-64

7. 库存业务7

业务类型：假退料业务

1) 在存货核算系统中填制假退料单 sy13-71.mp4

(1) 执行"日常业务"|"假退料单"命令，进入"假退料单"窗口。

(2) 单击"增加"按钮，输入出库日期"2020-01-28"，选择仓库"原料库"；输入材料"002 CPU"，数量"-8"，单击"保存"按钮。

sy13-71

2) 在存货核算系统中对假退料单单据记账(手工录入单价800)

3) 在存货核算系统中查询CPU的明细账 sy13-72.mp4

(1) 执行"账表"|"账簿"|"明细账"命令，打开"明细账查询"对话框。

(2) 选择查询存货"002 CPU"，查看假退料对材料明细账的影响。

> 注意：
> 月末结账后，再次查询该材料明细账，看一看有什么结果。

sy13-72

8. 库存业务8

业务类型：其他入库——赠品入库

1) 在库存管理系统中录入其他入库单并审核 sy13-81.mp4

sy13-81

(1) 执行"入库业务"|"其他入库单"命令，进入"其他入库单"窗口。

(2) 单击"增加"按钮，输入入库日期"2020-01-30"，选择仓库"原料库"，入库类别"其他入库"，部门"销售部"。

(3) 选择存货编码"005 显示器"，输入数量5，单价1 500。

(4) 单击"保存"按钮。

(5) 单击"审核"按钮，完成对该单据的审核。

2) 在存货核算系统中对其他入库单记账

3) 在存货核算系统中生成凭证

在凭证中需要补充输入对方科目：6301 营业外收入，然后再生成凭证。

9. 库存业务9

业务类型：其他出库——赠品出库

1) 在库存管理系统中录入其他出库单并审核 sy13-91.mp4

sy13-91

(1) 执行"出库业务"|"其他出库单"命令，进入"其他出库单"窗口。

(2) 单击"增加"按钮，输入出库日期"2020-01-30"，选择仓库"成品库"，出库类别"其他出库"，部门"销售部"。

(3) 选择存货编码"006 家用电脑"，输入数量10。

(4) 单击"保存"按钮。

(5) 单击"审核"按钮，完成对该单据的审核。

2) 在存货核算系统中对其他出库单记账

3) 在存货核算系统中生成凭证

在凭证中补充输入对方科目：6711 营业外支出，然后再生成凭证。

家用电脑出库单价(移动平均法)：$(200 \times 3000 + 30 \times 3200) \div (200 + 30) = 3\,026.09$

10. 库存业务10

业务类型：组装业务

1) 在库存管理中设置相关选项

(1) 在库存管理系统中，执行"初始设置"|"选项"命令，打开"库存选项设置"窗口。在"通用设置"选项卡中，选中"有无组装拆卸业务"复选框，单击"确定"按钮返回。日常业务菜单下出现"组装拆卸"菜单项。

(2) 在企业应用平台的"基础设置"选项卡中，执行"基础档案"|"业务"|"收发类别"命令，增加"14 组装入库""34 组装出库"项目。

2) 定义产品结构

(1) 执行"基础档案"|"业务"|"产品结构"命令，进入"产品结构"窗口，定义散件与组装件之间的关系。

(2) 单击"增加"按钮，打开"增加产品结构"对话框。选择母件名称"商用电脑"；子件分别为"主板""CPU""硬盘"和"内存条"，定额数量均为1；版本说明为1，单击"保存"按钮。

3) 在库存管理系统中录入组装单

(1) 执行"组装拆卸"|"组装单"命令,进入"组装单"窗口。

(2) 单击"增加"按钮,输入日期"2020-01-30",选择配套件"商用电脑";单击"展开"按钮,系统弹出"是否展到末级"信息提示对话框;单击"是"按钮,系统将产品结构信息带到组装单。选择入库类别"组装入库",出库类别"组装出库",部门"制造中心"。

(3) 在单据体第一行,选择仓库"成品库",输入数量 5。

(4) 单击"保存"按钮,再单击"审核"按钮。

> **注意:**
> - 组装单保存后,系统自动生成相应的其他入库单和其他出库单。
> - 组装单保存后生成的其他出库单和其他入库单无单价,一般需要在存货核算系统中通过修改单据功能输入单价。

4) 在库存管理系统中对组装单生成的其他入库单及出库单进行审核

5) 在存货核算系统中修改其他入库单单价

修改其他入库单,"计算机"的单价为 4 000 元/台。

6) 在存货核算系统中对其他入库单及出库单记账

> **注意:**
> 组装拆卸业务一般不涉及账务处理,因此,对组装拆卸业务生成的其他出入库单暂不进行制单。

11. 月末处理

1) 对账

(1) 执行"财务核算"|"与总账对账"命令,进入"与总账对账"窗口。

(2) 选择对账月份为 1 月份,查看对账结果。

2) 月末结账

(1) 执行"业务核算"|"月末结账"命令,打开"月末结账"对话框。

(2) 单击"确定"按钮,系统弹出"采购系统尚未结账,不能继续!"信息提示对话框,单击"确定"按钮返回。

【参考答案】

以上库存日常业务经过处理后,在存货核算系统中生成采购入库凭证传递到总账,最后在总账管理系统中可以查询到如表 12-1 所示的凭证。

表12-1 库存日常业务处理生成凭证一览表

业务号	业务日期	业务单据	会计分录	来源
1	01-16	产成品入库单	借:库存商品　　　　　　　96 000 　贷:生产成本/直接材料　　48 000 　　　生产成本/直接人工　　36 000 　　　生产成本/制造费用　　12 000	存货核算
2	01-17	材料出库单	借:生产成本/直接材料　　18 000 　贷:原材料/CPU　　　　　16 000 　　　原材料/内存条　　　　2 000	存货核算

(续表)

业务号	业务日期	业务单据	会计分录	来源
3	01-17	不要求生成记账凭证		
4	01-20	不要求生成记账凭证		
5	01-20	不要求生成记账凭证		
6	01-25	盘点单	借：原材料/硬盘　　　　1 500 　贷：待处理财产损溢　　　1 500	存货核算
7	01-28	不要求生成记账凭证		
8	01-30	其他入库单	借：原材料/显示器　　　　7 500 　贷：营业外收入　　　　　7 500	存货核算
9	01-30	其他出库单	借：营业外支出　　　　3 026.09 　贷：库存商品　　　　　3 026.09	存货核算
10	01-30	不要求生成记账凭证		

✄ 巩固提高

一、单选题

1. 其他出库业务不包括( )。
   A. 材料出库　　　B. 调拨出库　　　C. 盘亏出库　　　D. 组装拆卸出库
2. 下列盘点方式系统没有设置的是( )。
   A. 按仓库　　　　B. 按类别　　　　C. 按日期　　　　D. 按批次

二、多选题

1. 其他入库单是指除( )之外的其他入库业务形成的入库单。
   A. 采购入库　　　B. 产成品入库　　C. 调拨入库　　　D. 盘盈入库
2. 下列单据必须在库存管理子系统填制或参照生成的是( )。
   A. 采购入库单　　B. 销售出库单　　C. 产成品入库单　D. 材料出库单
3. 下列属于销售出库单业务类型的是( )。
   A. 普通销售出库　B. 直运销售出库　C. 委托代销出库　D. 分期收款出库

三、判断题

1. 产成品入库单上的单价可以通过"产成品成本分配"的功能获得。( )
2. 库存管理子系统的结账工作应在采购与销售管理系统结账前进行。( )
3. 库存管理统计表包括库存展望、收发存汇总表、存货分布表 3 种报表。( )
4. 若存货为批次管理，则录入入库单据时，系统要求用户输入批号。( )

四、简答题

1. 库存管理子系统包括哪些主要功能？
2. 库存管理子系统与其他系统的主要关系是什么？

3. 库存管理子系统日常业务处理中入库业务和出库业务包括哪些内容？
4. 库存管理子系统日常业务处理中其他业务中包括哪些内容？
5. 简述产成品入库业务处理流程。
6. 简述材料出库业务处理流程。
7. 简述存货调拨业务处理流程。
8. 简述存货盘点业务处理流程。
9. 库存管理子系统可以提供哪些库存业务明细账表、统计表及库存分析功能？

五、案例分析题

在企业存货日常管理活动中，管理者经常需要获取以下信息。
1. 某次进货的存货销售情况如何？库存中还有多少？
2. 某种存货本期进过几次货？收发存情况如何？
3. 某供应商今年供过几次货？货物销售情况如何？

在 ERP-U8 系统中，以上问题可以通过系统提供的"批次管理"功能得到有效解决。通过为存货定义批号，可以实现对存货的收发存情况进行跟踪管理。设置存货的批次管理后，可统计某一批次所有存货的收发存情况或某一存货所有批次的收发存情况，可以实现对供应商供货质量的跟踪管理等。批次管理涉及供应链管理系统中的库存管理、销售管理两个模块。

在了解了批次管理功能后，请回答以下问题。
1. 通常企业在什么情况下，可以进行存货的批次管理？
2. 通常哪些行业的存货需要批次管理？
3. 在 ERP-U8 系统中，如何进行批次管理的相关设置？如何进行批次管理存货的入库出库应用？
4. 假设某企业某存货有 3 个批次的结存，各批次结存如表 12-2 所示。

表12-2 某企业某存货批次结存表

批号	保质期	生产日期	失效日期	结存数量
9905	365 天	2020.04.10	2020.04.10	100
9906	365 天	2020.04.02	2020.04.02	20
9907	365 天	2020.06.08	2020.06.08	50

如果本次出库数量为 150，在"自动指定批号"选择出库批次的情况下，请分析选择"批号先进先出"和"近效期先出"两种不同情况下的存货发出批次及数量、结存数量及批次。

第 13 章

存货核算子系统

学习目标

知识目标
- 了解存货核算子系统的功能
- 明确存货核算子系统与其他子系统之间的关系
- 掌握各种类型的存货记账、产品成本分配方法

能力目标
- 能结合企业实际,进行存货核算子系统的日常业务及期末业务处理

案例导入

阳光公司准备于2020年1月1日起进行存货核算业务处理。

1. 业务分工
由账套主管陈明进行相应的存货核算业务处理。

2. 本月主要存货核算业务
(1) 采购入库单记账。
(2) 销售出库单记账。

(3) 入库成本调整。

(4) 出库成本调整。

信息化应用目标

(1) 降低计价核算的工作量,提高核算准确性。企业可按仓库进行核算,也可按部门(即多个仓库)进行核算,或者按存货进行核算。系统支持全月平均、移动平均、先进先出、个别计价、计划价核算/售价核算多种计价方式。

(2) 支持暂估核算。当出现货到票未到的情况时,系统支持存货暂估入库处理。

(3) 支持特殊业务核算处理。系统支持分期收款、直运业务、假退料业务的核算处理。

(4) 支持跌价准备的核算。根据新会计制度要求,系统支持按月、季或年对存货计提跌价准备并进行相应的财务核算。

(5) 可实现对存货的ABC分析。依据ABC管理原理,进行存货的ABC分析。

(6) 支持库存管理绩效分析。企业通过存货资金的占用规划及资金占用分析对库存的价值进行分析,通过存货周转率分析对存货管理的效率进行分析,确定切实可行的管理规范、协调运作,从而提高整体的运营效率和资金使用效率。

知识学习

13.1 存货核算子系统概述

存货核算是从资金的角度管理存货的出入库业务,主要用于核算企业的入库成本、出库成本、结余成本;反映和监督存货的收发、领退和保管情况;反映和监督存货资金的占用情况。存货核算子系统是供应链管理的重要子系统,可以与采购管理子系统、销售管理子系统、库存管理子系统集成使用,发挥更加强大的应用功能,也可以只与库存管理子系统联合使用,还可以单独使用。

13.1.1 存货核算子系统的主要功能

存货核算子系统的主要功能包括系统初始化、日常业务、业务核算、财务核算、存货跌价准备核算、信息查询和期末处理。

1. 系统初始化

存货核算子系统的初始化内容主要包括系统参数设置、基础信息设置及期初数据录入。

2. 日常业务

存货核算子系统的日常业务主要是进行日常存货核算业务数据的录入和进行成本核算。在与采购、销售、库存等系统集成使用时，本系统主要完成从系统传过来的各种业务类型下的各种存货的出入库单据、调整单据的查询及单据部分项目的修改、成本计算。在单独使用本系统时，完成各种出入库单据的增加、修改、查询及出入库单据的调整、成本计算。

3. 业务核算

业务核算功能是对单据进行出入库成本的计算、结算成本的处理、产成品成本的分配、期末处理。

4. 财务核算

财务核算是系统在进行出入库核算后，完成凭证的生成、修改、查询等操作。存货核算系统生成的记账凭证会自动传递到总账系统，实现财务和业务的一体化操作。

5. 存货跌价准备核算

存货跌价准备核算是按照"账面成本与可变现净值孰低法"的原则，在会计期末计提存货跌价准备。

6. 信息查询

存货核算子系统的信息查询包括：明细账、总账、出入库流水账、发出商品明细账、个别计价明细账、计价辅助数据等账簿查询；入库汇总表、出库汇总表、差异分摊表、收发存汇总表、暂估材料/商品余额表等汇总表的查询；存货周转率分析、ABC成本分析、库存资金占用分析、库存资金占用规划、入库成本分析等分析表的查询。

7. 期末处理

存货核算子系统的期末处理包括：计算存货的全月平均单价及其本月出库成本；计算存货的差异率/差价率及其本月的分摊差异/差价；对已完成日常业务的仓库/部门/存货做处理标志；完成月末结账和年末结账工作。

13.1.2 存货核算子系统与其他子系统的关系

存货核算子系统与其他子系统的主要关系如图 13-1 所示。

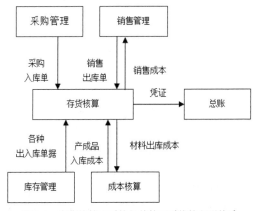

图13-1 存货核算子系统与其他子系统的主要关系

1. 存货核算子系统与采购管理子系统的关系

采购管理子系统录入的采购入库单，传递到存货核算子系统中进行记账，以确认存货的入库成本，并生成入库记账凭证。采购系统可对所购存货暂估入库，报销时，存货核算系统可根据用户所选暂估处理方式进行不同处理。

2. 存货核算子系统与销售管理子系统的关系

存货核算子系统从销售系统取分期收款发出商品期初数据、委托代销发出商品期初数据，可对销售系统生成的销售出库单进行记账并生成凭证。存货核算将计算出来的存货销售成本传递到销售系统。

3. 存货核算子系统与库存管理子系统的关系

存货核算子系统对库存管理子系统生成的出、入库单进行记账并生成凭证。

4. 存货核算子系统与总账子系统的关系

存货核算子系统生成的记账凭证，最后都传递到总账子系统进行审核、记账。

5. 存货核算子系统与成本核算子系统的关系

产成品成本分配单可以取成本核算系统计算出的产成品的单位成本，存货核算子系统先对存放材料的库进行单据记账，然后进行期末处理，此时成本核算系统可以统计材料出库成本，以便进行产成品成本的计算，存货核算系统利用取成本功能取成本核算系统中所计算出的产成品的单位成本，分配到未记账的产成品单据上，然后记账并进行期末处理。

13.2　存货核算子系统日常业务

存货核算子系统的日常业务主要是进行日常存货核算业务数据的录入和成本核算。在与采购、销售、库存等系统集成使用时，本系统主要完成从库存系统传过来的出入库单据的查询及单据部分项目的修改、成本计算。在单独使用本系统时，可完成各种出入库单据的增加、修改、查询，以及出入库单据的调整、成本计算。

13.2.1　入库业务

入库业务包括企业外部采购物资形成的采购入库、生产车间加工产品形成的产成品入库，以及盘点、调拨单、调整单、组装、拆卸等业务形成的其他入库。

入库业务处理流程如下。

(1) 当存货核算子系统单独应用时，在存货核算系统中直接录入各种入库单；当存货核算子系统与库存管理系统集成应用时，各种入库单在库存管理系统中录入，但一般只录入存货数量，而单价和金额是在存货核算子系统中填写的。其中，采购入库单的单价和金额可通过采购结算自动给出；如果用户同时启用成本管理系统，并且在成本管理系统的系统选项中选择直接材料来源于存货系统，则在材料出库单记账后，成本管理系统通过取数功能得到存货系统中的材料出库数据，通过成本管理系统中对料、工、费的分配，得到完工入库产品成本。存货核算系统因此可以通过产成品成本分配功能取得成本管理系统中产成品的成本，对产成品入库单进行批量分配成本，并填入入库单。

(2) 在存货核算子系统中对各种入库单记账。

(3) 在存货核算子系统中对各种入库单制单,并将记账凭证传递至账务子系统。

13.2.2 出库业务

出库业务单据包括销售出库形成的销售出库单、车间领用材料形成的材料出库单,以及盘点、调整、调拨、组装、拆卸等业务形成的其他出库单。

出库业务处理流程如下。

(1) 当存货核算子系统单独应用时,在存货核算系统中直接录入各种出库单;当存货核算子系统与库存管理系统集成应用时,各种出库单在库存管理系统中录入,但一般只录入存货数量,而单价和金额可以在存货核算子系统中填写。

(2) 在存货核算子系统中对各种出库单记账,此时对于未填写出库成本的出库单会按照该存货的计价方法自动计算出库成本。如果对存货采用全月加权平均法核算,此时不能计算出库成本,只有到月末成本处理后才能得到平均单价和出库成本。

(3) 在存货核算子系统中对各种出库单制单,并将记账凭证传递至账务子系统。

13.2.3 调整业务

调整业务包括入库调整业务和出库调整业务,调整业务单据包括用户填制的出入库调整单、系统自动生成的调整单及计划价/售价调整单。

1. 入库调整单

入库调整单是对存货的入库成本进行调整的单据,它只调整存货的金额,不调整存货的数量;它用来调整当月的入库金额,并相应调整存货的结存金额;它可针对单据进行调整,也可针对存货进行调整。

入库调整单的处理规则如下。

(1) 当以计划价或售价核算时,调整金额计入差异账或差价账中,形成一笔差异调整。

(2) 当以实际价核算时,调整金额计入存货明细账中,形成一笔存货调整。

(3) 当以调整单据时,被调整单据号应输入本月单据号;当记账时,查找对应的单据并调整对应存货的金额。

(4) 当以全月平均方式核算时,系统自动调整本月对应入库单据上存货的入库成本。

$$现入库成本=原入库成本+调整金额$$

(5) 当以移动平均方式核算时,系统自动调整本月对应入库单据上存货的入库成本,并重新计算明细账中调整记录以下的出库成本及结存成本,并回填出库单。

(6) 当以先进先出或后进先出方式核算时,系统自动调整本月对应入库单据上存货的入库成本,并重新计算明细账中该入库单所对应的出库成本,并回填出库单。

(7) 当以计划价或售价方式核算时,系统自动调整本月对应入库单据上存货的入库成本差异。

$$现入库成本差异=原入库成本差异+调整差异$$

(8) 个别计价法核算的仓库不能做入库调整业务。

2. 出库调整单

出库调整单是对存货的出库成本进行调整的单据，它只调整存货的金额，不调整存货的数量；它用来调整当月的出库金额，并相应调整存货的结存金额；它只能针对存货进行调整，不能针对单据进行调整。

出库调整单的处理规则如下。

(1) 出库调整单是对存货的出库成本进行调整的单据，它只调整存货的金额，不调整存货的数量。

(2) 出库调整单用来调整当月的出库金额，并相应调整存货的结存金额。

(3) 出库调整单只能针对存货进行调整，不能针对单据进行调整。

(4) 当调整单记账时，在明细账中记录一笔只有金额没有数量的记录。

(5) 当使用计划价方式核算时，调整金额计入差异账或差价账中，形成一笔差异调整。

(6) 个别计价法核算的仓库不允许进行出库调整。

(7) 当使用实际价核算时，调整金额计入存货明细账中，形成一笔存货调整。

3. 系统调整单

对于系统自动生成的出入库调整单，用户可进行修改。

生成调整单的来源有以下几个。

(1) 单据记账。单据记账时，如果用户选择"账面负结存时入库单记账自动生成出库调整单"，则单据记账时，账面负结存时入库单记账系统自动生成出库调整单。

(2) 存货结算成本处理。当进行结算成本处理时，可生成入库调整单或出库调整单。

(3) 期末处理。期末处理时自动生成调整单。

4. 计划价/售价调整单

系统提供计划价/售价随时调整的功能，并于调整后自动计算调整差异/差价，同时记账。

13.2.4 假退料业务

假退料业务可用于车间已领用的材料，若在月末尚未消耗完，下月需要继续耗用，则可不办理退料业务，制作假退料单进行成本核算。

假退料单的业务处理规则如下。

(1) 假退料单记账或期末处理时成本的核算方法同材料出库单。如果是个别计价核算的存货，假退料单和假退料的回冲单记账时不能指定对应的入库单，其他单据也不能指定假退料单和假退料的回冲单。

(2) 月末结账时，根据当月已记账的假退料单自动生成假退料的回冲单，数量、金额的符号与假退料单相反，单据号同原假退料单单号，日期是下个月的第一天。假退料回冲单月末结账时自动记账，记账时成本的核算方法同材料出库单。恢复月末结账时，将假退料单生成的蓝字回冲单一起恢复。

(3) 如果用户在选项中选择先进先出法或后进先出法，假退料单不计入计价库，则假退料单记账及假退料回冲单记账时都不计入计价辅助数据，否则要计入计价辅助数据，参与成本计算。

13.3 存货核算子系统业务核算

存货核算子系统的业务核算主要完成对单据进行出入库成本的计算、结算成本的处理、产成品成本的分配、期末处理。

13.3.1 记账规则与算法

1. 记账规则

1) 入库单据记账规则

对未记账的入库单据进行记账时，应遵守如下规则。

(1) 当以实际价核算的入库单没有成本时，系统将根据在选项中入库单成本的设置方式进行处理，如果选择参照手工输入，则系统将不允许记账；如果选择其他方式，如上次入库成本，系统将参照上次入库成本进行记账。

(2) 如果入库单记账时，已部分结算，则入库单记账时要拆分成两条记录进行记账：按结算数量、结算单价、结算金额部分作为已结算的采购入库单记账；将未结算数量、未结算单价和未结算暂估金额作为暂估入库单记账。恢复记账时必须两条记录同时恢复。

2) 出库单据记账规则

对未记账的出库单据进行记账时，应遵守如下规则。

(1) 当以先进先出或后进先出法核算的红字出库单没有成本时，系统将根据用户在选项中红字出库单成本的设置方式进行处理。如果选择参照手工输入，系统将不允许记账，显示颜色为蓝色；如果选择其他方式，如上次入库成本，系统将参照上次入库成本进行记账。

(2) 当以全月平均、移动平均或计划价/售价法、个别计价法核算的红字出库单没有成本时，单据记账处理方式同蓝字出库单。

(3) 对于出库单，如果用户在单价和金额中输入了零，则系统将认为是零成本出库，如赠送件等，将不再计算此存货的出库成本。

(4) 进行出库成本核算时，如果出现账中为零成本或负成本，造成出库成本不可计算时，则系统将自动按用户设置的零成本出库方式计算出库成本；如果选择手工输入，则需要用户自己输入出库单价，如果不输入，将不能记账。

(5) 期末处理时，以全月平均或计划价(售价)核算，系统计算出的出库单价为负数或无单价时按零出库成本选项取单价进行。

(6) 如果用户在记账的选项中选择"出库单上系统自动填写的金额记账时重新计算"，则单据记账时要将销售出库单、材料出库单、其他出库单、调拨形成的其他出库单、组装单形成的其他出库单上已有的出库单价、出库金额全部清空后再记账，即当作用户未填成本的状态下记账。如果用户在记账的选项中选择"出库单上系统自动填写的金额记账时不重新计算"，则单据记账时直接按销售出库单、材料出库单、其他出库单、调拨形成的其他出库单、组装单形成的其他出库单上已有的出库单价、出库金额记账，不再由系统重新计算出库成本。

3) 其他出入库单据记账规则

当选择未记账的组装单、调拨单、形态转换单生成的其他出入库单进行记账时，除要遵守一般出入库单据的记账规则外，还有如下规则。

(1) 若用户在选项中选择"组装入库单取不到对应出库成本时取选项成本",则组装入库单记账时,取不到成本时取"入库单成本"选项中的成本;否则手工输入。

(2) 按正常单据记账时,以全月平均、计划价(或售价)核算的存货,组装单生成的其他出入库单按当月的平均单价或差异率计算成本(但必须在其他出库单的仓库期末处理后,入库单再记账时才能按当月的平均单价或差异率计算成本)。如果其他入库单记账时,组装单生成的其他出库单没有成本,即系统取不到成本时,用户可选择按入库单的默认成本进行记账。

(3) 若用户在选项中选择"调拨入库单取不到对应出库成本时取选项成本",则调拨入库单记账时,取不到成本时取"入库单成本"选项中的成本。

(4) 按正常单据记账时,以全月平均、计划价(或售价)核算的存货,调拨单生成的其他出入库单按当月的平均单价或差异率计算成本(但必须在其他出库单的仓库期末处理后,入库单再记账时才能按当月的平均单价或差异率计算成本)。如果其他入库单记账时,调拨单生成的其他出库单没有成本,即系统取不到成本时,用户可选择按入库单的默认成本进行记账。

(5) 按正常单据记账时,以全月平均、计划价(或售价)核算的存货,形态转换单生成的其他出入库单按当月的平均单价或差异率计算成本(但必须在其他出库单的仓库期末处理后,入库单再记账时才能按当月的平均单价或差异率计算成本)。如果其他入库单记账时,形态转换单生成的其他出库单没有成本,即系统取不到成本时,用户可选择按入库单的默认成本进行记账。

(6) 组装单以特殊单据记账或以正常单据记账时,如果组装单对应的其他入库单用户未填成本,则入库成本为组装单对应所有其他出库单的出库金额加上组装单上组装费用之和。

(7) 如果用户在记账的选项中选择"出库单上系统自动填写的金额记账时重新计算",则单据记账时要将调拨形成的其他出库单、组装单、形态转换单形成的其他出库单上已有的出库单价、出库金额全部清空后再记账,即当作用户未填成本的状态下记账。如果用户在记账的选项中选择"出库单上系统自动填写的金额记账时不重新计算",则单据记账时直接按调拨、组装单、形态转换单形成的其他出库单上已有的出库单价、出库金额记账,不再由系统重新计算出库成本。

4) 入库调整记账规则

(1) 当以计划价或售价核算时,调整金额计入差异账或差价账中,形成一笔差异调整。

(2) 当以实际价核算时,调整金额计入存货明细账中,形成一笔存货调整。

(3) 当以全月平均方式核算时,系统自动调整本月对应入库单据上存货的入库成本。

$$现入库成本=原入库成本+调整金额$$

(4) 当以移动平均方式核算时,系统自动调整本月对应入库单据上存货的入库成本,并重新计算明细账中调整记录以下的出库成本及结存成本,并回填出库单。

(5) 当以先进先出或后进先出方式核算时,系统自动调整本月对应入库单据上存货的入库成本,并重新计算明细账中该入库所对应的出库成本,并回填出库单。

(6) 当以计划价或售价方式核算时,系统自动调整本月对应入库单据上存货的入库成本差异。

$$现入库成本差异=原入库成本差异+调整差异$$

5) 出库调整记账规则

(1) 当以计划价方式核算时,调整金额计入差异账或差价账中,形成一笔差异调整。

(2) 当以实际价核算时,调整金额计入存货明细账中,形成一笔存货调整。

2. 算法说明

1) 先进先出法

当进行成本计算时,系统自动按照单据业务发生的先后顺序进行出库成本计算。对于入库业务,系统记入计价辅助表,并计算结存金额、结存单价、结存数量。

$$结存数量 = 上一笔结存数量 + 本次入库数量$$
$$结存金额 = 上一笔结存金额 + 本次入库金额$$
$$结存单价 = 结存金额 \div 结存数量$$

对于出库业务,系统在计价辅助表中从前往后自动寻找该存货的入库单价,如果出库数量小于入库数量,则系统自动进行拆行处理,并把找到的单价作为出库单价,计算出库成本。

2) 移动平均法

当进行成本计算时,系统自动按照单据业务发生的先后顺序进行出库成本计算。对于入库业务,系统自动计算结存金额、结存单价,结存数量的计算公式与先进先出法下的公式相同。对于出库业务,系统自动取当前的结存单价作为出库单价,并自动计算出库成本。

3) 全月平均法

系统在计算存货的全月平均单价时,自动按下述公式进行计算。

$$全月平均单价 = \frac{期初结算金额 + 本期入库金额 - 本期有成本出库的金额}{期初结存数量 + 本期入库数量 - 本期有成本出库的数量}$$

该公式是标准的全月平均单价计算公式,用户可以更改,但更改时,容易导致错误的结果,因此需慎重更改。本期有成本出库的金额/数量是指:出库单上的实际成本不是由系统在此计算出来的,而是用户手工填入的,或者是其他系统向存货核算传递数据时,就已经有成本的,这种情况会形成出库金额和数量,在计算当月全月平均单价时,要把这些因素扣除在外;否则,会导致全月平均单价计算结果不正确。

4) 个别计价法

个别计价(指定批次)是以某批存货购入时的实际单位成本作为该批存货发出时的实际成本,个别计价的出库单需在单据记账处指明所出的批次。

5) 计划价法

系统在计算存货的差异率时,自动按下述公式进行计算。

$$差异率 = \frac{期初结存差异金额 + 本期入库差异金额 - 本期有成本出库的差异金额}{期初结存计划金额 + 本期入库计划金额 - 本期有成本出库的计划金额}$$

$$本月出库存货应分摊的差异 = 存货出库计划成本 \times 差异率$$

该公式是标准的差异率计算公式，用户可以更改，但如果更改，有可能会导致错误的结果，因此需慎重更改。本期有成本出库的差异/计划金额是指：出库单上的实际成本不是由系统在此计算出来的，而是用户手工填入的，或者是其他系统向存货核算传递数据时，就已经有成本的，这种情况会形成出库差异和出库计划成本，在计算当月差异时，要把这些因素扣除在外；否则，会导致差异率计算结果的不正确。

6) 售价法

系统在计算综合差价率时，自动按下述公式进行计算。

$$综合差价率 = \frac{期初商品进销差价余额 + 本期入库差价 - 本期出库调整差价}{期初库存商品余额 + 本期入库商品成本 - 本期出库商品调整成本}$$

本月销售商品应分摊的进销差价＝商品销售额×综合差价率

13.3.2 业务核算内容

1. 单据记账

单据记账用于将用户所输入的单据登记存货明细账、差异/差价明细账、受托代销商品明细账、受托代销商品差价账。

在单据记账时，先进先出、后进先出、移动平均、个别计价4种计价方式的存货进行出库成本核算；在进行期末处理时，全月平均、计划价/售价法计价的存货进行出库成本核算。单击记账的具体核算方法如下。

(1) 蓝字入库单据记账时取单据上的成本，若单据上无成本，则取系统选项"入库单成本选择"中的选项成本。计划价/售价法核算的存货则取其计划价、售价记账。

(2) 红字入库单记账时取单据上的成本，若单据上无成本，则取系统选项"入库单成本选择"中的选项成本。计划价/售价法核算的存货则取其计划价、售价记账。个别计价法核算的红字入库单在单据记账时指定入库批次。

(3) 蓝字出库单记账时取出库单上的成本，若单据上无成本，则依据计价方式进行计算，核算出库成本。全月平均、计划价/售价法计价的存货在期末处理中进行出库成本核算。

(4) 红字出库单记账时取单据上的成本，若单据上无成本，则计价方式为先进先出、后进先出的存货取系统选项"红字出库单成本选择"中的选项成本。若计价方式为移动平均、个别计价、全月平均、计划价/售价法核算的存货，则依据其计价方式进行计算。全月平均与计划价/售价法计价的存货在期末处理中进行存货成本计算。

(5) 若用户在选项中选择对于调拨入库单、组装入库单取不到对应出库成本时，取系统选项成本，即取入库单成本，否则手工输入。

(6) 个别计价的红字采购入库单必须全部未结算或全部结算才允许记账。

【例13-1】对采购入库单进行记账操作，如图13-2所示。

操作路径：存货核算→业务核算→正常单据记账

图13-2 正常单据记账

2. 发出商品记账

1) 分期收款发出商品记账

通常，用户只有启用销售系统时，存货系统才能对分期收款发出商品业务进行核算。

(1) 分期收款发出商品的记账规则。

① 分期收款发出商品发货单记账时，根据发货单中各存货或仓库、部门的计价方式，计算发货单的成本。计划价(售价)或全月平均计价方式的实际成本在期末处理时计算。发货单记账，可减少库存商品，增加分期收款商品。

② 分期收款发出商品发票记账时，取发票对应的发货单的出库成本单价计算发票的销售成本。如果发货单是计划价或全月平均计价，则发票也可记账，但必须在发货单期末处理后有实际单价时，才能回写发票金额。如果发票对应的发货单未记账，则发票不能记账。恢复记账时，发货单对应的发票必须全部恢复记账后，才能恢复发货单即恢复记账时所有单据一起恢复。

(2) 分期收款发出商品的制单规则。

① 发货单制单时，借方取分期收款发出商品对应的科目，贷方取存货对应的科目，形成的会计分录如下。

借：分期收款发出商品
　　贷：库存商品

② 若分期收款发票记账，则减少分期收款发出商品，并结转销售成本。发票制单时，借方取收发类别对应的科目，贷方取分期收款发出商品对应的科目，形成的会计分录如下。

借：销售成本
　　贷：分期收款发出商品

2) 委托代销商品记账

系统提供两种委托代销业务的处理方式：一种是视同普通销售；另一种是按发出商品核算。用户若在存货核算的系统选项中选择按普通销售核算，则在正常单据记账中进行成本核算；若选择按发出商品核算，则在此进行单据记账，进行成本核算。

(1) 委托代销商品记账规则。

① 委托代销业务有两种核算方式：一种是根据销售出库单或发票记账；另一种是根据发货单和发票记账。这两种核算方式用户可在选项中选择，系统应根据用户选择的核算方式来控制单据记账和恢复记账过滤条件，即是否能选择发货单、发票或销售出库单。

② 如果委托代销发货单对应的销售出库单已记账，则委托代销发货单不能记账；如果委托代销

发货单已记账,则委托代销发货单对应的销售出库单不能记账。

③ 委托代销发出商品发货单记账时,核算成本的方法即根据发货单中各存货或仓库、部门的计价方式,计算发货单的成本。计划价(售价)或全月平均计价方式的实际成本在期末处理时计算。发货单记账时,可减少库存商品,增加委托代销商品。

④ 委托代销发出商品发票记账时,取发票对应的发货单的出库成本单价计算发票的销售成本。每次记账后要将发票结转的数量和成本记在明细账的发货单上。如果发货单是计划价或全月平均计价,则发票也可记账,但必须在发货单期末处理后有实际单价时,发票才会写金额。如果发票对应的发货单未记账,则发票不能记账。恢复记账时,发货单对应的发票必须全部恢复记账后,才能恢复发货单,即恢复记账时所有单据一起恢复。

(2) 委托代销商品制单规则。

① 发货单制单时,借方取委托代销发出商品对应的科目,贷方取存货对应的科目,形成的会计分录如下。

借:委托代销商品
　　贷:库存商品

② 若委托代销发票记账,则减少委托代销商品,并结转销售成本。发票制单时,借方取对方科目中收发类别对应的科目,贷方取委托代销商品对应的科目,形成的会计分录如下。

借:销售成本
　　贷:委托代销商品

3. 直运销售记账

直运销售记账对直运销售业务进行核算。只有销售系统启用时,存货才能对直运销售进行核算。若对直运业务采购发票记账,则增加直运商品;若对直运业务销售发票记账,则减少直运商品,并结转销售成本。

1) 直运销售业务模式

直运销售业务有两种模式:一种是只开发票,不开订单;另一种是先有订单再开发票。

(1) 只开发票的模式。采购发票和销售发票之间是一对多的关系;销售发票和采购发票之间也是一对多的关系。即一张销售发票对应多张采购发票或一张采购发票对应多张销售发票。

(2) 先有订单再开发票的模式。销售订单和销售发票之间是一对多的关系;采购订单和采购发票之间是一对多的关系;销售订单和采购订单之间是一对多的关系(只允许拆单,不允许拆记录)。即一张销售订单对应多张销售发票;一张采购订单对应多张采购发票(采购发票参照采购订单生成,不允许修改单价);一张销售订单对应多张采购订单。

2) 采购发票记账

直运采购发票记账时,如果采购发票没有对应的销售发票或销售发票未记账,则直接将直运采购发票记账,采购发票取不含税单价和不含税金额作为入库成本。采购发票必须有不含税金额时才能记账。如果采购发票记账时其对应的销售发票已经记账,则不但要将采购发票进行记账,还要根据采购发票调整销售发票成本。如果调整金额为零,则不生成调整单;否则生成出库调整单。

3) 销售发票记账

如果销售发票没有对应的采购发票,也没有对应的销售订单,或者虽有对应的销售订单,但销售订单没有对应的采购订单,则销售发票可在记账时用户手工输入单价金额或按普通销售业务时销售发票记账的方法进行处理。

如果销售发票有对应的采购发票，则取采购发票的不含税单价/金额作为出库单价/金额。如果销售发票没有对应的采购发票，但有对应的销售订单，而且销售订单有对应的采购订单，则通过销售发票对应的销售订单找到采购订单，取采购订单的不含税单价/金额作为销售发票的出库单价/金额。

4) 直运销售制单规则

(1) 直运采购发票记账，增加直运的库存商品。直运采购发票制单时，借方取存货对应的科目，贷方取应付账款或结算方式(现结时)对应的科目，形成的会计分录如下。

借：存货科目
　　贷：应付账款等

(2) 直运销售发票记账，减少直运商品，并结转销售成本。直运销售发票制单时，借方取收发类别对应的科目，贷方取存货对应的科目，形成的会计分录如下。

借：销售成本
　　贷：存货科目

4. 特殊单据记账

特殊单据记账的主要功能是提供用户对组装单、调拨单、形态转换单进行成本计算，计入存货明细账的功能。组装单、调拨单、形态转换单可按特殊单据记账，也可按正常单据记账。当全月平均、计划价(或售价)核算的存货按特殊单据记账时，生成的其他出入库单按存货上月的平均单价或差异率计算成本；当按正常单据记账时，生成的其他出入库单按存货当月的平均单价或差异率计算成本。如果调拨单、组装单、形态转换单等单据已通过特殊单据记账功能记账，则由其生成的其他出入库单不允许再记账。

5. 恢复单据记账

一般系统会提供恢复记账功能，用于将用户已登记明细账的单据恢复到未记账状态。

6. 暂估成本录入

对于没有成本的采购入库单，可以进行暂估成本成批录入。暂估成本录入时需注意，如果存货、供应商、客户档案已录入停用日期，则不能再显示此存货、供应商、客户的记录信息，不允许再做任何业务处理。

7. 结算成本处理

存货暂估是外购入库的货物发票未到，在不知道具体单价时，财务人员期末暂时按估计价格入账，下月用红字予以冲回的业务。系统提供月初回冲、单到回冲、单到补差 3 种方式处理暂估业务。用户可在系统选项"暂估方式"中进行处理。

用户在进行暂估结算处理时，可以将采购运费分摊给先进先出、后进先出计价法下的入库单，选择运费分摊时可选择是按数量分摊还是按金额分摊。

结算成本处理业务规则如下。

(1) 一次可处理一条记录，也可处理多条记录。

(2) 如果存货系统回冲方式采用月初回冲或单到回冲，则无论是否全部结算完毕都应将已结算未进行暂估处理的单据显示在暂估处理界面上，即系统支持部分结算情况。

(3) 如果用户在选项中选择红蓝回冲单不参与成本计算,则暂估处理生成红蓝回冲单时,都不将红蓝回冲记入先进先出或后进先出的计价辅助数据库中,也不参与成本计算,即红蓝回冲单不会对结存成本及以后的出库成本造成影响。此方法只针对先进先出、后进先出两种计价方式。红蓝回冲单可查询。

(4) 若在系统选项中选择"暂估价与结算价不一致时可调整出库成本",则暂估处理自动生成出库调整单。此方法只针对先进先出、后进先出和个别计价3种方法,因为只有这3种计价方式可通过出库单跟踪到入库单。

8. 产成品成本分配

产成品成本分配用于对已入库未记明细账的产成品进行成本分配。在进行成本分配时,需先求出平均单价(某存货的金额除以单价为此存货的单价),再将详细信息中此存货的每笔记录的数量乘以此单价,算出每笔记录的金额,填到对应的产成品入库单中。成本分配完后,直接退出,用户可以调出产成品入库单,查看成本分配的情况。

当与成本核算系统集成使用时,如果成本核算系统本月已结账并且已计算出产成品的单位成本,则本系统产成品的入库成本可以取成本核算系统的产成品单位成本,然后计算出列表中各记录的金额。用户可以只取一种产成品的单位成本,也可以把所列示的所有产成品的单位成本都取出。

【例13-2】对产成品入库单进行产品成本分配,如图13-3所示。

操作路径:存货核算→业务核算→产品成本分配

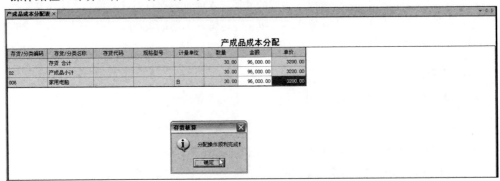

图13-3 产品成本分配

9. 平均单价计算

系统为用户提供了随时了解全月平均单价的功能,包括以下两部分:计算本月未进行期末处理的全月平均单价;查询以前月份或本月已进行期末处理的全月平均单价,只有按全月平均法计价的仓库、部门、存货才能进入本功能。此处所计算的本月平均单价,不是本会计月的最终结果,只用于用户随时了解本月平均单价的情况;只有进行期末处理时所计算的平均单价,才用于计算出库成本。

10. 差异率/差价率计算

工业企业用户进行差异率计算,商业企业用户进行差价率计算。本功能用来计算计划价/售价方式核算的存货各月份的出库差异率/差价率,可使用户随时了解差异率/差价率,包括以下三部分:计算本月期末处理前的差异率/差价率;查询以前月份或本月期末处理后的差异率/差价率;查询以前月份的差异/差价结转单。

13.4 存货核算子系统信息查询

13.4.1 原始单据查询

在存货核算子系统中,可以对各种原始单据进行查询、打印或以文件形式输出,如采购入库单列表、产成品入库单列表、其他入库单列表、销售出库单列表、材料出库单列表、假退料单列表、其他出库单列表、入库调整单列表、出库调整单列表、价格调整单列表等。

13.4.2 存货账簿查询

在存货核算子系统中,可以对各种账簿进行查询、打印或以文件形式输出,如明细账、总账、出入库流水账、发出商品明细账、个别计价明细账、计价辅助数据等。

1. 存货明细账

存货明细账是指用于查询本会计年度各月份已记账的各存货的明细账。存货明细账只能查询末级存货的某段时间的收发存信息;其是按末级存货设置的,用来反映存货的某段时间的收发存的数量和金额的变化,并可用于查询按计划价/售价核算的已记账存货本会计年度各月份的差异/差价账,以及差异/差价的汇总数据。

2. 存货总账

存货总账是指用于查询存货的总分类账。本账簿以借贷余的形式反映各存货各月份的收发余金额,既可按存货分类进行查询,也可按存货进行查询。

3. 出入库流水账

出入库流水账用于查询当年任意日期范围内存货的出入库情况。出入库流水账:可分为已记账、未记账、全部单据的流水账;可显示暂估单据的流水账;提供显示格式的选择;提供显示合计/不显示合计的选择;可以联查单据;可以联查凭证。

4. 发出商品明细账

该表用于查询分期收款和委托代销商品的明细账。

5. 个别计价明细账

个别计价的存货明细账提供按各个批次进行统计分析的功能,可实现设定账簿格式、显示内容、联查单据、输入查询条件查询、联查凭证、显示隐藏的汇总列、保存当前报表等。

6. 计价辅助数据

系统提供按先进先出、后进先出、个别计价等方式进行核算的出入库顺序及结余数量、结余金额,以便用户查账、对账,可实现设定显示格式、输入查询条件进行查询、保存当前报表等。

13.4.3 存货汇总表查询

在存货核算子系统中,可以对各种汇总表进行查询、打印或以文件形式输出,如入库汇总表、出库汇总表、差异分摊表、收发存汇总表、暂估材料/商品余额表等。

1. 入库汇总表

入库汇总表用于对某期间的入库存货进行统计汇总，提供已记账、未记账、全部单据的汇总数据，提供按仓库、按存货、按入库类别、按部门、按供应商、按仓库和入库类别、按存货和入库类别、按供应商和入库类别、按部门和入库类别、按对方科目等不同口径统计汇总，可实现设置账簿格式、显示格式、显示隐藏的汇总列和保存当前报表等。

2. 出库汇总表

出库汇总表用来对某期间的出库存货进行统计，可以根据各种条件进行组合查询分析，提供已记账、未记账、全部单据的汇总数据，可实现设置账簿格式、设定出库汇总表的显示格式、保存当前报表、设置显示、显示隐藏的汇总列等。

3. 差异分摊表

差异分摊表用于对某期间已记账出库存货进行差异/差价统计分摊，可实现保存当前报表、设置显示、设置隐藏等。

4. 收发存汇总表

收发存汇总表用于对某期间已记账存货的收发存数量金额进行统计汇总，该表中横向反映的是存货的收发类别，可实现设置账簿格式、设置显示、设置隐藏、对上级存货统计汇总等。

5. 暂估材料/商品余额表

暂估材料/商品余额表用于统计明细账中暂估入库的存货的数量和入库成本明细，分析不同期间的暂估单据入库及报销情况。

13.4.4　分析表查询

在存货核算子系统中，可以对各种分析表进行查询、打印或以文件形式输出，如存货周转率分析、ABC 成本分析、库存资金占用分析、库存资金占用分析、入库成本分析等。

1. 存货周转率分析

存货周转率是衡量和评价企业管理状况的综合性指标，为用户提供某一种存货、某一类存货或全部存货的存货周转率分析。存货周转率的计算方法如下。

$$存货周转率 = \frac{一定期间内的已消耗存货}{同期间内的平均库存成本}$$

其中，一定期间内的已消耗存货是指，用户所选择的期间内，存货的出库成本。

$$同期间内的平均库存成本 = \frac{此期间内每日库存成本之和}{此期间内天数}$$

$$存货周转天数 = \frac{此期间内天数}{存货周转率}$$

2. ABC成本分析

ABC 成本分析是按成本比重高低，将各成本项目分为 A、B、C 三类。本系统按用户设定的分类范围，通过统计计算确定各存货的 ABC 分类，功能包括 ABC 选项设置、显示 A 类存货、显示 B

类存货、显示 C 类存货、显示全部分类表、显示合计。系统可以允许修改 ABC 分类范围。

3. 库存资金占用分析

本系统按用户的初始设置提供库存资金的不同占用规划，包括按仓库、按存货分类、按存货、按仓库和存货分类、按仓库和存货、按存货分类和存货。

4. 库存资金占用分析

库存资金占用分析用来分析实际库存资金的占用额与计划额之间的差额。它是一种实时性分析，每次进入此模块，系统将自动把当前最新的库存资金占用额计算出来，并与计划进行分析。它依据用户所选择的资金占用规划方式进行分析，如用户选择按仓库输入库存资金占用规划，则系统自动按仓库分别对资金占用额进行分析。

5. 入库成本分析

入库成本分析统计分析不同期间或不同入库类别的存货的平均入库成本。

13.5 存货核算子系统期末处理

13.5.1 期末成本处理

当日常业务全部完成后，用户可进行期末处理，功能是：计算按全月平均方式核算的存货的全月平均单价及其本会计月出库成本；计算按计划价/售价方式核算的存货的差异率/差价率及其本会计月的分摊差异/差价；对已完成日常业务的仓库/部门/存货做处理标志。

期末成本处理业务规则如下。

(1) 当所选仓库、部门、存货为计划价/售价核算时，系统自动计算此仓库、部门、存货中各存货的差异率/差价率，并形成差异/差价结转单。

(2) 当所选仓库、部门、存货为全月平均方式核算时，系统自动计算此仓库、部门、存货中各存货的全月平均单价，并计算本会计月的出库成本(不包括用户已填成本的出库)，生成期末成本处理表。

(3) 使用全月平均或计划价核算时，系统计算出的出库单价为负数或无单价时按零出库成本选项处理。

(4) 当所选仓库、部门、存货为上述两种核算方式以外的其他计价方式时，系统将自动标识此仓库/部门/存货的期末处理标志。

由于本系统可以处理压单不记账的情况，因此进行期末处理之前，用户应仔细检查是否本月业务还有未记账的单据；用户应做完本会计月的全部日常业务后，再做期末处理工作。

本月的单据如果用户不想记账，可以放在下个会计月进行记账，算下个会计月的单据。

期末成本计算每月只能执行一次，如果是在结账日之前执行，则当月的出入库单将不能在本会计期间录入。例如，把 3 月份的 25 号作为该月的结账日，如果执行期末处理是在 23 号，则再录入出入库单时就只能用 25 号以后的日期。因此，在执行之前，一定要仔细检查是否已把全部日常业务做完了。期末成本计算功能每月只能执行一次，因此要特别小心。只有期末处理后，才能进行结账。

13.5.2 月末结账

当月全部业务处理完毕，并进行期末处理后，可以进行月末结账。结账应按月连续进行，每月只能结一次账，结账后本月不能再处理当月业务，只能处理下一会计月的业务。月末结账之前一定要进行数据备份，否则数据一旦发生错误，将造成无法挽回的损失。如果与库存系统、采购系统、销售系统集成使用，则必须在采购系统、销售系统、库存系统结账后，存货核算系统才能进行结账。

13.5.3 年末结转

当12月份会计月末结账后，还要结转上年度数据，各系统年末结转是在系统管理中由账套主管统一进行的。

实践应用

实验十四　存货核算

【实验目的】
1. 掌握用友 ERP-U8 管理软件中存货核算系统的相关内容。
2. 掌握企业存货日常业务处理方法。
3. 了解存货核算系统与其他系统之间的数据传递关系。

【实验内容】
1. 出入库单据处理。
2. 暂估业务处理。
3. 生成凭证。
4. 存货账簿查询。
5. 月末处理。

【实验准备】
1. 将计算机系统时间调整为2020年1月31日。
2. 引入"实验十"账套数据。

【实验资料】
(1) 1月3日，向建昌公司订购主板100块，单价为500元，将收到的货物验收入原料库。填制采购入库单。
(2) 1月17日，销售部向昌新公司出售家用电脑10台，报价为4 000元/台，货物从成品库发出。
(3) 1月20日，将1月3日采购主板的运输保险费增加入库成本600元，以现金支付。
(4) 1月30日，增加1月17日出售给昌新公司的10台家用电脑的出库成本800元。

【实验要求】

(1) 以"001 陈明"的身份、以相应的业务日期在库存管理系统、存货核算系统中进行相关操作。
(2) 所有业务单据日期为实验资料所要求日期，记账凭证日期与业务单据日期一致。

【操作指导】

1. 存货业务1

在库存管理系统中输入采购入库单并审核，在存货核算系统中记账并生成凭证。

> **注意：**
> 生成凭证时选择"采购入库单(暂估记账)"，生成凭证的对方科目编码为2202。

2. 存货业务2

在销售管理系统中输入销售发货单并审核，在库存管理系统中审核销售出库单，在存货核算系统中记账并生成凭证。

3. 存货业务3

1) 在存货核算系统中录入调整单据 sy14-31.mp4

sy14-31

(1) 执行"日常业务"|"入库调整单"命令，进入"入库调整单"窗口。
(2) 单击"增加"按钮，选择"原料库"，输入日期"2020-01-20"，选择收发类别"采购入库"、部门"采购部"、供应商"建昌公司"。
(3) 选择存货编码"001 主板"，调整金额为600元。
(4) 单击"保存"按钮，再单击"记账"按钮。

> **注意：**
> 入库调整单是对存货的入库成本进行调整的单据，可针对单据进行调整，也可针对存货进行调整。

2) 在存货核算系统中生成入库调整凭证 sy14-32.mp4

sy14-32

(1) 执行"财务核算"|"生成凭证"命令，进入"生成凭证"列表窗口。单击"选择"按钮，打开"查询条件"对话框。
(2) 选择"入库调整单"选项，单击"确定"按钮，进入"生成凭证"窗口。
(3) 单击单据行前的"选择"栏，出现选中标志"1"，单击"确定"按钮，出现凭证列表。
(4) 选择凭证类别为"付　付款凭证"，对方科目改为1001，单击"生成"按钮，系统显示以下生成的转账凭证。

借：原材料/主板　　　　　　600
　　贷：库存现金　　　　　　　　600

(5) 单击"保存"按钮，凭证左上角出现红色的"已生成"字样，表示该凭证已传递到总账。

3) 查询相关账簿　■ sy14-33.mp4

执行"账表"|"分析表"|"入库成本分析"命令，查看"主板"的入库成本为 20 600 元。

> **注意：**
> 20 600(入库成本)＝100(入库)×500＋600(入库调整)−60(期初回冲)×500。

sy14-33

4. 存货业务4

1) 在存货核算系统中录入调整单据　■ sy14-41.mp4

(1) 执行"日常业务"|"出库调整单"命令，进入"出库调整单"窗口。

(2) 单击"增加"按钮，选择"成品库"，输入日期"2020-01-30"，选择收发类别"销售出库"、部门"销售部"、客户"昌新公司"。

(3) 选择存货编码"006 家用电脑"，调整金额为 800 元。

(4) 单击"保存"按钮，再单击"记账"按钮。

> **注意：**
> 出库调整单是对存货的出库成本进行调整的单据，只能针对存货进行调整。

sy14-41

2) 在存货核算系统中生成出库调整凭证　■ sy14-42.mp4

5. 账簿查询

在存货日常业务处理完毕后，进行存货账表查询。

6. 月末处理

1) 期末处理　■ sy14-61.mp4

(1) 执行"业务核算"|"期末处理"命令，打开"期末处理"对话框。

(2) 选择需要进行期末处理的仓库，单击"处理"按钮，再单击"确定"按钮，系统自动计算存货成本；完成后，系统弹出"期末处理完毕！"信息提示对话框，单击"确定"按钮返回。

sy14-42

sy14-61

> **注意：**
> - 如果存货成本按全月平均法或计划价/售价方式核算，则当月业务全部完成后，用户要进行期末处理。
> - 存货核算期末处理需要在采购管理、销售管理、库存管理系统结账后进行。
> - 期末处理之前应检查需要记账的单据是否已全部记账。

2) 月末结账

(1) 执行"业务核算"|"月末结账"命令，打开"月末结账"对话框。

(2) 单击"确认"按钮，系统弹出"月末结账完成！"信息提示对话框，单击"确定"按钮返回。

3) 与总账管理系统对账

(1) 执行"财务核算"|"与总账系统对账"命令，进入"与总账对账表"窗口。

(2) 单击"退出"按钮返回。

【参考答案】

存货核算系统生成的各种出入库凭证传递到总账，最后在总账管理系统中可以查询到如表 13-1 所示的凭证。

表 13-1　存货日常业务处理生成凭证一览表

业务号	业务日期	业务单据	会计分录		来源
1	01-03	采购入库单	借：原材料/主板　　　50 000 　贷：应付账款　　　　　　50 000		存货核算
2	01-17	销售出库单	借：主营业务成本　　　40 000 　贷：库存商品　　　　　　40 000		存货核算
3	01-20	入库调整单	借：原材料/主板　　　　600 　贷：库存现金　　　　　　　600		存货核算
4	01-30	出库调整单	借：主营业务成本　　　　800 　贷：库存商品　　　　　　　800		存货核算

✄ 巩固提高

一、单选题

1. 下列与存货核算子系统没有数据联系的是(　　)。
   A. 成本核算子系统　　　　　　B. 固定资产子系统
   C. 采购管理子系统　　　　　　D. 总账子系统
2. 当供应链各子系统集成应用时，下列属于存货核算系统功能的有(　　)。
   A. 填制采购入库单　　　　　　B. 产品成本分配
   C. 审核销售出库单　　　　　　D. 采购结算

二、多选题

1. 调整业务单据包括(　　)。
   A. 入库调整单　　　　　　　　B. 出库调整单
   C. 系统调整单　　　　　　　　D. 计划价/售价调整单
2. 存货核算子系统的正常单据记账可对下列(　　)单据进行记账。
   A. 采购发票　　　　　　　　　B. 产成品入库单
   C. 销售发票　　　　　　　　　D. 销售出库单
3. 下列计价方式的存货在单据记账时进行出库成本核算的有(　　)。
   A. 先进先出法　　　　　　　　B. 移动平均法
   C. 全月一次加权平均法　　　　D. 计划价/售价法

三、判断题

1. 产成品成本分配用于对已入库未记明细账的产成品进行成本分配。　　　　　　(　　)
2. 存货核算子系统生成的记账凭证，最后都传递到成本子系统中进行审核、记账。　(　　)
3. 存货核算是从资金角度管理存货的出入库业务，核算企业的入库成本、出库成本、结余成本；

反映和监督存货的收发、领退和保管情况；反映和监督存货资金的占用情况。 （　　）

4. 存货成本不能采用手工录入的方法录入。 （　　）

四、简答题

1. 简述存货核算子系统的主要功能。
2. 简述存货核算子系统与其他子系统的关系。
3. 存货核算系统日常业务处理功能包括哪些内容？
4. 调整单据包括哪几种类型？
5. 存货核算子系统的业务核算功能包括哪些内容？
6. 简述入库单据的记账规则。
7. 简述出库单据的记账规则。
8. 试列举 3 种存货核算方法并说明其算法。
9. 简述结算成本的处理业务规则。

五、案例分析题

不同企业管理要求不同，其存货成本的核算方式也会有差别。当企业较大，需要按部门考核业绩时，可能会需要按部门核算其成本；对于同一商品需要根据不同业务按不同方式计价或核算的企业，可以按仓库核算；对于比较简单的同一商品统一核算时，可选择按存货核算。

(1) 按存货核算。按存货设置计价方式，按存货核算成本，无论存货放在哪个仓库，统一进行核算。

(2) 按仓库核算。按仓库设置计价方式，按"存货＋部门"核算成本，即同一存货如果存放的仓库不同可分别进行核算。

(3) 按部门核算。按部门设置计价方式，按"存货＋部门"核算成本，即同一存货如果其所属的部门不同要分别核算成本。

请回答以下问题：

1. 企业在什么情况下需要以按存货、按部门、按仓库 3 种不同的方式核算存货成本？
2. 根据表 13-2 和表 13-3 所示的数据，分别按存货、按部门、按仓库计算发出存货成本(这 3 种方式的存货计算方法均为全月一次加权平均法)。

某存货本月入库数据如表 13-2 所示，期初结存数据忽略。

表13-2　本月入库数据

仓库	所属部门	存货	数量	金额
甲	一部	001	100	100
乙	二部	001	100	90
丙	二部	001	100	110

本月出库数据如表 13-3 所示。

表13-3　本月出库数据

仓库	所属部门	存货	数量	金额
乙	二部	001	100	